U0458273

FEDERICO FELLINI

Everyone lives in his own fantasy world, but most people
don't understand that. No one perceives the real world. Each
person simply calls his private, personal fantasies the truth.
The difference is that I know I live in a fantasy world. I prefer
it that way and resent anything that disturbs my vision.

小丑的流浪：费里尼自传

［意］费德里科·费里尼
［美］夏洛特·钱德勒　著
黄翠华　译

CHARLOTTE CHANDLER

上海三联书店

雅众文化 出品

目 录

序 言

记得刘别谦（Ernest Lubitsch）[1] 丧礼结束之后，我和威廉·惠勒（William Wyler）[2] 走在一块。没有刘别谦的世界令人难以想象。我说："不会再有刘别谦了。"威利说："更糟的是，不会再有刘别谦的电影了。"

现在是：不会再有费里尼的电影了。

我是先看了他的电影，然后才认识他本人的。我在看了《大路》（La Strada）之后发现有他这样一号导演，那部影片让他立刻受到注意，他太太在片中的演技非常精彩。一直要到《生活的甜蜜》（La Dolce Vita）[3] 之后，我才真正认识他本人。我那时人在罗马，他带我到一家距离电影城[4] 约五分钟路程的餐厅吃午餐，餐厅的桌上还有鸡在走动。

"你看，"他指着那些鸡对我说，"这里所有的东西都很新鲜。"

我告诉他我愿意相信他的话。他让人拿些蛋来桌上。"拿一个！"他说，同时给了我一个蛋，"还是热的呢。"

不过我那天并没有点蛋饼这道菜。

1　恩斯特·刘别谦，著名导演，代表作有《你逃我也逃》《天堂陷阱》。
2　威廉·惠勒，著名导演，代表作有《罗马假日》《宾虚》。
3　通常译作《甜蜜的生活》，其实并不恰当，详见下文。
4　电影城，意大利最大的电影制片厂，地址位于罗马近郊。费里尼的早期作品均在此摄制，此处为费里尼最钟爱的拍片场所。

在《八部半》（8½）这部片子之后，我们又见了一次面，而且又去了同一家餐厅。桌上仍有鸡在走动，但我想不是上回看到的那几只。

他对食物有极大的兴趣，是个非常典型的意大利人。我惯于听他谈女人、性、风流韵事、激情之类，并以为享受。他可以非常有趣，又喜欢耸人听闻，我们言语尖锐地聊过一个又一个的话题。我们是一对船长，我很资深，什么大风大浪都碰过，他的经历也不下于我。

我们的背景相似。他当过记者，我也当过记者，我们都是靠采访电影明星、导演起家的，也都写过关于雷马克（Erich Maria Remarque）[1]的东西。我们也像斯特奇斯（Preston Sturges）[2]一样，为了监督自己的剧本不被恶搞，最后自己变成了导演。而就像《日落大道》（Sunset Boulevard）讲的不只是好莱坞一样，《生活的甜蜜》谈的也不单是罗马。

他和我一样有些拍片伙伴，我和布拉克特（Charles Brackett）[3]合作了十五年，和戴蒙德（I. A. L. Diamond）[4]更合作长达二十五年。你必须保持一颗倾听对方的心，即使你最终不采用他的意见，也都该参考一下他的话。你需要找一个你所尊敬的对象，但那个人最好跟你自己不一样，因为你需要的是不同的意见，不然你跟自己交谈就可以了。然后，你们还要试着去说服彼此。

费里尼和我一样对美术非常感兴趣，而且他还有一双画家的眼睛。不同之处在于：他有素描的天分；我则既不会素描、油画，又不懂得雕塑，只能在旁欣赏。

还有一个差别：那就是我向来喜欢用最专业的演员，他则能和从没演过戏的演员合作得很开心。再有就是：我喜欢只拍基本要用的材料，因为一个镜头拍太多次，演员的精力就没了；但费里尼则喜欢有很多选择，即使拍出来的东西他永远用不着。

---

1 雷马克，德国作家，代表作有《西线无战事》《三人行》等。
2 斯特奇斯，美国编剧、导演，代表作有《淑女伊芙》《苏利文之旅》等。
3 布拉克特，与比利·怀尔德长期合作的编剧伙伴。
4 戴蒙德，为比利·怀尔德的副制片。

我最喜欢的一部费里尼电影是《卡比利亚之夜》(*Nights of Cabiria*)，拍得真是精彩！

费里尼的摄影机永远放在该放的位置，但最重要的是，你永远不会察觉到摄影机的存在，不会感觉他在卖弄导演技法。他只是追随着故事本身，从来不会使用一些让人分神的摄影角度。我和费德里科一样，去看电影是为了得到娱乐，我向来不喜欢看到导演刻意在那儿表演。

如果费里尼是用英语而不是用意大利语拍片，那么他大概会更有名。即使他失败时，都仍然伟大。他不知有多少片子垮了，但仍然有机会继续拍下去，真是令人讶异。这是他在意大利拍片，而不在美国拍片的好处。

他很天真，永远都那么天真，就算没人愿意投资他拍片时也一样。我们俩不论谁都没有斯皮尔伯格(Stephen Spielberg)那样奢侈的权利。

想想看，拍了几部赚大钱的片子以后，你就可以为所欲为了！

不论我们人到哪里，都会有人问同样的问题："怀尔德先生，你什么时候再拍下一部片子？"或是"费里尼先生，你什么时候再拍下一部片子？"但我们两个都只能回答："等时机到的时候——如果他们还肯让我拍的话……"

在电影院里，你永远认得出哪部是费里尼的电影，他有他的个人风格。有些东西是你学不来的、是与生俱来的。他是个一流的小丑，有伟大、独特的想法。在生活中，当你跟费里尼在一起的时候，你也永远清楚这是费里尼，不是别人，他的行为风格自成一派。像费里尼这样的人死了以后，没有办法留下什么传世秘诀，因为根本没有所谓的"秘诀"，他的作品源自他个人本身。大家会去研究、分析、模仿他，也许有谁会钻研到一个程度，让大家认为可以与之比拟，他们会说："他的电影像费里尼。"

但也只不过是像费里尼罢了。当一种功夫没有办法被传下去的时候，才是真功夫！

比利·怀尔德

前　言

　　比起他的梦，费里尼的现实人生更精彩。他将梦境寄托于电影胶片之上，为我们留下丰厚的遗产。"梦是唯一的现实"——费里尼如此描述他的生命主题。他怀疑："人的下意识是不是用得完？梦境可有终了的一刻？"

　　这本书是我与费里尼相识十四年间，他对我说的一些话，时间从1980年春我们于罗马初识开始，一直到1993年秋，他的死讯传出的前几个礼拜。因此，与其说这本书是"被书写出来的"，不如说它是"被口述出来的"。

　　他跟我谈话时大都是在餐馆或咖啡厅里吃东西，不然就是在开动的车内，这两种情况都会让他感到高兴，而且都有助于刺激出他天马行空却又思虑清晰的特质。

　　"你出书的时候，"他对我说，"出版社会提供车和司机给我们吗？"

　　"希望如此。"我回他。

　　"我的话，你一定听了有一座山那么多了。要是我哪天想知道我生命中某一刻的感觉，可以来请教你。去查这些资料要比去记它们容易得多。人不但无法依照先后顺序去记忆他们的生命经历，也记不得事情发生的过程；人无法记起那些最重要的部分，甚或是感觉上像是最重要的部分，记忆非我们所能掌控。人并不拥有自己的记忆，而是被自己的记忆所拥有。

"你是个好听众，有时我会从我告诉你的话里更了解自己一些。我从来没有故意骗过你，因为你信任我。我无法去骗一个我说什么都相信的人。

"但当然，我可以骗自己，而且经常如此。"

虽然在我个人的经验里，费里尼向来信守承诺，但他也坦承：的确因为自己的食言而招致过不良声誉。对于我的任何请求，他都会用"我发誓！"这样的字眼以示认真。每当他答应我去做一件他并非极感兴趣的事时，他也会说："我发誓！"这是我们彼此之间的玩笑，意思是他还是会去做。这三个字后来变成一种暗语，当他要走的时候，我回头看他，然后他就会举起右手臂，好像是在说："我发誓！"

在某种意义上，费里尼同时身兼访问者及受访者这两种角色，我则是听众。这本用语言捕捉他脑海画面的回忆录是一种对话的结果，而较不像访谈的产物。我并不发问，因为问题不但规范了答案，也决定了主题。他天南地北，随兴而至，揭露了他对外与私下的不同面貌。他告诉我他喜欢比利·怀尔德的一句话："相信自己的直觉，即使错了也由自己承担；直觉比理智更能带你通往真相之门。"

他觉得标题是种限制。"只能最后再去想标题，不该一开始就去想，而且标题的范围应该尽可能大过主题。要是你太早就用标题把自己限制住了，你只会找到你要找的东西，却找不到真正有趣的东西。所以要用开放的心灵去探险。标题会导引你，但不会给你帮助。"

费里尼是个艺术家，他将他独特的视野与我们所有人分享。他告诉我，"电影是会动的图案"，并认为他个人的作品承继较多绘画特性，较少文学血液。有时我在看一样东西的时候，会尝试想看出费里尼眼中会看到的东西。我希望，由于他的启发，我真的可能多看到一点，而且看到的更精彩一点，因为我不单用了眼睛，还用了视觉想象力。

"我把我仅有的一生都说给你听了。这些就是我的遗言，因为我已经没有什么可说了。"

本书分成三大篇：

6

上篇"费德里科"：年幼及年少时期的费里尼，受过马戏团的影响，对于小丑、富国戏院（Fulgor Cinema）所放映的好莱坞影片，以及美国漫画都有极深的印象，由此发展出自己的世界观。他带着他的里米尼（Rimini）小镇去到罗马。在那里，他写作及漫画方面的才能引导他朝着电台、电影编剧以及之后电影导演的道路前进。他也在这个过程中找到了他电影暨生活中的女主角：他的终身伴侣。

中篇"费德里科·费里尼"：影迷成为电影导演，并发现了他的生命目的。

下篇"费里尼"：这个名字在他还在世的时候就变成了传奇，他的人比令他成名的电影作品还要出名。即使没看过费里尼电影的人，对"费里尼式的"（Felliniesque）这个字眼可能也并不陌生。

所有费里尼电影都有一个最重要的角色，这个人很少在片中露脸，却一直都在作品之中，那就是费里尼他自己。他才是他电影里真正的明星。在真实生活中，他也极富魅力。我印象中的他，既慷慨，又体贴——谢谢我陪他用餐、谢谢我花时间跟他做伴，甚至谢谢我肯收他的礼物。他告诉我一个人只要能获得别人的了解和关心，就会继续活下去。我相信这话。然而，他较关心的却不是个人的生死问题，而是自己的电影作品是否能永垂不朽。

费德里科·费里尼生于意大利里米尼，时值 1920 年 1 月 20 日。

夏洛特·钱德勒

7

上篇
费德里科

第一章 梦是唯一的现实

我没办法变成别人，如果我还算懂得一点什么的话，就是这个了。

每个人都活在自己的幻想世界里，可是大多数人都不了解这点，没有人能真正捕捉到真实的世界。大家都只管把个人的幻觉称为"真相"，我和他们不同的地方在于我知道自己活在一个幻想的世界。我喜欢这种状态，而且痛恨任何干扰我想象的事。

我不是独子，却是个孤独的孩子。我有个年纪相近的弟弟，他只小我一点点。我很喜欢他，但就算我们有着共同的双亲、住在同一个屋檐下，却无法真正分享彼此的生活。

有些人哭在心底，有些人笑在心底，有些人不管哭笑都藏在心底。我以前一直是个严守情绪隐私的人，我乐于和别人分享欢笑和喜悦，却无法承认自身的恐惧或悲伤。

独处时可以完全做你自己，因为没有他人限制你，你可以自由伸展。独处是种特别的能力，有这种能力的人并不多见。我向来羡慕那些拥有内在资源、可以享受独处的人，因为独处会给你一个独立空间、一份自由，这些是人们嘴上喊"要"，实际上却害怕的东西：人生在世，没有什么比独处更让人惧怕的了。他们有时甚至才落单了几分钟，就急着要去找人来填补空虚，而且随便找谁都可以。他们害怕寂静无声，害怕那种剩下自己一人与自我思绪及长篇内心独白独处时的静默。因此，你必须很喜欢和自己做伴。好处是：你不必为了顺从别人或讨好别人而扭曲自己。

处事时不瞻前顾后，纵情时不过于谨慎，以及爱恨时可以任其愚昧的那些人，都让我很着迷。那种不担心后果的简单行为，在我看来十分奇妙。我自己就从未学会该怎么不负责，我总对自己十分严苛。

虽然年纪越大，早年的记忆也就越趋模糊，但这些记忆却也始终伴随着我。我不确定那些事情是不是真的发生过。有些记忆早在我有话语能力以前就进驻内心了，只不过是以图像的方式存在。现在，随着时光流逝，我已无法确定它们到底是我自己的记忆，还是别人加在我身上的记忆，毕竟我对后者的印象也是同样深刻。我的梦对我来说都那么像真的，以至于过了这些年，我竟弄不清：那些是我的亲身经历，还是我的梦？我只知道，只要我一息尚存，这些记忆就都会说它们是我的。那些可以为他们所知事实作证的人都已作古。如果他们还活着的话，记忆那些事情的方式可能也和我不一样，因为根本没有所谓"客观记忆"（objective memory）这回事。

第二章 马戏团在等我

童年时玩的人偶让我留下深刻的记忆，比起我在年少时代认识的一些人，它们现在似乎和我更亲近一些。原因可能是，当时我和它们本来就比我和人要来得亲近。因此，它们现在变成了回忆，不也该和我更亲近一些？

大约九岁的时候，我就开始制作人偶，并演出偶戏了。我会为我的偶戏绘制人物：硬纸板做的身子加上黏土做的头。我们对街住着一位雕塑家，他看到我的人偶时，鼓励我，说我有才华，那可真是让人士气大振。年幼时得到的鼓励是最珍贵的，尤其当它不只是一般泛泛的认可，而是明确有所表示。他教我用巴黎的胶泥来做人偶的头。我推出偶戏，一人饰演所有角色，也就是在那种情况下，我逐渐习惯了一人扮演戏中的所有角色。我相信我日后向演员示范我对每个角色的看法的这种导演方式，就是由此发展出来的。当然，写剧本的也是我。

七岁的时候，爸妈曾带我去看马戏。马戏团里的小丑可真是吓到我了，我不知道他们是动物，还是鬼？我也不觉得他们好笑。

但我的确有种怪异的感觉：我觉得他们在等我。

那晚，以及之后的许多个夜晚，我都梦到那个马戏团。在梦里，我觉得自己找到了一个有归属感的地方，而且通常那些梦里都有只大象。

我当时并不知道我的未来会落在马戏团，电影的马戏团里。

小时候我心里有两个英雄。一个是女的，也就是我的祖母；另一个则是一位小丑。

马戏演出后的隔天早上，我在广场喷泉边看到一个马戏团里的小丑，穿着跟前晚一样。对我而言，他似乎也只会这么装扮。我推测他那套小丑装永远都穿在身上。

他就是那位小丑——皮埃里诺（Pierino）。我没有被他吓到，因为我知道我们体内流着相同的血。我对他不够体面的装束立刻产生了一股亲切感，他有种刻意显露出来的褴褛模样，以及一种幽默又可怜的味道，但这两样东西在我妈眼里都并不合宜。他不可以那样一身去学校，当然更不可以那样一身去教堂。

我一直都相信预兆这种事。每个人一生中大概都碰到过一些预兆，只不过不一定都认得出来。我那时没跟皮埃里诺交谈，也许是因为担心他只是梦或者鬼魂，害怕一旦跟他搭话，他就会消失。不过，反正那时我也不知道要如何称呼一位小丑，我总不能称他们"小丑陛下"吧。然而，对我来说，他却是远在皇族之上的。那时我还没到懂事的年纪，所有这些对于我来说还仅仅是模糊的感受。一些年以后，当我再看着他当初站在喷泉旁的位置，就可以看出他像个向我通报未来的使者——那是个预示我一生的征兆。那番景象以及他给我的那种说不出的乐观感受，令我十分激动，他就像个受到老天保佑的人。

我刚开始跟别人讲述我逃家投奔马戏团的故事时，内容并不夸张。但以后每说一遍，我记忆中事发时自己的年岁就又增加了一些。故事里的我，比实际年龄要大上几个月，甚至几年，但增加最多的却是我离家时间的长度。我说出来的不那么像我的实际经历，而较像是我期待能遭遇的情节。在把经过渲染的故事陈述多年以后，我觉得故事本身都变得比事实还要真实，夸大之处已经熟悉到变成我记忆的一部分。然后，有一天出现一个人，他说我骗人，并把我那些记忆夺走！而且还真有那种人存在。我一向认为，如果我是骗子的话，也是个诚实的骗子。

那天下课后，我看到一些马戏团的人经过里米尼。我跟着他们，我当时大概七八岁。他们像是个大家庭，每个人都对我很好。他们没想过要送

14

我回家，也许是因为他们不知道我家在哪里吧。

我希望能在马戏团待上几个月，事实上却大概只跟他们共度了一个下午。我逃家投靠马戏团的时候，被家里的一位朋友看到了，因而事迹败露，被拖了回去。但在被带走之前，我却已经和马戏团结下了不解之缘：我跟一位小丑说过话，还帮一匹斑马洗过澡。有多少人能够说他们做过这样的事呢？要找到跟小丑说过话的人还是有可能的，不过临时被迫制造出来的，我想不算；而要帮斑马洗澡，这人则得先上动物园一趟。在那个特别的日子里，马戏团的人准许我去帮一只看上去非常难的病斑马洗澡。他们告诉我，它因为吃了别人喂它的巧克力，身体不大舒服。

从那天开始，我永远忘不掉斑马摸起来的感觉。我摸它的时候，身上有种触电的感觉——一只湿斑马！我不是个容易多愁善感的人，但当我触碰它的时候，它也触碰了我——它触碰到了我的心！

我一生认识过许多哀伤的小丑，那次遇见的是第一个。一个人认识的第一位小丑总是比较特别。我所认识的每个小丑都极为重视他们的工作，而且都了解要让自己显得好笑是一件相当严肃的事。我自己则一辈子都对能逗别人发笑的人感到景仰，我觉得那是件有价值而又困难的事。

那晚到家之后，我因为晚回去挨了顿骂。但妈妈看来似乎并不着急，我还从来没晚到惹她严重关切的地步。

我试着把我所有的遭遇和冒险经验，包括触摸斑马的感觉这些事告诉她，但话并没有说完，因为她根本没在听。她从来不听我说话，总是深陷在自己的世界里，听着心里的声音，也许她是在听上帝说话吧。

她说我该受罚才会改正并学到教训，所以那天我没吃晚饭就被命令上床睡觉了。我进了房间，但才上床没多久门就开了。妈妈端着一盘食物进来——一整份的晚餐，东西放下之后，她二话不说就离开了。我于是学到了一个教训——无论我何时离家出走投靠马戏团，都可以期待有人会端盘食物进我房间犒赏我！

我猜那是因为她高兴我回来吧。

我从来不必用闹钟，我可以自我控制。我一直睡得很少，而且醒得早。小时候，我总比所有人都早醒来，但我会继续躺在床上回想我的梦，害怕自己乱动会吵醒别人。等到我再大一些，就会起身在安静的屋子里走来走去、看东看西。由于我跟家里的房子独处过，所以我比其他的家人都要更"了解"它的状况。那些桌椅为了要守护它们夜里的隐私，不惜赏我多处瘀青。

甚至在很小的时候，我就已经对戏剧有概念了。妈妈有次为了某件事责备我，可能是我闯了什么祸，也可能是我该做的事没做，现在已记不清了，反正我以前经常被责怪。那次我决定要让她难过，我知道如果她觉得我受伤了，就会后悔骂了我。

有一次，我拿了她一只暗红色的口红在自己身上涂掉了大半只，我以为这样会看起来像是流了血。我心想，当她回家时看到我一身的血倒在地上时，一定会为自己对我过于严厉而感到抱歉。

我在楼梯脚找到了一个好位置，希望情况能看起来像是我因跌下楼梯而受伤的样子。但那姿势却不太舒服，而妈妈又迟迟不来。我的脚都麻了，也换了换姿势，仍觉得有些无聊：我不懂她为什么这么久还不回来。

终于，我听到了门开的声音。但进来的脚步似乎比妈妈的要沉重些，而且也听不到她高跟鞋的声音。

叔叔[1]过来戳了戳我。他以一种兴味索然的语气对我说："起来，去把脸洗洗。"

羞辱之余，我把脸给洗了。

从此以后，我就再也不喜欢那位叔叔了。我们俩都没再提过这件事，但我知道我们谁也没忘记过。

我童年心中的一个英雄是"小尼莫"（Little Nemo），他是个美国漫画里的人物，不过当时我并不知道他是"美国人"，我以为他跟我一样是个意大利人。在那个漫画的意大利文版里，他只说意大利语。

1　费里尼父亲的兄弟，因费里尼的母亲和他的父亲私奔之后，娘家已与之断绝来往。

我发现小尼莫的时候，大概是五六岁，或者更小。我当时简直不敢相信自己的眼睛！真是太意外了！又有一个像我一样喜欢幻想的家伙。他打翻了我的想象盒子：有时他变得好大，大到踏过高楼时都得分外小心；有时，他又缩到比花还小，被巨大的昆虫吓得半死。他周围的人物是我在漫画书里看过的最特别的：有一个装扮像警察的祖鲁人[1]，他老是叼着雪茄，而且讲着一种奇怪的话。念这本书给我听的大人虽然都了解漫画里的人，但没有一个能把他的话翻译出来，他们甚至不知道那些话怎么发音。书中还有一些不知为什么被拔擢到高位并担负大任的小丑，但对我而言，这一点儿也不费解。再来就是一些张着嘴的巨人，你可以沿着它们的大舌头往下探测它们洞穴般的体腔。此外，还有瓦解城市交通的恐龙，上下颠倒的房间，使得人人都必须脚踏天花板而行，以及努力想恢复原状的细长人形——全都是最奇妙的想象。此外，画笔也很棒，正是我希望自己能达到的境界。

　　我自己一直试着在画，临摹漫画里的场景对我来说没问题，但小尼莫的造型我就是画不来。原著功力深厚，远非我能力可及。该书画法笔触细腻丰富，许多服装与建筑的繁复程度都不是我的小手追随得来的。后来我发现该漫画作者温瑟·麦凯（Windsor McCay）[2]也曾是位影坛先锋。早在沃尔特·迪士尼（Walt Disney）之前，他就参与过先期的卡通动画绘制工作了。事实上，小尼莫早已被他画进卡通片里了，我那时很希望能看到；他的另一部卡通片《恐龙葛帝》（*Gertie the Dinosaur*），我则已目睹过风采了。此外，他也为无法拍得照片的新闻画插画，"卢西塔尼亚号"（*Lusitania*）[3]沉没事件便是一个例子。那幅沉船的画有种奇幻的质地，影响到我后来对《阿玛柯德》（*Amarcord*）一片的创作。墨索里尼（Benito Mussolini）的海上游轮"帝王号"（the *Rex*）当然也是一个影响，但温瑟·麦凯对我的影响却更大。我想现在听说过他的人大概不多了。

　　在每周日漫画的结尾，小尼莫都会由床上坐起，明白自己原来是在做梦。

1　祖鲁人，南非夸祖鲁-纳塔尔省的一个民族。
2　温瑟·麦凯，二十世纪初的美国漫画家。他最为人熟知的作品就是《小尼莫》。
3　"卢西塔尼亚号"，1915年5月7日被德军潜艇击沉的大型邮轮。

如果做的是美梦，他就会对醒来一事抱憾；如果做的是噩梦，他就会为梦醒而庆幸，并开始回想睡前吃过些什么。小时候的我在要入睡时总希望自己也能做些像小尼莫一样的梦，偶尔亦能如愿。我认为小尼莫影响了我的梦生活，这并不意味着我跟他做了一模一样的梦。我当然是做我自己的梦，但知道有他那样的梦存在，意味着自己未来的梦境里还有无限可能有待开发。每件事都是从"有可能！"这样的信念开始的。

我也很喜欢大力水手卜派（Popeye）和他的女朋友奥丽芙（Olive-Oyl），以及鲁布·戈德堡（Rube Goldberg）[1]笔下的精彩发明，他以所能想到的最复杂的方式去执行再简单不过的任务。还有就是拿锡罐当帽儿戴的"快乐流浪儿"（Happy Hooligan）[2]。现在已经没有这类漫画了，我真希望那时能知道那些漫画人物的创造者是谁。如果我后来没变成电影导演，我就会想成为一个漫画家。

我妈以前也喜欢画画，不过却是偷偷地画，那是我很小时候的事。她教我画画，先是用铅笔，后来又换了彩色蜡笔。她说我在懂事之前已经把家里所有地方都画遍了，包括家里的墙，还有她娘家为她手绣的一张桌布，等等。而要赶在爸爸看到之前，把那些涂鸦给清干净还真不容易。她在弟弟还是个婴儿，而爸爸又不在家的时候，才会鼓励我画些东西。

我对画画这事从来不会感到厌烦。爸爸有时会回家，他不喜欢看到我坐在那里一画几个小时，他说那是女孩子做的事。他虽然没开口提过，但我知道他比较希望看到我在外头练习踢足球，尽管我当时的个头并没有比足球大上多少。之后，妈妈就不再鼓励我画画了，而且她自己也没有再继续画下去了，至少我没有再看她画过。

时间过了这么久，我都忘了自己到底是怎么开始拿起画笔的。它就像我一直在做的一件事，已经成了我生活的一部分。然后，在我长大很久以后的某一天，当时我人在里米尼过圣诞，我听到有人对我妈说："费德里科

---

1 鲁布·戈德堡，美国漫画家，其作品曾获得过普利策奖。
2 《快乐流浪儿》，二十世纪初的美国漫画。故事讲的是个孤苦的流浪男孩，面对生活的种种不幸时，却总能微笑以对。

真有艺术天分。"我妈则骄傲地回答:"是我遗传给他的,我年轻的时候也有些艺术细胞,还是我教他开始画画的呢。"然后我才想起来我是怎么开始拿起画笔的。

我曾想去见见"弗莱希·戈登"(Flash Gordon)[1]。他是我小时候心目中的英雄,现在也还是。我永远永远无法相信他竟然不是一个真实人物!

美国科幻小说作家雷·布拉德伯里(Ray Bradbury)[2]告诉我,对他而言,"巴克·罗杰斯"(Buck Rogers)[3]有同样的重要性。小时候,有一次他的朋友嘲笑他对罗杰斯过于入迷,他就回家把自己所有的漫画书悉数摧毁。我自己并不爱收集什么,我尽量不留东西,但我可以认同一个被排斥的人。他毁了自己的收藏后,觉得很落寞,于是断定那些想要夺走他生命滋养的人、那些要把他变成跟他们一样的"朋友",根本就不是朋友。他因而与他们断交,然后又继续开始收藏罗杰斯的漫画。他花了好长一段时间才又恢复了藏书,而且这一批甚至比以前那批更好。

我能认同他,是因为我记得自己也有很多次十分在意别的小孩怎么看我。我现在已经记不得他们的名字了,但当时他们的确深深地影响着我,来自同伴的压力让我非常不快乐。在你很小的时候,其他的小孩是可以对你造成这样的情绪负担的。

我想我读过所有布拉德伯里写过的东西。我从读了《火星纪事》(The Martian Chronicles)以后,就想把它拍成电影。我非常喜爱科幻小说,而且对奇想与超自然的事物感兴趣,它们就是我的宗教信仰。

现实生活提不起我的兴趣。我喜欢观察人生,为的是要释放想象。从小时候开始,我画出来的人就不是他们在现实中的造型,而是他们在我心中的模样。

---

1 弗莱希·戈登,美国二十世纪三十年代同名漫画中的男主角。故事讲述了主人公从耶鲁大学毕业后,偕同女友以及科学家友人,乘太空船前往外太空探险。

2 雷·布拉德伯里,美国科幻小说作家,代表作有《火星纪事》及《华氏451》等。

3 巴克·罗杰斯,美国二十世纪二十年代末同名漫画中的男主角。故事讲述了主人公捍卫故乡,击退异族侵略的英雄事迹。

每次爸爸出差回来，总会带些小礼物给妈妈，但那些东西好像只会让她更生气。她认为那些礼物与其说是爱意的表示，不如说是愧疚的象征，我当时并不懂妈妈为何这样想。

爸爸是二十几岁结的婚，由于在婚姻上性生活受挫，于是他就将注意力转移到其他淑女的身上，尤其如果她们并非淑女的话更好。但我确信他对妈妈也真的有感情，而且他对家庭妻小的供养也十分尽心。他在出差路上干的事，在意大利人的婚姻里是家常便饭。女人比男人更像在坐婚牢，这指的不是已婚女子离婚较为不易，而是相对来说已婚男子享有较多的自由。

我想他在路上所享受到的快感程度与礼物的大小有相应的关系。如果那是一次乏善可陈的经验，妈妈就会得一个玻璃花瓶；而如果那是一次可资纪念的交欢，他就可能会送妈妈一个银盘。

我记得有一次他给妈妈带了件漂亮的洋装。妈妈打开礼物的时候，我和弟弟里卡多（Riccardo Fellini）还从半掩的门缝中偷看，礼物外头包了很多层纸，上头还系了个蝴蝶结。妈妈从盒子里拿出一件我们所见过的最漂亮的洋装，衣服还会闪闪发亮，后来我们才听说那是手工缝上的亮片。那件洋装看起来非常昂贵，爸爸看上去十分兴奋，问妈妈是否喜欢时还满面红光。

妈妈一语不发，只是把衣服扔在桌上。这样过了很长一段时间以后（至少我们的感受是这样），她才说那完全不是她会穿的衣服，那件洋装应该更适合给他的某些"朋友"穿。当时，我和弟弟都不明白他的"朋友"指的是什么。里卡多只比我小一岁，但长久以来，却总被我当成小弟弟看待，我一直无法改掉这个习惯。

从那次以后，我记得爸爸就再也不曾送妈妈洋装当礼物了。我想他还带回过一顶插有羽毛的帽子，也许那顶帽子也步上了那件洋装的后尘。而玻璃花瓶他倒是送过很多，而妈妈也会在瓶里插花。

在学校里，我老是听到"不行！""不可以！""你该感到羞愧！"这样的话。脑子里塞下这么多的训诫后，我上完厕所还会记得拉上裤子拉链，可真算是奇迹。在我还完全不知道自己犯了什么错之前，学校和教会就已经使我心中装满罪恶感了。

我不太记得在学校的日子了，记忆都已经糊成一片了。一年彷佛就是一天，而且几乎每天都在重复之前的日子。我人在学校，心不在学校。上课时，我老觉得自己好像错过了什么其他更重要的东西，而那些东西又比任何我在课堂里学到的都要来得精彩！

我通常会说自己是个差劲的学生，也许是因为这种说法比起告诉别人自己是个平常的学生，要来得更有戏剧性、也更有趣一些。我从来不喜欢把自己认定成任何一种平常的什么东西，也认为大概没人会喜欢这样吧。我并不真是一个那么差的学生，妈妈会受不了的。但即使我固定花些时间在学业上，我也不可能变成另外那些学生，因为我缺乏兴趣和动力，至少对我的课业是如此。

我快十一岁的时候，从天主教学校换到了"凯萨中学"（Giulio Cesare School）去念书。学校墙上挂有教皇和墨索里尼的照片。在那里，我们学到了罗马过去及未来荣耀，而这未来荣耀的代表就是"黑衫军"（Black Shirts）[1]。

上课提供了我两种掩护：一是表面在记笔记、写作业，实际上是在涂鸦；二是假装在听讲，其实是沉醉在自己的幻想世界里。我一直以为我秘密画漫画这件事没被识破，而且还能让别人以为我是在抄笔记。但有一天，老师掀开了我的簿子，底下正好露出了一个奇丑无比的怪物图案。他以为那画的就是他，我画的东西其实比他要丑得多，但他仍觉得那画的是他。幸好他没看到底下别的图画，那是些那段时期在我脑里出现的裸女图案。

我永远也忘不了复活节和圣诞节时的盛况，以及学校老师和校长获得食品赠礼时的情形。个子不高的老师们，消失在由学生家长馈赠的食品墙堆后头，看起来反倒像是人被食物吞掉了似的。

1　黑衫军，指墨索里尼手下的意大利法西斯武装部队，它是一个为墨索里尼政治活动服务的军事组织。

害怕被踢走的学生干脆就献上活的小猪。我的成绩中等，但由于爸爸本身就是做食品买卖的，正好有利于搞好我和学校之间的关系。爸爸为人慷慨，而且范围还不限于年节送礼，我的老师们全都收到了最上等的帕尔玛干酪（Parmesan cheese）[1]和橄榄油。

我的成绩达到标准，让我进入罗马大学的法学院念书。这事很重要，理由有二：一是让我到了罗马，虽然读法律是妈妈的意思，她接受了我无法成为神父的这个事实；第二个理由更重要，在法学院注了册就是延缓入伍的保证，单这个好处就让我待在教室的日子值得了。

我真的不可惜自己在学校没学到东西，假如那时我更认真求学的话，我的人生可能就会因而转了向，那么我可能就会错失"拍电影"这件真正给我生命带来意义的事情了。

从离开里米尼开始，我就一直试着想解开"教育"这事自幼给我上的紧箍咒。教育的用意或许是好的，但结果却适得其反。经过人为组织而成的宗教有太多的迷信和责任。真正的宗教应该能让人得到解放，让人得以从内在去寻获神明。毕竟每个人都希望能过着更有意义的生活。

我一辈子都试着治疗教育带给我的伤害，他们告诉我："你永远无法到达理想境界，你是有罪的。"我们被一种悲观、高压的教育所残害，而这样的教育却又是由教会、法西斯主义及父母亲联手造成的。他们不会跟你谈与"性"有关的事。

如果要我描绘我年少时的世界和现今的世界有什么不一样，我会说不同之处主要是以前较流行自慰这种事。意思不是说这种事现在不存在，而是今昔强调的重点有所不同。自慰是另一种不同世界的象征，这需要你用一点想象力。在现实生活中，你不可能立即拥有极致的满足。女人难以得手，以致令人觉得神秘。当然，除非你去找妓女，那又另当别论，而她们却很可能就是你性经验的启蒙者。那种启蒙过程因为掩掩藏藏，受到禁制，且多出了一份和魔鬼的牵扯，而愈发显得震撼。

1　帕尔玛干酪，意大利帕尔玛地区出品的硬奶酪，香味浓郁，是世界上最佳的奶酪品种之一。

我想我在性这件事上面最早的记忆要回溯到婴儿时期。当时我躺在一张厨房的桌上，面前围着一堆巨大且面目扭曲的女人。她们一边欣赏着我下面那根小东西，一边发出愉悦兴奋的尖叫声。感觉上，她们好像在量那东西的尺寸。

我也记得妈妈曾在我面前一丝不挂过，那是我唯一一次看到她全身裸露的模样。我当时甚至还不会走路，而且也太小了，没有能力说话，所以她就以为我也没有思考或记忆的能力。可是我看到那个画面以后，就记住了。我们记得的事比明白的事多，这点非常确定。我们甚至可能在未出生前就有记忆了。

我还记得有一次自己在地板上到处乱爬，然后在厨房桌下往女佣的裙子里打量。那里头又黑又令人难以亲近，对我而言并无魅力。我那时大概才两岁半，我认为该行为与性欲一事毫无关联，纯粹是好奇心使然。整件事一直要到妈妈把我从桌底下拉出来责骂才开始变得有趣了些。而我一旦了解自己那么做是被禁止的，那件事就变得更有趣了。

即使当时年纪还那么小，我就已经能感受到禁令与乐趣之间的紧密关联了。在那个阶段里，我在性上面的兴趣比较集中在自己身上。

之后不久，我首次刻意去研究不穿衣服时的爸爸。情况很有意思，但我想我当时并没有把自己下面那个小玩意儿跟他那个肥厚的大家伙做任何联想。

我第一次可被辨识的性兴奋状态发生在四岁的时候，或是再大一些。我当时并不十分清楚自己感觉到的是什么，但我却明白自己确实感受到某种东西。那是一种集中在特定部位的刺激感，简直快把我爽昏了。

那次的兴奋源泉是一位属于"圣文森佐修女会"（Sisters of San Vincenzo）编制内的凡俗修女，她的头剃过，皮肤上还有疱斑。我想她当时大约十六岁，对我而言算是个神秘的老女人。我黏着她不放，完全被迷住了。

我不确定她有没有察觉到我对她的注意，当然，对此她也似乎并不关心。她还会把我抱在怀里，那感觉十分美妙。然后，她还会换一边抱，先是把我靠在一侧的丰乳上，然后再换到另一侧。我还可以碰到她的乳头呢，而且自始至终都闻得到她身上那股好闻的味道……

刚开始我还不是很确定，但后来就认出来了。那种能引起我性冲动的神奇味道是马铃薯皮混杂着过夜汤汁的味道。她负责的工作是为家常汤削马铃薯皮，而等到汤煮好后，她就会在围裙上抹抹手。天哪！她全身都好柔软、好温暖，真是非常的温暖。被抱在她怀里的感觉真是太棒了，让我整个人都酥了，我当时好希望那种感觉能永远持续下去。

当时我以为她一定完全不知道我的动机是什么，也不知道她对我有何影响。但现在我确定她当时对于她能左右一名敏感幼儿的情绪一事，也一定感到开心。

过了这么多年，要再精确地记起某种味道并不容易，但我想如果我现在再闻到当时那种味道，一定还一样地神奇有效。从那以后，我便开始寻找同样的刺激感。我闻过许多昂贵的、用来引诱人的法国香水，却从没闻到一种比马铃薯皮混杂着过夜汤汁的味道更具魅惑力的气味了。

我最早的性教育得自于教会的神父，他们警告我们不可以"抚摸"我们自己，但这反而可能给了那些缺乏想象力的男孩们一些启发。不知那些修女在学校里是怎么教女孩子的。天主教甚至以一种负面的方式去强调"性"这件事，结果反而欲盖弥彰，惹得大家都对它更加着迷。

当性行为的目的是享乐先于繁殖后代的时候，天主教一向采取打压的态度。他们这种高压的行为其实是对任何一种形式的享乐——包括对自由及个人主义的追求——所采取的一贯立场。

然而，从另一个角度来看，天主教愈是禁止享乐的性行为，就愈提高了追求它的乐趣；性活动一旦变得唾手可得也会相对降低性欲的。就像吃东西一样，偶尔我们也得有一点饿的感觉，才能完全享受到进餐的乐趣。

有段时间我把所有女人都当成阿姨。我只要一看到女人穿晚礼服就会非常兴奋。不过我很快就发现了，并非所有的女人都是阿姨……我看到朵拉夫人（Madam Dora）那里的女人都浓妆艳抹、脸罩面纱，而且抽着滤嘴镶金边的香烟。上妓院也是一种重要的经验。

第三章 嘉宝的睫毛

对我们那个时代的孩子而言，最主要的影响应来自带有法西斯思想的家庭、教会和学校；但对我来说，性、马戏团、电影和意大利面这些东西才是我幼时的影响来源。

性欲的感觉，完全是我自己摸索出来的，我记得这种感觉在当时是如影随形的。马戏团则是在他们来到里米尼的时候巧遇到的。电影是在富国戏院撞上的。意大利面则是在我家的餐桌上发现到的。

富国戏院比我年长。这家戏院大概在我出生前六年就有了，但我却一直到了两岁左右才被带了进去。对我而言，它比任何一个我童年的家都要重要。它就是我童年的家。

我是被妈妈带去的，不过当然是为了她高兴，而不是为了我。是她想去看电影，我只是顺便被带了去。我不知道我看的第一部电影是在演什么，只记得里面有一堆自己很喜欢的精彩画面。妈妈告诉我，我那时从来不哭也不乱动，所以她觉得可以随时带着我。我甚至在看不懂那些电影以前，就知道那些东西很棒了。

我十岁以前，电影都是配了曲的默片。在我十岁左右，富国戏院开始放映有声片。我老去那里看电影，放的大多是美国片。美国电影就是我们那时候的电影。

卓别林（Charlie Chaplin）、马克斯兄弟（Marx Brothers）、加里·库珀

25

（Gary Cooper）、罗纳德·考尔曼（Ronald Colman）[1]、弗雷德·阿斯泰尔（Fred Astaire）与金吉·罗杰斯（Ginger Rogers）——全都属于我们。所有劳莱与哈代（Laurel and Hardy）演的片子，我都喜欢。那时我一向最爱喜剧。我也喜欢侦探片，以及和新闻记者有关的影片。我还喜欢所有男主角穿着风衣的电影。

妈妈则喜欢嘉宝（Greta Garbo）。我并不偏爱嘉宝的电影，却跟妈妈看了很多。我妈说她是我们那时候最伟大的女演员，有时妈妈还会坐在黑暗里哭。嘉宝在黑白片里看起来那么苍白，让我以为她可能是个女鬼。我那时一点都看不懂她的电影。她甚至比不上汤姆·米克斯（Tom Mix）[2]。所以我就只好坐在那儿，盯着她的睫毛看。

小时候，当电影要开始前，坐在富国戏院里的我会觉得非常兴奋，有一种美好的期待感。我后来在要走进电影城的第五棚（Stage 5）时也会兴起同样的感觉，只不过那是长大以后的事了。这回是因为某种奇妙事物的操控权落在我的手上。那完全就跟性的感觉一样：兴奋抖动、全神贯注、欲仙欲死的极致感。

我小时候曾以为每个人一定都想当小丑，除了我妈外，一定每个人都想。

小时候，早在我知道自己将来要做什么之前，就已经知道自己将来不想做什么了。除了妈妈要我当神父这个主意之外，爸爸的提议更不合适：他竟要我去做推销员！我可无法想象自己跟随父亲的足迹四处浪荡的景象。他在国内巡回旅行贩卖食品，我难得看到他一次，他们说他为了供养这个小家庭（我也是其中一员），为了让餐桌上有食物，被迫必须不停地工作。这话让我对吃这件事感到愧疚，而非感激，但我猜要我感恩才是那个说法原先的用意。那时候，我又小又瘦，其实吃得根本不多，所以应该不算什么负担。我当时并不了解爸爸不在家跟我一点关系都没有，他不在家其实

1　罗纳德·考尔曼，英国演员，曾以《双重生活》一片获奥斯卡最佳男主角奖。代表作有《双城记》《鸳梦重温》等。
2　汤姆·米克斯，美国电影演员，多饰演美国早期西部片角色。

是因为他不愿待在妈妈身边。他们两个在恋爱时期的幸福告终后便成了一对怨偶。妈妈的许多想法压制性过高，而且又喜欢把自己的不愉快加在别人身上。此外，她认为过度享乐，或事实上，她认为任何的享乐都是有罪的——这些东西让我迫不及待地想要逃开，也一直要到这种时候，我才比较理解爸爸一些。

爸爸很喜欢自己的工作，只有这一点，我总算是继承了他，虽然我走的是另外一条路。他销售酒和帕尔玛干酪。他无法想象他的儿子——我——为何不想过那样的生活，特别当他还有介绍我入行、为我护航的本事。我早就晓得自己不是做个好推销员的料。我无法想象他如何能当着人前叫卖："请买我的奶酪。"我听过他向人解释他的奶酪如何卖得比别人要好，但其实那些奶酪都差不多。我相信他的话，但说出这些话的过程却似乎很尴尬，我当时害羞到不敢想象自己能去做那类的事。

直到有一天我当了电影导演，跟两个戴着金链、金戒指，而且身上散发着刮胡水味的制片在一起的时候，我才明白，自己虽然不愿意，却也终究步上了父亲的后尘。生命迫使我去做一个帕尔玛干酪的推销员，就像父亲一样，只不过我把那些奶酪叫作"电影"。那些制片并不认同那些我向他们推销的，我自以为有潜力的作品，就像爸爸那些顾客看待他所卖橄榄油和火腿品质的态度一样。

我和爸妈并不亲近，爸爸对我而言，一直到死了都还很陌生。直到他过世以后，他才首次像个男人一样活了起来——一个我能了解的男人，一个一直在找寻什么的男人，一个和我并非那么不像的男人。在《生活的甜蜜》和《八部半》中饰演马塞洛·马斯楚安尼（Marcello Mastroianni）父亲的男演员安尼巴莱·宁基（Annibale Ninchi），会让我联想到父亲的样子，他同时也是第二次世界大战以前爸爸特别钟爱的一个意大利电影明星。

我相信自己不是妈妈会要挑选的那种儿子。她是个严格的信徒，与爸爸在一起时极为痛苦不快，而且很难合得来。

我确信她在嫁给他的时候一定是个处女，而且甚至比处女犹有过之。我想她之前连摸触、接吻这些一般青少年会有的轻微探索经验都没有。你也可以说她是在压抑自己，但在我看来，她似乎用不着压抑什么性冲动，因为她要么是不知道那些东西的存在，要么就是讨厌那些东西。

爸爸在家里得不到他想要的，所以就到别处去找。由于他是个巡回推销员，自然会有很多机会。在爸爸外出工作的那几个礼拜，她会不时地大哭。我不知道那是因为她想念他，还是因为她感觉到他在外头不忠。等他回家了，她会骂他，跟他吵架，然后他就会看似毫无恨意地再度离去。爸妈从不会向我吐露心事，我也从不会向他们吐露心事。我对家中的不和从来不问什么，因为我想"家"就是这么回事吧。

我曾做过一个梦，我想这个梦最能说明我跟他们之间的关系，因为我一直相信梦比现实更真切。

梦里，我去里米尼大饭店（Grand Hotel at Rimini）投宿，在柜台填写资料时，接待人员看了我的名字，然后说："费里尼，这儿也住了几个跟你同姓的人。"他往阳台望去，然后说："看，他们就在那儿。"我看过去，是我的父母。我一语不发。"你认识他们吗？"他问我，我说不认识，然后他说："你想认识一下吗？"

我说："不用了，不用了，谢谢。"

直到爸爸过世以后，我才知道他一直保存着我最早画的几张图，而且一直把那些图带在身边。那是我第一次了解到他也关心我、以我为荣。

对我的双亲而言，由于也经历过浪漫的恋爱过程，婚后的失望程度相形之下就更大。当时他们都很年轻。爸爸是个乡下男孩，一战期间遭到征召，返乡途中经过罗马的时候，遇到了妈妈依达（Ida），然后，不顾她家的反对，把她拐跑了。妈妈放弃一切，离开罗马嫁给他。他们两个认识、相恋的时候，爸爸是在一家面厂工作。妈妈就像后来的许多其他女人一样，被爸爸迷住了。

爸爸不到二十岁的时候，在自己的家乡甘贝托拉和邻近的里米尼镇都没什么工作机会的情况下，前往别处探险寻求发展。结果是出乎意料地不顺，碰到的都不是自己想要的工作。然后他去了比利时，接着第一次世界大战爆发了，他被德国人征召入矿场工作。虽然他没告诉我很多那时候的事，但单凭他说过的那些，就足以更坚定我在第二次世界大战来临时，宁愿放

28

弃战场荣耀的心意。

一桩开头浪漫的婚姻很快就变得不浪漫了——也许是因为我的降临吧。妈妈在宗教和小孩身上得到了生活的寄托，爸爸则在旅途上找到了他要的东西。不过对我而言，家里桌上那一大瓶无时不在的上等橄榄油就是他的象征。

我鉴赏食物的基因，或更该说是我训练有素的味蕾，一定是遗传自他。我可以准确答出一片帕尔玛干酪有三年、七年，还是十一年的"岁数"。至于火腿……

我小时候无法理解为何爸爸这么不常在家，为何每次他来去的模式老是一样。弟弟里卡多因为年纪更小，所以更为迷惑，他会问妈妈，爸爸什么时候回来。妈妈常会语带严肃地回答，他必须在外工作，会尽早回来。话中的暗示极为明显，意思是说父亲是个大好人，为我们牺牲奉献，所以问他不在这件事，不免显得我们对他敬意不足。

然后，他回家了，情况却与妈妈说的不同。如果他人真的那么好，那么妈妈为何还要生那样大的气？她口中老是盘问的那些"女人"又是谁？他留在家中的时间为何总是那么短？为何他总是比预定行程的时间早离开家？

一直要到我长到大约爸爸那个年纪的时候，我才得到了这些问题的答案。

爸爸愈常不在家，爸妈就愈不合，然后妈妈就会常提到罗马。从小受到家里保护的妈妈，如何能想象得到离开罗马，前往甘贝托拉的农庄，或之后的里米尼镇过活意味着什么？她一定寂寞极了。

妈妈罗马的娘家因她和爸爸私奔的缘故，与她完全断绝了关系。她爸爸终其一生都没有原谅她，舅舅和舅妈除了圣诞节寄些糖果饼干给我们吃以外，也和妈妈没有往来。

在我还无法想象罗马到底是怎么回事以前，它就已经在我梦里出现过了。我想它在梦里看起来像是大一些的里米尼、小一些的美国。我那时就明白那是我想住的地方，我等不及想快点长大好去那里。而我也根本没等到长大就去成了。

我十岁的时候，罗马的舅舅中风了，舅妈写信给妈妈要她去罗马看她兄弟。妈妈与家里和解了，就带我一起回去。所以罗马就变得不只是圣诞节的糖果饼干了。现实竟然比我想象的还要精彩得多，真是难得。

我们是搭火车去的。我的朋友和我都以为坐火车一定很刺激，但甚至在那个时候，我就已经发现自己不喜欢旅行这件事了。不过我倒喜欢看窗外的风景，它们动的时候，就像富国戏院银幕上放的电影一样。但火车会动，很难坐在上面画画。

我看到罗马的第一刻，敬畏之心油然而生，同时还觉得像是回到了家。我知道那是我应该住的、也必须住的地方，我属于那里。舅舅病得太重，我没办法多认识他一些，但他和舅妈给了我一个比圣诞节糖果包更重要的礼物！

当我们返回里米尼，我心里第一次有了一个目标。

我小时候有个秘密，一个从没跟人说过的秘密，连我弟弟也不例外——我尤其不跟他说。我不能告诉他，因为我不相信他是我的兄弟。

我觉得我爸妈不是我真正的父母，我比较像是他们在哪儿捡到的，然后被带回家，然后被说成是他们的儿子。很久以后，我才了解那是一种原型心理，会在那些觉得自己与父母不像或是与父母沟通不良的孩子身上发现。然而等我大了一些，我却不得不承认，我不但的确从爸妈身上，还从他们的家族中遗传了某些外形上的特征。

我从来没被拉去参加任何我不在行的事。我在运动这方面没有任何特殊才能，我甚至没有半点兴趣。但因为自己瘦得跟皮包骨一样，所以我倒是挺羡慕那些参加古典式角斗（Greco-Roman wrestling）的年轻选手，他们敢几乎脱光地当着所有人面炫耀他们饱满的肌肉。我那时非常害怕穿泳裤，是我一辈子对自己身材的自卑情结在作祟。我小时候不太比得上别人，甚至根本就放弃跟人比赛，我只是秘密地对落败者抱以同情，觉得我们同是天涯沦落人。长大以后，我看到漂亮的女人还是会害怕。那就跟我小时候在里米尼的经验一样，那些来镇上过暑假的德国、瑞典女人，看起来都是那样难以亲近。

就孩童的标准来看，我小时候的口哨算是吹得相当不错了，妈妈曾经赞美过我一次，于是接下来几个月家中就口哨声不断，多到让人烦的地步。幸好我后来也吹烦了。

我很小的时候，在学校唱歌，老师说我的声音很好，我可以唱得很高，他们说我的声音以后会降低很多，但也没发生。大家鼓励我唱，我就唱，不是因为我喜欢唱歌，而是我喜欢人家的赞美。我一向对赞美很有反应，对批评就迟钝得多。到了弟弟里卡多入学后，我就不唱了。他唱得比我好多了，他的歌唱得真的很美，有种天分，他所有的老师自然都觉得惊诧赞叹。于是我不再唱了，一辈子永远不唱了。日后凡是在公众场合，或朋友的生日聚会里有需要唱歌的时候，我就只动嘴巴装装样子，设法逃避。我也从没怀念过唱歌这件事情。

至于里卡多，他就在我们朋友的婚礼上展露他歌唱的才华，就像他在《浪荡儿》（*I Vitelloni*）一片中表现的一样。他的声音为他带来乐趣，但我想他并不够重视这项天赋，因为他天生就能唱，这本领得来太容易了。他好到足以当个专业歌剧演唱者，而不只是为朋友的婚礼献唱而已，但他心中没有那种动力。

我相信他有可能成为一个有名的歌手，不是因为他是我兄弟我才这么觉得。在意大利有那么多人都想做同样一件事，他们需要的是运气和动力的配合，若有足够的运气，就不需要那样多的动力了。里卡多的动力不够，所以大概需要超多的运气。此外，他还需要很多的鼓励。如果你运气好到可以出乎意料地立刻成功，那么就是来自鼓励的力量，我就有那种运气。

但我最尊敬的一种人，是那种具有屡败屡战精神的人。人在奋战时，最难的一件事就是保持自我尊重。我不知道如果那些时候事情拖得再久一些，或是我运气不好的话，自己到底会怎么办。在那些时候，我甚至不太清楚自己想做什么，所以我一定要有及时领悟的好运。我乐于相信自己大概也会不屈不挠继续努力下去吧，不然还有什么其他选择呢？

　　我曾想把我初恋的故事放在一部电影里，但发现不太适合，同时也担心这招可能过于俗滥，因为别人早就用过了。我不知道别人拍的是否真是他们的亲身经历。初恋这个题材很多人都喜欢拿来写。我十六岁的时候，曾看到我家那条街某间房子的窗口里，坐着一位天使般美丽的女孩。虽然我从未见过天使，但她就是我想象中天使的模样。

　　我们住得这么近，但不知为什么我之前从没见过她，也许是因为直到那一刻我的眼睛才准备好去看她吧。我那时知道自己必须去认识她，却不晓得要如何进行。那个年代跟现在不同，盛行另外一种来自从前的行为法则。

　　我想为她画一张她站在结霜窗边的画像，然后再写几个字。但我又判断这种方法可能太难懂了，除非我签名，否则她不会知道是谁画的，就算我签了，她也可能不知道我是谁。况且，我要把东西传给她的话还可能遭到阻挡，尤其是她父母的阻挡。而且，如果霜融掉了怎么办？

　　我于是决定，最好的办法就是直接面交。我靠印象为她画了张像，然后在她坐在窗边的时候走过去，举起我的画。她笑了笑，打开窗户，优雅地接受了。在画的背面，我留了话，要她到一个里米尼知名的地点与我碰面。

　　她在指定的时间到达了，我则捧着花在那儿等着。她很准时，这是我最重视的一项特质，那是对他人的一种尊重。要与女人会面时，我向来觉得应该早到守候。然而那天我却早到非常久，所以当她准时抵达时，我已在那儿候驾多时，我以为她不会来赴约，我甚至已经想离开了。

　　从那以后，我们就一起散步，一起骑脚踏车，一起去郊游，郊游时我还带了爸爸的帕尔玛干酪。

　　我在梦里吻过她。我的梦都非常浪漫，而且十分高贵。我崇拜她，并且奋力把她从险境中救出。此外，我也击退了所有威胁她安全的恶龙、坏人，或其他东西。在现实中，她才十四岁，我对吻她这事有所顾忌，怕吓走了我的这位缪斯女神。而且我自己也才十六岁，没有吻女孩的经验，不知道该如何进行。

我们的关系结束得很突然。我托她兄弟带给她一封情书，她也托他带了一封给我。然而就在他来我家等我的时候，被我妈妈给拦截了。她给了他一块诱人的蛋糕，我们家一向有好吃的东西。那个笨男孩掉入那块蛋糕的陷阱，竟忘了把信交给我。他把信留在掉满蛋糕碎屑的桌上，给我妈看到了。

妈妈立刻下了最糟的结论。就算在我最放肆的梦里，我也绝对无法想得跟我妈一样远，因为我对罪（sin）的概念远不及她来得发达。她直接冲到那个女孩家里兴师问罪，向她的父母指控他们的女儿诱拐了她的儿子。我倒希望这是事实！

他父母认为这些指控乃是无稽之谈，的确也是，他们完全相信自己的女儿是无辜的。然而，他们决定最好不要与一个住在对街的近邻交恶。虽然我当时不在场，但我确定妈妈自以为是的样子一定很吓人。

从那次以后，我觉得面对我的爱人实在太尴尬了。我当时尚未长大，还只是个孩子。我一辈子在体能方面和情感方面都是个懦夫。我从来不喜欢吵架，对于哀伤及动气的场面，尤其是面对女人的时候，也不计代价设法回避。

他们家几乎立刻就搬到米兰去了。我确定该举与我无关，然而却心情复杂。我虽然为再也见不到那个天使般的女孩感到难过，但同时也为不必再忍受相见时的羞辱而觉得感激。

但事情并未完全结束。几年后我人在罗马时，她写信给我，告诉我她的电话。我打电话到米兰找她，她邀请我去看她。那个经验十分美好！那个时期，她给了我好些故事的灵感。但我给她的显然更多，她成了一名记者。几年以后，她甚至把我们的故事写成了一部小说，不过我从来没读它，只是听人提起过。在那本影射小说里，我和她显然成了男女主角。对于我们1941年的重逢（而不是我们儿时的恋情），她显然比我记得更多。那是在我认识朱丽叶塔（Giulietta Masina）[1]之前的事。

1　朱丽叶塔·马西纳，意大利著名女演员，费里尼的妻子。代表作有《大路》《卡比利亚之夜》《朱丽叶与魔鬼》等，曾以《卡比利亚之夜》获得戛纳电影节最佳女演员奖。

有人把我用那样的方式写出来，给我一种奇怪的感受——把我们的隐私公开，并把那些事情变成更具戏剧性和娱乐性的读物。我对自己如此对待他人倒是早就习以为常，但别人用同样的方式对待我，却让我觉得很怪异。那时候，我没去看那本书，后来我曾想过要去找那本书，但也始终没去找。那时候要找，也许还找得到。

我早在十一岁左右，就已经开始把自己画的图和漫画寄给佛罗伦萨（Florence）和罗马的杂志社了。到了十二岁左右，我就开始寄给他们一些附图的短篇小说、散文以及趣闻轶事。我经常是先想到画的题材，然后再编些故事来配合那些画。我会在上面签上各种自己取的名字，免得作者看起来都像是同一个人。我不知道为什么要那么做，不过当时的确觉得那样颇有道理。我没去想如果有家杂志社寄稿费来的话怎么办，也没有想到信封上的假名可能会让邮差觉得混乱，不知如何投递。通常我会选用以"F"开头的名字，因为与我的姓名相关。在十三岁之前，我都不必烦恼要拿另一个名字兑现支票，因为从没收到过支票。

然后，事情发生了，自从我卖出第一幅漫画后，这就变成家常便饭。稿费并不多，只够买些"糕饼"，但看到自己的作品被刊登出来，的确让人心情激动。它们看起来是这么的真实。

我以为当我第一幅画刊登出来的时候，我会拿着那本杂志向我所有的朋友炫耀一番。但实际情形却远非如此。当我第一幅漫画刊登出来后，我反而把它藏起来。这不是因为我觉得惭愧，而是因为我太高兴、太骄傲了，我想把它当作自己的一个小秘密，至少一小段时间也好。我当时并不想跟任何人分享，但有人看到了我的作品，很快地，不用我说，大家都知道了。我当时非常开心。

第四章 心的归宿

1937 年，我去了佛罗伦萨，当时我十七岁。我想去的地方其实是罗马，但佛罗伦萨比较近。《420 趣味周刊》的出版社设在那里，我曾把作品寄去过。我在那儿得到了一份记者的工作，但其实那也称不上是份工作，他们付我的钱更称不上是份薪水，我所做的工作则更称不上是位记者的工作。实际上，我的职位大概只比公司小弟高一点。那是我的第一份工作，我的第一份固定收入。虽然杂志社里没有半个人像美国片里的人物一样穿着风衣，但我仍对这份工作抱着希望。我最后只在那儿待了四个月左右，罗马才是我真正想去的地方。

我回到里米尼，答应妈妈要到罗马大学的法学院注册。我的确按承诺去注了册，但却从没去上过课。我没答应她我会去上课。

我得等到 1938 年的 1 月才真的确定可以搬到罗马。我下了火车，步出"终点站"（Termini Station），发现当时罗马在任何方面都不会令人失望——它永远都不会令人失望的。十岁的时候，是从舅舅家来观赏这个城市的。妈妈年轻的时候太受家人的保护，对五花八门的罗马可能只有表层的认识。但这次看到的罗马比我十岁那年对它所留下的印象要精彩得多。

到了罗马以后，我为一家报社工作。那时我十八岁，赚的钱连买午餐都不够，我有咖啡和面包当早餐，也有简单的晚餐，但买午餐钱就不够了。不过我要的是食物，而不是钱，钱是抽象的东西。我很少把里拉和意大利面直接想到一起，我得刻意提醒自己身上要记着带钱才行，幸好我在常去的那家咖啡厅很有信用。等到后来我工作上较顺利了，才吃得比较规律。后来我也的确得到了这种福分。

我想要成为记者是受到弗雷德·麦克默里（Fred MacMurray）[1]那顶帽子的影响。我对记者的印象全都来自美国电影。我只知道他们开很棒的车，身边有很棒的女人，所以我一心准备做个记者，希望一举获得香车美人。然而，我对意大利记者的生活却一无所知。当我如愿成为记者以后，情况又和我期待的不一样了。我等了好一会儿才攒够了买风衣的钱。

我有一半的罗马血统，妈妈是罗马人，她的先祖可以追溯到十五世纪初，如果再深入追踪下去的话甚至还要更早。妈妈姓巴尔比亚尼（Barbiani），也就是说我们家族里有位出了名的或者也许说是出了恶名的人物。他当时是一名教廷辖下的药剂师，因涉嫌共谋下毒被判入狱。我相信他一定是无辜的，我对此事的了解仅止于此，但既然他是我的祖先，我一定得为他辩护，我觉得自己可以知道他是不是有罪。

他们告诉我他被关了三四十年之久。在任何时代入狱，其恐怖都是令人难以想象的。比起我们今天人人家中有自来水有暖气的生活，他们那时住在皇宫狱里的日子可是难熬多了。我的祖先安然度过此劫，表示他一定很坚强，我相信一定比我坚强。他坚强这事很好，对我很重要，因为这使得他这支的后代足以延续到1920年——不然，哪里会有我？我第一次与妈妈造访罗马的时候，感觉到的大概就是血液中流动的这股罗马血液吧。我去过舅舅家，见过妈妈年少时待过的罗马之后，就一心一意想要再回到那个精彩的地方，而且再也不想离开。

到我长大成人，终于可以再回去了。我当时不知道在那里要怎么活下去，但知道我一定办得到。我找到了自己的家。从那一刻起，我真的再没有一分钟想要离开罗马。

---

1 弗雷德·麦克默里，美国男演员，代表作有《双重赔偿》《桃色公寓》等。

初抵罗马时，我还是个处男。对那些住在里米尼、已有过——或自称有过——很多次性经验的朋友，我从没承认过这事。那时候，我完全相信他们，他们说什么我都相信。我自己当然也夸张、说过谎，然而，我不会在很小的细节上造假，因为我所知有限。当时，我所有这方面的经验都来自想象，我后来才惊讶地发现有那么多的性经验是在想象中发生的。想象才是最主要的性感带。我吹牛时都得援引梦中的情景，梦里的经验既美好又令人满意。在梦里，我一向头脑清晰，不再笨手笨脚、进退失据；我是个英雄，从来不会为自己的身体感到自卑。

青少年时期，我也曾有过亲吻和抚触的经验。要不是我老是先行打住的话，还可以有更进一步的"发展"；不过要是我不停的话，女孩子也可能会叫停。原因不是我缺乏经验，或不知怎么去进行，我大概也能想象得出那是怎么回事。真正让我裹足不前的是：那些女孩也都还是处女之身，或至少她们自称如此。那令人觉得责任重大，我无法对她们（或是自己）做出那样的事。我不希望伤害任何人，我也不想做出什么让我不能离开里米尼的事。

我清楚一件事，那就是我不想太早结婚，我不想掉入爸妈曾掉入的陷阱。我还不清楚自己的人生目标是什么，希望自己有个人生目标，而且想去追寻这个目标。

我渴望自由，无法忍受妈妈加在我身上的严格禁令。即使我几乎已经长大成人了，她还以为她有权知道我的一切。如果我不毕恭毕敬回话，她甚至会没收我的钥匙，那时对我而言，自由似乎就是快乐的代称。

我是在罗马跟一个女孩有了第一次的肉体经验。我那时急于超越自己，但又不想为那事担负什么责任。我无法了解为什么有人可以甚至还不清楚自己在做什么时，就轻易地做出长久的承诺。那种以一辈子为赌注所下的决定，让我觉得很恐怖。

那么那事的解答似乎就落在"妓院"里。那个时代大家对妓院的态度不同，它是生活中被接受的一环。不过它当然也是一种禁忌、一种罪恶。恶魔大概借用了女士的身躯，危害人类的灵魂。天主教费心阻挠却反而让性这件事变得更为神秘诱人，真是毫无必要。那个岁数的人，荷尔蒙分泌旺盛，是禁不起太多诱惑的。

我很幸运，因为进妓院时，里面只剩下一个女孩有空。她不老，年纪只比我大一点，人看起来不错，正坐在那儿"等朋友"，而我就是她在等的那个"朋友"。

她跟我稍后看到的其他女人不一样，没有穿黑蕾丝或红绸缎的衣服，那种摆明了给妓女穿的衣服可能会把我给吓跑。我想，那时候我那么紧张，大概什么东西都可以把我吓跑吧。

她声音轻柔，不多话，也不会给人压迫感，看起来甚至有些害羞。后来我才发觉自己实在是天真，竟然以为妓女会害羞。再后来，我又了解到，她们为什么不能害羞呢？我也遇见过害羞的男女演员呀？我也认识换下戏服、取下鼻头红球以后就变得害羞的小丑呀？我还认识一位害羞的导演，当我不导戏、不被强迫去忘掉自己的本性时，我也害羞呀！或许我们每个人都害羞吧，只是假装自己不害羞罢了。

我觉得她非常漂亮，她当时好像对我很有吸引力。老实说，我现在已经记不得她的长相了。说不定我后来曾在街上遇到过她，却没认出来。或许她还认得我吧，但也可能我穿上衣服后她就认不得了。

我记得那时候自己觉得她是那种应该戴着白手套的女孩。我不知道为什么那么年轻可爱的女孩会一个人坐在那儿没人理。直到后来，我才了解到可能是她才刚服务完前一个客人。

那过程真是美妙，完全就是我一心期盼的经验。

后来我才明白，在那之外还要加上别的东西，一种更重要的东西，即加上爱情的性爱。但那时我实在是天真的可以，我竟然以为自己爱上了她，虽然我已经记不得她的名字了；而她也一定爱上了我，因为感觉是那样的美妙。

我想继续认识她。我邀请她到妓院外约会，当时并不知道此事可能违规：要是她跟我出去这事被发现了，可能要丢饭碗的。至于我这边，甚至还不知道怎么来养活自己呢，不过我想自己或许可以影响她让她改业。但话说

38

回来，我又有什么权利来评断她呢？

我提出的请求被她拒绝了，她做不到，不过倒十分鼓励我尽可能常去光顾她的生意。

当我离开的时候，原本打算就照她的意思做，但却由于某种缘故没能办到。我再也没有回去过。那是一段那么美好的经验，一段我所深爱的回忆，我不想破坏它。后来我的人生转向，除了在电影里以不同方式运用妓院的经验外，再也不需要妓院的服务了。"妓院"对编剧或导演而言，都是个宝贵的经验。

我不知道那个女孩在情感上是否受到伤害，因为我再也没有回去过……

我曾对外在世界充满好奇，尤其是美国。但每当我离开罗马，就觉得自己念念不忘着什么。所有我去过的地方都比不上我心中的罗马。罗马的丰富是我远远想象不到的，它是个任何幻想都比不上的现实境地。

我对罗马的第一个印象是人们吃东西的样子。到处都是吃得不亦乐乎的人们，那些食物都看起来可口得不得了。透过餐厅的窗子，我看到意大利面被卷在叉子上的模样。意大利面食有比我所知更多的形状；奶酪的口味多得让人眼花缭乱；此外，还有从糕饼店传来温热面包的诱人香味……

那时我甚至一天吃不起一餐，所以没能尽情去惠顾那些糕饼店。我于是下定决心：以后一定要赚到足够多的钱，让我想吃多少糕饼就吃多少糕饼。我向来就为自己瘦不啦叽的身材感到自卑，也因而不愿穿泳衣。但想不到从来吃不胖的我，竟然发现了增胖的秘诀——只是这秘诀过分有效。当我真的有钱到买得起所有我想买的糕饼时，却变得连吃一块糕饼都会胖。所以我又变得太胖而不好意思穿泳衣了。最后，我甚至学会了另一个增胖的绝技：我在晚上的梦里，会把那些白天在糕饼店看到的糕饼——吃掉。

爸妈其实给我们准备了很棒的食物，常常多到我吃不完的地步。然而，即使在家吃过大餐以后，我仍然可以站在家里附近的面包店前，把脸凑在玻璃窗上欣赏那漂亮好吃的蛋糕，而且恨不得口袋里有钱可以立刻把它们买下。我当然不是在家吃得不够，但因为我长得瘦，而且又看起来一副营养不良的样子，特别当我后来又长高了许多，所以不论妈妈看到我吃多少，她都觉得我一定还是吃得不够。

我想我长得瘦甚至会让她在邻居面前抬不起头，她会以为那些人都认为她有亏母职。多亏有爸爸，我们才有办法享受到那么高级的食物。当然，我与弟弟里卡多当时并不了解这点。我们还以为大家都可以吃到这些，这当然不是事实。爸爸总希望给他的家人能享受到最好的，即使他从不在家跟我们一起吃那些东西。有些商人会把他们卖不掉的食物带回家给家人吃，但爸爸不会，他只给他的家人最好的：譬如，刚榨出的鲜纯橄榄油、最上等的咖啡豆、巧克力等等。

直到我离家去了佛罗伦萨，才开始明白"饿"是怎么一回事。我那时一直可以吃得下东西，我想那就是"饿"的定义。我在到佛罗伦萨之前，上下两餐中的间隔不够长，所以从来没有真正饥饿的感觉。在罗马时倒是真的对此有了体验。如我写的东西卖掉的话，就表示早餐可以有更多更好吃的面包，而且可以继续喝上第二或第三杯的咖啡。我发现了什么叫"饿得难受"。

我初到罗马的时候，还有些害羞。我不认识什么人，真正认识的人又都开不起派对，就算有人举行派对，也没人邀请我出席。我当时在想，能参加派对一定很好，尤其是因为在我的想象中，派对里都有丰盛的自助餐点招待，我可以站在那儿一直吃一直吃，直到不饿了为止。

所以，在罗马要是有人跟我提起"派对"这两个字，意味的就是食物。我之前对派对的观念还停留在以前里米尼的家庭聚会或小孩的庆生会上，后者除了生日蛋糕外，好像比较适合女孩子参加。

我认为参加派对最好的办法就是当个旁观者。如果有可能的话，我愿意穿一件隐形衣，或是像以前一样，穿件有大口袋的衣服，好让我在里面多囤积一些日后的粮食。

直到我开始涉足一些不同的而且有较多人参与的社交场合以后，才了解自己一点儿也不喜欢参加派对这件事。起初，是因为我不相信别人会对我感兴趣，不相信自己可以加入别人的谈话，因为我对歌唱、歌剧或是诸如足球之类的运动事件丝毫不感兴趣。对大家来说，一个男人要是不对足球兴奋的话，是要比他对一个不穿衣服的裸女冷感，都来得严重呢。然而，为了不让主人或那些带我去参加派对的朋友难堪，我只有尽力而为，过程苦不堪言。

他们问我："你是做什么的？"我当时正在记者与画家两个不同的事业方向间犹豫挣扎。不过这当然不是一个很好的答复。我朋友说我应该当众献艺，画一些有趣的小东西让大家欣赏，但我却向来无法用那种方式去吸引别人的注意。虽然我在第二次世界大战刚结束的时候必须在"趣味面孔画铺"（Funny Face Shop）当众画画，但却从来没有当着很多人面前画过，我不喜欢那样。

当我愈来愈有名气，就收到更多的派对邀请，但我反而参加得更少。我了解自己不喜欢那种社交场合，但那种困扰却日益增多。等到我更有名气的时候，我不但仍然不擅攀谈，还得张眼认人，挡掉那些病态的骗子，那些觉得我该为他们的不幸负责、并该捐钱给他们的人。还有那些自以为面貌特别、想探探星路的人，派对是他们参加甄试的借口。我以为等自己老一些，情况会有所改善，但事实却正好相反。

当我察觉众人目光聚焦在我身上的时候，我就会为自己必须在用餐时"表演"而变得更加害羞不安。除了跟朋友相聚，或是电影工作上的必要应酬，我大概从不出门。多亏有朱丽叶塔，她的社交能力比我好得多，而且喜欢跟朋友见面。我不好意思老要她一个人出门，所以偶尔也会出去走走。

我还是个孩子的时候，教育体系极力鼓吹战场英雄的价值。他们告诉我们制服和奖章会把人变得特别，而那些穿制服、戴奖章的人也会特别受到人们的尊敬。他们教导我们死于崇高的理由是最光荣的一件事。我不是个非常好的学生，从来不了解墨索里尼有什么好迷的。他在富国戏院放的纪录片里一身黑白，样子非常无趣，我记得最清楚的是他的靴子。

法西斯主义大约是在我出生时兴起的。随着法西斯思想日渐得势，战事变得指日可待，像是一个人人都会想要参加的派对。但我必须说，我可不会为了当个光荣的现代罗马军人出卖自己、奔赴战场，我反倒是竭尽可能避开这个派对。我父亲曾被征召加入第一次世界大战，我则特别急于逃开同样的命运。我当时不让自己成为墨索里尼麾下的法西斯军人，也就没有变成希特勒纳粹军的盟友，此举完全合乎现今的社会价值取向，甚至具备先见之明。但在那个时候，有些人却认为我躲在壁橱里是懦弱的表现。

我收买医生，并装出自己患有罕见的疾病。我精通各类病症，呼吸短促是我的专长之一，有时在做检查之前，我会以最快的速度在上下爬几层楼梯。我装病装得跟真的一样，有时像到我真的觉得自己病了。当原本那位意籍医生换成德籍医生后，我就觉得不对劲了。事情真的严重了。

后来上面明令规定，除了无法行动的人以外，罗马的意籍医生不许再发出缓征的医方证明。有个博洛尼亚来的人建议我到该地的医院试试，说那里检查得比较松。他说他就是在那儿拿到证明的。我跟那里的医院约了，并提前到达，我要在检查之前依例爬爬楼梯，希望能改变心跳、脉博或血压的指数。到了指定的时间，我被叫进一个房间脱衣服。那些意籍医生都看起来一个样子：严厉而不友善。原来德军派有督察监视。

当我站在被分派的诊查室里，我在心底检视着自己的症状：我还活着算是奇迹了，世上没有军队会要我这样的病人当兵的——我如此希望着。

然后事情发生了。一枚炸弹袭来。

我后来才知道那枚炸弹并未直接击中医院，但我觉得已经够像直接击中了。医院顿时一阵惊慌，大家四处逃窜，屋顶也陷了下来。我后来发现自己穿着内裤跑到街上，全身满是灰尘和天花板的石膏碎屑，逃离震垮的房子时只抓了一只鞋子，两只鞋其实是放在一起的，我不知道为什么自己只拿了一只。

我在博洛尼亚有认识的人，但从医院到那儿要走很久。我穿着内裤走在街上，却好像也没人在意。这让我想起了一部雷内·克莱尔（René

Clair）[1] 的电影，我不记得片名，只记得片中有个身穿内衣、头戴礼帽的男人到警察局去申诉案件。途中没有警察像在影片中拦那个人一样来拦我，因为他们在轰炸期间都忙得不可开交，我一路上连一个警察都没遇到。

我最后到朋友家的时候，他们对我几乎脱光了的模样并不觉得讶异。那是奇怪且艰难的时期。直到现在我都认为我的体检报告大概在轰炸中弄丢了，因为后来就再也没有人要求我去做从军体检了。不过我也还是没有拿到医生开的缓征证明。

小时候，我会把里米尼富国戏院外头展示的明星照片画成夸张的卡通造型，然后再由我的一位朋友负责上色。我在素描上签上"伙伴们"的字样，然后那些画就会被挂在戏院里。之后，我们两个就可以免费进场看电影。他们没有付我们钱，我们是用作品交换看电影的机会，有些片子，我们还看了好几次呢。后来在罗马，我也有类似的经验。里纳尔多·格伦（Rinaldo Geleng）是我在那儿最早认识的人之一。他是位很有才华的画家，对用色尤其在行，他知道怎么使用水彩和油彩来作画。我们成了朋友，常会结伙到餐厅、咖啡厅去为客人画像。我描底，格伦上色，赚的钱勉强可以糊口，但偶尔也会有人非常乐意请我们吃蛋糕、喝咖啡，甚至用晚饭。

格伦的画比我讨好，如果他也来画，生意大概会好一些。我是按照自己看到的来画。当别桌的客人看到我画的不是肖像素描，而是漫画造型的时候，就不想叫我画了。而有时我所画的客人看到我把他们画成的样子，甚至就不想付钱了，而且有时他们还当真不付。最糟的是，我看到有些人付钱之后就把他们的画像揉成一团扔掉。这当然很伤人，但我也没法不这么去画。我没办法不照我看到的来画。所以，我想拍电影也是一样的，我必须拍自己感觉到而且相信的东西。

我们还找到了一些商店橱窗的设计工作，我画图案，他上颜色。最后生意好到我们两人各自要负责装饰一些店面。我们的任务是要用我们的设

1　雷内·克莱尔，法国著名编剧、导演，代表作有《沉睡的巴黎》《百万法郎》和《沉默是金》等。

计来招揽顾客。有些商店在特卖商品的时候也常会请我们去。我在画画的时候，通常会吸引到一大堆人围观，但那并不代表他们就会到店里去买东西。

我擅长画一些非写实而且曲线婀娜的丰满女性。那些画会吸引客人到店里去看那些特价品。但如果店里做的是女鞋生意，这类画就不太合适了，因为大部分停下来看我画画的都是男人，所以这些"负责促销"的画作就变得不是很成功了。我想我那时一定就表现出了没有商业头脑的样子，从来不会光为了钱去工作。我不愿意扭曲老天给我的本事，只要我能靠自己想做的事糊口就可以了。我希望有人喜欢我的东西，喜欢到愿意付钱，让我能过日子就好了。当时金钱本身似乎不是我感兴趣的目标。

到了我开始尝试在橱窗上画油画的时候，我们的生意就真的告吹了。油画是格伦的专长，但那次我们同时接到两件案子。我画画时，要是有人在看，总会让我觉得有些紧张，不过那时我已经慢慢习惯了。重点是画油画没办法擦掉，我没办法修改。而当我画错时还有一堆人在那儿看热闹，这可让我糗极了。大家放声大笑，店主则挥着一只女高跟鞋跑出来，我以为他想揍我，就连颜料都没拿就跑了。最惨的是，我一面跑，还一面听到那些人的笑声。我一辈子都在重复"逃跑"这件事：我知道自己是个懦夫。

为了不同的理由，我经常搬家，从一个搭伙公寓搬到另一个搭伙公寓。我付不起太高的价钱来租房子，因此老是在找更好的住处，以提高自己的生活水准。但有时候我付不出房钱，就只好找一个便宜一点的地方，降低自己的生活水准。爸妈会给我生活费，但我不想告诉他们不够，住罗马比住里米尼要贵多了。可是我不想再跟他们要钱，因为我不想追随他们为我在罗马做的规划，我有自己的梦要圆。

有几次，我遇到对我有额外要求的女房东，她们的热情让我觉得难堪，只好再搬家。有一次我找到了一个非常满意的住处，但由于不愿与房东发生什么纠葛，就又另谋他处去了。那个房东虽然年纪比我大，但也相当性感动人。我那时还不满二十岁，不是我对那事不感兴趣，而大概是因为自己在性经验方面开发得较慢而有所却步。她似乎很喜欢我，但我不想伤害任何人，所以即使我无法再找到一个阳光充足的房间，也似乎搬走为妙。

我只要一出了罗马，就为这座城市担心，害怕我走开的时候，那里会出事，好像要是我人在那儿的话，就可以保护它一样。当我回到罗马的时候，则老是会为它的安然无恙感到惊喜。"罗萨蒂"（Rosati）还是老样子，他们的咖啡也没变。尽管我来来去去这么多回，但每一次回到罗马，它都好像比印象中的更美更好了。

　　我一向喜欢住在古老的地方。如果你住在一个新的地方，它变老了，你也会觉得自己老了；但如果你是住在古老的区域，你就不会看到它衰老的迹象。它们的外貌是几百年岁月累积而成的，几十年的变化痕迹根本察觉不出来。

　　我一看到罗马就认它为家。我是在看到它那刻才出生的，那天才是我真正的生日。要是我还能记得是哪一天，我会在这个日子庆生。人生常常都是这样，最重要的时刻来临时，我们不是不知道就是不注意，我们净是在忙着过活。只有当我们回顾从前时，才能了解哪些才是生命里的重要时刻。

　　我刚到那儿的时候，不认识什么人，不知道如何谋生，也不清楚自己的未来。但我并不害怕，也不觉得孤单。我不害怕不是因为自己年轻，而是因为对我而言，罗马实在是充满了魔力，我知道已经找到了自己的家，再也不想到别的地方去了。我不觉得孤单，因为这座城市是我的朋友，我知道它会照顾我。

　　罗马甚至是我打算终结生命的地方，虽然我从来没打算要死过。

第五章 完美导演，缺陷丈夫

　　我在《马可·奥勒留》上画漫画、写稿，那是一本延续《笨拙》(*Punch*) [1] 传统的趣味杂志。我也开始从事电台编剧，并为电影撰写一些笑话和片段。

　　然后我遇见了朱丽叶塔·马西纳，她后来成了我在罗马的家人。我是在 1943 年认识她的，当时她在一出名为《奇哥与帕琳娜》(*Cicoe Pallina*) 的周日晚上广播剧里担任帕琳娜那个角色。剧本是我写的，我是先听到她的声音之后才见到她人的。

　　我打电话邀请她共进午餐。我挑了一家当时非常时髦的高级餐厅，在我的想象中，那是最起码的待遇，以及尊重的表现。她后来告诉我她觉得相当意外，因为身为罗马大学（University of Rome）的学生，较为习惯的约会方式是去咖啡厅。

　　她承认自己还多带了点钱，以免我付账时钱不够出粮。她很可爱，一直辩解自己不是很饿，而且尽挑最简单、最便宜的菜色。我鼓励她点些好东西，但她的眼睛一直盯着菜单上的价钱看。我有些失望，因为那表示我也没法点那些自己打算尝一尝的好菜。她净挑便宜的点，那我怎么可以叫贵的东西呢？朱丽叶塔哪里知道，我在邀请她之前已经去那家餐厅探过菜单，以确定自己付得起饭钱。那是一家我一直想光顾的餐厅。后来，我才

---

1 《笨拙》是英国老牌的讽刺漫画杂志之一。

发现跟她一起住在罗马的阿姨[1]并不希望她跟陌生人见面，即使是她表演节目的编剧也一样。不过当她听到我所挑选碰面的餐厅名字时，就不再坚持了。我想她一定是觉得在那么高级的地方，不可能有太糟的事发生在她的外甥女身上。

我们后来只认识相恋了几个月就结婚了，不知道当时朱丽叶塔的阿姨作何感想。当你们二十岁出头就结婚，你们等于是在一起长大。不过后来朱丽叶塔告诉过我好几次，她说我根本没有长大过。我们不只是情人、夫妻，还是兄弟姐妹。有时我扮演朱丽叶塔的父亲，有时她扮演我的母亲。

要把朱丽叶塔当作一个演员来谈的时候，老让我觉得有些不自然，因为在把她当演员来讨论之前，我总是不可避免地会想到她这个人本身。我们在一起生活了那么久，然而在我回答别人问到关于"她在我的电影创作上到底扮演着什么角色"的时候，我才明白我会对他们说一些我从来没对她说过的话。

她不仅是我创作《大路》和《卡比利亚之夜》的灵感来源，还是我生命中的善良小仙女。随着她，我进入了生命的另一处风景，而这风景反倒又变成了我的生命，没有她，我就不可能发现这个地方。我们认识时她是我所编写广播剧里的女主角，后来她竟成了我生命里的女主角。

男人和女人对于婚姻外的性行为有着不同的态度。女人认为如果你和别人发生性关系，就表示你出卖的是灵魂，而不只性器官。男人则否认此种说法，你知道你只是把性器官借别人用了一下，并没有出卖自己的灵魂。可是你怎么向老婆解释，那晚你只是把性器官借给别人用了一下呢？

白头偕老的婚姻对女人来说很浪漫，对男人而言就太恐怖了。婚前的性经验对男人很重要，可惜你不能把它们存起来备用。

朱丽叶塔和我那时都很年轻。我们一同探索了生命，我教她认识了性这件事。

1　全书没有明确的线索可作参考判断，故暂将朱丽叶塔与其 aunt 的关系译作"外甥女—阿姨"的关系，当然也有"侄女—姑姑"等关系的可能。

之前，我们两个都没有太多的人生阅历或性经验。我比她多一些，她是个相当受保护的女孩。

她人长得非常娇小，需要我的保护。她单纯、甜美、善良、信赖他人，我是她的依靠。她在各方面都仰赖我，不单是体型方面。她非常崇拜我，之前还从没有人那么崇拜过我。我猜想，我们恋情中有一部分，大概是我在跟她瞳孔里所映照出自己的倒影恋爱。我们的合照中，她最喜欢的就是那些她在我怀里看来小鸟依人模样的照片。

在性爱这方面，那时候除了脑中的惊人幻想，我还不是很有经验。我相信在我还无法借言语表达、只能靠画面思考的那个阶段以前，性就曾经占据过我最多的想象。我立志要在婚前享有非常丰富的性经验，而朱丽叶塔则是个毫无经验的处女。

男人并不是天生的一夫一妻制动物。肉体上说来，男人本就不是一种能严守一夫一妻制法则的动物，不论他再怎么努力控制他的生物本能，他也一定会违抗压抑体内的冲动，因为压抑比顺从这些冲动要来得费劲。

两性关系对我而言一直是个难题。当你再见到一个二三十或四十年前和你上过几次床的女人，那感觉多奇怪啊！她会觉得你欠了她什么。也许我欠她的是：没记住这回事。我有时是会忘记这种事的。

朱丽叶塔对于这些事记得比我清楚。有时她甚至会记得一些从没发生过的事。我想，男人顾的是整体的大局，而女人最爱去看事情的细枝末节。

我记得有一次我人不在家，打电话回家给朱丽叶塔，却打到了很晚都不见她来接电话。我那时不知道要上哪儿去找她，并在脑子里胡思乱想所有可能会发生的事。于是，我对天发誓，只要她能平安回来，我一定会做一个标准丈夫。然后，她终于回家接了电话。

之后，我仍然不算是个标准丈夫，但我相信我起码也是个好丈夫。

有种迷思，说是两人结婚后，就会结合成一体。事实不然，他们比较有可能变成两个半，或三个，或五个，或更多个人。

由于现实和我们所知的有那样大的差距，失望也就难免更大。

"他们从此过着幸福快乐的生活。"——这只是童话故事。当灰姑娘变成一个唠叨的女人，就没人会再说那句话了。当白马王子感到体内那种永恒的欲火，并且对一个不是灰姑娘的女人突然产生了性渴望的时候，他们就不会告诉你发生什么事了。

我当初其实并不真的想结婚。我的确爱朱丽叶塔，但我还太年轻。战争让每件事都好像显得更急迫，所有事情都加速进行，而未来也变得更不确定。

虽然我不想那么早结婚，但我从不后悔娶了她。这些年来，我从来不会希望自己当初没娶她，但我想她曾多次后悔嫁给了我。

我和朱丽叶塔的恋爱过程非常浪漫。我们因爱结合，那是心灵与肉体的快乐相遇。朱丽叶塔总能脚踏现实，但我却总是一头梦幻。

在我们婚姻的后期，我变成了一个"周日丈夫"（a Sunday husband），净顾着看资料文件。由于在我们婚前交往阶段，或结婚初期，都没有迹象显示我会有这样的改变，又由于她自己始终保持不变，所以她对我的变化就特别感到失望。

我们的婚姻并不是朱丽叶塔原先想象的那个样子，它并没有让她实现自己的人生梦想。孩子是她梦想里的必要部分，此外，她还想有栋独门独院的房子，并希望丈夫对她忠实。我让她失望了，她却没有让我失望。我相信我不可能再找到一个比她更适合我的太太了。

我向来欣赏朱丽叶塔的一点是：她永远不放弃希望。有时候，她像是活在童话世界一样，不过她不是个无助的女子，反倒像个英勇的武士，会为了维护她的疆土奋力抵御外来的攻击。她不死心的个性也多次造成我们之间的困扰，因为她老是想要改变我，她从来不会向我恣意而行的方式妥协。

要信仰，我不必去别处求，只要回头找朱丽叶塔就好了，或许那就是我不需要正规宗教的原因。在我的生命里，朱丽叶塔取代了它的功能。

有次我犯了规，不过已经记不得是什么事了，朱丽叶塔非常生气，她对我说："我们来分家，这块是你的，那块是我的。"然后她就开始分区，让我们不能越过彼此的领域，不过却各留了一个通道以便进出家门。她当时真的气疯了。

我对她说："好主意！"她愣住了。"我是指拍电影。"我很快地接下去，"我要把这段用在电影里。"

她不但没被取悦，怒气反而更大了。她并不是真的在气我，而是在气这个世界。

朱丽叶塔会对一些她觉得跟我关系暧昧的女人吃醋，这当然麻烦；但我想如果她一点也不吃醋的话，我反而会更不开心。

身为女人，她自然会将重心放在一个男人身上，这个男人于是成了她的宇宙。但另一方面，由于男人天生不适合被一夫一妻制所限制，婚姻对于他就成了一个不自然的状态。那是一个他在容忍的暴政，因为自出生起他就被训练去接受这件事，以及甚至一些被我们当作自然规则，但实际上却行不通的观念，但那些真的是古人才有的奇怪想法。

我多年来一直试着向朱丽叶塔解释这些东西，但对这事她也有自己的看法，而且看法跟我截然不同，但两人却都同样地固执己见。

我听说有一种婚姻续约的主意，每年都要重新发誓一次。朱丽叶塔不喜欢这个点子，我知道天主教也不会同意的。

如果我们采行那种制度，每年我就都要再娶朱丽叶塔一次，但她或许就不会再嫁给我了。我想她最终还是会嫁我，只是她可能会先强迫我许下一些我不愿许的承诺，之后她才会答应嫁给我，然后每年我们都行礼如仪一次。但那些承诺将来都势必成为谎言。

能有些共同的回忆是很重要的。我想最可怕的一件事，莫过于我比所有跟我有同样回忆的人都活得久。

朱丽叶塔老是为我操心。她会确定我穿的是同一双袜子，会担心我脚湿不湿以免我着凉。真的是那些数不清的芝麻绿豆小事成就了婚姻，或拆散了婚姻。即使我们吵架的时候，我都知道她是在关心我。

我一生中再也没有人比她更重要了。但我和她所接受到的错误教育，让我们不适合结婚，因为童话故事里的幻想根本和人的天性无关。应该被拿来讨论的字眼是关系（rapport），而非婚姻。当我谈到朱丽叶塔和我的关系的时候，我脑子里用的就是这个字眼。

我该做个好朋友，却没做到；我该做个好丈夫，也没做到。朱丽叶塔应该配一个更好的男人。我在她心目中也许是最好的导演，却不是最好的丈夫。

在我跟朱丽叶塔共同生活的初期，经历了一种新的生命喜悦，却也首度遭到了极大的伤痛。

在被问及我有没有孩子这个问题的时候，我总是明快地回答："没有，我的电影就是我的孩子。"这样就可以结束这个问题，结束一个我从来不爱谈的话题。即使过了这么多年，提到这事就是要我再重新过一次那段痛苦的日子。

在结婚前，我就知道朱丽叶塔想要孩子，这个念头一直存在她的心中。我对这件事从来没有特别的想法，不过我想要是有人问我是否打算生小孩，我大概会回答："当然，总有一天吧。"

这方面我们并没有谈得太多，譬如说，我们从来不会讨论要生几个。我们同意要有小孩，但她比我关心这事。我想我们该等到战事结束后再生，因为就算拿到了缓召证明，我都有可能随时被军方带走，何况我没拿到。我有很多时候都跟朱丽叶塔躲在屋里，因为对于任何一个不在而且不想在墨索里尼军队服役的意大利青年而言，走在街上都是危险的事。我们当时没钱，而且工作机会也非常有限。

那时我二十三，朱丽叶塔二十二。虽然她比我小一岁，但实际感觉上，她却比我大。这是因为她比较成熟，而且受过较好的教育，她的成长背景比较复杂，她住过博洛尼亚、米兰和罗马，而且曾在罗马念过大学。再者，我相信到了某个年岁以后，女孩子在很多方面都会超越男孩子。

当时正值战时，我有一半的时间都花在躲藏这件事情上，企图隐姓埋名不被人察觉；但另外一半的时间，我却还傻乎乎地往街上跑，希望能闯出点名堂。

所有事物的秩序，像是档案纪录这些东西，都遭到了严重的破坏，巡警加紧寻缉未着军服的适龄青年入伍，最简单的办法就是别给他们看到。

但对我来说这并不容易，我那时年轻气盛，相当幼稚，还停留在那种相信坏事只会发生在别人身上的阶段。我人在罗马，但总不能一直都待在朱丽叶塔的阿姨家。我也希望能出人头地，并早日负起供养家人的职责。如果我够聪明的话，就该好好待在屋里，不去外头冒险。但有一天，我硬是出去了。

我选择步行穿越西班牙广场（Piazza di Spagna），毕竟那是我最喜欢的散步场所之一。要是我多留心一点的话，应该可以看出附近行人忧心忡忡的脸色。没有人来警告我，因为他们也都害怕。那一区整个被军队封锁了，他们在逐一检查所有未着军装年轻人的证件。我了解发生什么事以后，曾想循原路折返，但街道却已经被封闭了。

我陷入了无路可逃的状况。我决定不要惊慌，我要用语言技巧帮自己脱离困境。

我们被集中到西班牙阶梯（Spanish Steps）那儿，有些负责盘问的士兵是德国人，他们的意大利文只够向我们查问文件、跟我们要缓召证明。

我知道的下一件事，就是我们一群意大利年轻人都被装上卡车，注定没救了。我明白自己得想点办法，但却想不出办法。

我于是心想，如果这是我笔下的一个故事，那我会怎么做？

我看到一名年轻的德国军官独自站在街上，手里拿着一包像是从克罗契街（Via della Croce）那里的糕饼店买来的什锦蛋糕，他八成是很懂得吃，因为那是罗马最好的什锦蛋糕。

我跳下卡车，一面向他跑去，一面叫着："弗里茨（Fritz）！弗里茨！"我热情地抱着他，像是遇到了久别重逢的兄弟。卡车继续开着，也没有人向我开枪——这是我之后才想到的情节。我编的故事虽然有漏洞，但至少给了我去演它的信心。

那名德国军官吓了一大跳，连蛋糕都掉在地上了。我把蛋糕捡起来给他。他用听起来像是非常高雅的德文跟我说话，但我却一句也听不懂。我猜他大概是在解释他不叫弗里茨。这事听起来好像不太可能，但在那个时候，我所知道的德国名字一共就只有两个，另一个是阿道夫（Adolf）[1]。

我抑制想跑的冲动，尽快离开了现场，尽量让自己看起来不那么可疑，但这可能让我看起来更加可疑。我在玛古塔街（Via Margutta）的时候，回头偷望了一下，看到几个意大利百姓好像在看我，但眼神中却无同情，我于是拔腿就跑。

我进了一家店，假装自己在挑选东西。我在里面待了大概有一个小时才离开，然后回到朱丽叶塔阿姨的住处去找她。玛古塔街因而成了我的幸运街。我想那天发生的事给了我影响，让我后来把家搬去了那里。

这个经验十分震撼，突然之间，生命好像变短了，而且可能以悲剧收场。朱丽叶塔要我娶她。她觉得事态紧迫，虽然我并没有这种感觉，但我爱她，而且本以为理所当然的无限前景忽然间就变得不那么笃定了。

我们是在 1943 年 10 月 30 日结的婚。在我为她做的结婚卡上，我为我们的未来画了一个从天而降的婴儿。

婚礼在她阿姨家举行，而且同一栋楼正好住着一位神父。这位神父获准为我们主持婚礼，出席婚礼的只有几位亲戚和熟悉的朋友，我们的父母亲甚至不知道这件事，因为他们都住在别的城市，而当时电话又不十分通畅。战争期间，罗马对外联系并不容易。

我们的好友阿尔贝托·索尔迪（Alberto Sordi）[2]因为在附近的剧院有演出，无法来参加婚礼。所以，我们便在婚礼后过去看他。我们进场时他正好在台上，他看到了我们，便亮灯向观众宣布："我的一位好朋友刚结婚，我知道他将来一辈子都会享有掌声，但还是让我们率先为他热烈鼓掌一下。"然后聚光灯便罩在我和朱丽叶塔身上。对闪躲这件事，我从来都不是很在行。

小孩比我希望的来得快，但朱丽叶塔非常高兴，我也是。我很在意朱丽叶塔是不是快乐，那时候，我们两人的快乐似乎是一体的，而且是相同的。这个生活上的变化是有点吓人，但我们都很期待小孩的到来。

---

1 指阿道夫·希特勒。
2 阿尔贝托·索尔迪，意大利演员，代表作有《白酋长》《浪荡儿》《最佳敌人》《罗马风情画》等。

然后可怕的事情发生了。朱丽叶塔从楼梯上摔下来，孩子流掉了。她不想知道那孩子是男的还是女的，也许知道了会让她更觉得自己失去了孩子。他们告诉我是个男孩。我们商量过，如果生男的，就取名叫作费德里科。朱丽叶塔为流产一事伤心至极，但她也终究恢复了，毕竟她还那么年轻。

治疗创伤最好的办法就是让她赶快再怀一个。

我不记得自己有刻意计划赶快再生一个，但孩子就真的来了。我只记得朱丽叶塔告诉我这事的时候，我们俩都非常开心。

我们没有考虑到战事愈来愈吃紧了，也没想过我要拿什么来养这一家三口。

我们只想到了孩子。

我和朱丽叶塔都相信我们完全互相了解，我想我们那时候是的，我们那时比二十年后要了解彼此。在意大利发生战争期间，我们自己都还像是孩子一样。

我们生了一个男孩，取名叫费德里科，但他只活了两个礼拜。

他们告诉朱丽叶塔她无法再生育了。我们的儿子活着的时间足以让我们认识他并相信他存在过。这对朱丽叶塔来说更糟糕，因为她一直都想做母亲。当别人告诉你这事永远不可能了，而且事情的关键完全不是你能想象的。

要是不在战时的话……要是有好一点的救护车的话……要是有别的药的话……情况或许……

当时，我并不了解如果医院不缺药、不缺医生，我们孩子的命运或许会有所不同，如果这孩子不是在战时出生，说不定就能得救，说不定他们可以帮助朱丽叶塔，让我们还能继续生育下去。

那个没活下来的孩子，在维系我们夫妻情感这事上的贡献，要比那些我们可能拥有的孩子的贡献来得多。我们都避免去谈这件事。痛啊！但他来过又走了这件事，一直存在我们心中。我们不谈这件事，因为谈了只会令人更加不断地伤心。共过患难，尤其是在你那么年轻的时候，可以让两人产生更紧密的联结。没有孩子的夫妻能长相厮守，是因为两人之间的结

54

合力真正够强，他们只拥有彼此。

有缘能和另一个人相聚是人生最珍贵的一件事。

我以前从来不爱跟别人谈我的孩子费德里科，以及那个流掉了的孩子的事，因为大家只能说："很遗憾。"他们还能说些什么呢？接受同情是件可怕的事，它只会强迫你再度伤感，而且你又不能向跟你谈这事的人说："别说了！"

遗憾是最糟糕的事，它们发生在过去，然而却在此刻令你瘫痪。

有人问我幸福人生的定义，我总是回答："完全的人生（a full life）。"幸福并非常态，不可能完全抓得住。事实上，如果我们抓得愈紧，它好像就更可能逃脱。只有当我们能接受它不是常态现象的时候，我们才可能真正享有它。但这又永远不可能，所以安全感是幸福所不可或缺的。

然而，完全的人生也有它的悲哀。

如果我儿子还活着的话，我不晓得自己会怎么去教他。不过我肯定会从他身上学到很多。

我会跟他聊聊，看看他正在对什么感兴趣。我会鼓励他从事他感兴趣的事，尤其会鼓励他多做观察。画画这事让我学到了观察能力，我必须充分了解某件事物以后，才有办法去画。

我会对他说："把你自己投入人生的旅程，自始至终都绝对不可以失去开放的胸怀和童稚的热情，然后自然就会心想事成。"

我会设法避免将我自身的恐惧或失望的经验传给他。我相信孩子天真及对生命开放的态度，可以让他们预见自己的未来。情况是这样的：小孩子有一种经验，他们可以对某些之前不知道的气氛与事件产生一种似曾相识的熟悉感，说不上什么道理，他们就是对那些东西有一种强烈的归属感，同时觉得温暖、自在。我第一次看到马戏团时就是这种感受。

一个可被信赖的成人密友能够帮孩童认得他们的方向，让他们早些找到自己的路，而不致迷失。我就希望能对我儿子充当那样一个成人密友的角色。

所以，现在回头看我和朱丽叶塔那么多年的关系，奇怪的是我们大部分的共同生活经验都放在过去，而不是将来，我现在才了解那些事情让我们把工作上的成就感变成生活的重心。因此到头来我当初对别人的回答好像也是事实——我们的电影，尤其是我们共同合作的那些，就是我们的孩子。

我一辈子都在设法逃脱那些会提醒我是它们主人的东西，但那些东西会以一种巧妙的方式把我扣为人质，并左右我生活的方式。我一直尽量想让自己不要有所牵绊。

我从来不想要太大的空间来放东西，因为我知道我会把它给填满。我想如果我必须一直费劲去压抑自己的搜刮欲望，毕竟也违抗自然。而要我变成相反的那种人是很容易的，我可以是那种连一张菜单、一个火柴盒、一张乱涂的纸或一张根本想不起名字的旧时同学照片都舍不得丢的人。

我想我不太能相信"拥有"这种观念，起因于我当年必须把我的偶剧团留在里米尼，但也可能是因为我在第二次世界大战期间看到了意大利楼房被毁的惨状，看到人们失去所有是件很恐怖的事，任何有过那种切身经验的人，心里都会无可避免受到被战争侵害的影响。但如果事情发生时你还年轻，你也许不会觉得情况如此严重。可能是我自己觉得不留东西比较容易吧，与其让那些东西被别人拿走，不如我自己把它们扔掉。

我梦想中最奢侈的生活方式，就是住在有人服侍的旅馆套房里。如果有可能的话，我想住在罗马大饭店，住在那种有着漂亮丝质灯罩的房间里，灯罩边缘还垂着亮褐色的坠子，有点像是意大利面。

这对朱丽叶塔不太公平，她想要一个独门独院的房子。事实上，她想拥有两个房子，一个在罗马，另一个当度假别墅。我们一直住在公寓里，不过有一阵子，我们在弗雷格内（Fregene）也有过一栋周末别墅。

我知道自己一向希望把当刻活满，所以身上最好不要有太多惹尘埃的过往纪念，我偏爱脑中的回忆，因为它们不需要掸灰；又或许它们需要也不一定，我不知道。

即使罗马开始有很多犯罪事件发生的时候，我走到哪里都还觉得安全，因为大家在街上、咖啡厅遇到我的时候，总是热情诚恳地跟我打招呼。夏夜里走在罗马的街上，整个城市就像是我家中的一部分。然后，到了1980年代初，情况就变了。

他们警告女人不要带那种挂在肩上的皮包上街，不论携带哪一种皮包都要紧紧抓牢。他们甚至建议什么手提包都不带更好。报上还提了一个办法，要女人出门时只放一点钱、一个粉扑、一支口红在纸袋里就好了，这样她们看起来就像是只带了几颗柳橙回家。甚至，还真的可以在纸袋上层放两颗柳橙以乱视听。这办法听起来也不很实际，因为抢钱包的人也可能看到了这篇文章后，就专找手拿柳橙纸袋的妇女下手。

我告诉朱丽叶塔，她不该带着吊肩皮包在街上开心地晃来晃去，我会对她发火，但她会说，那是她唯一一个可以装得下自己所有东西的包包，她没有别的办法可以带齐她的东西。然后，她就一脸毫无警觉的表情出门，那样只会给自己找麻烦。通常她不会带太多钱出去，所以即使发生什么事，最惨也就是损失一个皮包而已，当然还有心灵创伤。

有一天，朱丽叶塔带了她的戒指，还有我一副最好的袖扣要到珠宝店去修理。当时我们刚离开玛古塔街，朱丽叶塔正在跟我说话，她像往常一样抬头看着我，完全一副天真热情的专注模样，就在那个时候，一辆Lambretta[1]从我们身边呼啸而过，上头坐着两个男孩，其中一个倾身向前，抓走了她肩上吊着的皮包，然后便消失在远方。

朱丽叶塔发出叫声，我也追了过去，样子大概像只袋鼠。我还在街上大吼，但我其实从来不喜欢在别人面前出洋相，或引人注意。我对着他们大叫："小偷，停下来！"那两个小偷明显不是新手，他们竟也开始模仿我大叫："小偷，停下来！"好像他们也在抓小偷，而并不是罪犯。

我看到一名警察。由于之前追小偷追得上气不接下气，等到我稍微喘过气来，可以说话以后，就向他说明事发的经过。他当时坐在一辆摩托车上，却并没去追的打算。"他们抢了我太太的皮包啊！"我说，心中余悸犹存。

1　意大利米兰制造的小型摩托车。

57

"我有什么办法?"他毫不感兴趣地说:"你知道罗马每天有多少皮包被抢吗?"

我不知道,我猜他也不知道。

隔天,我们一直责怪自己太傻,同时也为了遭人偷袭而耿耿于怀。我们想到了卡比利亚(Cabiria),她在电影里皮包被抢过两次。

次日下午,我在回家的时候看到一个像是安东尼奥尼(Michelangelo Antonioni)电影里的人物,他斜靠在墙上,一副在看报的样子。不过我注意到他的报纸拿反了,这让我立刻疑心起来。

"费德里科,"他对我说话,语气像是熟识,但我确定不记得他是谁,"我听说朱丽叶塔掉了皮包。"

我说:"你怎么知道?"然后他用了一种当时在我听来有点像是警告的语气说:"朱丽叶塔不该报警的。"

"为什么?"我勇敢地问他。

他看着我的眼睛说:"你们想不想要回你们的东西?"我说:"想。"他又说:"把你们的电话给我。"罗马几乎所有人都知道我们的地址,却没什么人知道我们的电话。每次有人问我家电话号码,我总是说:"正在换号。"或是:"电话坏了。"或是:"我们没装电话。"我于是考虑了一下。

我是想替朱丽叶塔找回皮包,何况,这事看来也挺有趣的。

我给了他我们家的电话号码。

第二天,电话响了,我接的。有个男人要找朱丽叶塔说话。她接过电话,那人告诉她,有个男孩交给他一包东西,并要他打这个电话告诉她,那包东西在特拉斯特维莱(Trastevere)的一家酒吧里。

我立刻到特拉斯特维莱去。朱丽叶塔的皮包在一位吧台人员那里,我想给他一点钱表示谢意,但他没收。

我把朱丽叶塔的皮包带回家。她很高兴,所有东西都在。她对掉戒指的事一直很难过,而且被抢的那个皮包也是她很喜欢的一个。我们本以为该事就此落幕,但第二天却来了一封寄给朱丽叶塔的信。很像是狄更斯(Charles Dickens)小说里的情节,信中的纸条上写着:

"杰尔索米娜（Gelsomina），请原谅我们。"

我认为我作品中最令人伤感的时刻之一，就是在卡比利亚离家之前，她以为自己是要去嫁人，买了房子的新屋主来了，对她而言，那家人是侵入者。虽然是她自己把房子卖给他们的，但她却像个孩子一样，先说愿意，接着又反悔。

我写那场戏的时候，必须抑制自己想要警告她、阻止她犯错的冲动。到了事情来不及了，到了她把房子卖掉以后，我才又冲动地要为她恢复一切旧观，但我没办法，因为电影有它自己的生命。一旦某个角色像卡比利亚一样走到那个地步了，我就必须让她完成她的命运。

后来，这个情节也真的发生在朱丽叶塔身上，也就是我们必须放弃在富莱金那栋房子的事。朱丽叶塔一直想要一栋独门独院的房子。我拍《生活的甜蜜》所赚到的钱，终于能让我替她买下一栋房子。但后来当我变成税务人员调查的目标时，我们便得被迫放弃那栋房子——实在不公平。当时我看到朱丽叶塔脸上的表情跟她多年前在《卡比利亚之夜》中演出的一模一样。我了解她会像卡比利亚一样，脑中想着有一群不属于那儿的陌生人住在她的房子里。

第六章 从趣味面孔画铺到新写实主义

　　1944年6月，罗马被美军攻占。所有物资，包括食物、电力在内都很短缺。黑市当道，电影业一片萧条，没人拍片。电影城遭到轰炸，房屋被炸毁的居民纷纷搬走藏身，此外，诸如外国难民、返乡途中的意籍战俘也都暂居那里。民生系统遭到破坏，有些人吃住都成了问题。朱丽叶塔那时就要生了，我得设法养活一家三口。那时没有任何与电影、广播剧甚或杂志有关的工作。因此，我回头去做我少时做的事：我以前为了看免费电影，曾帮富国戏院的大厅画过东西。

　　我跟几个朋友合伙在罗马开了一家"趣味面孔画铺"。我们把店面开在国家路（Via Nazionale）上，因为我们想找一个热闹一点、可以做很多路人生意的区域。我们在那儿为美国大兵画人像漫画。那地方特别安全，因为就在美国驻军对面。要是有任何风吹草动，他们就会跑过来察看。他们也的确时常跑过来，但通常都会把场面搞得比原先更混乱。

　　"趣味面孔画铺"变成了大兵的碰面地点，就如同好莱坞电影里出现的西式沙龙。我做了一个英文（或是说我口里说出的英文）招牌，上面写着："小心！最厉害、最有趣的漫画家正瞪着你！有种的话就坐下，然后准备发抖吧！"

　　那些阿兵哥懂我的意思。

　　我们的顾客清一色是美国士兵。我是从他们那儿学会说英文的，这也是我会说大兵英文的原因。

我们把几个罗马著名的地标，像是特雷维喷泉（Fountain of Trevi）、竞技场（Coliseum）、万神殿（Pantheon）放大成大的广告牌。我们有一些可以把人脸嵌入的背景设计，此外还有些颇具趣味的设计，譬如"渔夫捕捉美人鱼"，士兵会被画成渔夫的角色。

有个大兵把他的头插进了画铺中的一个景片，他于是变成了罗马城被焚时还在弹琴作乐的暴君尼禄（Nero），那样一张照片被寄回给他的家人或女友。或者，他也可以选择扮演在竞技场内对抗群狮的古罗马斗士斯巴达克斯（Spartacus），他勇猛到可将狮子踢垮。此外，他还有可能扮演坐在战车中的英雄宾虚（Ben-Hur），或是扮演被性感女奴包围的古罗马皇帝提比略（Tiberius）。所有景片上的标语都是用英文写的，因为我们推测上门的客人全都会说英语。

由于那些美国人心情都好极了，我们这门生意也变得特别好赚。他们都是战场上幸存下来的士兵，不但命保住了，也没受什么伤，他们觉得自己十分好运，因此给钱都非常大方。

若以购买力而言，我想开"趣味面孔"这个店算是抓住了机会。这个尝试极为成功，阿兵哥们也都和美国电影里描写的一样，付画钱时会给很多小费，其中也有用牛肉、蔬果罐头和香烟当小费的。

那些香烟是一种启示，我们从来没有抽过那样的烟。要是我们在战前就抽过那样棒的美国烟，大家就都会明白没有人敌得过美国。

我不记得画那些人像漫画的收费标准是怎样的，那是我日后长久不去注意别人付我多少钱习惯的开始。我印象中别人付我的钱，不是太多就是太少。我的注意力一向是放在我正在做的事，或是我想做的事上面。我为此付出代价，不过我从来无法拿金钱来衡量成就。我不懂为什么要花钱去换取一些朱丽叶塔可能会穿的可怜动物的皮毛，或是去买一颗我无法分辨外观上与水晶、玻璃有何不同的钻石。

有一天，我画一幅人像时进来了一个人，他看起来骨瘦如柴，像是其他地方来的难民，或是战俘之类的。虽然他把帽檐压低、领口上翻，脸只露出一点，我还是认出了他——罗伯托·罗西里尼（Roberto Rossellini）。

我知道他不是来要我替他画人像的。他表示想跟我谈谈，然后就坐在一旁等我。我当时的客人是名士兵，他不喜欢我替他画的人像，觉得不够"好看"。他醉了，打算闹场，但被朋友阻止了。我们表示可以不收费，但他坚持要付账，然后还给了一笔超过那幅画价钱的小费。

骚动之后，我和罗西里尼到画铺后面。我猜不透他为什么会来我们店里。意大利人都在黑市买食物，不会有人要来画像，何况罗西里尼还是一位有教养的罗马特权阶级。我想他可能是想买下"趣味面孔"的部分股份，据了解，他是个机灵的生意人。但事实上，他要是够机灵的话，大概就不会对我们这样一门前途短暂的生意感兴趣：我们可能在美军结束占领罗马的时候就要关门大吉了。

我当时并不了解他是来改变我人生的。他给我的东西是我人生的愿望——然而我那时甚至还不知道那是什么。要是我当时不在店里怎么办？我想他大概会等吧，或是下次再来，我想……

罗西里尼是来请我为一部电影写剧本的，那就是后来的《罗马，不设防的城市》（Rome, Open City）。他从塞尔吉奥·阿米德（Sergio Amidei）[1] 那儿得到了一个剧本，内容关于一名神父被德军枪决的故事。他说有位有钱的伯爵夫人愿意支持他。女人都很迷罗西里尼，我想知道原因何在，因为我自己也希望受到女人迷恋。我当时不明白他到底是哪里吸引人，但我想我现在明白了：那是因为他也很迷恋她们，女人喜欢对她们感兴趣的男人。他认为是他将自己陷入网中的。恋爱、电影；电影、恋爱——这些就是他生活的全部。

罗西里尼已经在弄那个剧本了，不过他说需要我帮忙。我可真是受

---

1 塞尔吉奥·阿米德，意大利编剧，与罗西里尼合作过七部作品。代表作有《小小资产阶级》《擦鞋童》《罗马，不设防的城市》等。

宠若惊呀。他又说："顺便提一件事……"——让人立刻警觉起来的话语。他几乎要走到门外时才附加了这句，通常这才是对话中最重要的部分。他问我可不可以说服我的朋友阿尔多·法布里奇（Aldo Fabrizi）[1]来演神父那个的角色。以前和现在对票房明星的看法没有多大差别。他不是只为了我一个人来的，这点令人失望。不过我还是咽下了那口气，回答说："没问题。"

然而，那的确是个问题。法布里奇不喜欢这个主意，他比较想演喜剧角色，而且该片剧情也太悲惨冷酷了。在他看来，罗西里尼计划要搬上银幕的，不会是才亲身经历同样苦难的人民所愿意看到的。何况，要是德军再打回来怎么办？此外，他们给的酬劳也不吸引人。

与阿尔多·法布里奇相识是我一生重要的奇遇之一。他是那种如果我不认识，也终究会被我编造出来的人物。我们第一次碰面纯是凑巧，我们去了家里附近的同一家咖啡厅，而且都是独自一人，我们注意到彼此，并且开始交谈。

法布里奇请我到一家餐厅吃饭。我想是因为我看起来太瘦，他一定是觉得我饿了。他猜对了，我当时的确是饿，不过不是因为我赚的钱不够吃，而是因为我就是老有饿的感觉。我的胃口很好，不过不论吃多少，由于我长得太瘦，大家都还是想给我东西吃。

我们接着还在夜色里散步，这是我们共同的喜好，他是个一起散步的良伴。他天生有喜剧才华，靠着杂耍本领巡回全国表演。我就是从他身上得知乡下现场表演秀的种种。他同时也是稍后为我赢得《过来，这儿有位置》（Avanti, C'è Posto）一片参与机会的人，那是我真正第一部有被列名的编剧作品。虽然我的名字没出现在银幕上，但却出现在电影的海报上。突然间，我被别人当成了电影编剧。从1939年起，我就开始为电影撰写笑话，并做些改写剧本的工作。那些都是"遗失了的"电影——

---

1 阿尔多·法布里奇，意大利演员、导演。曾在罗西里尼《罗马，不设防的城市》中饰演反法西斯的神父一角。

希望真是如此。《过来，这儿有位置》一片极其成功，之后就有很多人要我为他们编喜剧电影。我认识他的时候还是个记者，或者应该说是个"想成为记者的人"，所以我应该对那些靠着铅笔和便条纸糊口的人更加同情。

我把我和法布里奇的谈话简要回复给罗伯托。我只说："他要更高的酬劳"。而这也是实情。罗西里尼卖了一些自己的古董家具来筹钱给法布里奇。而我也被纳入了该片的编制，即使并不完全是因为我的编剧成绩受到肯定。我因而成了新现实主义（neorealism）的一员。

我从罗西里尼身上学到了一件事，那就是：只要是人就可以做导演的工作。这句话不是在贬抑罗西里尼，他的确是个特别的人，这话的意思是说，如果你有什么想做的，不妨先观察一下正在从事那件事的那些人。因为当你看到他们毕竟只是凡人的时候，就会明白他们在做的事并不是那样遥不可及。这就像人们见到费里尼时可能会说："嗯，他也没有那么特别嘛！如果他都拍电影了，我也可以。"而罗西里尼真正让我感觉到的是，他对导演这事的热爱，而这也帮我了解到我自身对这事的喜爱。

我因记者采访工作，或是稍后为电影编写剧本而开始接触到片厂的时候，并没有立刻认出那就是日后可以让我找到最大满足和快乐的地方，即田纳西·威廉斯（Tennessee Williams）所说的"心的归宿"。一直要到二十世纪四十年代，我跟罗西里尼一起工作以后，我才找到自己的人生意义。

我很早就知道自己和其他人不一样。我了解自己不是被当成导演，就是被当作疯子。身为导演的一项奢侈权利就是：你被允许做梦幻想。

梦才是我们真实的人生。我脑子里的幻想念头不仅是我的生存现实，还是我电影作品的原料。

我常被说成疯子。疯狂是一种偏离正轨的行为，所以我也不以为侮。疯子也是一种个体，每种个体都会有些个别的偏执行径。对我来说，"精神正常"就是要学着去忍受那些令人难以忍受的东西，而且过程中不准失声尖叫。

64

我向来对精神疗养院十分着迷。我去过几家，发现在精神异常的群体里反而可以找到个人主义，这在所谓的"正常的世界"里却是罕见的。我们称之为"精神正常"的那种集体顺从概念是不鼓励个人主义的。

我一直要到《月吟》(*Voices of the Moon*)这部电影，才算碰触了"疯狂"这个题材。之前让我裹足不前的原因是，我实际的研究调查让这事真实到令人难以面对。我变得十分难过、沮丧，无法持续自己的幻想行为。我那时对偏离正轨行为中所隐藏的个人主义，以及开心的轻度弱智者的调适情况感兴趣，这些都是我在正常的真实世界里找不到的。

我曾有机会到精神疗养院里去参观。我看到人们在疯狂状态中并不快乐，甚至无止境地被梦魇折磨着，这跟我先前想象的并不一样。那些是心灵苦刑的囚犯，比起有形的牢房监禁还要可怕。我可无法在这样的拍片计划中耗上几个月，我也没这么做过。也许安东尼奥尼可以。

然而，真正阻止我去拍那种题材电影的是另一件事，是一个小孩。大家对类似"数千人在战争中丧生"这种泛泛的描述总比较容易避开被其影响，但要是你认识的某个人一下子死去了，你的心情就比较难不受波及了。

当时我被带到一个幽暗的小房间，一开始没看见有人。但其实里面有个小孩，一个小女孩。他们告诉我她是个唐氏综合征（即先天愚型）患者，既聋又瞎。她像是一小堆什么东西，却感觉得到我的存在。她发出一种类似小狗叫的声音。我摸了她，很明显，她希望有人温柔地对待她、给她温暖、把她当人看。我抱起她的时候，想起了朱丽叶塔流掉的小孩，心想：万一……

之后，那小女孩的影子就在我心中挥之不去。不知道她未来的命运如何。不过我倒也从来没设法去问过，因为我想我其实已经知道答案了。

直到多年以后，我才有办法去碰触精神异常的题材，不过我处理的是诗意性的疯狂，而非真实的精神病状。

在第二次世界大战期间和战争刚结束的时候，我都算是个"厨房作家"（Kitchen Writer）。屋里没有暖气，只好靠在厨房炉灶旁写东西，这可能对我当时的作品产生了影响。如果这个说法属实的话，那么就让那些喜欢缅怀过去的人去研究好了。我可不希望看到学生浪费青春在"费里尼的厨房写作"（The Kitchen Writings of Fellini）这样的论文题目上。

《罗马，不设防的城市》的剧本在一个星期内完成，也是在厨房餐桌上写出来的。我在该片列名编剧和助理导演，而那也是我应得的。但通常大家都不会给你应得的，罗贝蒂诺（Robertino，罗伯托·罗西里尼的昵称）不一样，他从不吝啬。

罗伯托的爸爸是位重要的建筑商，罗马几家主要的戏院都是他盖的。罗伯托和他兄弟伦佐（Renzo）从小就可以到几家最大最好的戏院去看免费电影。罗贝蒂诺老是会带着一群男孩一起进去。

我们在美军刚解放意大利之后拍摄了《罗马，不设防的城市》和《战火》（Paisà）。《罗马，不设防的城市》只花了不到两万块的成本，因此可想而知大家拿的酬劳有多低。我自己已不记得当时拿了多少钱，不过只要能糊口，我对钱的多寡是毫无兴趣的。我那时只想跟一些我想跟着一起工作的人，做些我想做的事。

那些电影带有纪录片的风格，其中有一部分是刻意制造的粗糙。那种风格叫作"新现实主义"，是由于现实需求而发展出来的。因为那时候的意大利不但缺底片，而且几乎什么都缺，即使有电的时候也多半电流不稳。新现实主义电影中的通俗剧情正是事实，因为那就是前不久大家在大街上才目睹到的景象。

新现实主义是意大利在1945年时的自然产物，没有别的可能。当时电影城受到重创，必须用自然光和实景拍片，而先决条件还得是你运气好，弄得到底片。那是一种因实际需要而发明出来的艺术形式。在当时，新现实主义者事实上可以是任何够实际而又想拍片的人。

《战火》是描写第二次世界大战期间美军进攻意大利的故事。这部电影是我生命中的关键节点，它让我有机会继续维持我和罗西里尼的关系。他的的确确影响了我一生，我学到很多关于拍片的事，也看到了意大利的其他地方，一些我以前从没见过的地方。我认识了以前不认识的人，还看到了第二次世界大战造成的灾难和崩毁，这些经验对我产生的冲击甚至比战争发生当刻还要大。那些景象在我心中留下了不可磨灭的烙印。

我是在跟罗西里尼跑意大利的时候，对政治的想法才有了成长，同时也领悟到法西斯政权欺瞒百姓的程度。第二次世界大战的恐怖暴行，在其他地区比罗马来得更为明显。对于那些才遭到战争蹂躏现在却可以积极重建生活的人，他们的乐观振奋让我吃惊。同时，我也渐渐得知意大利竟存在那样多的方言。我开始记下那些单词、句子，那种经验就像是把氧气吸入肺叶之中。

基于某种缘份，有些人会进入你的生命，并扮演重要角色。在我们正要杀青《罗马，不设防的城市》的时候，一名美国士兵被我们设在街上的电线绊倒了。他沿着电线找了过来，自称是一位美国制片。我们完全相信他，并把片子放给他看。这位名叫罗德尼·盖杰（Rodney Geiger）的年轻士兵很喜欢我们的电影。他说拍得很棒，片子可以拿到美国去上映。对人十分信任的罗西里尼给了他一个拷贝。当年，我也很信任别人。结果证明，还好我们当时够天真。

他不真是一位制片，但由于我们的天真信任，事情竟也成功了。

这名叫作盖杰的士兵把片子带到纽约，放给当时在做外片发行生意的梅耶－柏斯汀（Mayer–Burstyn）看，虽然拷贝质量不好，他们还是立刻就决定买下了。

罗德尼·盖杰在那笔买卖上赚了钱。他签下了罗西里尼，并答应资助他下一部电影，而且还说要帮他找美国明星合作演出。我想罗西里尼向他提了拉娜·特纳（Lana Turner）[1]。

盖杰后来的确回到了意大利，但带来的是几个默默无闻的演员，和一些（比较起来更有价值的）新鲜的底片。

1　拉娜·特纳，美国女演员，是二十世纪四十年代好莱坞著名的性感女星，作品有《化身博士》《邮差总按两次铃》《风流寡妇》等。

如果几年以后有人在街上向我们搭讪，我一定会比较疑心，而且可能不会去相信一个完全不认识的人。那么，我可能就是在拒绝我的好运，赶走我的守护神。我后来可能还真做了几次这样的事呢。

罗西里尼这个人很有魅力。跟他一起工作让我明白拍电影的确就是我想要做的。他鼓励我去相信那是一种我能够掌握的艺术形式。他比我年长，而且在许多方面都胜过我。

在那之前，我一直都很喜欢马戏，我看到了电影和马戏间的相似之处。我小时候的最大梦想就是去当马戏团的指挥，我喜欢两者之中奇幻和即兴的成分。

《奇迹》（*The Miracle*）这部片子是根据我儿时听到的一个故事改编而来的。当时罗西里尼刚拍完一部根据科克托（Jean Cocteau）[1] 的《人声》（*La Voix Humaine*）改拍成的电影，需要一部短片来配合放映。我当时以为要是让他们知道这故事是根据我幼时去奶奶家过暑假时的经验写出的，他们大概就不会太感兴趣了。奶奶家在罗马涅（Romagna）省甘贝托拉郡。

我告诉他们那个故事的作者是一位伟大的俄国作家，还瞎掰了一个名字，故事内容是根据俄国的真人真事写成的。当时没人愿意承认自己没听过那位伟大作家的名字，我则是说完就忘，到现在都没再想起来过。当年的俄国可是比现在要神秘、光彩得多，因此我轻易吸引到他们的注意。

他们都喜欢那个故事，而且立刻决定要把它拍成电影。可是他们却又太喜欢那个故事了，想知道到那个被自己忽略掉的俄国小说家的姓名，可是我已经不记得自己编的那个名字了。他们还打听他的其他作品，心想他大概还有更多别的好故事。所以，最后我只好招供故事是自己写的，不过他们还是一样喜欢。

---

1 让·科克托，二十世纪法国著名诗人、小说家、电影导演、画家、戏剧家、音乐评论家，他多才多艺，几乎涉及了那个时代所有的现代艺术。

《奇迹》的原始故事涉及一个人物，他可能是吉卜赛人，也可能不是。罗马涅的甘贝托拉是我小时候过暑假的地方。那是一个有树林的村落，我很喜欢那个地方，因为奶奶是我在世上最爱的人。对我而言，她是当时世上最重要的人，我无法想象没有她怎么过日子。我觉得她了解我，不论发生了什么都会爱我。我童年很多最快乐的时光就是和她在甘贝托拉的夏天一起度过的。我以前会在那儿跟马、羊、狗、猫头鹰、蝙蝠这些动物说话，我希望它们也能回答我，但它们从来不回。

奶奶老是围着一块黑色的头巾，我不懂为什么，也从没想到要去问，我当时以为那就是她整个人的一部分。她带着一根手杖，而且会朝着那些为她工作的男工挥动，而他们一向对她十分尊敬。

奶奶跟我讲过一个她自己编的故事，故事情节跟《青蛙王子》很像，只不过在她的故事里，青蛙换成了鸡。我当时年纪很小很小，不过直到现在，我吃鸡肉的时候，都还会担心自己是不是吃到了"鸡王子"，担心若不消灭他，他就会在我体内复活。那天奶奶讲完故事后，我们晚餐吃的就是鸡肉。饭后我肚子痛得不得了，妈妈把我抱到床上，说我该去睡觉，然后病就会好。可是我不相信她，我不能告诉她我到底在担心什么。我那时以为那只鸡已经在我肚子里变成了一位王子。

每种动物都被拟人化了，奶奶把它们当人看待。她会说："索菲亚（Sophia）恋爱了。"但索菲亚其实是只猪。或者，她会说："看，朱赛贝（Giuseppe）在吃醋。"朱赛贝则是只羊。当她把事情明说出来时，就显然不会错。她有特殊的力量，不但能预测气象，还能透视我这个小男生的心底。

吉卜赛人夏天时常会到树林里来。其中有一位高大英俊的男人，不仅头上有黑色的鬈毛，胸上也有。他的腰带上挂着刀，附近的猪只要看到他走近就开始哭叫。女人也是，她们虽然怕他，却也对他极为着迷。

他有一种魔力。人人都相信他是恶魔的化身，具有无比的威胁性。大人警告我不可以靠近他，不然会出事。我还幻想着他用锋利的刀刺过我身体，然后把我高高挂在头顶,之后还用铁叉把我烤来当饭吃。有一次,我在奶奶给我吃的香肠里发现了一根黑色的头发，我还以为是哪一个落入那个凶险的吉卜赛人手中的小孩的头发呢。

村子里有位头脑简单的女人。她已经有点年纪了，却疯狂迷恋上这名有魅力的男子。她很可怜，但村里的人却都瞧不起她。她把自己给了这个男人，并为他生了一个儿子。不过她宣称两人之间并未发生性关系，所以整件事是一个奇迹，但没有人相信她。

我两年后再回到那儿的时候，看到那个小男孩自己一个人在玩。他看起来比实际岁数要大，是个漂亮的小孩，有着长长的睫毛、锐利的眼神。村里的人都管他叫"恶魔的儿子"。

我写的这个故事让罗西里尼感到极大的兴趣，故事后来拍成了《奇迹》这部片子。他觉得我可以演那名年轻的男子，他被那名头脑简单的乡下妇人当成了圣徒约瑟夫（St. Joseph），而那名妇人则由安娜·马尼亚尼（Anna Magnani）[1] 饰演。在罗西里尼的想象中，那名像是圣人的年轻男子理当有头淡金色的头发。我那时的头发又黑又厚，唯一的办法就是去染掉。他问我是否愿意演那个角色的时候，我没有半点迟疑；但当他问我是否愿意染发的时候，我却犹豫了一下，不过后来还是答应了。

罗西里尼帮我在一家女子美容院约好了时间，这不是我喜欢的开头。我们约好，等到我染成金发男子以后，两人就在离美容院几条街外的一家咖啡厅碰面。

罗西里尼在那儿等了又等，直到再也喝不下更多咖啡，而且报纸也读过不止一遍以后，终于离开咖啡厅，要来看看我出了什么事。罗贝蒂诺发现我顶着一头惨不忍睹的金发躲在美容院里。染发痕迹明显到我一出门，街上就有年轻男子在我后头开我玩笑说，"丽塔（Rita）——原来是你呀！"他们话里指的是丽塔·海华丝（Rita Hayworth）[2]。

1　安娜·马尼亚尼（亦译作安娜·麦兰妮），意大利女星。她的成名作是罗西里尼所导的《罗马，不设防的城市》。1955 年的《玫瑰梦》为她赢得了奥斯卡最佳女主角奖。

2　丽塔·海华丝，美国女演员。电影《肖申克的救赎》中有个丽塔·海华丝经典的甩头发动作，令众人一顿狂呼，那正是来自于她 1946 年的作品《吉尔达》。海华丝的重要作品有《天使之翼》《金粉佳人》《鸳鸯谱》等。

我冲回美容院，后头传来更多揶揄的叫声："丽塔！亲爱的，你不出来见我们吗？"

结果发色在黑白摄影下看起来还算好。从那以后，我们碰面时罗西里尼还不时会叫我"丽塔"，他相信我从来不能欣赏其中的幽默，所以更觉得有趣。为了回馈我对《奇迹》一片的参与，罗西里尼给了我一份惊喜，他送了我一辆小菲亚特，那是我生平的第一辆车。

《奇迹》让我有机会去了解演员的感受。在我的一小段戏里，甚至还体会到身为明星的感觉。全世界的焦点都集中在你身上是件很棒的事。你最重要，你就代表一切，大家会迎合你的任何需求。他们注视着你的一举一动：睫毛的眨动、看不太出来的手部移位等等。

那种感觉就好像你是总统，或是一位在斯卡拉歌剧院（La Scala）献唱的伟大声乐家。别人对你体贴入微、宠爱有加、彻底关怀，我从没那么开心过。难怪蟋蟀杰明尼（Jiminy Cricket）[1] 会唱道："啦啦啦，我有个演员梦。"演员是被宠坏的小孩，因为我们在宠他们，至少当聚光灯照在他们身上的时候是这样的。我无法相信我闭着眼坐下，屁股下面竟然就有张椅子。我所有的欲望都有人预先备妥来满足我。我要做的只是看起来像是想抽根烟，然后就有人会来为我点烟。我觉得我好像只要拍拍手，仆人，甚至是女奴，就会应声而至，不过我当时却犹豫着要不要这么试。我觉得自己简直就像是位皇帝，或是法老。

我和马尼亚尼是在 1943 年认识的，当时我是《小贩与小姐》（*Campo de' fiori*）一片的编剧。我注意到她，可是她没有太注意到我。我那时候很瘦，不是很容易被看见，人们的视线总是经过我或穿过我。她当时跟罗西里尼要好，我显然是无足轻重。谁跟罗贝蒂诺放在一起都会变得无足轻重。

据说马尼亚尼的性欲很强，我不知道这是真是假，不过我倒从没看过她向谁投怀送抱过。她常提到性这方面的事，而且用语粗俗，因为这符合她的角色性格。她话语中充满男性的幽默，听起来并不那么吓人，

1　二十世纪五十年代迪士尼出品的一部动画片主角。

我觉得有趣而不低级。如果有人想拿她的话来故意吓你，效果还不见得好。她是唱黄色歌曲起家的，是个才艺兼备的表演者，随时可以用任何的招数来吸引别人的注意。她私下跳过一小段艳舞，她在舞里面扮演一个勃起的男人，她会就地取材随便拿样可以充数的东西塞在裙子或裤子里头。第一次看到的时候可能会让人觉得有点惊讶；但多看几次以后，你就根本不会在意了，甚至还会觉得无聊。不过她倒是从来不会给我低俗的感觉。

她对我很自然，虽然偶尔也会跟我演演戏。意思是如果她听说我正在为新片选角，她就会让我知道她有空在片中演个角色，这就是她的作风。他们说当她跟你谈性这件事的时候，就是在逃逗你，但我从没有那样的感觉。据说，她会像男人一样采取主动，对她想得到的男人提出那种要求；还说，她懂得如何去提出要求，而且也跟男人一样对被拒绝这事有所准备。我只知道她从来没有向我提出要求过，也许她了解当时我的生活里，除了朱丽叶塔之外，再也容不下其他的女人了。

我喜欢觉得自己可以保护身边的女人，但除了马尼亚尼最后生病的时候，我从来不觉得自己强壮到可以去保护她。

她真是一位奇女子。她去世的时候，所有罗马街头的流浪猫都来吊祭她。她是它们最好的朋友，深夜的时候，她会从罗马最棒的餐馆里带东西来给它们吃。

她最后的演出是我的《罗马风情画》（Roma）。我知道她病了，她也知道自己病了，可是我们都不提这事儿。她是个演员，演戏的时候最开心。她过世以后，我有时候会喂玛古塔街上的猫吃东西，我会跟它们说："是帮马尼亚尼喂的。"当然，有些猫子猫孙甚至不会知道马尼亚尼或者她的猫是谁，但也没关系。

1949 年的时候，罗西里尼给我看了一个二十八页长的剧本。那是两位神父写的，他们对戏剧演出一无所知，更何况是剧本写作。不过他们对教会历史的确有很深的了解。剧本讲的是阿西西的圣方济各（St. Francis of Assisi）[1] 和他的门徒。罗伯托告诉我他想用这个剧本拍一部短片，但剧本需要改写，而且明显要花很多工夫，问我是不是愿意做这事。

读了剧本以后，我拒绝了，严正拒绝。他又问："那你想不想做助理导演呢？"我这才答应了下来。

他把剧本交给我重写，片子叫作《圣方济各的花束》（The Flowers of St. Francis）。他为什么要挑这个题材呢？他的宗教观在《罗马，不设防的城市》《战火》及《奇迹》等作品里表现得很明显。他十分尊敬个别的教友，却质疑宗教组织的诚意。他尤其景仰早期天主教徒的虔诚，这可能是他拍这部片的动机。不过他也可能是要借此安抚被他和英格丽·褒曼（Ingrid Bergman）绯闻所震怒的天主教审查官。

但我又干吗跟他一起冒这个险呢？可以说，我也把它当作一次机会和挑战吧。

事实上我当时也想拍片，尤其是想当助理导演，而且特别希望能和罗西里尼一起拍片。他真是才华横溢，而且我也喜欢他本人。

这意思不是说好像我有很多工作机会，我身边根本没有这方面的机会，就算有的话，也不会有像跟罗西里尼一起拍片这样的机会，因为没有人比得上他。

那个故事单调，角色没有说服力，讲述的题材对现代观众过于遥远而且难以置信。不过我明白自己还年轻，有本钱面对一个这么差的剧本。而且很明显，剧本只可能被改得更好。

我说服阿尔多·法布里奇担任"暴君"那个小角色，演的是一个野蛮的征服者，是我特别替他加的戏。我真的费尽心思要写好那场戏以便维持我们的友谊。其余的角色几乎都由非职业演员担任。有时，我还真得承认他们的确不够专业，那是一种伪装不来的新现实主义。

我最喜欢剧中"朱尼普弟兄"（Brother Juniper）和"愣子约翰"（John

---

1 圣方济各，天主教圣方济各会的创始人，出生于意大利古城阿西西的富裕之家，年轻时即放弃财产、家庭，到山林过着清贫的隐修生活。方济各会在国内外均积极传教，并在教育和学术研究方面有突出贡献。

the Simple）的几场戏，他们甚至考验到圣方济各的耐性，颇不容易。尽管圣方济各告诫朱尼普弟兄不要用表面的意思去看他的教义，可是这位头脑简单的修士居然就真的把外衣送给更有需要的乞丐，然后一身内衣地回到修道院。

我还记得野人营帐里的那场戏让我很开心，虽然情境几乎像黑泽明（Akira Kurosawa）电影一样也具有幻想色彩，类似我们印象中十三世纪的状况，但在我看来却相当有真实感。我在拍《爱情神话》（Fellini Satyricon）的时候，又想到了那场戏，虽然时代背景不尽相同。片中演神父的那个演员，大约十五年后又在《朱丽叶与魔鬼》（Juliet of the Spirits）中扮演伪装成神父的侦探。

我从来不太喜欢导别人的剧本，不过我也承认这种偏见可能让我后来错失了一些自动送上门的好故事。但我自己想拍的东西都已经多到拍不完了，又怎么再去拍别人的呢？我想那不只是因为我对自己的东西较感兴趣（好像谁都会对自己的东西较感兴趣嘛！），而是因为自己比较以自我为中心。我相信我能用更多的情感来呈现自己的想法。由于我是这些想法的源头，我可以更忠实、更完整地把它们呈现出来。我还可以深入了解我笔下的人物，一路上，寸步不离地伴着他们，直到他们准备好面对观众为止。那是我将他们交给命运的时刻，就像你送孩子进学校一样。我已经尽我所能了，我是他们的第一个观众。在他们进了电影院以后，面对爆米花、巧克力这些敌手，我就帮不了忙了。

我记得一个时刻，现在才了解那是我生命及事业上的转折点。那时罗西里尼在一小间黑屋子里专心盯着剪接机工作，他甚至没听到我进门的声音。他全神贯注的样子让人觉得他是活在银幕里的世界。

银幕上的影像寂静无声。我当时心想，"寂静无声"地去看自己的电影——多好啊！如此一来，眼睛看到的就是一切了！

他感觉到有人，一语不发地向我招手，要我走近一些，和他一起分享那种经验。我想那一刻改造了我的一生。

第七章 导演与鹅

第二次世界大战过后，在朱丽叶塔担任广播剧和舞台剧演员的同时，我以为自己可以靠编剧维生。那年头写电影剧本没啥赚头，所以不得偷闲。除了和罗西里尼一块工作之外，我还帮彼得罗·杰尔米（Pietro Germi）[1] 和阿尔贝托·拉图阿达（Alberto Lattuada）[2] 写剧本。我是通过法布里奇认识他们的。

图利奥·皮内利（Tullio Pinelli）[3] 当时也为拉图阿达写剧本，虽然我们都晓得彼此，之前却从没碰过面。有一天我在一个报摊看到他，就模仿着泰山（Tarzan）的口吻过去对他说："你，皮内利；我，费里尼。"不过我倒没有学泰山用手捶胸的姿势。他年纪比我大，也有更多的编剧经验，可是我们立刻就可以处得来。我们交换了所有心中的电影构想。我记得我告诉过他一个故事，内容是关于一个会飞的男人，情况就像《马斯托纳的旅程》（The Voyage of G. Mastorna）这个故事所讲的一样。我整个创作生涯中一直挂念着这个拍片构想。

我第一部跟拉图阿达合作的电影是《约翰·史密斯的罪行》（*Il delitto*

---

1 彼得罗·杰尔米，意大利导演、演员。他 1961 年导演的《意大利式离婚》展现了他在社会讽刺喜剧方面的才华，并凭借此片获得了戛纳电影节最佳喜剧片及奥斯卡最佳外语片。

2 阿尔贝托·拉图阿达，意大利导演，新现实主义电影艺术代表人物。他与费里尼合作过多部影片。

3 图利奥·皮内利，意大利编剧、导演，是费里尼最重要的编剧搭档。

di Giovanni Episcopo），我想我写的东西有被用在电影里面，不过也不是很确定。拉图阿达对我的表现表示欣赏，并且建议我再继续试试别的。他给了一个构想要我去进行，也就是后来的《没有怜悯》(*Senza pietà*）这部片子。这是朱丽叶塔演的第一部电影，虽然在剧中不是主角，却凭着该片在威尼斯得到了一个"银带奖"（Silver Ribbon）。

朱丽叶塔和我跟拉图阿达夫妇处得很好。他太太卡拉·黛波吉（Carla del Poggio）是意大利片的红星。有一回我跟拉图阿达去看《安倍逊大族》(*The Magnificent Ambersons*），看完以后觉得十分震撼，却不知道自己看到的只是影片的一部分。现在我可以体会当时奥逊·威尔斯（Orson Welles）对自己作品被大肆修剪时的感受了。这种事在我身上也发生过很多次。

拉图阿达想成立自己的制片公司，邀请我和朱丽叶塔一块入伙。由于我们都不想被制片掌控，所以这便是一个让我们成为自己的制片的机会。我们成立了"卡庇多里伍姆影业"（Capitolium Films），拍摄的第一部（同时也是最后一部）影片是《卖艺春秋》(*Luci del varietà*）。皮内利和恩尼奥·弗拉亚诺（Ennio Flaiano）[1] 都参与了这部片子，后者是我在《马可·奥勒留》杂志那儿认识的。这是一个重要合作关系的开端。

由于我对《卖艺春秋》这部片子的贡献不仅限于编剧，拉图阿达因而建议我们合挂导演之名。对于一位已有名气的导演来说，这算是极为慷慨的举动，我觉得这个共同导演的头衔是自己努力挣来的。我被问过很多很多次：到底谁才是《卖艺春秋》的真正导演？它算是我的作品，还是他的？结果，他说是他的，我说是我的。我们两个都没错，而且我们都以这部片子为荣。

我在编剧上面较为重要，剧本大部分都来自我对意式综艺秀（Italian Variety Theatre）的观察。我一直都很喜欢这种外地艺人的现场演出。此外，我在选角和排戏这两方面也很重要。拉图阿达在影片的导演和调度上有很多的经验，所以他在这些方面居功较多。在拍片上，他要求按照计划精确

---

1 恩尼奥·弗拉亚诺，意大利编剧，为费里尼的老搭档，两人合作过包括《大路》《卡比利亚之夜》《生活的甜蜜》《八部半》等重要作品。

执行，我却不是，我偏爱高度的随性发挥。尽管有这样个性上的差异，我想我们还是拍出了很好的影片，虽然没人去看。

我对《卖艺春秋》里的人物充满同情，因为他们都希望能成为艺人，所以他们技艺的好坏反倒不是我关心的重点。我对每个有表演欲望的人都有一份关心。那个小团体里面的人没有足够的本事，却梦想要飞黄腾达。那个扮鹅的艺人就是一个象征，电影里的人用心在表演，正如我们用心在拍片一样。我们以为自己有那样的艺术才能，他们也一样。我们专业上的本事并不比他们强多少，最后甚至落得血本无归。拉图阿达比我们投资得多，所以他的损失较大。不过由于我们那时不是很有钱，根本没资格做赔本生意，所以损失也不比他轻。

拍摄《白酋长》（Lo sceicco bianco）的过程让人胆战心惊，虽然日后回顾起来，当时所面对的比起接下去拍片时碰到的状况已经要算顺利很多了。不过当时我并不知道将来会发生什么事。我从来不是一个很善于预见未来的人，我甚至对当刻都不是很能看得清楚。

《卖艺春秋》之后，我已经有信心可以独当一面地拍片。不过在还没真正负起权责之前，我并不知道那到底是种什么样的感受。在我期盼那个时刻来临的阶段，它还只停留在我的脑子里；但等到真要去拍的时候，我却觉得它跑到了我的身体里面。我睡不好，一夜要醒来好几次。开拍日逼近时，我更是完全睡不着。此外，我的食量也增多了，但却有些食不知味。

我觉得孤单。我变成要一个人负全责，无处可逃，不像之前不具名的集体编剧或者共同导演般，大家可以一起分担责任。我心想：要是砸锅了怎么办？那就会让那些信任我的人失望。

我不能让他们知道我没有自信。我必须做个不会出错，或几乎不会出错的领队，这样他们才会把自己托付给我。如果让《白酋长》的工作人员觉得他们得去信任一个毫无自信的人，对影片本身不好。我不能让任何人知道我缺乏自信，连朱丽叶塔都不行，尽管在她面前，我无法完全掩饰自己的紧张。电影开拍的第一天，她站在门口向我吻别，那不只是形式而已，而是在对我可能就要踏上不归路给予深情的祝福。

当时的感觉就像第一次与敌人短兵相接。要是战败了，我还能去哪儿呢？我想大概就得离开罗马，但对我而言，这种结局可是比死了还惨呀！

我变得惊慌失措，感受到落败的恐怖。

初执导筒要面对的难题已经够多了，之外我还坚持要用阿尔贝托·索迪和里奥普尔多·特里斯特（Leopoldo Trieste）来饰演片中白酋长和新郎这两个角色。索迪在当时并不算魅力红星，没有办法吸引观众进戏院；而特里斯特是个一般人不认识的编剧。那时候，没人想到索迪日后会变得那么红。其余的演员，包括朱丽叶塔在内，都没有足够的吸引力，简直毫无"票房"保证可言。可是我向来固执，即使是这样一个势单力孤的初次冒险也一样。我必须跟随着我相信的事物，我向来是这样。

意大利版的《劳莱与哈代》（Laurel and Hardy）电影系列，哈代的声音就是由索迪配的，而且他还是经由比赛选出的。对我来说，这是个好兆头。我初次见到他的时候也是，我相信，自己最接近哈代的时候，虽然他们长得一点都不像，不过对我来讲，他就是哈代的声音。到了后来几年，我才不禁去想：到底哈代本人的声音听起来是什么样子？我想要是我有机会听到哈代说话，我大概反而会把他当作是冒牌货。我会说："索迪在哪儿？我要索迪。"相对说来，我们不是活在现实当中，而是活在一个表象的世界里。我们是活在一个自己所习惯的茧里面。要我不让索迪去演《白酋长》或《浪荡儿》里面的角色，就好像要我去拒绝哈代一样。

索迪当时在罗马电影放映前所安排的现场表演秀中已经算是一个技巧精湛的艺人了。这可以让观众觉得这位表演者是在他们亲眼目睹之下由现场舞台跃至大银幕的。此外，他身上还带着一种特殊的能力，他在拍片的时候有一种应对观众的敏锐度。面对镜头表演是一回事，那比较是一种可以学习到的技巧，而且还有导演在场掌控。但接触人群就是另一门艺术了，那些人到后来就相当于电影所诉求的观众了。而索迪在片厂拍戏的时候，的确很能和人群打成一片。

我对一件事有强烈感觉的时候，就一定要照着自己的想法去做。譬如说，当我遇到要去开会这样的情形时，先会这样告诉自己："费里尼，你要妥协，你可以做你想做的，但也要给别人他们想要的。你要理智一点，讲理一点。你可以选择对你最重要的部分去坚持，但对那些无关紧要的小地方，你要表现得慷慨一点。你要了解：出钱的毕竟是他们！"

然后，当有人在会议中开口："我觉得这个角色的口袋里不该放手帕。"——这时我就又变成从前坐在里米尼人行道上那个妈妈喊不动的两岁男孩。我母亲不止一次地告诉我，小时候我有多的顽固。我那时会突然在里米尼的人行道坐下，拒绝移动，不知我两岁大的脑袋里到底在想些什么。然后就得被大人拖走或抱走。这个性到现在都还没变。

《白酋长》的构想源头需要解释一下。当时，用照片取代漫画制作成的成人连环画在意大利非常盛行，即所谓的"纸上电影"（Fumetti），根据这些东西改拍成的电影被人认为具有"商业"价值。

安东尼奥尼提议过要把"纸上电影"里的故事拍成电影，他在之前几乎就已经根据"纸上电影"拍过一部很不错的短片了。不过后来当有人要找安东尼奥尼改拍"纸上电影"时，他却拒绝了。拉图阿达也没答应。

由于我和皮内利已经开始在编下一个剧本了，我于是去找一些制片洽谈合作的可能，希望自己可以导那个剧本。我一开始合作的几个制片本来已经答应要拍这部片子，但后来又拒绝在一个只算是"半"个导演的年轻人身上投资。他们很不能接受这种事情，就好像当过半个导演的人比完全没当过导演的人还不如。问题是：要让完全没有起步的人如何起步呢？我稍有导演的经验，也已经找到了自己想拍的东西。最后，曾经做过彼得罗·杰尔米制片的路易吉·洛维雷（Luigi Rovere）答应给我一次机会。他喜欢《卖艺春秋》，相信我可以成为另一个杰尔米。于是，我这种影片开拍时是一个制片，影片结束时又换成另一个制片的模式就这么形成了，情况直到我跟安杰罗·里佐利（Angelo Rizzoli）[1]合作《八部半》起才有改变。我为他导过不止一部作品。

1　安杰罗·里佐利，意大利制片人，与费里尼合作过《生活的甜蜜》《八部半》《朱丽叶与魔鬼》等三部影片。

洛维雷本来应该会替我制作下一部电影，也就是《大路》（La Strada）这部片子，可是他中途退出了，因为他认为《大路》这部电影不会卖钱。但另一名制作人佩哥拉罗（Lorenzo Pegoraro）却很喜欢这个故事，当我还在为杰尔索米娜这个角色寻找一个比朱丽叶塔更适合的人选时，他却鼓励我先拍《浪荡儿》，而且说这话时一点也不拐弯抹角。镜头后面发生的事常常比镜头前的剧情更为紧张刺激。

我和皮内利编出了一个情节，我们让真人跟"纸上电影"里的人物，以及扮演那些人物的演员发生关系。他提议让一对乡下夫妇到罗马去度蜜月，这个点子马上给了我灵感。我们才刚为这故事开了头，剩下的部分就已经出现在我脑中了。片中这名女子暗恋着一个"纸上电影"故事里的男主角；同时，她的丈夫则安排了家人前来与新婚妻子会面，之后并将带着他们前往觐见教皇。从乡下来到罗马的中产阶级，这个题材马上把我给吸引住了。我立刻认同了他们，我知道那就是某些人看待我的方式——把我当作是乡下人。不过，他们多少是对的。

不管一个乡下来的意大利人认为他自己准备得多充分，在他刚抵达罗马这个大城市的时候，实际状况还是会让他觉得震撼的。我和弟弟里卡多之前都听妈妈讲述过她年轻时所记得的罗马，所以我长大后所知道的罗马都是来自自己的想象及妈妈的回忆。妈妈的回忆于是变成了我对罗马的期待。

我根据自己的记忆，为片中初抵罗马的新婚夫妇设计了一段情节，内容就是我到达罗马那天的经验——一段令我永远难忘的经验。对我来说，这天一直还像昨天一样。这是片中新娘第一次去罗马，新郎要她去见他住在罗马的亲戚。丈夫的舅舅（或叔伯）为他们安排觐见教皇，很明显是位有影响力的人士。我记得当妈妈在罗马的时候，觐见教皇是她的梦想，所以我就把她的梦想给了我片中的角色。依照我当时的构想，这个故事应该仅仅历时一天。限制，尤其是电影里的限制，比起全然的自由，常常更能刺激人们的想象——这是一种跟很多人完全不同的想法。

在这二十四小时里，他们的婚姻会面临首次的危机。新娘婉达（Wanda）很高兴自己结了婚，但却期待能嫁给一个更浪漫的男人。里奥普尔多·特里斯特的脸很有喜剧感，让他饰演伊凡（Ivan）这位让婉达敬重却不到珍爱地步的丈夫，是最适合不过了。伊凡这个人稳重、有前途、受人尊敬，但却绝对称不上英勇。他有个特色，就是帽子老得放在身边。一开始，当他们抵达罗马的时候，他在车站月台上有些搞不清状况，卸下行李时，慌乱之间还差点弄丢了他的帽子。从头到尾，一旦缺少了这个中产阶级的社会地位象征，他就会感到不安。即使单独与新婚妻子待在旅馆房间里的时候，他都得清楚帽子放在哪儿，否则他就会觉得不自在。

我是在里奥普尔多问我有关伊凡的人物性格时，想到了伊凡和帽子的这个点子。他自己也是个编剧，所以感兴趣的部分和一般演员有所不同。我注意到当时他戴了一顶相当不错的帽子，我于是告诉他，伊凡是那种十分注重礼节的人，他甚至连进洗手间都要把帽子带进去，以防在紧急情况时被人逮到自己没戴帽子的糗样。所以那顶帽子就变成了描写伊凡人物性格的工具了。

像很多那个时期的意大利女人一样，婉达也暗自对"纸上电影"这种刊物着迷。她从那里面读到的浪漫故事于是渐渐变成她对爱情与婚姻的期待。事实上，她正暗恋着一位扮演"白酋长"的纸上电影演员。这个大众情人类型的角色，被阿尔贝托·索迪诠释得完美无缺，但直到那个时候，他丰富的才情都还不是那么受到大家的注意。婉达的秘密心愿就是能在罗马见到白酋长，因为白酋长之前回复她的影迷来信时，便邀她一旦来罗马，可以去找他。而她竟然也把这些话当真，不知道那些只是客套的回信内容。她没告诉她先生伊凡就去找白酋长了，两人因而分别了一整天。而伊凡却又太注重面子了，竟不敢告诉他舅舅（或叔伯）自己不知道妻子的下落。他给他们一个没什么说服力的解释，说她人不舒服，不能出旅馆房门。

这段期间，婉达被困在白酋长拍外景的海边。结果，白酋长像伊凡一样，也只是一顶头饰。一旦白酋长卸下头巾，他就变成了一个普通人。事实上，他还不如一个普通人，他不但没有变得更伟大，反而变得更渺小。

帽饰可以是很好的人物标记。马斯楚安尼戴了一顶像我一样的帽子，就摇身变为《八部半》里的电影导演了。我戴帽不过是要把稀疏的头发给藏起来，不是为了给自己一种人物性格。在我说服马尔切利诺（Marcellino，即对马塞洛·马斯楚安尼的昵称），要演《舞国》（Ginger e Fred）就得有头更稀疏的头发后，他也变得喜欢戴顶帽子了。等到后来他的头发没有马上长回来的时候，我想他连睡觉时都会戴着帽子。

我也把自己以前为《马可·奥勒留》所写的故事情节片段用进这个剧本里，以反映我个人的一些想法，其中包括爱情注定遭受挫败的本质、年轻人的爱情必须受到现实的考验、砸锅的蜜月、婚姻初期必然会产生的失望，以及维持年轻人浪漫梦想的困难。

我刚到罗马那几年，脑中有个阴影一直挥之不去，也就是自己以前遭人审问的一个经验。那是二战期间，军方多次想拉我入伍的手段之一。一名身穿制服的男子向我问话，我一边回话，他身旁的秘书就一边在一台又大又吵的打字机上把我讲的话迅速打出，听起来像机关枪的声音。我觉得自己口中的话好像没来得及说出来，就先被行刑队给枪毙了。这个画面给我灵感，写出伊凡到警察局报案那场戏，他去那里查询失踪人口，却不让别人知道是他太太不见了。他被那些身着制服的人逼迫时所产生的情绪反应其实就是我的，我把它放在伊凡身上。战争期间，我甚至有以为自己被人跟踪的经验。

一致化和团队化是我的敌人，我从来不喜欢在同一个时间里跟所有其他人做同样一件事，所以我对在星期六晚上做爱这种事从来不感兴趣。不过当然，有时也有例外。

我不愿相信自己被别人控制着，尤其是自己的思想部分。我讨厌看到任何要把我们变成一个蚁族社会的举动。我记得年轻时看见年轻人被分组分队，像鱼群般团体行动的情形。而且他们在可以不穿制服的时候，都还要跟随流行的穿着法则，结果也等于一致化了。我特别记得的是里米尼的孤儿，可怜的小家伙，不管什么时候，只要有需要一群人的活动——送葬队、游行，随便什么都行——他们就会变成一堆穿上黑色制服的孩子，完全不知道自己为什么要在那儿，他们只是被别人吩咐了要这么做。除了遵命之外，别无选择。他们不只丧失了父母，也丧失了做人的尊严。

朱丽叶塔曾在片中露脸，也就是那位好心、娇小的妓女卡比利亚。她在伊凡以为自己再也找不回太太的时候想办法逗他开心，这段戏对她的演艺事业和我的导演事业都很重要。她表现得太好了，让制片人再也无法说她不能胜任杰尔索米娜这个角色。而《卡比利亚之夜》当然也是由这场戏所引发的灵感。卡比利亚这个角色可以说是杰尔索米娜失散的穷姐妹。

《白酋长》是尼诺·罗塔（Nino Rota）[1]第一次为我配的作品。我们是在电影城外开始长期交往的，我们俩当时甚至还不知道彼此是谁，我们的友谊就像是意外寻获的至宝。当时我注意到有个矮小的男人在等电车，可是他站错了地方。他看起来什么都记不清楚，表情却十分愉快。我觉得自己忍不住想陪他一起等，我想看看会发生什么事。我当时坚信电车会停在平常该停的地方，然后我们就得追着它跑；但他也同样坚信他站在哪里，车子就会停在哪里。我想是"心诚则灵"吧，电车后来竟真的出乎意料地在我们面前停了下来。我们于是一起上了车，两人的友谊和合作关系也一直持续到1979年他过世为止。这世上再也找不到一个像他这样的人，他生性注定就会成功。

我在《白酋长》还没完成最后剪接之前，就请罗西里尼先看了一次，他的评语充满鼓励，对我意义重大。我那时很尊重他的导演才能，所以他在我电影事业萌芽的关键时刻给我赞赏，对我就变得相当重要。不久之后，我跟他说，希望有一天我也能回报他对我的慷慨。他说要是我能去鼓励另一个人就算是回报他了，他说等哪天我成了意大利重要导演的时候（并说我一定会），我应该记得他的话去帮助一个比自己年轻的人。

《战火》这部片子让我知道自己想要成为一名电影导演。我当时在想，也许我的前途是在这里，而不在记者那行。到了《白酋长》这部片子，才知道自己已经是一名电影导演了。

---

1 尼诺·罗塔，意大利作曲家。常为电影配乐，曾与费里尼保持长达二十五年的合作。他与导演科波拉合作的《教父Ⅱ》为其在1974年赢得奥斯卡最佳电影配乐奖。

中篇
费德里科·费里尼

第八章 拍片像做爱

有很多东西是源自我作品中的自传性以及我乐于坦白一切的个性。我不是把自身的经验照实报道，而是把它们当作故事骨架来运用。我不介意像写自传似的来描述自己，因为比起要我去谈自己心底的幻想、那样还可以少泄露一些我的秘密。毕竟幻想里的我才是真实、未经掩饰的我。要为一个人外在的自我穿上衣服不难，但要为他内在的自我披上外衣可不容易。我相信就算我去拍一部关于狗或椅子的电影，大概也不免会有些自传色彩吧。要想深入了解我这个人，就要去了解我的电影，因为它们都来自我心里的最底层，我等于是完全裸裎，连自己都大开眼界。我从自己的电影里发现自己有些点子、想法，但之前我并不知道自己有那些东西。我在自己的想象当中，揭露了最深层、最真实的内在自我。也许这是我自己的一种心理治疗方式。我拍片的时候，其实真有点像是自己在访问自己呢。

如果你看到一只狗跑过去用嘴把半空中的球给衔住，然后骄傲地把球带回来，你就了解了一切关于狗的本质，以及人的本质。那只狗既快乐又骄傲，因为它会一样特别、有人要看，而且又受赞赏的技艺。而该技艺可以为它换得人们的宠爱，以及高级的狗饼干。我们每一个人都在寻找自己的特殊技艺，一项会赢得别人喝彩的技艺。找得到的人算是运气好。我，则找到了电影导演这条路。

我无法想象感觉不对或环境不协调时该如何工作。我不喜欢一个人工作，而且我需要和自己喜欢的人一起工作。有时候，我也可以跟我不喜欢的人工作，只要那个人够有个性。有具体的关系总比没有任何关系要好，即使是女驯兽师也有一种美感。我毕竟是个马戏人，有组织小家庭的需要。我们都需要一种积极的气氛，必须相信自己，并相信自己将创造出来的东西。

拍片的气氛让所有的事情都立刻变得熟悉起来，在片厂，大家都变成了一家人。

只要我一组成拍片班底，我就有家的感觉。我觉得自己好像哥伦布（Christopher Columbus），准备要去发现新大陆。以我们的情形来说，则是要去创造一个新大陆。有时候，他们需要鼓励，有时我得强迫他们继续航行下去。

我一直想拍一部关于美国的电影。我的想法是在电影城里重新搭造美国。我已经在《访谈录》（Intervista）这部电影里实现了这个梦想。片中的我们正打算根据卡夫卡（Franz Kafka）的《美国》（Amerika）改编一部电影，我于是规划了一些能表现二十世纪初纽约的精巧场景。我得在意大利，其实是得在罗马，特别还得在电影城里拍片的原因有很多。到别的地方拍片，我除了有成千上万的细节问题无法掌握外，最重要的就是电影城里有种熟悉的情感、气氛，可以激发我的灵感自由流窜。

在片厂工作的人才是我真正的家人。我小时候跟父母亲，甚至跟我年岁相近的弟弟在一起都一直有点不自在。妹妹小我太多，简直就是另一代的人，我除了知道她已长大成人外，其他一概不知。我相信电影和马戏团这两种世界之间一定有着某种类比关联，马戏团里的女驯兽师、小矮人、空中飞人与小丑间的关系，一定比他们和自己兄弟姐妹间的关系要密切得多。

有人批评我拍电影只是为了让自己开心。这项批评很有根据，因为这是事实。这是唯一能让我工作的方式。假如你拍片是为了取悦所有人，你就谁都取悦不了。我相信首先你得取悦自己。如果你拍出了能取悦自己的东西，那就已经算是你最好的表现了。而如果那东西在取悦自己之外，还能同时取悦他人，而且人数够多，那么我就能够继续工作下去，那算是我运气好。但如果我不喜欢自己拍出来的东西，那就会是一种折磨，会让我几乎无法继续工作下去。

史蒂芬·斯皮尔伯格够幸运，他自己喜爱的东西，同时也被许多世人所喜爱。他诚恳，同时也得到了成功。任何想做"艺术家"的人，都一定得毫不妥协地用自己的风格去做自己喜欢的事，借以表达自我。任何只想要去取悦他人的人是不能指望自己成为艺术家的。这儿一点妥协，那儿一点妥协，灵魂究竟要被出卖到什么地步？

依照我的想法，是不是艺术家，和你作品的好坏并没有太大关系，那些只是外在的评断；比较重要的是：你创作的目的是在取悦自己，还是只是在讨好他人？

有时候，当拍片、筹钱、做导演这些事显得那么困难的时候，我会告诉自己：我很高兴自己所选的这份工作并不轻松。毕竟，要是它容易的话，所有人就都一定想来当导演了，而竞争也就跟着加剧。我这么告诉自己，但却并没被自己说服。我很懒，尤其是在做自己完全不想做的事的时候更是如此。我真希望自己能像古代人一样有人赞助，有一个只会对我说"你想拍什么就拍什么！尽力去拍！"这种话的赞助人。金钱对这事有很大的操控权，这让我可以认同匹诺曹（Pinocchio）不想做木偶而想变成"真人"的欲望，即想做自己的欲望。

我一天不拍片，就觉得少活了一天。这样说来，拍片又像做爱一样了。

拍片时是我最快乐的时刻。虽然当时我所有的时间、思绪、精力——里外上下——都被占据了，但那却是我觉得最自由的时刻；即使没睡觉，都觉得自己健康状态比较好。平常我所喜欢的事物，那时我会更喜欢，因为我正处在一个接收力很高的状态里。食物比较可口，性爱也比较愉悦。

导戏的时候，是我最有生气的时刻。你们看到的我，就是最精力旺盛的我。那时，体内会涌出特别的能量，让我可以去扮演所有的角色、参与所有的环节，而从不感到疲倦。不管我们夜里拍到多晚，我都迫不及待希望隔天早点到来。拍电影就是我的生命，我只有在创作的时候才觉得自己真正活着，就跟享受性爱的情况相同。

对一个电影导演而言，精力，旺盛的精力，是不可或缺的。我以前从来不觉得自己是那种精力旺盛的人。我眼中的自己，活力比一般人低，甚至有点懒惰。我从来不需要太多的睡眠，也从来没办法睡得太多。我夜里一向只睡几个小时，可能是因为脑子一直在动的关系。

晚上的时候，我满脑子事情，不容易入睡。有时睡了几小时，醒来时还在想事情。我脑子在晚上活动力特别强，不知道是不是因为夜里比较安静，所以不会分神，或者是我体内的生物时钟跟别人不同的缘故。

我在睡觉时可以得到最好的灵感，因为那些东西多半是意象，而较少是话语。醒来以后，我会试着赶在记忆模糊、消失之前把它们画下来。有时候，它们会重复出现，不过通常不会用一模一样的方式重来。

睡眠量少这件事，在我导戏的时候成为一项优势了。通常我只需要好好睡几个小时就够了，此外，不管我多晚上床睡觉，隔天都能早起。不过我会试着提醒自己，别的拍片同仁可需要较多的时间休息。

在执导我第一部电影的时候，我曾担心自己是不是会有足够的体力应付拍片，但之后，我就不再为此烦心了。我导戏的时候，肾上腺素总是十分充裕。

理想的状况是在电影开拍后能有一些暂停的可能，譬如，拍了好几个礼拜以后，可以让我离开拍片现场几天——这不是要逃避现实，而是让我撇开片厂的压力，去消化吸收之前拍出来的东西，把那些东西变成自己的一部分。那样做是满奢侈的，我以前曾试着在合约里要求这样的小暂停，但制片无法理解，他们会语带嘲讽地说："费里尼需要度个小假。"他们不明白我是想更卖力工作，只不过用的是我自己的方式。我永远没办法让他们明白，我跟他们要假不是为了玩乐。要我放下自己的电影去玩乐，是对我最严厉的惩罚。

我想，每个创作者一定都会担心创作力枯竭这件事。我在《八部半》里就处理了男主角圭多（Guido）在这方面的忧虑。不过我自己到现在都从来没出现这样的征兆。通常的情况是点子来得太快，让我应接不暇。然而，我仍然可以想象创作力匮乏的感觉，这跟性无能是同样的道理。我现在还没有感受到那种威胁，但如果我岁数大了，也可能会发生，那和丧失创作力的情形类似。那么我会希望自己能有主动请退的自知之明。但在那之前，我都会尽可能地用我的精力、热情、冲劲去创作。

我很多的点子都是晚上做梦梦到的，所以我不知道它们是如何发生，或者为什么发生的。我主要的创作力来源竟是依附在一个我无法操控的东西上。神秘的才能是一种珍贵的宝藏，但也令人感到恐惧，深怕它来时神秘，走时也一样。

我有次梦到自己一边导戏一边大吼大叫，只不过我叫不出声音。我用力吼叫，但什么也听不到。包括演员、技术人员在内的所有人都在等候我的指示。当时甚至还有大象在场，连象鼻的姿势都摆好了，就等我的指示，整个拍片的现场和马戏团有些相似。但我没办法让任何一个人听到我的话。然后，我就醒了，发现那只是梦让我非常高兴。通常我都很喜欢自己做的梦，但我乐于把这个剔除在外。

我去看电影的时候，我是指别人的电影，让我感兴趣的是故事本身。那时我想逃避，想跟着影片里的剧情走，对摄影机反而不感兴趣。假如我还察觉得到摄影机的存在，那就不对了，虽然在自己拍片时，我经常要透过摄影机的反光镜来看东西。此外，我还不得不示范所有角色的演法。我甚至可以将色情狂演得非常好呢。对我来说，片厂经验就是真实人生，我想再没有别处更像我个人的生活场景了。

我发现，"即兴"这个词经常被用在和我作品有关的讨论里，这让我觉得反感。有些人说我即兴是在批评我；有些人说我即兴则是在称赞我。我不拘泥是真的，我开放空间给各种可能性。我承认自己常常改变主意，而且还一定要有这样的自由。但我并不是没有准备，有时甚至准备过多，因为这样才能让我有保持弹性的自由。我必须预先做准备，这样遇到肾上腺素不灵光时，才能免除压力。要是一时没有灵感，至少还有事先准备好的东西。不过到目前为止，我脑袋都还一直有东西流出来。

我的作品的制造方式跟瑞士手表不一样，我没办法那样精确地工作。我的剧本跟希区柯克（Alfred Hitchcock）的不一样。

希区柯克可以按照精确的剧本指示工作，不单每个字，就连每个姿势都是预先设计的。在片子还没拍之前，他就已经在自己的脑子里看过那部电影了。我则是在片子完成之后，才在自己的脑子里看那部电影。我知道他也像我一样按照草图工作，但他运用草图的方式和我完全不一样。他把那些草图像建筑蓝图一样看待，我则是用草图来创造或深挖角色人物，以便让故事由人物本身自动跑出来。我在脑子里可以看到很多电影，但真正完成的作品总是跟它们都不一样。我的所有作品在某一阶段以后都有了自己的生命，它们甚至会离我而去。如果我在生命的不同时期去拍《生活的甜蜜》或《八部半》，出来的东西也会有所不同。

我的电影人物会为了我继续活下去，只要他们在某个电影构想里被创造出来，即使那部电影最后没拍成，他们也都有了自己的生命。而我则会继续为他们编故事、继续为他们担心。那些人物就像是我儿时的人偶玩伴，对我来说，他们比真人还要真实。

我到拍片现场时，心里一定很清楚自己要什么，而且还会把它们仔细地写出来，凡事都会预先备妥。然后，我会把东西放在一旁。

如此一来，我就像是一张一面打上了字，而另外一面却一片空白的纸。即使我可能连续几天都按照事先写上东西的这面来拍，但其实在我抵达片厂的时候，剧本上空白的那面才是比较重要的。我会一直回头参考写了东西的这面，但那只是对于作品的可能建议。为了这个缘故，我喜欢并未准备太好的演员，因为我会按照自己在现场找到的灵感来修改。在这方面，马斯楚安尼很令人开心。他不管将来会发生什么，也不用发问就能进入角色，他甚至不必事先念过他的词。他把所有事情都变得好玩有趣。

我用这种方式工作，因为那是唯一一种我能工作的方式。如果我剧本的初稿就已经够完美了，我想我会直接用它，这样可以省很多钱，但我相信那样不可能拍出好电影，也当然不会有趣。我想我的电影如果是这么被制造出来的，大概就会变得毫无生气可言。唯有当所有人都团结在一起，而演员将生命气息注入角色的时候，魔法才会出现。对我来说，预先写在纸上的东西是无法直接跳上银幕的。

《朱丽叶与魔鬼》是个例子。我在拍片过程中，因灵感涌现，把详细写出的剧本做了更动。剧中朱丽叶所聘请的私家侦探，也就是叫作"猫眼"（Lynx Eyes）的那个角色，在片中呈现的样子跟原来的构想有很大的差距。这个变动的原因在于演员自己。我曾经在《骗子》（Il Bidone）和《生活的甜蜜》里让他演过小配角，却忘了他之前在《圣方济各的花束》里的表现。在那部电影里，他饰演一位神父，曾从蛮族手中救下朱尼普弟兄一命。在我记起这位演员曾经演过一名在危难中体贴救人的神父时，我就兴起把"猫眼"重新改造成神父的念头。我甚至要他戴上神父的衣领，用以掩饰自己的办案身份，我还让他以这身打扮出现在朱丽叶的幻想里，有一次，这样的幻想甚至发生在她还不认识他之前。

我想，对我来说，有些神父似乎真有一对侦探的眼睛。小时候，我从来不喜欢告解，我不希望自己的事情被任何人知道。我觉得没什么有意思的事可以告解，除非我编造，而有时我的确会胡诌一通，尤其是在我相信告解神父已经睡着的时候。等到我相当确定他们睡着时，我的告解才会变得很有趣。到那个时候，我会承认自己在来教堂的路上，用斧头劈死了一个同学，外加现场血流成河之类的话。这时的他则鼾声雷动……

我从来不会要演员为了演一个角色，而去彻底改变自己，因为那是不可能的。最好是修改角色来适应演员，而不要让演员去改变自己。

即使我的剧本修了又修，改了又改，但我还是无法想象没有它我怎么去拍片。就算它只是根拐杖，也是根必备的拐杖。完全的"艺术喜剧"（commedia dell'arte）[1] 会让我感到恐慌。艺术创作也无法是委员联合决定的，委员制的艺术甚至比即兴喜剧更令人难以想象。制片永远不能强迫我去做我觉得不对的事。他们的权利在于限制我，让我没有足够的钱去做我所有想做的事。

我对选角的想法远超过一般所谓的"定型选角"（typecasting）概念。我要找的是我所幻想人物的化身。我不在乎他们是不是职业演员，以前有没有演过戏。他们会不会说意大利语也当然不重要，如果有必要的话，他

1　又名"即兴喜剧"，演出时只需一份剧情概要，对话、动作、表情为演员即兴表演。

们甚至可以用自己的语言念数字，然后我们再用事后配音的方法来处理这个部分。我的任务是去把每位演员最精彩的部分引导出来。不管演员有没有演戏经验，我都会设法让他们放松，让他们不要压抑。而如果他们是职业演员的话，就让他们先丢开技巧。通常和职业演员一起工作最不容易，因为他们之前学了错的招术，根深蒂固，坏毛病总改不掉。

我要找人演皇帝的时候，我是选一个看起来像我心目中皇帝的人，而不管他是不是觉得自己像皇帝。如果成功的话，我就可以把演员移植到我设下的情境里，在那儿他们可以自在地哭笑，随性地反应。我可以帮助每个人表达他们自我的喜怒哀乐，比较希望他们能内求，而排除外求。身为导演，我的目标是去开启每个角色，而不去限制他们。所有角色都必须去找寻处于自我的真相，但在发掘的过程中，他必须有所取舍。演员必须寻找的不是他自我本身的真相，而是他所扮演角色的真相。当他找到那个真相的时候，他就算掌握了这种虚拟的艺术了。再也没有人能比《生活的甜蜜》里的安妮塔·艾克伯格（Anita Ekberg）[1]、《八部半》里的马斯楚安尼，或《大路》及《卡比利亚之夜》里的朱丽叶塔在片中的演出，更能掌握该种虚拟艺术的真相与神秘了。

我被问到我那些想法是怎么来的。这不是个我喜欢的问题。

有些东西是自己送上门的，有些东西是你让它们发生的。如果你只用那些自己送上门的东西，就会觉得自己是在依赖一些像是运气这类你几乎不确定的事情。我的灵感通常来自我对生活的观察。

有位知名的作家以前常来"罗莎提咖啡厅"喝咖啡，而且一直有位同样的小姐和他做伴。他们点了东西以后，就会坐下来吵架。他们看起来满脸怒气很不愉快，可是从来没有人听见他们在吵什么。这样的情况持续了好些年，他们也一直没有结婚。说不定这就是他们争执的所在。

然后，他们消失了一阵子，等到那名男子再度出现的时候却是独自一人，

1　安妮塔·艾克伯格，出生于瑞典，1953 年至好莱坞发展，1959 年转战意大利，1960 年参演《生活的甜蜜》，被费里尼塑造为银幕性感女神而举世闻名。代表作有《战争与和平》（1956）、《生活的甜蜜》（1960）、《小丑》（1971）等。

原来那位小姐死了。

从那以后，他总是一个人来，而且看起来面容哀伤。他从来不笑，也不和别人说话。他不再带别的伴儿来，只是一个人坐在那边出神，再不然就是看看报，写写东西。

有次他把写的东西搁在桌上没带走，给服务生看到了，那是一些情诗，是对那名死去女子的赞美诗。他们于是把诗放进信封，隔天那名男子来的时候，再交还给他。他只对他们说了声"谢谢"，其他什么都没提。

我本来想把这一小段故事拍进电影里，但制片人老是要一堆解释。譬如，那女人是怎么死的？当时发生了什么事？他们究竟在吵什么？当我们为观众回答了所有问题，他们心中就再也没有什么疑问了，那样电影就会变得很无趣。

即使不拍片的时候，我都喜欢去电影城。我需要一个人待在那个特殊的场景里寻找灵感。

我需要和自己情绪的回忆做接触。

对我来说，除了电影城里的那个办公室以外，再另有一个地方办公也很重要，而这一定得是个制片们无权管辖的地方。我在家里花很多精神想公事，虽然朱丽叶塔也已经习惯了，可是我不喜欢有陌生人来家里，所以我需要有一个地方来见演员。我去办公室不是为了别人，而是为自己。办公室可以提供一种办公气氛，并造成我在工作的假象，然后，突然间我就真的在工作了。

小笔记和素描画是我找寻灵感的第一步。之前，我先要把板子架起来，然后开始在上面放一些面孔——一些面部照片——来刺激我的想象。

先要看到脸。当那些面孔安在我办公室的板子上以后，每张照片就都会对着我说："我在这儿！"——期待能抓住我的注意，并把其他的对手挤出我的脑子。在我寻找拍片灵感的时候，这是仪式里第一个必要的部分。那时我并不担心，因为我人在那儿，而且我知道拍片灵感自然会到来，门外会有敲门声，而灵感就是引人登堂入室的那扇门。

回想起从前在富国戏院迷恋电影的那段日子，印象中特别让我着迷的，不单是电影，还有挂在戏院外头的海报。有时候海报画得很精彩，让我想把它们模仿下来。此外，戏院还有一些电影剧照和明星的宣传照，里面包括了一些美国明星的照片。其中以脸部为特写的剧照特别吸引我的注意。我一边看着那些面孔，一边想象着他们可能主演的故事。我用加里·库珀当主角，在自己心里演了一部电影。我猜自己那时还太小，不知道自己在干的就是选角这回事。

我小时候自己做人偶的时候，会给每个人偶做两到三个头，有时每个头上的脸都不一样，或是同样的脸上给他不同的表情、不一样的鼻子……面孔在我心中早就很有地位了，但我那时毫不自知。

我在发展一部影片的时候，也就是最多创意"来袭"的时刻，但那些创意却不是我在进行的那部电影所用得上的创意。如果是的话，倒也天经地义；但实际上大多数创意却都是要用在别的故事上，一些完全不同的故事上。那些创意事实上都在相互较劲，想争取我的注意，或也可以说是在分散我拍片的专注力。它们有一种能量，事实上那是来自那些创意合力的结果。创作力被松绑了，而且丝毫不知自制。

不管是过生活，还是拍电影，保持纯真是十分重要的。说不定从一小段动物尾巴的另一头最后可以拉出一头大象。重点是你必须对生命采取开放的态度，如果你做得到，就会拥有无限的可能。保持纯真、乐观是很重要的，当不易达成的时候，尤其得更加卖力才行。

有些狗的眼神是那么单纯、真诚，真令人激赏。要一只狗虚情假意地摇尾巴，它还不会呢。它们那么崇拜我们，是因为我们体型较大，而且看起来像是懂得自己在干吗。如果不是因为狗和人之间存在着依赖的关系，我几乎可能会去羡慕这种开放的胸怀。这也是我不喜欢当演员的原因之一。

对人而言，依赖是一种可怕的状态。这状态对猫狗可能也不是很好，但它们又有什么办法呢？我们对它们负有一种责任。

有人问我："你喜不喜欢狗？"或者，"你喜不喜欢猫？"我会回答："喜欢。"这样可以让事情变得比较简单。他们并不想要一个复杂的答案。但更正确的说法是，我应该说我喜欢某些狗、某些猫。

有次我为富莱金那儿的五十只饿猫准备菜汤。我平常是从不做饭的，但那次它们竟把我煮的东西吃得一干二净，认可了我在烹饪方面的才华。但话说回来，所谓饥不择食，它们应该不能算是最公正的评审。

成功成名了，按理说会带来很多朋友。大家会以为我有很多朋友，其实很多事他们都不了解。我被一堆有求于我的人包围，他们有的想演我的电影，有的想采访我。这些人反而让我觉得更孤单。

"成名"并不像它表面上看起来那样令人羡慕。没有名的人以为成名会让他们快乐，所以想要成名。但快乐又是什么？毫无疑问，成功成名是给我带来过一些乐趣。我年轻的时候，功名看起来是件很好的事。它为我开启了对外的门窗，让我父母感到光荣，证明大部分学校老师都把我低估了，他们那时觉得我没用，从来不认为我会成名，但他们可真是大错特错了呀！

成名。怎么成名的？又为什么会成名？我以前图画得不够好，也不觉得自己的偶戏团会有什么前途，而且当然也不会有。或许当记者是一条路，揭发一些大新闻，那么新闻标题下面还会有我撰稿的字样，这已经是我那时最大的愿望了。当时除了早知道自己想去罗马以外，实在对自己的前途毫无概念。以前，"成名"二字对我来说就是跃上富国戏院的银幕，但那时的我无论如何都办不到——我又不是加里·库珀。后来我才了解，富国戏院的银幕还不能完全代表一个导演的终极梦想。

我们所有人都希望能让父母刮目相看，即使到了长大后也一样。也许就是因为这样，我们反而永远长不大。我们希望他们看到我们成功成名，希望他们能来分享我们的荣耀。对我而言，能有机会让我父母亲看到我成为一位名导演，是很重要的。

我以前总认为名跟利很难扯得清。除非我真的缺什么，否则我对钱是根本不感兴趣的。艺术家需要的不太是食物，他们需要的是内心的安定。早年，我只需要钱去喝咖啡、买三明治，或是租个尽可能靠近罗马市中心的搭伙住处。但后来，我却需要几百万来拍片。

直到自己成名了，我才了解到"名"并不能换"利"。由于每个出租车司机都认得出我，所以我就得给他们更多的小费，否则他们就可能四处散布谣言，说费里尼小气。

此外，大家都认为我该招待他们。由于我人住罗马，所以要是有外地来的客人，好像就理应由我来招待他们；此外，应我邀请的朋友还经常会另外呼朋引伴。有时候我就要为某位制片拍片了，按理说他应该乐于付账，但通常大家都直接把账单寄给我。

我成名了，大家就觉得我该过着某种特殊的生活。现在要不是因为有些人会以貌取人，会因为你装扮得不像一个成功者，就把你当失败者看待，然后不给你钱拍下一部片子的话，我才不在乎别人要怎么看我。

一般人还有另外一个倾向，那就是，会把作品和作者本人混为一谈。"作品是作者本人的延伸"这个概念不是我发明的，但我很喜欢。就像有人分不清演员和他们演出的角色一样，一部电影的内容也会被当成是导演自身的故事。由于有时候我拍的电影看起来昂贵奢侈，所以别人就以为我很有钱。

我被当成有钱人的这种情形严重到一个地步，那就是有时我突然发觉自己被迫得了为公务招待一大票人在大饭店里吃饭，那时我就只好闭门不出。他们给了承诺，但承诺能不能兑现的风险总是在我在担。我容易被他们愚弄，因为我必须对自己的下部片子抱着希望，不然就是因为没钱付账，日子已经过不下去了。我不喜欢寅吃卯粮或欠债不还。我认为自己是在此刻享用了美食，所以也该在此刻付出代价。

一个人成名了，好像就给了别人一种这时才有的权利——他们可以去翻看你的垃圾，偷听你的私人谈话。好像这时他们就拥有了臆测的特权，所以我跟朱丽叶塔说，我们绝对不可以当着众人的面发生争执。但为了这事，我们却在一家人很多的餐厅里大吵了一顿。

只要跟另外一个女人在公众场所喝酒、喝咖啡，或是和她一起走在康多堤街（Via Condotti）上，就会被别人当作新闻来处理，然后我和朱丽叶塔就必须公开否认我们要离婚的传闻。朱丽叶塔会被搞得很尴尬，但糟糕的是，她会开始怀疑真相为何，而更不妙的是，她常会相信报章上看到的东西。

在拍摄《骗子》期间，传出朱丽叶塔和美国男演员理查德·贝斯哈特（Richard Basehart）[1]拍拖的闲话，我跟朱丽叶塔说我觉得传闻很蠢，然后一笑置之。但她却相当恼怒地说："你在笑什么？难道你不信那也有可能是真的吗？你一点都不吃醋吗？"我回答说当然不会，然后她就真的发火了。

成功将你带离原来的生命途径，它切断了你原先赖以成功的联系。那些被你创造出来、用来娱乐人们的东西，来自你自己、来自你的想象的延伸。但那些想象并不是凭空发生的，而是从你跟他人的接触关系中产生的。成功来了，但是愈成功就愈容易让你与自我脱离。成功的光环断绝了你跟外界的关系，断绝了你和那些原先给予你想象灵感的人与事物的关系。因此，你为求得自我保护所打造出的庇护所，反倒变成了囚禁你的牢狱，然后你就会变得愈来愈特别，直到没人跟你一样为止。你从高塔向下望见的事物是十分扭曲的，但等你适应以后，就开始以为大家眼里看到的东西都跟你一样。你为逃避所进入的城堡，阻绝了你艺术生命的滋养根源，最后使得艺术花朵在塔中枯萎凋零。

出租车司机老是问我："费费（Fefe），你为什么不拍一些我们看得懂的电影？"

"费费"是一些熟朋友喊我的绰号，报上经常提到这事，所以现在有些出租车司机最喜欢这样叫我。

我跟他们说，那是因为我拍的是真相，真相永远暧昧不明，而谎言却能让人很快就懂。

我不再多说什么，但我也并不是在狡辩。诚实的人的确会有矛盾，而矛盾的确是比较难以理解的。我从来不想把自己作品里所有的东西都在剧终解释得一清二楚。我希望观众看完电影后，还能继续回想、思索剧中的人物。

1　理查德·贝斯哈特，美国演员。他曾参加过多部跨国电影的演出，最知名的一部即为《大路》。

只要我下部片子的开拍工作准备妥当，而且也跟制片签了约，那时我就是天底下最快乐的人了。我会觉得自己很幸运，因为我做的是自己最想要做的事。我很难理解自己为什么会有那样的好运，当然也很难去告诉别人要如何得到那样的好运。

我想，如果你可以设法创造一种让自己可以随性发挥的气氛，那么你就能得到好运。你必须活在一个多面向的空间，开放心胸、百无禁忌地接纳自己。我想要是你不偏不倚地去调查一下为什么这个人这么幸运，而那个人却那么不幸运的话，就会发现其中一定有个原因是：幸运儿大概都不太信赖他们的理性。他们勇于接受对于自己直觉的信任，并且按照直觉来行动。我想，对事物及生活怀抱信仰，是一种宗教式的情怀。

在作品里，我必须为自己保留一些不负责的空间——也就是较孩子气的部分。在我放纵自己那个部分的同时，我的另一个部分，即理智、理性的部分，就会提出异议，并对我正在做的事提出强烈批评。当我仅凭着直觉行事，而且不去解释为什么自己要这么做的时候，即使我的理智在抗议，我也能确定自己是对的。也许这是因为那些感受、直觉才代表真正的我，其他那些声音只是别人对我的要求罢了。

然而要寻找其间的平衡却不容易。通常自以为正确、重要的那个部分，也就是说话声音较大的理性部分，却总是错的。

如果你够幸运，能拍你想拍的东西，即使不拿酬劳，或甚至得自掏腰包，你都会愿意的。这么说来，拍片又跟做爱一样了，它跟做爱很像，因为都是纯感觉的事，你已经迷失在里面了。

我每拍一部新片，那部片子就会变成一位嫉妒的情妇，她会说："只有我！别去想从前，那些电影从来没有真的存在过，她们都比不上我对你来得重要，我绝对不允许你对我不忠！你只能为我一个人服务，我才是你尽忠的对象。"她说的也没错，我的确是全心全意地对待现在所拍的这部片子，但她总有拍完的一天。待我把一切都献给她之后，这段恋情就会结束，会进到我的记忆库里去。然后我就会再找找一个新的情妇——也就是我的下一部电影。届时我的生命里才会有完整的空间可以给她。

一旦某部电影完成了，我就会陷入失恋状态。但我的每部电影在杀青，甚至剪完以后都还挥不走她们的身影。只有到新的一部接近了，前一部才会真正离开。所以我从来不会感到孤单，因为那些旧有的人物会一直伴我到他们被新的人物取代为止。

一部电影会跟你说好多次再见，情况就像谈恋爱一样。到了某一个阶段，她就开始用很多的方式跟你道别。

片子剪完后，还要配音，然后上音乐，所以你是慢慢地离开你的情人。没有结束，只是暂停。你知道你的电影是逐日按阶段地离你而去。跟混音这个步骤道别后，还有对双机、首映等程序。所以你从来不会觉得自己走得太突然，当你最后终于和那部电影分别的时候，你事实上已经开始进行另一部新片了。或许这是最理想的结局……就跟谈恋爱一样，彼此在过程中感受到愉悦，结束时又不至于哀伤收尾。

当作品完成后，我喜欢走出它的阴影——我不愿环游世界一周去跟大家讨论我所做的东西，我讨厌这种仪式。我不想出现在"展出"的场合，因为大家会觉我本人也该像我的作品一样，我不想因为自己不够异常，而让他们失望。

第九章 从里米尼小镇闯荡到维内托大街

　　我尽量避免再去看自己的电影，因为情况可能会让人觉得十分挫败。就算再看到它们时已事隔多年，我还是会对影片有些不同的意见，不然就是会为了想起一些当时被迫剪掉的戏觉得沮丧。但那些戏还在我脑里，所以我会以脑里的印象去看那些电影。有时候，要我再看一次《浪荡儿》，我也会觉得很受诱惑。这部片子是我生命里的一个关键点，它出人意料的佳绩改变了我往后的遭遇。

　　十三四岁的时候，我会和我那些年轻的朋友站在街上，研究眼前的女人，哪个有穿胸罩哪个没有。我们会在接近傍晚的时候到脚踏车棚站岗，等到有女人来车棚取车的时候，就可以从后面看到她们骑上车的样子，那是最好的欣赏角度。

　　我十七岁离开里米尼。那时我对那种在《浪荡儿》里所描述的在街头浪荡的好色男子不算真的清楚，但我会去观察他们。他们年纪比我大，所以不会是我的朋友。可是我写的是我眼里看到的他们，外加一些自己的想象。对一个住在里米尼的年轻人来说，生活苍白无聊、俗不可耐，艺文活动一概为零，夜夜如昨，了无新趣。

　　原文片名字面上的意思是"早熟的小牛"，虽然它们还没断奶，就已经很会制造麻烦了。福斯托（Fausto）有办法生小孩，却没有能力做小孩的父亲。阿尔贝托（Alberto）说："我们全都是些小人物。"但他却没有为变成大人物尽过一丝努力，同时为了维持自我现况，他对妹妹为他作的牺牲欣然接受。而当妹妹为了追求自身幸福要离家而去时，他竟显得不高兴。因为那可能意味着他得开始考虑自己出去工作这档事了。片中的里卡多（Riccardo）希望能成为一位歌剧演唱家，不过他也就跟我弟弟里卡多一样，除了在一些聚会场合表演外，平时从不练唱。莱奥波尔多（Leopoldo）希望自己能成为作家，不过却容易为了朋友和楼上的女孩分心，而无法全心投入。只有莫拉尔多（Moraldo）这名旁观者，有为自己恍恍惚惚的人生做过努力。"你在这里不快乐吗？"这个问题萦绕耳际的同时，他为自己做了一个唯一的选择：离开。他抛下那些朋友，一如他所搭的早班火车抛开了那些人仍在其中熟睡的住屋一样。此番离去，他与那些人的人生便再无交集。当莫拉尔多的生命已然清醒之际，那些人却依旧在沉睡。

我以为我离开里米尼的时候，我那些朋友会很羡慕我，但事实完全不是我所想象的那个样子。他们反倒觉得我奇怪，因为他们并不像我一样有离开那儿的动力。他们很满意自己在里米尼的生活，并对我这种不同的想法感到讶异。

《浪荡儿》在威尼斯赢得了银狮奖这事让我的拍片事业得以延续下去。在《卖艺春秋》和《白酋长》接连受挫后，要是《浪荡儿》也失利的话，我相信我的导演梦就要醒了，到那个时候，我就不得不再回去为别人写剧本了，我拍片的数量大概就会停留在二又二分之一部上了。说不定哪天别人还会再给我一次机会，也说不定不会。

虽然起初我曾跟一些主张新现实主义的人来往，可是我对具名的运动却从来不怎么狂热。罗西里尼是个伟大的天才，他的作品超出了政治化评论者的期待，而且不致流于教条形式。有些人则认为，新现实主义其实是为了创作怠惰、节省成本，甚至掩饰无能等行为所找的借口。

1953 年的时候，我有机会为《小巷之爱》（*L'amore in città*）这部片子导演其中的一段。片子是柴伐蒂尼（Cesare Zavattini）[1]制作的，我从帮《马可·奥勒留》杂志写东西的时候就认识他了，他后来变成了电影制片。柴伐蒂尼告诉我他要当时在某些美国片里流行的那种有点报道风格的东西。那些打着纪实口号的剧情，其实纯粹是虚构的，片中常会用到一种手法就是用一个像是我们在新闻片里听到的那种权威声音来负责叙事。那个时代，戏院中所放映的新闻片被人看重的程度，不下于今天的电视新闻。

《浪荡儿》受到新现实主义派媒体的批评，他们指责我过于"滥情"。我非常不以为然，所以借着柴伐蒂尼给的这次机会，尽我所能地去拍一部在风格上最接近新现实主义但在剧情部分却无论如何不让它"现实"，甚或"新现实"。我当时在想："如果要詹姆斯·惠尔（James Whale）[2]或托德·布朗宁（Tod Browning）[3]把《科学怪人》（Frankenstein）或《吸血鬼》（Dracula）这种故事拍成现实主义风格的电影，他们会怎么拍？"这就是《良缘巧设》（Matrimonial Agency）这部片子的由来。

记忆中，《良缘巧设》的剧本是一边拍一边发展出来的，所以每场戏拍摄的顺序大概也就是它们出现在银幕上的顺序。这种方式运用在这样一部短片上不算太难，但听说连《卡萨布兰卡》（Casablanca）那么复杂的电影都是这么拍出来的，就让我猜不透了。我其实喜欢在事前做好万全的准备，然后再做变动——这跟有些人的想法正好相反。不经心的意思就是缺乏用心，我却时时刻刻都很用心。

有时甚至当演员和技术人员都已经按计划在准备下一个镜头了，我和皮内利还在那边想把接下来的戏改成什么样子。两个人玩得很高兴。我们的自我挑战就是用一种浅白、直截了当的方式来拍摄令人难以置信的内容。

我在片中唯一用到的职业演员是安东尼奥·奇法列诺（Antonio

---

1 柴伐蒂尼，意大利编剧、作家兼导演、制片。柴伐蒂尼为德·西卡的重要搭档，两人合作过多部重要电影。

2 詹姆斯·惠尔，英国导演。惠尔在好莱坞时曾创作过《科学怪人》(1931)、《隐形人》(1933)及《科学怪人的新娘》(1935)等经典恐怖影片。

3 托德·布朗宁，美国导演兼编剧、演员。他导演的作品《吸血鬼》(1931)，由名演员贝拉·卢戈西主演。布朗宁并曾参与默片名作《党同伐异》(1916)的演出。

Cifariello），他是当时主角级的年轻演员，除此之外的演员都是非职业演员，这是主张新现实主义的人在经济与艺术的综合考量下常采用的做法。

不久以前的某天晚上，发生了一件奇怪的事。那天我进了一家酒吧打电话，忽然间，传来了一个过往熟悉的声音。原来电视上正在播《良缘巧设》，我听到的是奇法列诺的声音，我停了下来，有些心动想进去看看，但就那个时候，电视被转了台。

转台前，我瞥见了一小段，片中的女孩想结婚想疯了，竟愿意去忍受一个"狼狂症患者"（lycanthropy）亦即狼人的特异行为，而且还要嫁给他。她处境堪怜，为了逃离拥挤的家庭，竟相信基于自己容忍度较大，可以不计较旁人缺点地去"喜欢"他们，所以她应该也能适应狼人不同于常人的需要。

我不知道这个剧中角色后来遭遇如何。希望她终能觅得良人，她不奢侈的态度让她有寻获幸运的机会。我对故事结束时记者没能继续访问下去觉得遗憾，不过由于他已经过分深入另一个人的灵魂，所以会感到不安；再说，他也已经得到了他要的新闻。也许他有别的约，或是别的新闻要采访吧。结果，《良缘巧设》竟意外变得有点恐怖片的味道了。

我个人的新现实主义意图建立在影片开场的那一段。片中的婚姻介绍所坐落在一栋破败的贫民建筑里面。小孩带着记者穿过长长的走廊，他们经过几扇打开的门，里面住户的生活几乎完全没有隐私可言。后来，为了让这个故事听起来更像是真的，我还告诉媒体，那个婚姻介绍所其实就设在我住的公寓大楼里面。

片中，记者对婚姻介绍所的咨询人员隐藏了他的真实身份，但同时又在美国式的旁白叙述里向我们辩解，说他当时一时冲动，所能想到最好的办法，就是告诉那个问话的人说他有个朋友是狼人，问他们能不能帮他找个太太。但那个介绍所里的女人竟用了一种冷静平常的态度接受了这个要求，好像这就是家常便饭一样，然后就动手在所里的档案资料里为狼人找一个适合的女伴。

问话场面总是会让我觉得不安，因为问话者本身就代表着一种权威。

我想这跟我个人在天主教告解制度和法西斯政权下的成长经历，以及德军占领意大利期间的生存体验有关，那时候，那些问话者对问话对象的未来都有极大的操控权。事实上，他们甚至可以决定那个人是不是有未来。

后来这部片子发行的时候，影评也把它算成是一部新现实主义的作品了。

《大路》是在谈人的孤寂，以及孤寂感如何在两人紧密结合后消失不见的一部片子。有时候，一对表面上看来最不可能这样结合的男女，却真的可以在他们的灵魂深处发现这样的关系。

法国影评人对这部片子赞誉有加，影片在法国、意大利和很多地方都赚了钱。尼诺·罗塔所作的电影配乐，唱片销售量达数百万张。有人想把女主角杰尔索米娜做成糖果。有群女人甚至成立了"杰尔索米娜俱乐部"，写信告诉朱丽叶塔她们被丈夫虐待的情况。这种信来自意大利南部的尤其多。

通常为了赶着把片子拍完，我不参加任何财务报告会议，而且一直不得不如此。我让别人变得富有，但我却是所有人里面最富有的一个——不是在金钱方面，而是在尊严方面：我觉得骄傲极了。

朱丽叶塔也是。她在杰尔索米娜这个角色的表现上，可以媲美卓别林、雅克·塔蒂（Jacques Tati）最精彩的演出。

然而，当影评人不断地赞美《大路》这部我那么久以前拍的电影，但对我现在拍出来的新片却并不热衷时，我并不能承认自己对于这种现象感到开心。《大路》是部创作完整的作品，它已说明一切了。既然世人已经接受它了，我就不觉得自己对它有什么亏欠。但对《月吟》这部不讨任何人喜爱的作品，我就有不同的感受了，它需要得到我更多的关爱。就《月吟》这部电影的情况来说，只要世人不说它是费里尼的遗作，他们想说什么都可以。

拍《大路》得到的另一个好处，就是让我和朱丽叶塔从她阿姨家搬出来。我们在罗马的帕里欧利（Parioli）买了一间公寓，那是很可爱的一区。

《大路》被提名角逐奥斯卡金像奖，让我有机会去见识美国这个已经传颂多时的国度，那是一个我自幼就梦想要去的地方。在美国，你不必会讲拉丁文或希腊文，长大后一样可以当总统。我当时并不觉得自己是要去一个陌生的地方，因为我已经从富国戏院的银幕上对它知道很多了。我和朱丽叶塔、迪诺·德·劳伦蒂斯（Dino De Laurentiis）[1]去了好莱坞。结果，《大路》得了奖，我们也变成了名人。但到了要离开美国的时候，我反而觉得自己对它愈来愈不了解了。我不明白的事情太多了，于是知道自己是永远不会再了解它了。我喜爱的是从前的美国，现在已经不存在了。我明白心态天真、开放、愿意信任他人的美国童年时期已经结束了。

停留期间，我被安排要接受一个电视访问，他们希望我在节目中示范亲吻手部的动作。在那之前，我从没亲过别人的手，要示范还得先向别人学一下呢。所以我只好跟他们说我不舒服，不能上节目。某方面来说，那也是实情，因为我要是做了那个表演，心里就不会觉得舒服。

我的电影里再没有一部比《骗子》（*Il bidone*）更不受欢迎了。意大利文片名在字面上的意思是"大的空桶"，指的是空油桶之类的东西。原意是指有些人把内无实料的假货卖给单纯、不会起疑（虽然未必就是纯真无邪）的人，片中的情况则是指那些人所作的虚假承诺。故事是关于一些三流的骗子，他们有足够的聪明才智可以正当糊口过活，却不想那么做，他们就是喜欢愚弄人之后逍遥法外的那种快感。我之所以会对这个题材感到兴趣，也许是因为电影导演也该是一位能用假象迷惑人的魔术师，然而欺骗他人却不是他的本意。

在《大路》之后，我拍了《骗子》，灵感来自自己几次碰到骗子的经历，虽然我从来没上过他们的当。里米尼有个专找观光客下手的骗子，但因为他非常有趣（尤其是如果你用足够的酒把他灌醉的话），所以非常受

1　迪诺·德·劳伦蒂斯，著名意大利制片人。制片作品包括：《那不勒斯的黄金》（1954）、《大路》（1954）、《战争与和平》（1956）、《卡比利亚之夜》（1957）、《异乡人》（1967）、《黑衣新娘》（1968）、《殉情记》（1968）、《卡萨诺瓦》（1976）、《金刚》（1976）、《爵士年代》（1981）等。

到当地人的喜爱。他会把像是教会名下土地的这类不动产"卖"给其他人，特别是在夏天到里米尼来的北欧游客和德国游客。那些观光客好像把我们意大利人当成杰克·伦敦（Jack London）小说中住在南洋群岛（South Sea Islands）上的居民，以为我们好骗，可以便宜地跟我们买土地。而这个骗子著名的一桩骗案就是把里米尼大饭店的一长条海滩卖给了其中一位观光客。不过，我也怀疑这是他自己为了让我们买更多酒给他喝所编出的鬼话，说不定他是在用这个故事骗我们呢，就像他用那些不属于他的地骗那些观光客一样。说不定那个卖地的故事根本就是假的，我们才是真正的受骗者，情况也可能是那个骗子以为那些地是自己的，最后被骗的其实是他自己。

我刚到罗马还在当记者的时候，有个骗子来找我，要我把便宜的钻石卖给我采访的那些电影明星。我那时不懂那些是假钻，它们定价过高，一点都不便宜。我没有上钩，因为我知道自己不适合当推销员，当时尤然，我那时候简直害羞内向得一塌糊涂，所以没答应那个骗子。我没有办法想象自己可以像爸爸卖帕尔玛干酪那样把钻石卖给自己采访的对象。单单是推销自己，并把自己列出来的那堆可怜的问题提出来，就已经够困难了。但我一位记者同事可就没有那么幸运了，他卖掉了一颗那种"钻石"，因而砸了饭碗，还险些坐牢。

当然，在战时的罗马，为了求生存，绝对有必要行点骗。当时谁要能编出些理由让自己不用从军，或是拿到不易取得的食品就会让大家十分羡慕。因此，正常人和骗子之间的界限就分得不太清楚了。

在《浪荡儿》，特别是《大路》成功之后，很多拍片的机会自动送上门了——条件是拍出的东西要能像我之前成功的作品一样。关于杰尔索米娜和赞帕诺（Zampano）这两个角色，我能说的都已经说了；而对于莫拉尔多将来在大城里的境遇，我也还没有确定的想法。所以我决定拍个完全不一样的东西，我要拍一个类似在《大路》里短短露过脸的那种骗子，他把劣等的布当昂贵的毛料在卖，是那个要我帮他卖假钻的骗子让我想到这个角色的。我和那个骗子是在一家咖啡厅遇到的，就像我向来的反应一样，我试着从他身上了解更多关于人性本质，甚或违反人性本质的事。

他说他叫作卢帕奇奥，这名字有"狼"的意思。事实上他也的确像条狼。他有些奇怪，对自己的所作所为不但毫无悔意，甚至还觉得沾沾自喜，而且好像还很喜欢向人夸耀他欺骗别人的经过。他把这种事当作自己的重大成就，情况好比探险家发现了新文明，生意人缔造了商场霸业，或是电影导演刚完成了一部精彩的作品。

我表面上赞成他做的事，鼓励他多说，但其实他根本不需要很多的鼓励。我记得菲尔茨（W. C. Fields）[1]说过："你没法儿欺骗诚实的人。"这个骗子相信窃盗性格是人性的一部分，这也就是这位骗子艺术家之所以得逞的原因，而且他还真的把自己当作某种艺术家呢。他跟我说，那些想不劳而获的人就是最"容易上当的人"。

就在他跟我描述他那些诈欺买卖的细节的时候，我怀疑他怎么知道我可以被信任。我猜想要成为一个成功的骗子，就一定要对人性有敏锐的观察，或者至少你得认为自己具备这样的能力。或许他就是没办法不说，因为他想在他那一小群听众的眼中看到你对他聪明的赞赏。

我和皮内利、弗拉亚诺一起发展了一个关于骗子的剧本，灵感就是来自我和卢帕奇奥的谈话。然而，那群求我帮他们导戏——什么片都可以，只要是关于杰尔索米娜的就好——的制片却不是很喜欢这个点子。他们想象不出谁会愿意花钱去看我提的这部电影，更别说要他们投资拍片了。他们愈不喜欢，我就愈坚信这个点子一定会成功。我的构想愈受到攻击，我就会愈固执要保卫它。如果别人称赞我的想法，我反而会怀疑他们说的是真是假，会不会只是在跟我客套？我不喜欢那些负面的意见，它们会让我固执到一种近乎愚蠢的地步。我的个性就是这样。

我最后说服了帝坦图斯影业（Titantus Films）的戈弗雷多·隆巴尔多（Goffredo Lombardo），条件是我的下部作品也要优先给他。他强迫我向他承诺那项权利，本来是想把它当成一种红利或是保护费。但在《骗子》卖垮以后，他就拒绝再做《卡比利亚之夜》的制片了。

1　菲尔茨，美国演员兼编剧。

《骗子》原本的剧情有点类似"骗徒喜剧"（picaresque comedy），我想会让人联想到刘别谦的电影。故事是叙述三个骗子在乡下地方行骗，吃亏的村民不好意思承认自己本性贪心而且容易受骗，所以不敢张扬上当的事。对于骗子来说，这种情形是最好不过了，据说重点就是要找那些自己遭人愚弄后会怕别人知道的人下手，这样一来，那些人就绝对不会报警。

对这种次文化调查研究得愈深入，我就愈不觉得他们的行为有幽默可言。事实上，他们甚至完全不是什么"反英雄"，反倒比较像是一些适应不良、卑鄙下流的小角色。我本来认为我无法和自己不喜欢的剧中人一起工作，并决心放弃这个计划，但后来发生的一件事让我改变了心意。

他们推荐了包括皮埃尔·弗雷纳（Pierre Fresnay）[1] 到亨弗莱·鲍嘉（Humphrey Bogart）在内的一堆男演员来担纲，但里面没有一个像是我眼中的奥古斯多（Augusto），也就是扮 Lupaccio 的那个角色。我个人从没欣赏过亨弗莱·鲍嘉的演技，也没喜欢过他的长相。他看起来像是连做爱时都会发脾气的那种人，而且在我的想象里，他在做那件事的时候都还会穿着他的风衣。然后，在一个刮风的晚上，我在马奇尼广场（Piazza Mazzini）看到了我的卢帕奇奥。

经过风吹日晒后的破旧海报总是会引起我的注意，它们比起那些刚张贴上的海报要有趣得多。它们吐露的讯息，不仅包括它们负责宣传的事件，也包括那些海报自身的故事。一张原本扁平、只有短暂时效的海报顿时产生了深度和历史感。那晚我看到的那张海报已经贴在那里好久了，虽然看起来破破烂烂的，却还有部分粘在墙上。我还可以看到海报上的半张脸和半个片名。片名叫作 All the……什么。而从那仅存的一个胖脸颊上的那只眼睛里，可以看得出那人有一颗强取豪夺、愤世嫉俗的心，很像 Lupaccio 这种类似狼的猛兽，只不过它现在化身为人形了。他就是我要的演员，布罗德里克·克劳福德（Broderick Crawford）[2]，他是《当代奸雄》（*All the King's*

1　皮埃尔·弗雷纳，法国电影演员。他的重要电影作品有《大幻影》（1937）、《乌鸦》（1943）等。

2　布罗德里克·克劳福德，美国电影演员，多饰反派角色，曾以《当代奸雄》一片获得奥斯卡最佳男主角奖。代表作品有《暴徒》（1951）、《骗子》（1955）等。

Men）这部片子的男主角。

　　他酗酒惹了不少麻烦，不过拍片时大都还算清醒。就算他酒醉拍片，也正好方便特殊剧情所需的效果。碰上好运永远让人开心。

　　我要他饰演一个对自己的行骗事业感到倦怠的小骗子。他对他过的日子生厌，想去改变自己的生活。但他并不是真要立刻洗心革面，而是想最后再大捞一笔，然后才退下来。他要自己能像其他那些他看到的成功骗子一样过着享受的日子，而且还可以送女儿上学念书。这位令人怜惜的年轻女孩有一种让人变得仁慈的能力，这种能力是在卢帕奇奥和其他跟我谈过话的骗子身上找不到的。而他的伙伴——头脑简单的皮加索（Picasso）也有一个让他产生自我救赎的因素，也就是皮加索的妻小都是靠他用不义之财供养的。要不是这样，这些人就成了没有人性的冷血动物，根本不值得为他们拍一部电影。

　　我运气好，理查·贝斯哈特在拍完《大路》之后还待在罗马。他正好有张圣人一样的面孔，很适合演那有同情心的骗子，他们甚至不太了解自己的所作所为是不道德的。良心不是没有，但都给藏了起来。

　　在《浪荡儿》里成功饰演片中风流男子福斯托的弗兰克·法布里齐，最适合再在《骗子》里演出同类的角色。我甚至想象过也许让福斯托抛妻别子，跟着妹婿莫拉尔多（这角色多少有些我的影子）上大城市去闯荡，然后被卷入类似罗伯托（Roberto）所过的行骗生涯。后来，我又在另一个剧本里试探了另一种可能性：我让莫拉尔多接到福斯托和桑德拉（Sandra）又新添两个小孩的消息。这个剧本大概会叫作《莫拉尔多城市历险》（Moraldo in the City），不过却从来没有被拍成电影。这个剧本里的某些部分后来也被我用到其他作品里面去了。

　　朱丽叶塔读到《骗子》剧本里关于伊莉丝（Iris）的部分——也就是皮加索沮丧的老婆——就告诉我这个角色一定要给她，因为她以前从来没演过这种角色。老实说，当时我已经想好要把这个角色给另外一个女演员了，而且我并不认为那个角色适合朱丽叶塔。当时有些别的导演找她演的角色还比较有趣，但她十分坚持。我认为她真正需要的是让自己看起来更耀眼，让观众了解她不只是杰尔索米娜而已，她不是一个靠外形定戏的演员。我把她宁愿和我一起工作当作是种恭维，即使戏份比别人给的少她也不在乎。

戏里那个最后被骗的农夫，他的跛脚女儿是用很特别的方式选出来的。我征试了几个带着拐杖走路的女孩，她们看起来都很不错，让我下不了决定。这种事我偶尔也会碰到，让我不知如何是好。但之后，总有什么事会发生，而那就是我在等候的指示，我感应得出来。

应试的女孩里有一个绊倒了，她的反应正好就是我要的，所以她就雀屏中选了。她长得和奥古斯多的女儿帕特里夏（Patrizia）有点像，这一点也很重要，这样才会让他了解到他要拿走的钱会影响她未来的生活，因而帮助他良心发现。

我为这部片子拍了好几种不同的结局。最后选定奥古斯多之死来结束这个故事。那是一个最富诗意，也最不让人难过的画面。影片的结尾并没有对这个角色下定论，我想留些空间让观众去思考。他骗了他的伙伴，是因为他想把偷到的钱还给那个极需要钱的跛腿女孩？还是想把那笔钱留给自己的女儿当学费？还是他纯粹只是想把钱据为己有？如果那个英国籍歌舞女郎的戏不被剪掉，而且如果他的选择是自私的，那么那笔钱大概可以让奥古斯多跟她的恋情继续下去吧。（恐怕那个扮演这个角色的女孩到现在都还在哭呢！）我相信让观众在剧终时心存疑问，不把所有事情都解答清楚是有必要的，不管是《骗子》这部片子，还是我其他的作品，如果观众不会想去知道那些剧中人在影片结束后的遭遇的话，我就失败了。

结果，根据制片的看法，片子对观众来说太暧昧不明了，他说我得修剪原来两个半小时的版本，但情况也不见得更好。他说我一定得那么做才有机会参加那年的威尼斯电影节。我不觉得两者之间真有什么因果关系，但制片们好像就是爱参加影展，什么酒会啦、女人啦。片子在影展没受到重视——其实还不止如此——之后，我更是被迫要把片子剪得更短，先是变成一百一十二分钟，然后是一百零四分钟，最后为了要在美国放映，片子又被剪得更短了。这部片子是在《卡比利亚之夜》《生活的甜蜜》和《八部半》成功之后才在那儿上映的。修剪《骗子》对我来说是一个非常伤心的经验，而且也当然破坏了影片本身的完整性。我并不想动刀，当它完成的时候，就已经是我所拍出的电影了。我被迫要做更多的修剪，然而当时我完全不知道到底该剪掉哪些，如果换作其他时候，我可能会剪掉不一样的地方。但不管我得剪掉哪些部分，我都知道我一定会后悔。我剪出了作品的"定本"（final cut），但又怎么样呢？后来奥逊·威尔斯告诉我他对《安倍逊大族》这部片子的遭遇的感触，听了让人难过。我当时看到那部片子的时候已经觉得它很棒了，却不知道幕后详情。真不知道如果照着他的意思把片子放给大家看会是什么样？

《骗子》这部片子里有很多有意义的戏都被剪掉了，连带着一些可以发展人物性格的支线情节也都拿掉了。由于片子失血过多，我必须尽力让剩下的故事看起来合理，所以没办法保留我最喜爱的几场戏。有一场我原本想要留下的戏是：当伊莉丝离开皮加索后遇到了奥古斯多，她指责奥古斯多应对她丈夫的犯罪行为负责，但他却用了一套深植心中的歪理来为自己辩解。

在这场戏里，奥古斯多劝她尽管把皮加索带回去，但也警告她，一旦皮加索自由了，就不会回到她和孩子身边了，因为"自由这样东西太美了"。他的理论是：如果皮加索更成功些（即使是用不法勾当得来的钱在供养她），她就不会离开他了。他告诉她：男人有钱就可以拥有一切，没钱的男人就一无是处。奥古斯多极力歌颂金钱万能，而伊莉丝也和他辩驳起来。

这本来是场关键戏，却跟着其他段落一起被剪掉了。情节和人物的发展都突兀结束，让影评人觉得这部片子缺乏一个清楚的风格。我也明白，以专业的角度来看，自己是无法面对《骗子》剪完以后的样子的。对我个人来说，要动刀剪掉那么多朱丽叶塔的精彩演出是困难的。她表现得那么好，尤其是被我剪掉的几个段落。我希望她能看在我是她老公的份上，对我有所谅解。但我无法如愿，她毕竟也是演员嘛。但我相信在下部片子《卡比利亚之夜》里对她做了补偿。

当一部电影完成了，它就好像会永远以那个形式存在人间。看起来那好像就是它能够存在的唯一方式，因为在那个时候那就是它能够存在的唯一方式——其实不然！譬如要是我在其他时候拍同一部电影，那么那部电影就有可能，也大概会拍成不一样的电影。我可能可以把同一部片子拍成三、四种不同的样子。事实上，我也的确这么做过。我在自己的片子完成后就再也不想看到它们的原因之一在于：它们存在我记忆里的样子，是我拍摄它们时的样子，是把那些胶卷全都留下时的样子。在我的记忆里，我的作品的长度跟在戏院里放出来的长度不一样。我有很多次都在制片的威胁下把片子剪短，他们为了省钱老是希望片子短一点。如果要我像全世界的观众一样到戏院里去看我的电影，我大概会坐在里面不停地喃喃自问："这场戏到哪儿去了？""那场戏到哪儿去了？"然后我就会为了我可怜的作品受到摧残而觉得痛彻心扉。所以，当影片完成的时候，我就一定得剪断我们之间的脐带，否则我就一定得……

我一直对孤寂这个主题很有兴趣，也很喜欢观察被孤立的人。我甚至在小的时候，就已经忍不住要注意那些没法儿适应社会的人，而其中也包括我自己在内。不论是为了拍片，还是自己的生活习惯，我向来会对秩序错乱的事感到兴趣。有趣的是，被排除在外的人通常不是太聪明，就是太笨。不同之处在于：聪明的人经常是把人群排除在自己之外，而那些不够聪明的人则通常是被人群排除在外。在《卡比利亚之夜》这部电影里，我就是在探索一个孤立者的尊严。

《白酋长》接近片尾时短暂露脸的卡比利亚展现了朱丽叶塔的演技。在《没有怜悯》和《卖艺春秋》两部影片里，她除了诠释剧情能力精彩外，也展现了作为悲喜剧默片演员的能力，她走的是卓别林、基顿（Buster Keaton）和多多（Totò）[1]这个传统。在《大路》这部片子里，她再度加深了我们对她的这个印象。杰尔索米娜这个角色就是从那一小段对卡比利亚的描写发展出来的。而当时我就觉得卡比利亚这个角色有发展成一整部电影的潜力，而片子的女主角当然非朱丽叶塔莫属。

---

1 多多，意大利知名喜剧演员、电影演员。作品包括：《警察与小偷》（1951）、《那不勒斯的黄金》（1954）、《圣母街上的大人物》（1956）等。

《骗子》拍摄期间，我遇到了真实生活中的"卡比利亚"，当然，她并不叫这个名字。她住在罗马废河沟附近的一个简陋的小房子里。起初，她对我弄乱了她白天的作息感到愤怒。但当我从我们的粮食车上拿了一个午餐便当给她的时候，她却向我们靠近了一些，像是个无家可归的母猫、孤儿、流浪的小孩，没有好好地受到照顾。她还是非常饥饿，饿到对人家给她那些食物的恐惧也顾不得了。

她叫作婉达（Wanda），要是她不叫这个名字，我也可能会帮她取这个名字的。过了几天，她开始愿意和我沟通，虽然表达得不是很清楚，她跟我说了一些她们在罗马街头卖淫的情形。

隆巴尔多拥有我下一部电影的优先权，他被妓女这个拍片题材吓着了，对他来说，那是一个不会被人同情的角色，所以他退出了这个计划。他并不是唯一的一个，好些制片都不喜欢这个构想，尤其在《骗子》票房失败以后。有个小插曲常会被提起，就是关于我向一位制片提《卡比利亚之夜》时所说的一些话。有时候我说的是同一个故事，但拍出来的却是不同的电影。

那位制片说："我们得谈谈这件事，你拍了一部讲同性恋的电影。"我想他指的是《浪荡儿》里索迪那个角色，不过那并不是我想强调的重点。"你写过精神疗养院的剧本，"——他指的是我那一大堆没机会被拍成电影的剧本——"现在又写妓女，那么下一部你又要拍些个什么东西？"我于是生气地回答他："我的下部片子要拍制片人！"

我无法想象这故事是怎样传开的，只可能是我自己，但我又不记得自己做过那件事。我也不记得自己说过那些话，但又希望我真的说过。通常我就是那种人，事后才会想起一些当时自己想说而又没说出的话。狠话出口后，再收回就多少有些尴尬了。

最后是迪诺·德·劳伦蒂斯来找我签了五部片子的约，《卡比利亚之夜》才拍得成。朱丽叶塔觉得他们该付我更多的钱，但我只想拍更多电影。

我当了一辈子导演，都是这个样子。朱丽叶塔对未来向来想得比我多一点。也许我价码开得愈高，那些制片就会觉得我愈值钱，然后我就可以拍得更多，事实如何只有天晓得。现在我还是不在乎钱，而是想拍更多的电影。

我之前有的一些想法都找到机会放到这个故事里了，譬如说卡比利亚被她现任情人推入台伯河（Tiber）的那个情节。那是根据一个类似事件的新闻报道改编而来的，只不过是电影里的卡比利亚被救起来了，但现实生活中的那个妓女却没有获救。电影开场的那一整段戏，也就是卡比利亚和她情人在乡间追跑那段，是用一个长拍拍成的。我用弗兰克·法布里齐演那个男的，不过你们一直看不清楚他的脸。他在《浪荡儿》和《骗子》里有过较吃重的演出。他跟我说，这部戏给他任何角色他都会很开心。因此我这次就不是用面孔来选演员。

用弗朗索瓦·佩里耶（François Périer）[1] 来演奥斯卡（Oscar）这个角色是因为演员群里需要用一名法籍演员——这是德·劳伦蒂斯的法国方面的联合制片所提的条件——幕后的剧情常要比幕前的情节更错综复杂。影评人抱怨佩里耶不够恶毒，可是那正是我要的。我认为他完全适合这个角色，尤其在影片结尾的时候，他因心中产生恐惧而无法下手杀掉卡比利亚。也许是还有一些其他比较不自私的人性因素阻止了他，让他开始觉得后悔。我们也不知道是不是这个原因，但我们都抱着最大的希望。我会很好奇他要拿那些钱去做什么，那是卡比利亚的所有积蓄，而且他是不是还会再去骗其他人？即使把他和《骗子》里的那群法外之徒放在一起相比，他也并不逊色，就像《M就是凶手》那部片子里彼得·洛尔（Peter Lorre）[2] 演的那个角色一样——坏事做绝！

我的《卡比利亚之夜》和一部意大利早期的同名默片没有什么关联，那部片子是根据一出舞台剧改编成的。如果说我有受过别人影响的话，那应该是卓别林的《城市之光》（City Lights），那是我最喜欢的电影之一。朱丽叶塔饰演的卡比利亚让我们很多人都想到卓别林饰演的流浪汉，我们对

1　弗朗索瓦·佩里耶，法国资深舞台剧、电影演员。代表作品包括：《奥菲斯》（1949）、《卡比利亚之夜》（1957）、《焦点新闻》（1969）等。

2　彼得·洛尔，匈牙利裔德籍演员，因在《M就是凶手》中饰演性格复杂的谋杀犯而声名鹊起。他曾出演过希区柯克的《擒凶记》（1934）和《密使》（1936）两部片子。洛尔也曾在《卡萨布兰卡》（1942）与亨弗莱·鲍嘉有过对手戏。

杰尔索米娜还不会有这样大的联想。朱丽叶塔在夜总会大跳曼波舞会让人想起卓别林；她在片中和电影明星相遇的情形又跟卓别林所饰的流浪汉和百万富翁相遇的情形一样，只有在富翁喝醉的时候才认出了查理（卓别林）。我让卡比利亚在剧终时眼中闪着希望看着镜头，情况一如《城市之光》里卓别林对剧中流浪汉的处理。让卡比利亚仍对未来抱着希望是合理的，因为基本上她十分乐观，而且对事物的期望很低。法国影评人把她比作"女夏洛"（Charlot）[1]，她听了非常开心，我也一样。

为了帮朱丽叶塔找戏服，我们还去一些路边摊上买卡比利亚大概会穿的衣服。之后，我又带她到一家昂贵的时装店替她自己添了一件新的洋装，因为她在这部电影没机会穿漂亮的衣服。

卡比利亚和杰尔索米娜之间的关系好比前者是后者沉沦了的姐妹。而《朱丽叶与魔鬼》倒没有明显延伸《卡比利亚之夜》的迹象。两部片子里的主角都是成熟的女性，她们尝试用宗教、爱情、神秘主义来应对自己每况愈下的人生。两人真正追求的东西是爱情，但追求不代表一定就有收获。一如付出爱情并不保证可以回收爱情一样。这些女子面对外在现实时均不如意，最后两人都只得从内在寻求救赎。

《卡比利亚之夜》里出现神迹的那场戏在我的下一部片子《生活的甜蜜》里多少有些重复，不过却是在事后当有一部分的东西从剧本里抽掉时才会有这样的感觉。在前面这部片子里，我用亦步亦趋的特写镜头拍卡比利亚和其他人，目的不只是想制造幽闭恐惧的气氛，同时也是想省下大场面所需支付的搭景费用和临时演员的酬劳。到了《生活的甜蜜》，我有比较充裕的资金，所以就能把注意力放在整个大场景的经营上，而且用的是宽镜头，正好适合新型的宽银幕镜片。事实上，《卡比利亚之夜》是我最后一部为传统比例银幕拍的黑白片。

附带提一下，只有戛纳电影节（Cannes Film Festival）的观众看到了"提着袋子的男人"那场戏。底片现在还在，将来还可以把它还原回去，还

1　夏洛为卓别林无数作品中主人公的名字。

有很多被迫剪掉的片段也一样。然而，经过了这么多年，我不知道自己的想法又会变成什么样。我觉得那段东西非常好，但不管片子里有没有这段，电影本身都还算是完整独立。因此我觉得很幸运的是，那是《卡比利亚之夜》中唯一一段教会认为不适合意大利民众观赏的情节。剧中那个男人拿着一袋食物，到罗马街头去喂那些又饿又无处可去的人。这是根据我亲眼看到的事实写成的。但教会里有些人反对这段情节，他们说喂养挨饿的流浪汉是他们的责任，而我则让别人觉得教会好像没有尽到他们的职责一样。我当时大可回答他们：那个拿着袋子的男人是个天主教徒，那是天主教徒善尽己任的极好范例，可是那时候我不知道要跟谁去说这些。

我知道法国影评人安德烈·巴赞（André Bazin）在一篇讨论《卡比利亚之夜》的影评里，第一次用了"作者"（auteur）这样的词来谈我。《卡比利亚之夜》同时还是美国百老汇歌舞喜剧《俏姐儿》（*Sweet Charity*）和好莱坞电影《生命的旋律》（*Sweet Charity*）的灵感来源。他们把我的名字放在他们的演职员表上，可是我和鲍伯·福斯（Bob Fosse）[1] 在看法上有很多不同之处，所以我宁愿大家把那部片子当成他个人的创作。

卡比利亚这个角色有着高贵美好的正面特质。她不计得失地去奉献自己，把谎言当真话去相信。她虽然是一个命运多舛的妓女，却仍具备积极追求幸福的本能。她想改变自己的生活，却一再沦落为失败的一方，但即使如此，她也算是一个努力不懈追求幸福的失败者。

影片结尾的时候，她尽可能把自己打扮得美丽一些，婚事接近让人格外容光焕发。为了要跟奥斯卡走，她把自己仅有的一栋心爱的小房子卖掉了，那是她牺牲多年青春换来的，此外，她还领出了银行里所有的存款；之后，却发现那个她以为爱她的男人要的其实只是她的钱。于是她哭了，脸也给泪水、睫毛膏弄脏了。这是不是表示她一无所有，甚至绝望了呢？不，既然她还能露出一丝微笑，就表示她还没完全绝望。

1　鲍勃·福斯，美国舞台剧、电影导演，演员。1966 年曾将费里尼的电影《卡比利亚之夜》改编成歌舞片《生命的旋律》，并首度担任电影导演的工作。福斯 1972 年执导的《歌厅》一片为他赢得了奥斯卡最佳导演奖。他的其他作品有《爵士春秋》（1979）、《八〇年代之星》（1983）等。

卡比利亚是个受害者。虽然我们也都可能在某个时候成为另一名受害人，但卡比利亚却比大多数人更容易受害。即使如此，她却始终都抱着求存意志。这部电影没有一个明显的结局，好让你们可以不必再惦念着卡比利亚。我自己就是打那时起开始操心她的将来的。

《生活的甜蜜》是我和马塞洛·马斯楚安尼合作的第一部电影。我之前当然就认识他了，因为他那时已经是意大利非常有名的舞台剧演员和电影演员了。朱丽叶塔跟他比较熟，他们都在罗马大学念过书，而且一起演过舞台剧。我们有时候会在餐厅碰头，他老是吃得很多，我注意到这事是因为我自己对爱吃的人天生有一种好感。一个人是不是喜欢吃跟他消耗的食物多寡无关，跟他吃东西时是不是真有兴致、真能享受有关，你一定看得出来。所以我开始注意马塞洛就是因为有这层用餐情结。

常常有人问我马塞洛是不是另一个我。马塞洛·马斯楚安尼对不同的人有着不同的意义。对我来说，他不是另一个我。他就是马塞洛，一个能完全顺从我的要求的演员，他像个软体表演者，什么动作都难不倒他。论朋友，他没话说，他是我们可以在英国小说里看到的那种男人：情同手足的朋友可以为了高贵的理由为彼此赴死。我们的友谊就像那样，或任何其他你们可以想见的情况，你们得自己去想象一下。在实际生活中，我们除了工作以外，几乎从来不会在其他的场合上见面。也许这就是我们的友谊之所以完美的原因，我们都可以想见彼此随时等候对方召唤的模样。我们从来没有试探过这份友谊。比较起来，我相信他胜过相信我自己，因为我知道自己其实不是一个那么可靠的朋友。马塞洛比较信任我，可能也是因为他比较清楚他自己的缘故。我们之间从来不会有什么虚情假意，彼此演演戏是有的，但绝不虚假。真正的戏里自有真相。

我们不必用到言语就可以知道彼此的心意。有时候，我们实在是太有默契了，嘴巴说出来的竟和心里想的一模一样。

从我戒烟以后，我就不喜欢旁边有人抽烟。马塞洛什么都不做就是爱抽烟。我想他一天要抽三包，而且对此功力颇为自豪，所以他是不会考虑

119

戒的。但当我拜托他把烟熄掉的时候，他会立刻照办。然后，就像一种反射动作似的，他会另外再点上一根。

他非常自然，演戏时绝不紧张，只有当他得上电视谈如何演戏时他才会紧张。

我当时知道他有才华，也知道自己想跟他合作。我认为让他来演《生活的甜蜜》是再适合不过了。

找制片才比较麻烦。我大概换了十二个制片以后，才终于找到一个真正愿意干这事而且把事情做了的人。

我一晓得《生活的甜蜜》要开动了，就给马塞洛电话。我一向自己打电话给别人，这样事情可以进行得比较顺利。通常，我不喜欢通过律师或经纪人来帮我处理事情。我邀请马塞洛到我在富莱金的住处见面。如我所料，他并未单独赴约——他把律师一块带来了。

我向他说明我选他来演那个角色的原因，我毫不婉转的说辞大概让他有些吃惊。他现在还会提醒我，我当初对他说的话："我打电话给你是因为我需要一张非常普通的脸，一张没有特色、没有表情的脸，一张平凡的脸——一张像你这样的脸。"我没有恶意，也不是故意要冒犯他。

我向他解释，我拒绝了制片要我用美国大明星担纲的要求。马塞洛坐在那儿，听我说到我拒绝用保罗·纽曼（Paul Newman）那么有名的演员时显得有些惊讶。我非常欣赏保罗·纽曼，尤其是他在那之前十年间的表现。他逐渐变成了一个很棒的演员。但《生活的甜蜜》讲的是一个乡下来的年轻记者对这种明星的仰慕，我不能找一个大明星来演这种角色呀。我向马塞洛说明我的理由："我选你是因为你有张平凡人的脸。"

这句话对马塞洛来说应该不算不敬。罗伯特·雷德福（Robert Redford）不是拍过一部成功的电影叫作《普通人》（Ordinary People）吗？所以那话的意思是说平凡也有它浪漫、吸引人的一面——我指的电影明星所表现出的平凡感。此外，马塞洛也是一种理想男人的代表，是每个女人都会想要的男人，这点很令人羡慕。

他完全不喜欢我的解释，但仍打算看看剧本。他要我说说我对那角色的看法，我说我可以拿给他看看。

我给了他一叠厚厚的东西，除了第一页以外，其他页都是空的。我在第一页上画下了我对他那个角色的想法。画中的他独自一人坐在海中央的一条小船里，他的生殖器一路伸到海底，然后旁边还有一些美丽的女海妖围绕在那玩意儿旁游动。马塞洛看了那幅画后表示："这个角色很有趣，我演了。"

我和马塞洛合作得非常好，让他演剧中主角处于暧昧状态的那种电影尤其顺利。他好像在那儿，又好像不在那儿。在所有我和他合作的电影里，他饰演的角色都相同，就像彼此的回声一样。这角色应该算是一个知识分子。在电影中、舞台上，甚至书本里，要表现一个知识分子都是很难的，因为他们是注重内心生活的人。他们惯于思考，行动并不很多。而马塞洛就有这些个特征。让他演一个只闻不问的人是颇有说服力的。当然，有时候他也会采取行动。所以说，他的立场暧昧，虽然是身为剧中人，但有时又会跳出来变成一个旁观者。

马塞洛的信用很好，是个很能让你信任的人。他是个敏锐又有主见的演员，真的给了导演珍贵细腻的协助。虽然他天生具备演戏的才能，但他本身其实也很努力。

有一次我读到一篇关于马塞洛的访问，他在里面很精彩、机智地回答了一个问题。有位报社记者问他："马斯楚安尼，你跟费里尼拍片的时候是不是真的都不读剧本？"马塞洛回答说："没错，因为我知道费德里科要拍些什么。我大概知道整个故事的状况，但我宁愿少知道一些，因为我得对明天、后天，甚至整个拍片期间里故事剧情的进展保持同样程度的好奇，这是剧中主角必须具备的条件。我不想知道的太多。"

我觉得这是一种聪明的态度——像个孩子一样，跟片子保持一种若即若离的关系。小时候我们玩"官兵抓强盗"的游戏。当中一个人会说："我扮强盗，你扮官兵，预备！"然后一切就会自然而然地进行下去。我告诉马塞洛他必须说什么，他就说什么。唯一的重点是确实去了解那个角色，而且还必须变成那个角色。然后，不管他扮演的角色是官兵还是强盗，他可

121

以随心所欲地说话、反应，角色自然会引导着演员。这才是我对导演任务真正的看法，他们应该帮助角色找到演员，而不是帮演员找到角色。

拍片的时候，我和马塞洛从来不会有不同的意见。我拼命要把他变得更瘦、更痛苦或更迷人。如果他演的是一个内心痛苦的角色，我就希望在他脸上看到这种表情，而不是一只刚饱餐了一顿的肥猫的神态。

有部电影刚开头的时候，我告诉他要减肥。我不管他用什么方法，只要有效就好。他说他知道德国北边有个地方，只要待上三天就可以瘦十公斤。我听了就说："去吧，马塞洛！到那儿去，但只准待三天。"然后他去那儿待了三天，但回来的时候，体重并没减少。他没增胖，我就已经算幸运了！

我第一次在报上看到安妮塔·艾克伯格照片的时候，就像看到我漫画里的人物变成真人跑出来一样。我当时心里还没想到谁可以来演西尔维娅（Sylvia），但就在我要人的时候，我看到了安妮托娜（Anitona，即安妮塔的昵称）的照片。那真像是个预兆。我知道我非找她来演这部片子不可，我要助理联络她安排碰面，她的经纪人说她要先看到剧本才谈。我想那个经纪人是在说他自己，他是说他要先看到剧本才谈。我的助理告诉她的经纪人这部片子没有剧本。然后呢？艾克伯格还是签约了。

我们碰面了，她本人比我之前想象的更像那个角色，"你是从我的想象世界走出来的人物。"我告诉她。

"我不会跟你上床的。"她回答。

她的多疑让人可以理解。她认为每个男人都想跟她上床，只是因为他们真的都想跟她上床。因为她没拿到剧本，所以她不信任我。

我跟马塞洛说，我遇到了我们的西尔维娅，像得让人"难以置信"。他急着想亲眼看看，所以我就邀他们一起共进晚餐，但场面却跟"一见钟情"的状况相距甚远。大部分女人都会觉得马斯楚安尼性感迷人。但艾克伯格却不这么觉得，或许她有，但看不出来。她对他很冷淡，两个人不太来电。他会几句英文，却不开口；她会一点意大利文，也不肯开口。后来艾克伯格告诉我，她不觉得马斯楚安尼有什么迷人，而马斯楚安尼也告诉我他不觉得艾克伯格有什么魅力。这没什么影响，反正我找到了我的西尔维娅了。

他们在实际人生里对彼此有什么想法对电影没什么影响。银幕上，他们俩可都看起来很性感登对。

真实生活中，他们并不适合，因为她习惯男人来追她，不必由她自己动手。马塞洛也习惯让女人来追他。再说，他喜欢瘦女人。

《生活的甜蜜》改变了安妮塔·艾克伯格一生。她拍了这部片子以后就再也没办法远离特雷维喷泉了。她发现罗马才是自己真正的归宿，这儿于是变成了她的家。

我帮《生活的甜蜜》里饰演摄影记者帕帕拉佐（Paparazzo）的沃尔特·圣泰索（Walter Santesso）画了几张素描。我想象中的他是除了摄影机和鞋以外（因为他要靠这两样东西到处去拍照），全身一丝不挂的。

我最能够表现我片中角色的方法就是把他们给画出来。当我必须把他们具体呈现在纸上的时候，我就又对他们多知道了一些原本我不清楚的事，他们会泄露一些自己的小秘密。我一画，他们一边形成了自己的生命，然后我就把这些图案拍成电影，找演员来使他们变活，让他们成为会动的影像。

1959 年我们用"帕帕拉佐"当角色人名的时候，完全不知道它后来会被许多语文吸纳进去。它是一部歌剧歌词本里某个角色的名字。有个人跟我提起这名字，听起来正好像是我们这位无灵魂的摄影记者会取的姓名。与其说他是个人，不如说他是台相机。负责观看的其实是他的相机，他是透过相机的镜头来看世界的。这也就是他最后一次在片中出现时，我把镜头扣在他拿的相机上的原因。

大家没弄清楚我对 La Dolce Vita 这个片名的用意。大家赋予它更多反讽的想象。我的意思是"生活的甜蜜"（the sweetness of life），而不是"甜蜜的生活"（the sweet life）。这现象真奇怪，因为通常我碰到的是相反的问题。也就是，如果我说了一句反讽的话，别人反倒会拿它表面上的意思来看。于是，别人引述我说的就永远都跟我的想法相反。之后，这些表面上是从我这里引述出来的话就会一直回来纠缠我。

有人问我《生活的甜蜜》到底是在说什么的时候，我喜欢回答他们这部片子讲的是罗马——一个"内心之城"（Internal City），以及"永恒之城"（Eternal City）。故事并不一定要发生在罗马，可以在纽约、东京、曼谷、索多玛和蛾摩拉（Sodom and Gomorrah）[1]，哪儿都可以，但我熟悉的是罗马。

要真正看到一个地方，最好的方法是倚赖经验的同时，又不失童真。我发现看罗马最理想的方式是同时透过两双眼睛去观察：一双是对它每个角落都非常熟悉的眼睛；一双是睁得大大的，像是第一次看到它、对所有事物都保持开放态度的眼睛。

纯真的人可以从别人那儿学到东西，这是浅显的道理；最让人吃惊的是懂得多的人反而不肯继续观察学习。疲乏的目光被颠醒了，添了新的敏感度，才发现原来你每天都过着视而不见的日子。

这就是马塞洛在《生活的甜蜜》片尾所丢弃的东西。他没注意到宝拉（Paola）跟他说她愿意接受他的好意向他学打字时，其实还有别的暗示。他不了解宝拉的纯真和对生命的开放态度可以带给他一种新鲜的视野，进而把他愤世嫉俗的摧毁性态度转化成明晓事理的建设性态度。她是马塞洛的乡愁与不再的浪漫。

我不相信有纯粹的坏人，我只相信"人"这回事。好人也可能做出坏事，坏人也可能是某种程度的受害者，纵使狠毒的恶魔也可能因一声小猫叫而心软。

在《生活的甜蜜》里，史泰纳（Steiner）一开始是英雄好人的形象，但剧终时却变成我所有作品中最可怕的一个坏蛋，就像玛格达·戈培尔（Magda Goebbels）一样会手刃亲子。片中史泰纳一度让包括制片、影评人在内的很多人都感到不舒服，他们都觉得我太过分了，但这可是根据一个真实事件改编来的。

有些影评人写到史泰纳这个角色，说他私下是个同性恋，但他这个角色倒从来没有告诉我这件事。还有些影评人说我钦佩、尊重他的知识才学。其实我完全不同情他，他是个虚假的知识分子，根本不在乎自己践踏过多

1　索多玛和蛾摩拉，按照《旧约》记载，学者推测这两座城市在现今死海南部。这两座城市因城中罪恶甚重而遭到神的谴责毁灭。

少条人命。

我认为亨利·方达（Henry Fonda）是饰演史泰纳的完美人选——这个角色知性，表面上快乐而且拥有一切，但事实上，自己内心却极为混乱，以致酿成自己未来的悲剧。我想不出还有谁可以跟他一样那么适合那个角色，他是个了不起的演员！有话传来说方达愿意演那个角色，虽然并不是主角，这让我非常高兴。

我们于是开始和他的经纪人进行交涉，但后来那边却没有下文了。然后我就选了阿兰·坎尼（Alain Cuny）[1]演那个角色了。

很久以后，当片子在美国放映以后，我收到方达寄来的一封信，来信对影片和那个角色都大大赞美了一番。他很客气，但一切都太迟了，结束了。我收到信的时候，旁边有一个人对亨利·方达来信这事非常兴奋。因为我这个人平常是不留信的，所以我就把那封信送他了。

这辈子，我有几次和爸爸相谈甚欢的经验，但这几次谈话其实都只是在我的心底暗自进行的。我们真正在一起的时候，情况简直比陌生人还糟。长大后跟他相处的时候，沟通也都含含糊糊的，只会说些言不及义的话。他去世几年后，有一次我为了《朱丽叶与魔鬼》在研究超自然现象时，我企图经由灵媒找到我父亲，我想跟他说话，我想告诉他："我懂了。"

我借着《生活的甜蜜》和《八部半》这两部电影，在内心和父亲说话。我以前对他几乎没什么了解，对他的主要记忆就是"没有他的记忆"。我比较记得他不在的时候，而不是他在的时候。小时候我觉得自己被他抛弃了，而且引不起他的注意，或得不到他的认同，而这些是连我自己都不愿承认的事。我觉得他不在乎我、对我失望，而且不会为我感到骄傲。要是我当时知道他出差在外时还随身带着我最早画的几张画的话，我大概就会跟他开口说话了，那么一切就都可能变得不一样了。现在，我只剩下他一张镶了框的照片，我把它放在显眼的地方。

---

1 阿兰·坎尼，法国演员。作品有《巴黎圣母院》（1956）、《情人们》（1958）、《生活的甜蜜》（1960）、《银河》（1969）等。

我不是对妈妈没有感情，但我最爱她的时候是当我人在罗马而她人在里米尼的时候。这不是在讽刺，只是因为我们在一起的时候，从来没法儿好好沟通。我跟爸爸沟通得太少，跟妈妈又沟通得太多，而且还是单向的沟通。她确信自己知道什么对我最好，而且不太有兴趣知道我自己的想法。我们不争吵，因为我不喜欢争吵，可是她希望我变成别个样子。不过，我知道她以我为荣。我想，事实上她并不喜欢我的电影，但还是以我为荣。我相信她很高兴自己是"费里尼的母亲"，不过她却不了解为什么我不拍些她看得懂的电影。

有个里米尼的女人告诉我妈妈，她觉得我的电影低俗不堪。虽然我想妈妈并没有看过我所有的作品，但她却立刻就相信那个女人的话了。她所能想象到的，比我所能想象得到的，要让她更觉尴尬。她的宗教情怀，以及她把任何和性有关的事都当作罪恶看待的态度，都会把性行为放大到纯男人想象的范围之外。

是不是低俗取决于观看者是否带着有色的目光，是一种看事情的态度。很多人会对某些私下的行为方式感到不满，却对银幕上描述的残暴杀戮无动于衷；当灾祸降临劳莱、哈代身上的时候，他们却哈哈大笑。我最近看到一个报道，上面说在新几内亚、婆罗亚，还是哪里的一个部落，那儿的人认为单独一人排便是不礼貌的事。他们对整个营养摄取的过程，消化道的这端到那端，都感到同等的开心，"排便"于是变成只是吃的一部分，这也是一种观点。

我想如果一个人对食杀动物这件事想太多的话，那么文明人的饮食过程也可能变成一件低俗的事。我自己是不想知道鸡是怎么死的，当然不可能要我去勒死一只鸡；我也不愿想鱼缺氧挣扎的模样，以及活烫龙虾的景象！那太恐怖了。我甚至还会担心蔬菜水果的感觉……

在《罗马风情画》里，我让一个小孩在一个拥挤的综艺秀场里的走道上尿尿。有几个观众对这事抗议，小孩的母亲回答说："他不过是个孩子嘛！"这是我在1939年亲眼目睹的事。秀场里的观众觉得这事不好笑，但正在看《罗马风情画》这部片子的观众却笑了。我想这和他们距离混乱现场有段"美学距离"有关。

　　我有这样的印象，就是一般来说男人把性这事看得比较有趣，女人却把它看得比较严肃。我想明显的原因在于，会怀孕的是女人，而这事似乎没有幽默可言。两性对性的看法不同，也可能是由于女人在历史过程中一直被很多人当作贞洁美德的象征或是肉欲罪行的化身的关系。男人可以参与婚外性行为，虽然他们也可能受到肉体上的处罚，却不致玷污他们道德上的操守。但对女人而言，处罚却是道德上的——在大多数人的眼里，她变成了一个妓女，对我们天主教徒来说尤其是这样。不过我个人倒不觉得自己有受到这种双重标准的影响，我尽量避免被影响。我们所有的人都会受到幼年教育或是一些不当教育的影响，或是观念态度的传输，而且是在不知不觉的情况下接受这些影响的，就像小猫会受到母猫的价值影响一样。

　　在《生活的甜蜜》里，马塞洛不太在意他父亲和歌舞女郎的调情行为，甚至还鼓励他这么做；反过来他父亲也只是敷衍了事地骂了几句儿子不该冒险跟一个不是他太太的女人同居。在意大利，这种管束徒具形式，不过是伪善罢了。

　　我相信太初的时候，我们像天使或某些爬虫类一样，是雌雄同体，不分公母的。是到后来才有了区隔；也就是把夏娃（Eve）象征性地从亚当（Adam）体内拿出，不过当然也可以是相反的情况。我们的问题是要让两者重逢。因此，男人一直在寻找他的另一半，寻找无数年前被人从他身上拿走的那个部分。没找到他的那个女人，他就不可能变得完整，或感到全然的自由。我知道这些话会让我听起来像个大男子主义者，不过我相信这责任在男人身上，而不在女人身上。为了实现这个任务，男人必须把这个女人视为自己的性伴侣，而不是泄欲的对象，或是不能碰的圣人——要平等地对待。否则，他就再也不可能寻回完整的自我了。

　　这对《生活的甜蜜》和《八部半》里的主角来说是个很重要的问题。马塞洛和圭多身旁都围绕着女人，但他们两个都没有找到自己的那个女人。从另一方面来看，那些女人个个都相信马塞洛或圭多就是她们的男人。男人可以花较长的时间来做决定；女人则必须快一点决定。男人有较多的自由可以去试验，结婚之前应该可以得到较多的经验、明白较多的事。这些很不公平，但都是老天造成的。

我用同一个女演员去扮演《生活的甜蜜》里的妓女，和《八部半》里的好女人。两个角色分别和代表同一名男子的马塞洛和圭多有关系，而这两个男性角色其实都是《浪荡儿》片中莫拉多这个角色的延伸。阿努克·艾梅（Anouk Aimee）成功地表现出这两种极端的角色，同时也对人们介于两极之间的实际状态提供了一些线索。但这对安妮塔·艾克伯格来说大概就不可能了，虽然她在《生活的甜蜜》里也展露过她身为成熟女性却又孩子气的一面，但实际上，她代表的是一种浓烈的女性特质。我们每个人内在当然都有孩子气的一面，但安妮托娜的这个部分却较凸显。她性格中任性放肆的部分其实只是观点的问题。一个女人身材丰满有什么错？没有啊！很明显的，我不可能找阿努克·艾梅来演那个角色，虽然要她们两个演妓女都没问题，艾克伯格那对引人遐思的乳房也带出了母亲的形象。我需要一个卡通化了的爱神维纳斯（Venus），一个可以把两性关系里的幽默成分释放出来的女人，她要有跟梅·韦斯特（Mae West）一样厉害的本事。梅·韦斯特是最擅长展现两性幽默关系的银幕情人，她是我以前最想认识的人之一。

为了拍片中的那个城堡里的贵族宴会，我用了一群真贵族，可真是好好利用了他们一番。

至于《生活的甜蜜》里的那个脱衣舞女，我原本也不确定要找谁来演，我只知道我要找一个貌似淑女的女人。这个女人之前必须从来没有在那种场合里脱过衣服，而且以前她也绝对不会去参加什么狂欢聚会，她还必须有足够的魅力才能在这种场合里受到欢迎。有很多女人希望有机会能在银幕上脱衣服，或向我示范她们如何宽衣解带。而也就是她们想脱、爱脱的这个事实让她们被判出局。这场戏必须让大家很讶异，只有找一个貌似淑女的女人来演才有可能有这种效果。

有时候我可以从演员那儿学到一些东西，并承认我对他们所扮演的角色并没有他们自己了解得清楚。在我的想象里，娜迪亚（Nadia）所扮演的角色会穿着一件不很贴身的深色时髦宴会洋装，但衣服底下玲珑有致的身材还是看得出来。我选了娜迪亚·格雷（Nadia Gray）不单因为她身材好，年纪对，也是因为她就算不卖弄性感，也极其性感。她那神秘、诱人的东欧人微笑后面好像藏着什么秘密。

她很年轻的时候就嫁给了一位罗马尼亚王子，我很容易想象自己在"东方快车"（the Orient Express）上遇到她的情况，只不过火车得朝着西开。她拍过一些英国电影，在里面饰演端庄的外国淑女。我可以看到她表面依附在维多利亚时期价值观上的同时，私底下却对自己内心的原始欲望有所感应。由她来扮演那个家里被占用作宴会场所的制作人的前妻最为合适，我就让她在宴会中大跳艳舞。

我原来决定要让娜迪亚演的那个角色在她的深色洋装里面穿上白色的内衣裤，我想那样造成的对比会比较性感有力，但娜迪亚·格雷不同意。她说没有一个懂得一点穿着的女人会在深色洋装里面穿上白色的内衣裤，那样可是容易穿帮的。况且要她脱掉深色衣服，露出白色的内衣裤，她也一定会很不安。她说她办不到，那么做绝对不符合那角色的人物性格。她那么有说服力，所以我就相信了她，我们让她穿了黑色的内衣裤演戏。

我相信自己有能力判断男人眼中的性感为何，内衣裤是什么颜色其实不重要。但娜迪亚才最能判断怎么样能让一个女人觉得自己性感。

她也拒绝演那个让马塞洛一边当马骑、一边在她身上丢枕头屑的女人。我本来是那样安排那场戏的，但娜迪亚正确地指出她的角色不会有那样的表现，所以我就把那场让给另一个女演员了。像娜迪亚这样宁愿减少戏份，也不愿意妥协角色性格的女演员还真不多见。

不过至少我也让娜迪亚同意了一件我想让她做的事。我希望她在舞要结束的时候能躺在地板上，身上盖件皮草，里头不穿胸衣，直到她前夫出现的时候，她再从皮草里面爬出来。因为胸衣得不是脱衣舞高潮的时候脱下来，我就要她在罩衫里面把它解下来。她不能理解这种脱法，她说不可能。但我从自己的经验上知道可以这么做，而且示范了一下作法。她不但一学就会，而且看起来驾轻就熟，就好像她以前一直都是那样脱胸衣的。

我比较在乎的是她脸上的表情，和她对自己行为的主观反应。我想传达她的思绪，尤其想传达她的情感，多过想传达别人看待这件事的眼光。她现任恋人、她丈夫及其他人的反应，增强了表演者和观众之间的张力，这种效力要比个别反应的总和更为强烈。我记得我看那场脱衣舞的时候，还解下了自己的领带。

如果你想在一部电影里表现性欲的话，最好就是让自己被撩拨，但不予以满足，那么你自己的欲望和挫折就会投射到你的角色身上去，而能提高他们欲望需求的强度，然后他们就会急切希望能满足那欲望。

现在大家提起《生活的甜蜜》的时候，那段脱衣舞表演几乎和安妮塔·艾克伯格的戏一样地被相提并论，而饰演马塞洛情妇的伊冯娜·菲尔诺（Yvonne Furneaux）也表现得可圈可点，却从没听人提起过。这是因为她饰演的那个角色已经完成了，没有什么让人进一步揣测的空间了。然而前面那两个角色却一直都很神秘，所以也就比较有吸引力。这两个角色尚未完成，类似生活中那些无法让人一眼看穿的人。

常常有人问我安妮塔怎么样？或是问我娜迪亚怎么样了？但从来没有人会问我西尔维娅怎么样了？西尔维娅是片中角色的名字，不过他们并不是要问那些女演员的近况，因为当我开始说"安妮塔·艾克伯格现在住在罗马，娜迪亚·格雷现在住在纽约……"的时候，他们就开始抗议了："不是哦！是她们演的角色怎么样了？"我们认为我再拍部《生活的甜蜜续集》，才能让他们满意。不对，刚好相反。那样会让他们所有的疑问都得到解答，他们大概不会觉得不满意了，但不单是因为《生活的甜蜜续集》的缘故，而是由于他们对《生活的甜蜜》"首集"的记忆。

有时候生活里会发生这样的事：你遇到一个有神秘感的人，你们在一起很愉快，然后你想延续这样的经验。但当你过分深入，什么都知道了以后，就会变得空无所有，并感到隐隐约约的失望。

《生活的甜蜜》是第一部长达三个半小时的意大利电影，他们告诉我没有观众能看那么长的电影。事实上，之前我并不了解我的电影竟会引起那么多国人的震惊。我虽然公然宣称我不在乎，但我必须承认，当我独自一人看到教堂门前的海报上自己名字被划上黑边的时候，也有点被吓着了。是不是我已经死了，只是自己不知道而已？我后来想把这个情景用在有关马斯托纳（Mastorna）的那部作品里，他游荡在阴阳两界之间，是个不知道自己已经死了的人。那张海报上写着："让我们为解救公众罪人费德里科·费里尼的灵魂而祈祷。"真吓得我全身发抖。

我绝对不会为了耸人听闻而在电影里加些什么，那对我要讲的故事是不忠实的。我不会背叛我剧中的角色，他们就跟我在生活中认识的人一样真实。

很多人觉得《生活的甜蜜》这部片很不名誉，片子一出，立刻恶名远播。我并没有要把它拍得见不得人，我也不觉得它见不得人。我不懂那些人为什么会有那样的反应，但我知道这反而有助于让片子大卖，并引起极大的国际关注。对我个人来讲，被指控为罪人和剥削者当然是种困扰。但当大家看了电影以后，表示绝大部分都令人满意，而且并不觉得它像别人说的那么吓人。

《生活的甜蜜》这部片子让我有机会见到乔治·西默农（Georges Simenon）[1]，他是我少时在里米尼最喜欢的作家之一。他写的书真是太精彩了，让我无法相信它们是人写出来的。多年以后，我们在戛纳相遇，我觉得兴奋极了，而他说能见到我，他也很兴奋。结果西默农竟是那年戛纳电影节评审团的主席，而《生活的甜蜜》则是那年的金棕榈奖（首奖）作品。其实无论什么时候见到他大概都会让人很兴奋，但在那样的情况下见到他，我的心情就真太难形容了。在他起身要上台的时候，朱丽叶塔高兴地亲了他一下，在他脸颊上留下清晰的红色唇印。

让我觉得惊讶的是，西默农竟觉得自己是个失败者——他从来没觉得自己真正成功过。他说他很喜欢我的东西，而我，我才喜欢他的作品呢！我问他为什么不满意他的那些精彩作品，他说他的东西只是在处理平凡的现实生活。

1　乔治·西默农，比利时的法语侦探小说家。他的代表作品为一系列描写警探麦格雷办案过程的侦探小说。

有人告诉我，自从《生活的甜蜜》这部电影 1961 年上映以后，dolce vita 这个词就被美国一本通行而又权威的字典列为英文用语。解释里没有提到电影，不过字源标明是意大利，并把这个词定义成："怠惰、自我放纵的生活"。paparazzo 这个字在那个字典里也找得到，让我觉得很有趣。此外，让我大吃一惊的是，在名人解释的部分，在我的名字后面还列了 Felliniesque（费里尼式的）这个形容词。不过，我猜美国的制片人平常是不用那本字典的，意大利制片人显然也不太有用字典的习惯。

　　我发现我得重建片中的维内托街（the Via Veneto），因为真正的那条还不够真实。我要的是萃取出来的现实，况且我也无法控制真正街道上状况。制片里佐利告诉我，如果我要这么做，我就得放弃我在合约里的分红比例。事实证明那条分红的约定是会让我致富的，一切就看我自己的选择！但其实根本别无选择，我一定得以片子为优先考量。我毫不犹豫地把我将来在这部片子上所有能得到的利益全部放弃了。更糟的是，如果我可以重新来过，就算我完全知道我放弃的是什么，我一定还会做同样的选择。

　　我只拿到五万块的拍片酬劳，全部就这么多。

　　片子赚进了数百万钞票，让很多人都瞬间致富，但我不是其中之一。我只收到了制片安杰罗·里佐利送给我的一只金表。

第十章 把荣格当老大哥

《生活的甜蜜》是我生命的转折点，在那之后，我想赚多少钱拍多少电影都没问题。唯一的问题是我没办法想花多少钱拍片就花多少钱拍片，但我仍不妥协。只要是我肯拍的电影，制片不付我太高的酬劳，我也不会太在意；可怕的是要找到钱拍我想拍的东西实在是难上加难。制片不想拍费里尼式的电影，他们只是要由费里尼拍的电影，他们并没有不答应什么，但也没有答应什么。希望终归要落空，是我太有耐心了。我要拍我想拍的电影，而不是他们想拍的电影。我不知道当时就是该下手的时机，一旦错失，往后就再也不会有，我也不知道这时机竟是如此短暂。

我浪费时间怨恨自己拍《生活的甜蜜》赚得太少，而怨恨是会消耗元气的。然后，我又后悔自己这样怨恨，而后悔也是会消耗元气的。

当时我不知道这部片子注定要大卖特卖，也不知道将来我所有的片子都再也不会像那样卖钱了。就算我事先都知道，我也不晓得自己能够做些什么。我在乎的真的只是拍电影这件事。在那之后，要找制片就又变得跟以往一样不容易了，而且再也看不到两个以上的制片共同抢着要费里尼下一部片子的景象了。要是桌面上只有一个出价，就很难跟他讨价还价；如果只有一个买主，成交的价格就不会太好。朱丽叶塔永远无法明白为什么我没办法得到比较好的酬劳。

媒体问我在《生活的甜蜜》之后有什么打算。我得到了一些机会。有

133

人追着你买，不用自己推销，是种令人异常愉快的感觉。好个被人追求的滋味！完全不用花时间就能适应。人是不用花时间去适应一个较好的事物的，譬如说年轻貌美的女孩，我想这是个永恒不变的道理。我当时不知道那段好日子竟会如此短暂，但我敢说自己毕竟也算尝过了那刻的滋味。

没能及时知道那个时刻会一去不返有两个坏处：让我没能把握时机去有效地利用和尽情地享受。不过这也有一个好处，那就是我享受它的时候是无忧无虑的，只知有生，焉知有死——这是再好不过的享受方式了。把心爱的娃娃抱得太紧，反而会影响它的呼吸。

我从来没法儿了解美国那些制片。他们来罗马的时候会住在罗马大饭店。他们来这儿谈生意，就像人住在比佛利山大饭店（Beverly Hills Hotel）——那个位于比佛利山、人人要去一游的豪华大饭店——一样，他们会在饭店里的保罗厅（Polo Lounge）谈生意。在罗马的时候，他们成天穿着内裤坐在饭店最大的套房里打长途电话。他们干吗那么老远跑来这儿，只为了打电话回他们来的地方？他们的桌上总是放着一瓶矿泉水，接待你的时候，好像完全不知道自己正穿着内裤，而且也没有想再披上一件什么的意思。我当时以为他们这么做是故意要让我觉得不自在。

他们和你会面的时候，大部分的时间都花在讲长途电话上，他们通话的对象可能是在美国、日本，或哪个老远的地方。也许那是为了让你知道他们有多重要，或也许只是为了让他们觉得自己很重要。他们提高嗓门是因为他们不信任意大利的电话，就像他们不信任意大利的水一样。当真正轮到你和他们说话的时候，他们又会花很长的时间谈一些无关紧要的事——一些跟你前来的目的完全无关的事。然后，在你们会面的最后几分钟，他们会不经意地进入主题——也就是你去找他们的原因。为什么美国的生意人要花那么多的时间说那些言不及义的话？为什么他们唯一不谈的却是你到那儿专程要谈的事，而且一直要到最后那几分钟才肯提起？他们是不是在怕什么？

如果你拒绝什么，他们会以为你只是在讨价还价，他们绝不会认为你是说真的，然后又希望你能上电视推销你的电影就像推销肥皂一样，有一次我在美国的时候，他们竟然要我上电视去示范怎么煮意大利面。即使在家里，我也从来没有煮过意大利面呀！我从来没耐心等水煮开。总之，我没答应。至于我到底跟他们说了什么，恕我不便告诉女士或小孩们，当然也不便把它刊出来。

我因《生活的甜蜜》这部片子入围奥斯卡的最佳导演，这是首次有外国导演加入奥斯卡最佳导演的角逐。

《生活的甜蜜》给了我圆梦的机会。那是我刚做导演时就有的梦想，我之前和拉图阿达自组电影公司就是为了这个。有人邀请我合伙开电影公司，公司要叫作"费德里茨"（Federiz），里面甚至还夹带了我的名字。我将拥有那家公司的百分之二十五的股权，不过当时我并不清楚那意思是说：我要担的责任是百分之百，能分享的利润则只有百分之二十五，但经过另外那些合伙人的会计盘算后，发现其实并无任何利润可分。但就算当初我已经知道这种情形，我大概还是会照做。

我以为我掌握到了权力。我以为我有机会提供自己拍片资金。我也以为我可以帮年轻导演拍他们想拍的片。我甚至以为自己可以影响到整个意大利的电影。

这个机会其实只是里佐利对《生活的甜蜜》为他赚进大笔钞票所表示的感激，同时也是为了造势。他真的很希望我能拍《生活的甜蜜续集》，并且希望我能指派一些年轻导演去拍一堆小型的同类电影。他说我可以"为所欲为"，但其实不是真话。我只拥有表面上的权力。

我弟弟里卡多来找我资助一部电影。我不得不拒绝他，但我想他永远没法儿理解或接受我的这个做法。我们以往不算太亲，但之前却从来没有什么怨恨或摩擦。虽然他后来也不提这事儿，我却怀疑他是不是已经原谅我了？

更糟的是，朱丽叶塔希望我拍一部关于圣女卡布里尼（Mother Carbrini）[1] 的电影，她希望自己能演圣女这个角色。那是她的梦想，她简直

---

1 圣女卡布里尼，意大利天主教修女，1880 年创立了以服务移民为宗旨的圣心传教女修会。

等不及片子开拍。她要我来导这部片子，并相信片子一定会成功。我到现在都还记得她被我拒绝时脸上那种难过的表情。

我把"费德里茨"新开张的办公室当作一个工作室或沙龙看待，那是一个我们可在里面喝咖啡、交换想法的地方。我在克罗齐街（Via della Croce）上选了一间很好的办公室，那儿什么都有，包括附近就有一家很棒的面包店。我总是说我喜欢身无一物，部分的原因可能是我永远都买不起那些陈列在玛古塔街优雅商店里的漂亮古董。我找到了一张可以让我把选角照片在上面摊开来看的古董桌。办公室是由《生活的甜蜜》的布景设计师负责装潢的。沙发用的是《生活的甜蜜》里的那几张，幸好它们除了省钱之外，还非常舒服。装潢也受到些罗马大饭店的影响，因为我向来就欣赏那里的风格。我自己单独有一间办公室，这样我才永远有个属于自己的隐蔽世界可以退回去——这点对我很重要。

那相当于一个专制君王统治下的中世纪宫廷。但大家都觉得我既然不必再向人伸手要钱，就该发善心花钱拍电影才对。

我所有的导演朋友都出现了，人手一个拍片计划。我所有的"准朋友"也都出现了，突然间我发现我多了一些我并不知道的朋友，他们记得我们曾经如何要好过，我埋首在成堆的文件里，我从来不接电话，但也根本没发现什么有趣的点子。这些东西妨碍到我自己的创作，我创作时需要完全自由的想象。

《生活的甜蜜》改变了制片们对我的期望。他们不要求那么多了，只要电影片名前面有"费里尼（作品）"（Fellini's）字样即可。我对我自己的要求也不一样了。成功的感觉真好，我希望能重复那样的感觉。而且我晓得只有成功才会不停地有片可拍。

这段时期，我损失了一些朋友。我每拒绝一次，朋友就少一个，屡试不爽。他们一个个离我而去，但我也不真的很在意，因为那正好可以当作一个测试。但朱丽叶塔可不一样，我可把她气疯了，情况真的很恐怖。可是我就是没办法勉强自己做不喜欢的事。我觉得自己对制片们的钱有责任，我不能让人家折本。拿着他们的钱，我没办法放手一搏。

公司怎么来怎么去。里佐利对我没找到半部电影可以开拍大表不满。当我答应卡洛·庞蒂（Carlo Ponti）[1]拍他制作的《三艳嬉春》（Boccaccio ' 70）其中的一段的时候，里佐利认为我背叛了他。虽然里佐利后来答应当我那一段《安东尼奥博士的诱惑》（The Temptation of Dr. Antonio）的联合制片，但他已经不相信我除了自己的作品外还能制作出什么别的片子了。我想也许连我自己还能制作出什么片子他都感到怀疑。公司关门的时候我很失望，但同时也觉得如释重负，不过我没对任何人讲过这感觉，连朱丽叶塔都不例外。

现在我可以回来做自己真正想做的事了。这时《八部半》已经在我心头萌芽了。

朱丽叶塔没法儿理解为什么我没有在"失去"我的"费德里茨影业"之前拍出她那部关于圣女卡布里尼的片子。那不是一个我想拍的题材，不过就算我对它有兴趣，其他几个股东也绝对不会觉得那个计划有什么商业价值。我试着告诉她这一点，但我的说服力不够。既然我已经失去了制片能力，唯一的办法就是我们彼此同意至少那段时间别再提起圣女卡布里尼这个话题。不过朱丽叶塔有时还是会忘记我们的协议。

所以，我以为《生活的甜蜜》给我带来了我梦寐以求的大好机会，就像我有三个愿望可以许一样，而它们其实都是同样一个愿望：让我可以安心拍片，不必浪费时间去找钱；让我对自己做的事有掌握权；让我能够帮助其他人拍片，然后影响意大利的电影；不只是独善其身，还要能兼济天下——这是进一步的美梦。

但这美梦却像童话故事一样以悲剧收场。

我损失了朋友、时间，以及一个拍片机会。我的家庭生活也被毁了，晚上一边吃朱丽叶塔煮的好菜，一边听她谈着圣女卡布里尼的故事，真让

---

1 卡洛·庞蒂，意大利影史上极重要的电影制片人，他的妻子是意大利著名女星索菲亚·罗兰。制片作品包括：《那不勒斯的黄金》（1954）、《大路》（1954）、《战争与和平》（1956）、《女人就是女人》（1960）、《三艳嬉春》（1962）、《五至七时的克莱奥》（1962）、《蔑视》（1963）、《意大利式结婚》（1964）、《日瓦戈医生》（1965）、《放大》（1966）、《过客》（1975）等。

人消化不良。

如果一个人渴望成为所谓的"电影作者"的话，他应该要能够主导自己的拍片计划。不过一个人是很少能同时兼顾创作和赚钱的。生意人需要赚钱来填饱肚皮，然而即使他早已吃撑了，他还是想赚更多的钱。艺术家就不同了，对他们而言，求创作上的心安比填饱肚皮来得重要。

我一直相信自己能一手包办所有的拍片事务。但"费德里茨"的经验告诉我，自己下海当制片并不是达成我心愿的最好的办法。我要的事实上是拍片的"创意自主权"。

所以当卡洛·庞蒂来找我，要我和罗西里尼、安东尼奥尼、德·西卡、维斯康蒂（Luchino Visconti）、莫尼塞利（Mario Monicelli）[1] 等导演合作一部多段式电影的时候，我心动了，因为我又可以回去做我擅长的老本行了——这是我答应的原因。罗西里尼和安东尼奥尼后来中途退出了这个拍片计划。拍摄的主题是"审查制度的压迫性"，每个导演要拍出一段他对这个题目的回应。之前我听说有个耶稣会的刊物过分到建议我要为《生活的甜蜜》入狱，当时我对这事还是耿耿于怀。

《三艳嬉春》是在1961年拍摄的，跟《十日谈》（*The Decameron*）[2] 两者之间并没有什么明显的关系。片中我把宗教和其他方面的影响，集中放在一个备受压抑的矮小男人身上，这人就是安东尼奥博士。他对那个由安妮塔·艾克伯格所扮演的片中女人有着强烈的欲望，却又不愿让别人知道，甚至对自己都不愿意承认，所以只好用恼羞成怒的态度来抵御那女人的性感诱惑。教会不是造成他这态度的唯一因素。她那对诱人的巨乳也是令他恼怒的原因，他们把那对乳房放大在一个巨型的广告牌上，作为奶品的推销广告。他虽然碍于心结无法愉快地欣赏这诱人的景观，但这个女人其实就是他心中所藏女性幻想形象的夸大体现。他已经被一种扭曲的神学思考

1　莫尼塞利，意大利导演、编剧，以黑色喜剧见长。代表作品为《警察与小偷》（1951）、《大战争》（1959）等。

2　《十日谈》是意大利诗人、小说家薄伽丘的名作，曾被意大利名导帕索里尼于1971年搬上银幕。《三艳嬉春》的外文片名Boccaccio'70字面上虽直指薄伽丘，但电影内容则无直接关联。

方式残害了。

在他的一次幻想中，这个广告牌上的女人变成了血肉之躯，并追逐在他身后，他为了保护自己，便冲动地用了一根长矛刺进她的右乳把她给杀死了，但这么做的同时，他也等于把自己内在所有的东西都杀死了，唯一还苟延残喘的只有他那可怜、被压抑的生理欲望，这欲望最后也只能化成一声："安妮塔！"。他受到了最大的处罚——现在他得过着没有这个女人的生活，因为他并没有杀死自己的欲望。

我是想用这段让大家看到男人被压抑的欲望最后还是会冲破禁锢，并扩大成一股活生生的巨大性幻想，取代他的理性，终至打垮了他。像在《生活的甜蜜》这部片子里面一样，片中的安妮塔仍然对自己的性感有一份自觉，而且喜欢运用自己这项本事。但她不觉得那是自己的错，所以不该责怪她——当然，这只是一种象征的说法。

我常常在想那块广告牌后来到底变成什么样了，哪天我一定要去电影城找找，那可真是一块很精彩的广告牌啊。

安东尼奥博士这个角色反对种种要把性的神秘面纱揭开的现代趋势，这种面纱扭曲了性这件事，让它变得好像很污秽、很见不得人。人体被掩盖住的时候，可以让人觉得色情，但却不会引人注意；而一旦裸裎了，就很难不引起注目了，不过这时它也可能变得有趣，就像它可能让人觉得色情一样。安东尼奥博士这种人有所不知的是，褪下衣衫的女人只是失去了视觉上的神秘性，但她们其实还暗藏着一些人眼所无法测知的秘密。

我相信我自己是永远无法了解女人的，我也不希望去了解。什么都知道反而会破坏男女之事的兴奋感。

我发现为我自己的电影创造女性角色是比较刺激的，这可能是因为：比起男人，女人更性感、更复杂有趣、更令人难以捉摸、更能引发我的创作冲动。我喜欢在自己的电影里用性感迷人的女人，因为我相信，不光是男人，女人也喜欢看到这样的女人。

依我看来，创作者就像灵媒一样，在创作期间，他会被很多不同的角色附体。借着做电影导演的机会，我可以过着不同时代的不同生活。我可以像卡夫卡一样变成一只甲虫，而那是他之前从来没有过的体验。卡夫卡是个极为夸张的例子，他的想象力丰富到阻挠他做一个正常人。他的想象力丰富对世上是不错的，但对他自己就没什么好处了。依我来看，卡夫卡笔下写的完全就是他自己。这位艺术家同时变成了弗兰肯斯坦医生（Dr. Frankenstein）和他所制造出的科学怪人，而且变得像是一个吸血鬼。我本来也很想在我之前的作品里放进一段跟吸血鬼有关的戏——尽管我是一个连血都不敢看的人（更别说要我去喝血）。我是在进行《安东尼奥博士的诱惑》时产生这个想法的，不过吸血鬼这个主意还是过于强烈了一点。

莫拉尔多是《浪荡儿》里寻找生命意义的男孩，正是我当时的写照。然后差不多就在我明白这种意义是永远不会找到的时候，莫拉尔多就演变为《八部半》里面的圭多了。我心里的莫拉尔多是在那个时候消失不见的，或至少是对自己的无知感到不好意思而藏了起来。

我从不觉得自己有看心理医生的需要，但我的确有个医生朋友恩斯特·伯纳德（Ernst Bernhard），他是个重要的荣格派心理分析学家，是他引领我进入了荣格（Carl Jung）的世界。他鼓励我记下自己做的梦，以及梦境般的遭遇。这些记录对我的某些作品十分重要。

发现荣格让我对幻想采取了更大胆的信任态度。我甚至还到瑞士去看了荣格的故居，并顺道买了巧克力。荣格影响了我一辈子，那些巧克力也是。

发现荣格对我非常重要，它的重要性不是改变我所做的事情，而是帮我了解我所做的事情。荣格用一种知性的方式确认了我向来有的一种感觉：想象力是一种可以培养的能力。他把我之前感受到的东西清楚地解释了出来。我是在拍《八部半》的时候认识伯纳德医生的，我相信我个人对心理治疗的兴趣也反映在这部片子里，在后来的《朱丽叶与魔鬼》里面当然也有。

有一小段时间，我定期地去拜托他，花了很多时间跟他在一起，但我不是去找他做心理治疗，而是把他当作一个可以对我产生刺激的朋友，我去找他的原因是想对一个让我着迷的未知世界进行挖掘，但挖到的其实就是我自己。

就好像荣格的理论是特别为我写的一样，我把他当成自己的老大哥一样看待。我记得小时候，曾希望自己也能有个哥哥把我带到外头的繁华世界中去。小时候我很天真，我知道有段时期我甚至希望妈妈去医院里再帮我抱一个哥哥回来。等她最后真的进了医院，回来时却抱着一个很小的女娃娃，那时让我觉得那一趟好像不太值得。我们小的时候，弟弟里卡多对人生的了解好像比我还少，所以我希望能找个比我年长的人来回答我的一些问题，或至少让我对他提出一些问题。到了长大以后，我比较喜欢交一些年纪比我大的朋友。对我来说，荣格好像就是以前最渴望能交到的知心密友。

对荣格来说，"象征"代表的是无法用言语表达的事物，但对弗洛伊德（Sigmund Freud）来说，"象征"代表的却是暗藏的事物——因为它们是可耻的。我相信荣格和弗洛伊德的不同之处在于：弗洛伊德是用理性来思考，而荣格则是用想象来思考。

阅读荣格对我最重要的一点，就是我可以把在他书上看到的东西应用在我的个人经验里，因而把从早年起就存在我心里的自卑感和罪恶感一扫而光，这包括父母亲和老师的责备，以及有时来自其他孩子的嘲笑，这些人都认为跟别人不一样就是比较不好。虽然我也有些朋友，但以我重视内在生命远超过外在生命的角度看来，我算是孤独的孩子了。对其他小孩来讲，丢雪球要比幻想、做梦来得真实。作为一个身处众人中尚觉孤单的孩子，表示我那时真的是无可救药地孤单。

我在拍片现场建造自己的家，跟志趣相投的人做家人。有段时期，我对探索自己的内在世界十分着迷，这也是为什么那时卡斯塔涅达（Carlos Castaneda）[1]和他的作品那么吸引我的原因。对我来说，荣格既不做作，也不会对难以触及的部分强加解释。我觉得他的东西很亲切，他就像我曾经希望能找到的哥哥一样，他向我召唤："这儿，往这儿走。"一来是因为我尊重他的引导——这是个重要的因素；二来是因为那正巧就是我要前往的

1　卡斯塔涅达，美国当代人类学家，以一系列记述印第安老人唐璜言行的著作风靡欧美，译成中文的有《唐璜的门徒》《新世界之旅》《做梦的艺术》。费里尼原计划拍摄他的故事，后来将此构想和意大利知名漫画家米罗·马那哈合作，绘成连环漫画《土伦之旅》。

方向，所以我很容易就可以经由已经敞开的大门去跟随他。对我来说，他似乎是那些重视用想象力和象征手法来表现创意者眼里的完美哲人。

我们做的美梦、噩梦，和三千年前的古人做的并没什么不一样。那些我们在现代住屋里享受到的基本的恐惧，跟那些住在原始洞穴里的祖先享受到的其实是同一回事。我用"享受"这个字眼是因为我相信恐惧这种情绪也包括了某种享乐的成分。不然为什么还有人要去坐云霄飞车？恐惧可以让生活更加来劲，只要不过分的话。大家一向认为承认恐惧是缺乏男性气魄的表现。恐惧和懦弱根本是两回事。克服自身恐惧才是人类最勇敢的表现。完全不会恐惧的人不是疯子就是佣兵，再不然就是一个疯了的佣兵。这些"天不怕地不怕的人"没办法为自己的行为负责，也不值得信赖。他们得被隔离起来，那么他们天不怕地不怕的行为才不会危害到别人。

我不知道我对荣格的发现是不是影响到我的作品，但它的确对我产生了影响。我想对我产生影响而且已经变成我的一部分的东西，也必定会变成我作品的一部分。我知道我们之间有亲戚关系，对于支持我存在的幻想世界，他也一再表示肯定——那是一个特殊的领域。我和荣格都极为推崇想象的行为。他把梦看成人类共同经验所导致的原型意象。我几乎无法相信还有谁可以把我对富有创意的梦的感觉说得那么清楚。荣格谈巧合和预兆，我觉得这两样东西对我的人生一直有重要的影响。

《朱丽叶与魔鬼》不仅是一个探讨荣格心理学的机会，并也为星象、降灵等所有的神秘主义预留了探索空间。我拿拍片当借口，其实是把时间花在我自己感兴趣的事情上。当然，《女人城》（*City of Women*）这部片子就是代表梦境经验的全面挖掘，这个主题在《安东尼奥博士的诱惑》里就已经开始存在了。

路易丝·赖纳（Luise Rainer）[1] 在罗马的时候，有人把她介绍给我。我晓得她在二十世纪三十年代曾一连得过两座奥斯卡金像奖，但不知道她那时已经嫁给克利福德·奥德茨（Clifford Odets）[2]。我一看到她的脸就觉得非常适合让她在《生活的甜蜜》里轧一角。她个头小小的，非常苗条，头上戴着二十世纪二十年代款式的无檐小帽，额头留着一排稀疏的刘海，大大的眼睛能看穿你，真是再适合不过了！

我立刻邀她演那个角色。她要我把剧情、她要演的角色，以及其他剧中的角色告诉她。通常我是不做这种事的，但我又不能对这样一个伟大的女演员失礼。所以我就跟她说了，不过后来她倒开始对我说一些她对那个角色的看法。我想这表示她已经接受了我的邀请，虽然她没有正面说"好"。我接下来还有别的约，但她不停地说让我插不进话。她有一大缸子想法，这让我联想到自己：过分地多！最后我不得不打断她，说我得走了。当时她人在回纽约的路上，她说她会把她对这个角色的意见写下来寄给我。大家总是说他们会写信，但都没做到，所以我也不期待什么。可是她倒真的写信来了，而且一写再写。

那是个次要角色，戏份不多但戏很精彩。她后来开始改写她的戏，她的戏份变得愈来愈多。然后，她又开始改写这部电影。她对心理治疗很感兴趣，还从纽约打电话来，想跟我讨论她那个角色的心理状态和困扰。她说她喜欢罗马，而且准备好要来待上一段时间。

为了赖纳小姐，我甚至被迫同意在她的角色上做些修改。这不是我会做的事，连朱丽叶塔都知道要我事前同意更动角色剧情有多难，这种更动在拍片现场或许还有一点可能。我之所以同意修改，完全是出于对赖纳小姐的尊重。

但每次我同意让步，她就又得寸进尺。

---

1 路易丝·赖纳，奥地利籍女演员，二十世纪三十年代中至好莱坞发展，曾被预期成为另一个嘉宝。《歌舞大王齐格菲》（1936）、《大地》（1937）为其银幕代表作。赖纳于 1937 年嫁给克利福德·奥德兹，但由于奥德兹为赖纳选择的角色多半不合适她，导致赖纳的演艺事业中途落败，两人婚姻关系亦于 1940 年结束。

2 克利福德·奥德兹（1906—1963），美国剧作家、舞台演员、电影编导。

最后当我不得不向赖纳小姐宣布她的角色已从剧本里剔除了的这个"令人伤心的"消息的时候，我不确定自己是不是真的那么伤心。

这就是为什么路易丝·赖纳没在《生活的甜蜜》片中出现的原因。不过《八部半》里面有个角色也的确是从她身上得到的灵感。那个角色是由曾在《卡萨布兰卡》里饰演亨弗莱·鲍嘉法籍女友的马德莱娜·勒博（Madeleine Lebeau）饰演。这事对马德莱娜人生的改变大于对赖纳小姐人生的改变。路易丝·赖纳回到伦敦过着充实的生活，她的丈夫是个重要的出版商。马德莱娜后来就在罗马待了下来，最后嫁给了图利奥·皮内利。我理所当然做了他们的证婚人。

有时别人问我，为什么我要用演员本身的名字当作他们所饰演角色的名字。我不知道，也许只是因为我懒吧。我是从《浪荡儿》这部片子开始用我弟弟里卡多、阿尔贝托·索迪和里奥普尔多·特里斯特他们的真名作为剧中角色名字的。之后就改不掉这个习惯了。我忘掉人名的能力和我记住人脸的能力一样的好。我晓得自己的记性好，但那种记性是非常偏视觉方面的。再说，有时候角色还没命名之前，演员就敲定了，所以也没办法用别的方式去思考那个角色。娜迪亚·格雷的情形就是这样，但安妮塔·艾克伯格饰演的角色早就已经有名字了。我没把《八部半》里的主角也叫马塞洛，是因为我不想把他和《生活的甜蜜》里的那个角色搞混了。此外，圭多这个名字也曾在我早期写了但没拍的一个叫作《与安妮塔共游》（Journey with Anita）的剧本里出现过。当时我想用索菲亚·罗兰（Sophia Loren）来饰演安妮塔那个角色，不是用安妮塔·艾克伯格，因为那时候我还不认识她呢。那名字是个巧合。不过我又相信那不只是巧合，这个神秘的世界还有许多我们不知道的事，什么都可能发生。

我写《与安妮塔共游》的时候，不但不认识安妮塔·艾克伯格，甚至没听说过她这个人。多年来，我一直得向人否认我写那个角色的时候心里想的是她。我偶尔会随便想个名字，那是其中一次。他们老告诉我，用真实人物的名字是会出问题的。但真正出问题的却是"安妮塔"这个名字，朱丽叶塔对这事的误会尤其大。我跟她说我这辈子有过的女人没有一个叫安妮塔的。"那么她叫作什么?"她问。

因为索菲亚·罗兰那时候没空演那个角色,卡洛·庞蒂就没兴趣制作《与安妮塔共游》这部电影了,我本来也可以找别人来演的,但因为故事的自传色彩过浓,她不能演我也就不拍了。不过当然也不能说它是百分之百的真人真事。当我明白自己等于是要光着身子站出去,不免也有些尴尬。此外,我也不想对朱丽叶塔造成任何伤害。《莫拉尔多城市历险》也有某些程度的自传色彩,不过讲的是我认识朱丽叶塔以前的生活。

《与安妮塔共游》是讲一名已婚男子的父亲病危,这名男子借探病之名携情妇返乡。停留故乡期间,他的父亲去世了,他为自己从来没能真正跟父亲沟通过感到惭愧,但突然之间已经没机会、来不及了。

我爸爸在那之前不久过世,我当时也很后悔没能告诉他:我再也不恨他的出轨行为了。小时候,我跟妈妈同一个立场;但长大后,我却能站在爸爸的角度来看事情。我在剧本里表达了我看到爸爸尸体躺在那里时的心情。然后有一次做梦,我也看到自己——年纪大些时候的自己——取代了爸爸的位置躺在那里。

安妮塔那个角色喜欢吃、喜欢光着身子在草地上打滚,喜欢深入去感受,喜欢表现自己的情绪。这些全是男人又爱又怕的特质。在旅程结束前,圭多和安妮塔关系也告吹了。

到了某个阶段,那个剧本就不再吵着要我去拍它了。我对它的感觉已经消磨殆尽了,于是就把它卖给别人去拍。剧本是阿尔贝托·格里马尔迪(Alberto Grimaldi)[1]买下的,导演是马里奥·莫尼塞利,女主角则找了戈尔迪·霍恩(Goldie Hawn)。然后他们还找了和我在体格或各方面都不像的吉安卡罗·吉安尼尼(Giancarlo Giannini)[2]来演圭多那个角色。电影在意大

---

1 阿尔贝托·格里马尔迪,意大利制片,为意大利导演赛尔乔·莱昂内制作过一系列的"意大利西部片",此外亦与费里尼、贝托鲁齐及帕索里尼等导演合作过。制作作品包括:《爱情神话》(1969)、《十日谈》(1971)、《坎特伯里故事》(1971)、《巴黎最后的探戈》(1972)、《天方夜谭》(1974)、《索多玛120天》(1975)、《卡萨诺瓦》(1976)、《舞国》(1977)、《1900》(1976)等。

2 吉安卡罗·吉安尼尼,意大利演员。二十世纪七十年代极富魅力的忧郁型男星,是意大利女导演丽娜·维尔特米勒的长期合作搭档。作品包括:《咪咪的诱惑》(1972)《爱情与无政府》(1973)、《七美人》(1975)、《无辜》(1976)、《莉莉·玛莲》(1981)、《大都会传奇》(1989)等。

利还是保留了《与安妮塔共游》（*Viaggio con Anita*）的片名，但影片的英文片名则变成了《骗子·情人》（*Lovers and Liars*）。这算哪门子片名呀，可以有好几打电影都叫这个名字，但追究起来，又全说不通。那部电影我从来没去看过，不过卖剧本的支票倒是去兑现了。

心意可以改变事物的情势，因为我们都是根据自己的期待来行动的。

万事起头难。不论你想做什么，一定得先起个头。我每部电影的开头大约都是发生在我自己身上的事，但我相信那也是别人的共同经验。观众应该会说："我（或我认识的一个人）也碰过这种事。"或表示："真希望我也能遇到这种事！"或者："真高兴这事没发生在我身上。"他们应该要能认同、同情，或觉得有同感，最好能让他们进入电影情节，让他们认同我的角色或至少认同其中一个角色。我先是试着去表达我个人的心情、感受，接着才去找寻对我们这种人有意义的真相道理。

我完成的作品跟我一开始要拍的东西从来不会完全一样，但也无所谓。我在片厂的时候非常有弹性，不过我拍片的确是先从剧本开始的。剧本是起跑点，同时也提供了安全感。拍了几个礼拜以后，片子就开始有了自己的生命。你边拍，电影边长，就像人与人之间的关系会成长一样。

我拍片的时候一定要清场，但也有不少人可以例外。况且，只要人数不是太多，我也欢迎一些我喜欢的人在场。但如果我察觉到有哪个不对劲的家伙在看我拍片，我的创作力就会慢慢枯竭。这种情形甚至会影响我的生理状况，譬如喉咙会渐渐干燥。周围有非善类的面孔存在，对工作成效是很有杀伤力的。

了解一件事何以困难并不会减轻它的困难程度；而了解一件事的困难程度则可能让人更不想去尝试它。对我来说，拍电影是变得愈来愈困难，而不是愈来愈容易。每拍一部片子，我就愈了解有地方可能出错，也因而觉得威胁愈大。如果你能化危机为转机，总是一件让人开心的事。如果我在片厂看到布罗德里克·克劳福德这样的演员有点醉了，我就会想办法把这事融入剧情里。如果有谁刚跟他老婆吵了一架，我就会试着把他不开心的情绪放进他的人物性格里。当我没办法解决问题的时候，我就把问题收编。

我了解梦境是无法企及的，也了解自己心中的电影和银幕上的电影永远不可能一模一样。一个人一定得学会容忍这样的事。

要找到合适的拍片计划是最困难的一件事。我需要一个"存在的理由"（raison d'être）才有可能扬帆出发。对我来说，那就是"合约"。很多人都会说："我想写本书……"但如果你知道你有书商和合约的支持就什么都不一样了，或是说就几乎什么都不一样了。你除了有目标外，还需要有鼓励。如果你不确定自己的书会被出版，就很难有写书的动力。对我来说，没人愿意当我的制片，我就很难去拍一部片子。我需要用合约来维持拍片的纪律，此外，片厂可以提供我支助和管理，对我极为重要。

以《八部半》这部片子来说，我之前害怕会发生的事情在那时终于发生了，不过实际情况比我任何一次的想象都要可怕。就像作家遇到创作瓶颈一样，我也碰到了拍片上的难关。我那时制片确定了，片约也签了。我人在电影城片厂，所有人都准备好了，就等我开拍。不过他们不知道的是，我原本打算要拍的那部电影已经弃我而去。有些场景都已经准备好了，但我还没找到拍片的情绪。

当时大家都在问我关于那部片子的事。我现在是绝对不会去回答那些问题的，因为我认为在拍片之前谈片子的事会削弱片子本身。精神都谈光了！况且，我也需要有改动的自由。有时候我对待媒体就像对待陌生人一样，他们问我拍片的事，我就会用同样的谎话回答他们，为的只是让他们别再追问下去，并且保护我的电影。就算我当时告诉他们真话，完成的片子也可能会变动很大，然后他们又会说："费里尼骗我们。"但这次不一样。这次，马斯楚安尼问我关于他角色的事情的时候，我变得结结巴巴，而且语无伦次。但他是那么的信任我，他们全都信任我。

我坐下来写信给安杰罗·里佐利，向他坦白我的状况。我告诉他："请谅解我的混乱状态。我没办法继续拍下去。"

在我还没把信寄出去之前，有个器械师来找我，他说："你一定得来参加我们派对。"器械师和电工们打算为他们的一个伙伴庆生。其中一个器械师求我也去参加。虽然当时没心情做任何事，但我也没办法拒绝他们。

他们用纸杯送上了香槟，我也拿到了一杯。接着是敬酒，大家都举起了纸杯，我以为他们要敬寿星，结果不是，他们反倒向我和我的"杰作"举杯。当时他们当然不知道我心里的打算，他们对我表示了十足的信心。我离开派对回到办公室，心里觉得很震惊。

我就要让那些人砸掉饭碗了。他们喊我"魔法师"，但我的"魔法"到哪儿去了？

现在我怎么办？我反问自己。

但我没听到自己的回答。隔着外头的喷泉水声，我努力倾听自己的内心话语。然后，我听到了一个细微的声音，一个法子。我知道了！我要讲的是一个不知道自己要写什么的作家。

然后就把要给里佐利的信撕了。

后来，我又把主角圭多的职业换成了电影导演。他变成了一个不知道自己要拍什么的电影导演。要在银幕上去描写一个作家并不容易，我们很难用有趣的方式去呈现他的工作。写作这件事并没有太多的动作可以展现，但电影导演的世界就充满无限的可能了。

圭多和路易莎（Luisa）必须表现出他们曾是恋人，但现在已经是趋于平淡的情感关系。虽然热恋和蜜月期过后，他们的关系已经产生了一些变化，却还是一种非比寻常的关系。要描述一对当初经由热恋而结合，然后经过长期婚姻生活的夫妻的关系，并不容易。两人往日的情感关系大量（虽非全部）转化成朋友关系。那是一辈子的友谊，但当背叛的感觉来袭……

马塞洛和阿努克可以伪装他们的真实情感，是极优秀的演员。不过，我又不能说我在意他们两个那么来电。我想有些地方在银幕看得出来。当然，马斯楚安尼和安妮塔·艾克伯格在真实生活中就不觉得彼此有那么迷人，所以两人之间自然也就没有什么，但《生活的甜蜜》却照样成功。

我对《八部半》这部片子的结尾本来有另一种打算。当时我必须为预告片拍点东西，为了这段预告片，我找回了两百名演员，用七部摄影机拍下他们游行的盛况。当我看到那些毛片时大为所动，它们简直棒透了。于是原先圭多和路易莎在火车餐车上重修旧好的那个结尾就被我换掉了。因此，即使是制片的要求有时也是有好处的。我后来把一些片中没用上的东西用在《女人城》里。片中史纳波拉茨（Snaporaz）以为看到了自己梦里的女人来到他的火车包厢的情节，就是圭多幻想在餐车中看到了自己一生所有的女人那场戏给的灵感。而这段戏原本是要当作《八部半》的结尾的。

我曾想去看《九》(Nine) 这出由《八部半》得到灵感的百老汇舞台剧，可是我人在纽约的时间老是不对。我最希望被改编成百老汇戏码的电影是《朱丽叶与魔鬼》。这有几个非商业考量的理由：一是我想在百老汇看到我自己的戏；二是我想回到我原先的构想。当时有些想法没被用到戏里，因为那时它们都还不够成熟。最后得胜出线的点子不是因为它们最好，只是因为它们当时最强势。朱丽叶塔很喜欢这部电影，但她对我的处理方式不太满意。她自己有些不同的想法，我想把它们用进舞台剧里借此讨好朱丽叶塔，不过也是因为我现在觉得她的意见有道理。这个计划我已经和夏洛特·钱德勒（Charlotte Chandler）进行好几年了，而马文·汉姆利胥（Marvin Hamlisch）[1] 也愿意为这出剧作曲。我希望它能像《歌舞线上》(A Chorus Line) 上演得一样久，这样我才赶得上去看它。

我从来不需要毒品，也从来不觉得它们有什么吸引力。真的！我从来不需要这些东西，不过我承认我对它们好奇过。我在西班牙阶梯那儿看过一些"嗑了药"的嬉皮。

我拍片当然不需要借助毒品的帮忙。除了我的电影以外，再有些吃的，我就很满足了，也不再需要些什么别的——当然性生活例外。我全身充满了活力。有的导演告诉我，他们在拍片的时候会暂时放弃性生活，或降低性生活的次数，因为他们导戏和做爱的精力是同一来源。我个人倒是觉得自己在拍片时比起其他时间都来得精神。不论是导戏还是做爱，我都会变得比较精力旺盛。拍片让每件事都变得极为刺激。

拍摄《八部半》期间，我没让自己冒险，但片子一拍完，危机——两

1　马文·汉姆利胥，美国作曲家、钢琴家。汉姆利胥于 1968 年起开始为电影配乐，作品深具流行感，曾以《往日情怀》(1973) 及《骗中骗》(1973) 获得奥斯卡奖。此外，他的百老汇歌舞剧作品《歌舞线上》也获得东尼、普利策、格莱美等三类大奖的一致肯定，堪称殊荣。

部电影之间的空当危机——就开始了，这是我的老毛病。在片厂时，我可以操控全场，威风八面，但回到真实生活里，我却从来达不到那样的地步。

我决定尝尝 LSD 这种迷幻药的滋味，就试一次，不过我希望整个过程不致失望。因为我们家族向来有心脏方面的毛病，所以我先做了心脏的检查，虽然通过了检验，但医方建议届时应有心脏科医师在场。我没法儿想象如果到时我心脏病发他会怎么处理。由于我希望把一切经验都记录下来，所以做那个实验的时候就找了一个速记作陪。有些人说：费里尼老是要把一切东西都变成作品。

我必须承认我想试 LSD 有受到卡斯塔涅达著作的影响。我以前希望能认识他，我想我们甚至可以有些共同的嗑药经验可以聊聊，这会是我们的交集。作为一个创意人，我想我该知道时下大家在谈些什么，做些什么——即使那是一些令我却步的事情。我向来希望能完全掌控自己，但此举却像是自己完全受到外物的掌控。我怕这事会对自己造成永久性的伤害，我担心这会影响到自己做梦的能力，至于肉体上的损伤则较不在意。尽管如此，我对 LSD 和卡斯塔涅达用的那种迷幻药所能造成的幻觉效果已经颇有所闻，而且相当好奇。

事情是因为我开口说了要做才不得不成为事实，我并不真的想试。我并不喜欢让自己的意志被其他东西控制，而且我也不确定此举是否会留下永久性的伤害。

我对其中的利害关系十分左右为难。我从来只希望外形有所改变，绝不希望在心智上有什么变化。我是不是会因而失去梦的能力呢？可是我已经说过我要试了，是我自己同意的，况且，一切都已安排就绪，我实在不想让自己看起来像个胆小鬼。

事后我什么都不记得。我不了解为什么我要那么大费周章。卡斯塔涅达用的药一定更好，也许是因为它们是印第安人用天然材料制成的？那些东西原本是被用在宗教仪式里的。我并没觉得更舒服，也没有腾云驾雾的感觉，什么都没有……

我反倒觉得有一点轻微的头痛，而且非常累。

根据旁人的说法，我吃了那个东西以后边走边说了几个小时。怪不得我会累！他们向我解释，那是因为平常我的脑子就不停地在转，我身体受到迷药影响以后就会把我脑子里的活动表现出来。我哪里需要别人来告诉我，我的脑子不停地在转？

我认为那个星期天是白白浪费掉了，不过我尽量不让自己再浪费时间在"后悔自己浪费了时间"这件事上。我唯一需要的刺激品是拍电影，只不过这种"药"太贵了。

我也从来没有真正相信过占星术，但却一直对这种事很有兴趣。以我自身为例，它的灵验性不是一句"巧合"就可以打发掉的。也许我以前该对它更加注意的。我对任何神秘难解的领域都有兴趣。我尽量保持开放的态度。我跟一些懂得占星术的人碰过面，也认真听他们分析星座在山羊（魔羯）和水瓶之间的人的事情。我的生日是一月二十日。我到现在还不很清楚这些星座到底是如何影响我的。我只知道自己一直不喜欢羊肉，而且从没学会过游泳——不管这个事实可以有何种解释，但毕竟和水相星座不太符合吧。但有几次我也遇到预测神准的占星家。我相信冥冥之中还是有些我们不了解的事，我想占星术里一定有些什么可以去研究的。我对沉思这种可以把心中杂念完全理清的学问十分着迷。但我脑中的想法来得快，我没办法控制卡斯塔涅达所说的"内在对话"（interior dialogue）。我跟一个印度教导师谈过这事，但我没法在这方面掌控自己。所以我就对"沉思"这种事烦了。原因之一也许是：我怕一旦我把自己脑中那些醒着的梦和画面"关掉"，它们就可能会受到惊吓，从此一去不返，我不就孤单死了？

做一个电影导演，你没办法真的想做什么就做什么。你必须有弹性，不可以过分依赖任何一件事情，拍《朱丽叶与魔鬼》的时候，我原本打定一颗漂亮的百年老树的主意，没想到拍片前一天晚上来了一阵暴风雨把树搞没了。

有一回朱丽叶塔看到我在纸上画了一个小圆圈，她于是屏气凝神，知道事情发生了，她不需要仔细看就知道那个圆圈是画她的脸。她知道我会从她的角色开始发展——因为那是我最清楚的一个角色，她认得属于她的圆圈。朱丽叶塔在纸上看到了她的头以后，就变得非常安静，因为她知道有个角色就要成形了。这就是《朱丽叶与魔鬼》的起头。

第十一章 我的守护天使只可能是女人

在片厂和家里，我都和朱丽叶塔讨论得很多。直到有天晚上她终于跟我说了："为什么你对我特别严格？你对别人比较好。"

我之前没发觉到这点，没错，她说的对。因为我是从她的角色开始出发的，那是所有东西的支撑点，而且那也是我想得最清楚的一个角色。因此，如果朱丽叶塔没有演出我希望她演的样子的话，我会非常非常失望的。

《朱丽叶与魔鬼》是特别为朱丽叶塔量身订做的，因为她那时想复出演戏，而我也想为她拍一部片子。当时有很多想法，很难说得清楚为什么最后是这个故事雀屏中选，我仍然认为是它的竞争力比别的都强的缘故。

有一个没用到的点子是把她塑造成世界上最有钱的女人；还有一个是让她演修女，但故事过于简单，而且题材和宗教牵连过深；不过，这倒是朱丽叶塔最喜欢的一个点子。我刚想拍一个有名的灵媒的故事，但这是他们美国人所称的"传记电影"（biopic），我觉得如果一定要我忠实于一个真实故事，尤其是一个现代人的故事的话，就会让我有绑手绑脚的束缚感。

我另行编出来的这个故事其实是摘自好几个其他的故事，朱丽叶塔也喜欢。这是我第一次问她在某种情况下她会说些什么、做些什么，而且我也用了一些她的意见。

在这之前，杰尔索米娜和卡比利亚都是就我自己对朱丽叶塔的了解所勾勒出的角色，而她也只是用她的肢体方面的演技来默默加添自己的意见。

那个时候，她还非常温顺，我怎么说她怎么做，对我敬重有加。她以前总是使尽全力地去演好每个角色。但到了拍《朱丽叶与魔鬼》那个时候就不一样了。在片厂的时候，朱丽叶塔还是像以往一样顺从尊重我！但她只是在表面上、在众人前同意我。等到晚上回家了，她就把闷了一天的想法，尤其是她认为不对的地方都告诉我，而且大多时候都是谈她自己角色的部分。朱丽叶塔永远都是个演员，她当不了编剧，她对角色会怎么想和她自己该怎么演有很多不同的意见。对于朱丽叶（Juliet）这个角色，她有不少批评，我想当时我为了保护自己的创意而显得有些顽固。我想维护自己对剧中角色的想法，她则想维护她的。我现在才明白她当时说的大多都是对的，我想自己那时应该多听她一点才对。

片中的朱丽叶是那种受到宗教和传统婚姻观念影响下的典型意大利妇女，她相信婚姻会带给她幸福。而她一旦发现事实并非如此的时候，她就变得无法理解或面对那样的事实，于是她逃避到自己的回忆和神秘世界里，当这种女人被丈夫背叛以后，她现实生活中的伴侣就只剩下一台电视机了。

我和朱丽叶塔对这个角色的未来在诠释上有些不一样，基于对朱丽叶塔在表现人物细节能力上的尊重，我征询了她的意见，但当谈到朱丽叶被丈夫抛下以后的情况，我们的看法就完全不同了。虽然我当时十分坚持己见，但随着这些年过去以后，我现在觉得她当时的想法的确比我正确。也许我那时也感觉有点不对了，虽然她在片厂已经尽量克制自己不满的情绪了，但还是不可能做到天衣无缝。因为在那之前，她还从来没有那么坚持自己的看法过。

我那时相信，甚至到现在都还多少相信：当朱丽叶被丈夫抛弃以后，反而打开了她和外在世界沟通的门窗。从此她获得了寻找自我的自由。她可以随意自由发展自己的内在生活和外在生活。

但朱丽叶塔有不同的看法。"朱丽叶在那一刻还能怎么样呢？"她问我，"太晚了，女人和男人的情况不同。"按朱丽叶塔的想法，朱丽叶会变得郁郁寡欢，她不会去寻找自我。她说我是在把男性的价值想法以及理想硬加在一个女性角色身上。她并未当众抱怨，而是在家里跟我说这些的，整个拍片期间都持续着这个情况。然后，片子拍完了，虽然成绩并不特别好，她却从来没有抱怨过。她从没说过"我早就告诉过你了！"这样的话。

朱丽叶塔是个女演员，当然也希望在银幕上看起来更耀眼。片中的朱丽叶随着人物性格的发展形成了自己的生命，必须自己走自己的路，我已经把那个角色画出来了，而这个角色其实是从那些小图里走出来的，所以就某个角度看来，我不仅画出了朱丽叶在我眼里的模样，我还给了她生命。

我把她的衣服画成像是那些被丈夫背叛的可怜妻子所穿的衣服。那些衣服从纸上看起来好像还能让朱丽叶塔接受，但等到衣服做出来了，她又认为不合适。"合不合适"并不是重点，我画的向来就是滑稽讽刺的夸大漫画，"合适"本来就不是它的目的。我只是努力把我对这个人的内外观察给画出来。重要的是：那些衣服是不是能帮观众了解那个角色？还有，它们是不是更能帮朱丽叶塔感觉到她的角色？

她说不能，那些衣服对她的表演没有帮助。我个人认为问题在于她看到毛片上的自己不够抢眼，她对自己的样子并不满意。愈年轻的女演员愈渴望去演一个，譬如说一百岁的老女人，但当她步入中年以后，她就希望自己可以看起来年轻一点了。

我编写女性角色的方式曾遭到批评。有人说我不是女儿身，所以不懂怎么写女人。这是不是表示：如果我不是花或树，我就不懂得怎么去描写花或树了？

对女人来说漂亮的部分含义是她觉得自己漂亮。当她觉得自己漂亮的时候，别的男人和她自己都会觉得她比较漂亮。男人有责任帮助女人让她们觉得自己很漂亮。

拍《朱丽叶与魔鬼》的时候，我告诉桑德拉·米洛（Sandra Milo）[1]："你必须对自己的美貌有信心，你必须自在地站在一面全身镜前，最好是光着身子，大声地对自己说：'我很漂亮，我是世界上最漂亮的女人。'"在那之后，我要求她必须把眉毛剃掉，所以她相当沮丧。我向她保证它们不但会长回来，

1　桑德拉·米洛，意大利女演员，是二十世纪五六十年代法国、意大利的顶尖女演员，作品包括：《双面镜》（1958）、《八部半》（1962）、《朱丽叶与魔鬼》（1965）等。

而且会长得比以前还漂亮，但她并没有开心起来，她说她会看起来像个怪物。不过她最后还是照办了，幸好她的眉毛后来真的长回来了。

我这辈子身边都跟着一位长得像天使一样的女人对我摇着手指。我认识她，她就是我儿时身边的那位天使。她总是在我附近不远，是我的守护神。如果我的守护神不是女的，会让我无法想象。这位天使就像我生命中的其他女人一样，对我从来没有满意过。她经常出现在我面前，对我摇着手指，意思好像是说我没有达到她的理想期望。但她的容貌我倒从来没有看清楚过……

身为一个电影导演的要素之一就是一定要有权威，那是我一直觉得自己无法办到的事。在我年轻的时候，很害羞，觉得自己无法对任何人语带权威地说话，对漂亮女人说话的时候尤其没辙。现在我还是害羞，不过在做导演的时候已经不会了。

以前女人一直会让我害羞。我不会跟一个有过厉害情人，而且会拿我跟她的情人比较的女人在一起，即使她只是暗自在心里比较也不行。我那时的床上功夫比不过别人。我喜欢害羞的女人，不过两个人都害羞在一起就会有些别扭。

有时候我可能会问某个在我拍戏现场的女人："昨天晚上你有没有跟人亲热？"她会被弄得不好意思，而即使可能有，她通常都会回答说没有。然后我就会说出一句类似"那可真是虚掷春宵啊"的话。

如果她们有人敢大胆地说有，那我可能就会说："很好，那你有没有痛快到？"

女人们总是会向马塞洛投怀送抱。我对他说："你真是幸运。"

他回我："她们向你投怀送抱，是你自己不把握。你甚至视而不见，就让她们白白走掉。"

我欣赏女人纯真的那个部分，也珍惜自己相同的这个部分。我喜欢自己没有防卫心时那种心态开放的反应。任何人身上有这种纯真的特质我都会喜欢，这种特质在某些狗的身上尤其可以看到。

我向来很怕女人。有人说我经常在作品里贬抑她们。这话就离谱了。

我把她们提升到女神般的崇高地位，有时是她们自甘堕落，是她们自己要从位子上往下落的。我之所以如此看待她们是因为我还是从一个思春期（puberty）前后男孩的观点来看她们的。有人写说我是以一个"青春期（adolescence）少年的眼光"来看她们的，其实不对，我对此彻底否认。关于我对女人，以及我对自己与女人之间关系的理解，可从来都还没有达到可以称得上青春期的地步。我是推崇女性的。

男人经常会赋予女人神一样的地位，因为不这么做的话，他们对女人不屈不挠的追求，在他们自己眼里看来，都会像是傻瓜才会做的事。正如"性"这件事对女人要比对男人复杂得多，同样，女人，这个性别的复杂度也是远远超过男人的。我总是一直把男人拍成一种极为简单的动物，但男人好像从来不会对我这样表现他们感到不满。女人敏感得多，她们经常抱怨我没在电影里把她们处理好。

我跟朱丽叶塔结婚快五十年了，还是一直觉得自己不很了解她。她作为演员以及工作伙伴的这个部分我一直相信自己是了解的。在那时候，我可以预测得出她的想法和做法。我可以分辨她气到哪种程度。不论效果是好是坏，我可以左右她的表现。身为导演，我可以决定什么东西对电影最好。我可以克服她在角色诠释上的抗拒感。比较好的情况是：我可以学习着从一个女演员的观点把戏编导得更好，我可以根据她的诠释角度来修正我对剧中人物的想法。她觉得我这么做是要讨好她，或有时是在安抚她。但我只在她有道理的时候才会这么做，她的看法虽然不是每次都有理，但也常常有理。她是个专业演员，但更重要的是，她有很棒、很天真的直觉。她还能让自己跟着感觉走，所以一旦碰触到她心里底层的某种东西的时候，出现的力量就会十分动人，没有人可以把那样的东西在纸上写下来。

就男女关系而言，我有时会觉得自己像是朱丽叶塔手中的泥团。她在家里可以轻易地指挥我，她几乎还是像我第一次见到她时那么神秘难料。

喜欢女人的男人会永葆年轻，永葆年轻的男人会喜欢女人——两种说法都对。"喜欢"这个行为会让你保持年轻。这和跟年轻人在一起是一样的道理。有机会和年轻人相处的老年人也会变得比较年轻——因为他们输入了年轻人的血液。不过对年轻人而言，这也颇有"失血"的危险。

金·维多（King Vidor）[1] 跟我说过他羡慕乔治·库克（George Cukor）[2]，因为库克是同性恋，所以从来不会被他片中的女主角迷得晕头转向。他能够保持冷静，主导一切。有很多维多片中的女演员都会让他严重分神，为了不影响工作，他就必须和自己的男性本能欲望奋战，让自己不致屈服在那些女演员的诱计之下，因为她们的要求常常会危及电影本身，有时候甚至还不见得对她们自己有什么好处。

我发觉自己在拍片时实在太专注了，所以大部分的时候，我都几乎可以对片中女演员近乎全裸的模样视若无睹，忘了自己是个男人。我是说"几乎可以"……

我真希望能够见见梅·韦斯特（Mae West）[3]。我以前十分崇拜她，她简直是太棒了。她一直好像有"反性"（anti-sex）的倾向，她会打趣"性"这件事来博君一笑，这就是"反性"的举动。我想她的工作才真的是她的"性趣"所在，我觉得事业好像就是她的一切，她高度重视"自己"这件事，所以大概没时间花在性爱这件事上了。人一辈子不可能所有事情都兼顾。如果一个女人选择要享有性爱的话，她就必须花些时间在这事上头，借由梳妆打扮让自己更吸引人。而要是她选择了事业，那么时间精力的投资就得转向。但对我个人而言，那些好像没花太多时间力气装扮外表的女人，还一直比较容易吸引我呢。

有次我要去美国，在出发之前，写了封信给梅·韦斯特，说我希望见她，我写了好几次才算把信写好，不过却从来没有把它寄出去过，所以，也用不着惊讶她没回信。对那些已经成了你整个人的一部分，但却又对你这个人一无所知的人，你真不知道要跟她说些什么，在我写信给她的时候，觉

1 金·维多，美国导演。1925年以《战地之花》跃升为好莱坞大导演。其他作品尚包括：《群众》（1928）、《哈利路亚》（1929）、《街景》（1931）、《欲潮》（1949）、《战争与和平》（1956）等。

2 乔治·库克，美国导演，1929年由剧场转战好莱坞，成为好莱坞黄金时期的重要导演，以描写女性心理见长，在喜剧方面也很有成就。作品包括：《小妇人》（1933）、《大卫·科波菲尔》（1935）、《茶花女》（1937）、《费城故事》（1940）、《绛帐海棠春》（1950）、《星海浮沉录》（1954）等，事业晚期曾以《窈窕淑女》（1964）赢得奥斯卡最佳导演。

3 梅·韦斯特，美国演员、编剧。作品有《我不是天使》（1933）、《情海奇花》（1936）等。

得自己好像还是以前那个坐在里米尼戏院里的小男孩。她以前在银幕上看起来好巨大，可是我听说她实际上非常娇小，脚上穿着高跟厚底鞋。我要是跟她站在一起，看她时还要低头，那大概会有些奇怪吧。生命里充斥着这样多的假象。我在想，她床铺的天花板上，是不是也真的摆了一面镜子……

我曾想请她为我的电影跨刀，我要特别为她量身订做一个角色，我甚至可能特别为她写一个剧本。

看到爱吃的女人总会让我觉得兴奋，那是一种美丽的画面。我指的是性欲被撩拨。对我来说，喜欢吃的女人和喜欢性爱的女人之间有一种紧密的关联。对男人而言，一个女人要是喜欢性爱的话是很让他们兴奋的。也许这就是我对胖女人那么有兴趣的原因。要是一个女人对饮食节制，会让我觉得她们在别的事情上也很节制，甚至小气。此外，一个女人真正喜欢吃的话是装不了假的。

有时候你也必须让想象力进行暖身。就像运动员有一阵子没动身体上的肌肉，又突然被征召作战时要做的准备一样。为想象力进行暖身好比是在做精神上的柔软体操。

我是用画画的方式来做这种暖身的，它能帮我去看这个世界。由于画画的行为需要有观察力，所以它可以加强一个人的观察力，尤其当你知道你之后要单凭记忆去重现一个你曾经看过的东西时效果更好。画画可以释放我的想象力。

我听说亨利·摩尔（Henry Moore）[1]相信他自己在画画的时候可以观察到更多的东西。我的情况也是一样。这不是说我觉得自己像亨利·摩尔，而是说我在画一个人物的同时也就是在发展这个人物。画画只是第一个关键步骤，要找到能诠释画中人的演员更难。我会四处探访直到找到一个让我觉得，"就是你，你是我的画中人"，方才罢休。除了朱丽叶塔以外，每个角色大概都是这样的情况。所以我对她的角色有极严格的要求，要是她稍微跨出她的角色一步——或不如说，跨出我为她想好的角色一步——我

---

1 亨利·摩尔，英国著名雕塑家。曾在第二次世界大战期间被英国政府任命为官方战时画家，战后国际声望渐著。

就会对她生气。但对其他演员，我就从来不会为同样的情况生气了。

我可以肯定地说，电影是一种艺术，而且完全没有贬抑的意思。电影的艺术地位比起任何其他一种艺术形式毫不逊色。它是其中的一种。对我来说，它不像文学，而是像绘画，因为它是由会动的图案组成的。

我相信对很多电影导演来说，对白比影像来得重要，他们属于文学性的导演。但对我而言，电影好比是绘画之子。画家将他自己所看到的东西诠释出来给我们。我们看到的是某个人他自己所体会到的真实，而这也才是我所认为的绝对真实，而且也可能是最不掺假的真实。银幕就是我的画布，我也试着把我看到的东西呈现在上面。我非常喜欢梵·高（Vincent Van Gogh），麦田上顶着黑色太阳的景象原本只是他一个人的，因为只有他一个人看得到；但这景象现在变成我们大家共同拥有的东西了。因为他把这景象画出来，我们大家才都有可能看得到。

我像画家一样，拍片只是为了满足自己。但我又没有其他本事，所以我就必须希望大家都能接受我所看到的景象——昂贵的景象。我用了制片的钱去拍电影。而拿了别人钱的人就必须证明他自己不是个贼。

有时我会羡慕画家这一行。有一次巴尔丢斯（Balthus）[1] 来看我，他说他羡慕我的画会动。而我羡慕他的理由则是他每天都可以创作，他只需要一些油彩、画布和肥皂就行了。

有时候有人把我多年前的画拿给我看，虽然我总可以一眼认出那是自己的作品，却常常不记得自己画过那些东西。即使我会不记得自己画过某张画，但仍然可以确定那是自己的作品。差别通常是在于有些是刻意为了某个目的画的，有些则只是暖笔的习作。

在我选角、写剧本，或某个前制阶段的时候，我的手会不由自主地动起来。那种时候，通常我最可能画的就是女人的巨乳。总是奶子和屁股。我第二种常画的东西就是女性的臀部。在我的素描簿里，大部分我画的女人，如果有穿衣服的话，看起来像是从过小的衣服里进出来的一样。

1　巴尔丢斯，波兰裔的法国画家，以描绘沉思或睡眠的少女知名。

我不知道心理医生对这种现象会有什么意见，不过我确定他们一定会有些意见，因为所有的事他们都可以一直拿来做文章，尤其跟"性"有关的事。我相信我对她们的兴趣都已表现得再明显不过，没什么值得深究的。在我很小很小的时候——早在我会说话以前，我就已经知道女人这回事，而且会对彼此不同的地方感到好奇。

　　在我还不知道用什么字眼来形容我所看到的女人身体以前，我就很喜欢眼前看到的那些画面了，小男生在还没长大以前比较有机会占女人的便宜，看到她们的裸体，因为有些女人会以为小孩子不会说话就代表他们看不见，或无法产生性欲。过了那个时期以后，男孩子会有一段时间连瞥一眼女人光着身体的样子都很难。

　　以前只要我一有机会被大人放出去，就会和我那些朋友一起到海滩去看那些来镇上过暑假的游客，其中有好些是从德国和北欧专程来晒太阳的金发女郎。在海滩上能看到的东西原就不少了，但如果能够看到更衣室隔板里面的景色的话就更是有眼福了……

　　我相信人生中有一些我们永远不会明白的事，包括宗教、神秘主义（灵媒、奇迹）、宿命论（命运、巧合）。我们把这些名之为"未知的世界"。我知道我有时会因为对什么事都采取开放的态度而遭人耻笑，从占星术到禅学，从荣格到碟仙、水晶球，什么都来。但我就是对神奇的事物觉得着迷，那些讥笑我的人是阻止不了我的，让那些相信事事都得有科学实证解释的人活在他们的世界里吧。对那些面对难解惊人现象时不愿稍稍"想象一下"的人，我也没有认识他们的欲望。最重要的一种思考方式就是"一厢情愿"（wishful thinking）。人类之所以能够进步，就是因为他相信有那样一个和已知事物无关的地方可以让他前去。

　　我利用筹备《朱丽叶与魔鬼》这部片子的机会参加降灵会、走访灵媒、向纸牌算命师咨询。其中一些纸牌好漂亮，我还搜集了一些，我可以告诉别人我是在做研究——所以我其实是在乎别人的看法的，这跟我平日的说法可能相反，但好像也无所谓。我需要在灵媒现象上做些研究，但这同时也是个借口让我可以花时间去做一些我一直想要做的事情。我对那些东西

161

的研究也因此更为深入，直到片子完成时还不肯罢休。这些对巫婆、魔法师等事物的兴趣，是打从我小时候在里米尼就已经有的一种兴趣，同时也是我维持了一辈子的兴趣。

我相信有些人比较敏感，他们可以感受到常人感受不到的世界，甚至还可以和那种世界沟通。我想我不属于那种人，虽然我自己在小时候也有过一些不寻常的经验或幻觉。有时候，就在入睡以前，我可以像漫画里的小尼莫一样，用想象力把自己的卧房上下翻转过来，然后我只好抓紧睡垫，深怕自己会掉到天花板上头；或是，我可以让房间好像是卷入了龙卷风里一样地在旋转。虽然我也担心一旦我开始想象这些东西，它们就会停不下来，但我还是没办法抗拒刺激的诱惑，

继续又玩。

我怕被当成疯子，所以从来没有把这件事儿告诉别人。小时候在里米尼和甘贝托拉的时候，我看过那些脑子不正常的孩子的遭遇，我可不想被大人关起来。我不敢问别的小孩是不是也有过同样的经验。小孩子有时可以比大人更残忍，我可不希望他们有人注意到"费里尼国王"没穿衣服。

不能因为你遇到过骗局就说非现实的事物并不存在，这就像是你认识了一个不值得尊敬的修士或修女以后，你可能就没办法再对你的宗教保持信仰一样。我探索未知世界，是因为我有这样的内在需求，而不是因为我相信会得到什么解答。相反，我是在寻找问题！没法儿解释的生命事物才刺激。

我想把本韦努托·切利尼（Benvenuto Cellini）[1] 的自传改拍成电影，理由不单因为这个人很精彩，还因为他有过一次神奇的超自然经验。他曾在夜里的竞技场看到一个由神秘家所招来的吓人的五彩光影。这景象要是出现在电影里该有多精彩啊！由于切利尼在这个遭遇以前都还是一个怀疑论者，所以这件事应该会听起来更有说服力。

拍完《朱丽叶与魔鬼》，我估计收支相抵后，我在 1965 年应付的税款

---

1 本韦努托·切利尼，佛罗伦萨雕塑家，为意大利文艺复兴时期最有名的金匠，擅长打造钱币、珠宝、瓶饰，曾为米开朗琪罗的学生，罗浮宫内"枫丹白露的水边女神"之铜浮雕即为其作品。教皇克莱门特七世、保罗三世及法王弗朗西斯一世都曾是切利尼的赞助人。

约为一万五千块。我觉得自己理由正当，因为开发拍片计划花了那么多时间，当时都没有半毛进账。也许我的算法不对，但要我罚缴将近二十万块也极不公平，这把我弄得像个罪犯一样。由于我之前拍的电影都算卖座，所以我猜大家和罗马的收税员八成都以为我很有钱，以为我发了大财。他们把我某些作品里的豪华场面和我个人的生活混为一谈。大家以为被我用在《朱丽叶与魔鬼》里的那栋豪宅就是我自己的家。我也有想过用我家的房子来拍戏，不过不合用。而你的房子还必须不太引人注意，否则就糟了。我们那栋房子是我奋斗多年、付出一切才挣来的，在那之前，我们有好些年不得不寄住在朱丽叶塔的阿姨家。大家不顾这些，只会不花脑筋去相信那栋房子不过是我个人财产的一部分。媒体甚至猜测我在瑞士某个银行账户里存有好几百万。大家认为我有罪，媒体上竟还刊出了不点明出处的消息，乱做不负责的指控。你无法证明你在瑞士并没有什么银行账户。不知为什么，有很多人就是喜欢看到你跌倒的模样。谣言永远比事实传得更快。

赋税制度是用来惩罚那些在某一年把所有钱赚回来，但在之前几年却毫无所获的人。他们得在那几年筹备拍片事宜，然后想办法说服制片出钱拍摄。对于那些要辛苦多年才能丰收一次的艺术创作者而言，这制度可一点儿也不公平。而且他们可能一生就只有这么一年丰收而已呢。我甚至不知道要找谁抗议去。

抗议无效。我受到不公平的处罚，朱丽叶塔也一样。当我们第一次有了属于自己的住处时，她曾经非常引以为傲。但后来我们被迫卖掉了这栋位于帕里欧立的公寓，然后搬到玛古塔街上一栋较小的公寓去住。这事真是丢人，弄得举世皆知。朱丽叶塔不愿意出门，报章杂志刊载着费里尼逃税的新闻，其他包括美国在内（尤其是美国）的一些国家也有报道。我不想出门，但又不得不出门。我得把我的下部片子弄出来，此外，我也知道我得立刻去面对那些差劲的笑话和大家怜悯的表情，否则我就永远都做不到了。我必须表现出：对我而言，那只是个财务问题，我不能有受到羞辱的表情。为了避免这种困扰，有些知名的意籍影坛人士发现了一个较简单的方法，那就是干脆放弃意大利籍，然后就完全不用在意大利缴税。这方法听起来也可行，不过我自己却绝对做不出这种事，绝对做不出来！

我是个意大利人，是个罗马市民，否则就变成了一个丧国之犬。并不是意大利在迫害我，而是一个或一小撮在课税部门工作的人，他们痛恨我，拿我当箭靶。说不定是因为他们不喜欢我的电影，然后就说："我们去整整费里尼吧！"

结果他们还真的得逞了。

我的下个拍片计划本来是《马斯托纳的旅程》(*The Voyage of G. Mastorna*)。有好长一段时间，我都盼着能拍这部电影。它后来变得很有名，但却从来没成为电影。

我第一次想到这个点子是在一架当时正要降落的飞机上，时间大约是1964年。那是一个纽约的冬天，我眼前突然闪现了我们在雪中坠毁的幻象。幸好那只是一个幻象，我们还是平安着陆了。

1965年尾，我把一个新片的故事大纲寄给了迪诺·德·劳伦蒂斯。主角马斯托纳是个大提琴家，在一次飞往演奏会的途中，他所搭乘的飞机不得不在暴风雪中紧急迫降。飞机平安降落在一座外形深受科隆（Cologne）大教堂影响的哥特式教堂附近，皮内利有次还坚持要带我去看这座教堂。马斯托纳搭火车经过一个像是德国的城市——这又是一个仿科隆的城市——然后来到一家汽车旅馆。旅馆里有个有怪诞演出的酒吧，街上则进行着气氛诡异的节庆。马斯托纳在人群中觉得有些失落。他看不懂街上的招牌，因为上头都是一些陌生的文字。他找到了火车站，但不是火车变大了，就是自己缩小了，因为那些火车都有办公大楼那么大。然后马斯托纳看到了一位朋友，开心了几秒后，才想起来刚才看到的那位朋友已经死了好几年了。他于是想到也许最后飞机还是坠毁了。那么，他自己是不是也已经死了呢？

当马斯托纳被迫得接受自己的死讯时，倒不觉得这事有他原先想象的那么可怕。一了百了，不再有挣扎、痛苦、压力，或左右为难的情况，他觉得松了一口气。最糟的部分已经过去了，而且情况也并不算太惨。

马斯托纳进入了其他的世界——类似科幻小说里描写的那种世界。他不但又看到了父母、奶奶，还遇见了他未曾谋面的爷爷，甚至还认识了他的曾祖父母，两人早在他出生之前就过世了。他非常喜欢他们。

此外，他也在隐形的情况下去看了他的太太路易莎。

我把她的名字取得和《八部半》里圭多的太太一样，并不是因为我懒得再想一个名字，而是因为那就是我对那个角色的看法，这种做法不仅比较自然，而且也比较简单。路易莎有了一个新的男人，两人在一起非常快乐，她似乎已经完全克服了丧偶的伤痛。她和新欢躺在床上，马斯托纳看了并不吃惊，他甚至毫不介意这一点反而让他自己有些讶异。

我在 1966 年的一场病是造成《马斯托纳的旅程》这部片子永远拍不成的主要原因。也许是因为我害怕这项任务，或觉得自己不能胜任才病的。景搭了，人聘了，钱花了，可是我就是没办法进行。我患了急性的神经衰弱症，除了自我超越的压力外，经常发生在我和制片之间伤神的争执，也是加重病情的原因。我认为也可能是这部片子为了阻止我把它拍出来，对我所下的毒手。不管原因到底是什么，我在 1967 年初被送进了医院，也相信自己已病情严重，有生命的危险。

事情是在我们玛古塔的公寓家中发生的。那时朱丽叶塔出去了，就我一人在家。我记得那时我病得非常严重，严重到我写了个纸条放在门上警告她不可以进来。尽管我当时十分痛苦，但头脑还算够清楚，我想到如果她一个人发现了我的尸体，她会多么害怕、伤心，对她来说，那会是一种很恐怖的经验。之前，我已经让她受过不少罪了，这次我可以让她逃过一劫。我想象着她发现我尸体时哀伤害怕的神情，她可能一辈子都摆脱不掉那个骇人的画面。我老是觉得朱丽叶塔像只脆弱的小麻雀，完全没有能力去面对人世的苦难；但在很多地方，她却又表现得很坚强，可以支撑过冬。

我在医院的时候真的相信自己就快死了。我胸部疼得很厉害，但更糟的是：我所有的梦和幻想都不见了，只剩下恐怖的现实。

我尝试用想象力把自己送到一个比较愉快的地方，却做不到，现实的力量实在太强了，此外，我希望能摆脱掉的恐惧感，却仍然牢牢控制着我的内心。我知道自己还没准备好要死，还有那么多电影等我去拍。我断断续续地在心里拍片。但即使是我病情最好的时候，我都没有办法把任何一部构思成熟的片子在心里从头到尾地想象过一遍。这回我甚至连一个角色都弄不出来了，脑袋里的片子连自己都觉得难看。我的想象力就这样被收走了，让我觉得全身赤裸，而且脆弱孤单。我开始收到伤感的慰问信，而且连从前我身体好的时候生过我气的人都来探我了，这时我变得更加确定：来日无多了。

住院会把你逐渐降低到事物的层次，这当然是从别人的角度来看的，这并不是你自己的观点。他们用第三人称谈论着你，当着你的面，用"他"如何如何来形容你。

你生病的时候，探病的人再多，照顾你的人再多，你还是孤孤单单的。就是这种时刻你才会被迫去了解自己到底是不是好相处。

每天过着重复的生活是挺折磨人的，然而你还是期待它的到来，于是你就又多得到一天的无聊。你害怕过大的剧情的变化。你的心满是死亡的恐惧——是你自己的死，不是你片中某个角色的死！你无法控制自己不去想那些事，你被自己的心念迫害。最会折磨我们的其实是我们自己，不是别人。

生病最可怕的一件事就是会把人给"去人性化"（depersonalization）。健康的人面对着你的病不知如何是好；他们送饼干和水果，他们送花，花多到把病房塞得水泄不通，让你呼吸困难。然后要找谁来替那些花浇水、换水？

我住院期间，有人带了些气球送给一个才严重发病过的心脏病患。那个画面一直留在我心底。那个病人躺在那儿，我们不知道他是否在想那些人为什么要送他气球，或甚至他是否知道他们带了气球这件事。那是因为他们不知道要怎么办，但又觉得该表示一下，而这时他们遇到了一个卖气球的。

当你是因为药物注射（而不是搭乘喷气机）被运抵梦境和现实的中间地带时，在那种状态下，负责照料你的修女们就变得好像夜里的黑色鬼魂，最惨的情况，是来收集你血液——这让她们更像是杀手或蝙蝠；最好的情况，则只是来收取尿样。我有过一个幻想，就是我的尿样得用加仑桶装，然后要找成群的工人才拖得动。你的宇宙变得单纯，视野也变得狭小。外头的大千世界跟你小小病房里的四面墙比起来，也变得毫不重要了。在这日渐萎缩的世界里，你关心的事物也变得愈来愈少。突然之间，你变成一个重要社交场合的借口，你认识的人带着不自在的笑容，聚集到医院见你最后一面。在他们的眼里，你忽然间变得什么过错都没有了。会腐烂，而且你不觉得有胃口的水果不断地被送来，然后任它们在那里腐烂；同时，那些花也一一凋零。在那些就要枯死的花面前，你也预见了自己的未来。

然后，我在心底看到一列电影走过，那些都是我曾经想拍却没能拍成的东西。它们突然不需奋战争取就在我内心完整诞生了。它们看起来都很完美，比我所有之前的作品都还棒——像是等着受孕怀胎的生命。所有的东西都是超大比例加上华丽的色彩，感觉就像一个做了几小时的梦，但实际上只花了几分钟。

我知道只要我病好了，就要去实现我所有的心愿，做更多自己想做的事。只是，我一复原，就又让所有的俗事缠身了。

你要是曾因重病住院，或经历过某种危机，之后你就绝对不太一样了。你被迫面对过死亡这件事，你会有所改变，变得更怕死，也更不怕死。生命显得更有价值了，但你无法再无忧无虑。你所躲过一劫的重病真的带走了一些你对死亡的恐惧——死亡就是让人觉得恐惧的未知世界。当你曾经和死亡那么贴近过，它就不再完全陌生了。

和死神擦肩而过让我领会到一件事，那就是：我是多么想活！

第十二章 漫画、小丑与经典

限制其实也可以产生极大的效用。譬如说，有时需求短缺反而可以激发出你的创造力和想象力，那么你就不至于沦为一个功能仅限于分配预算的导演了。我从来不羡慕美国人所拥有的那些资源，因为少了那些东西反而刺激了我们发明出别的取代方式。

还记得小时候人家送我一个偶戏台子和一堆戏偶。对我来说，那就是最棒的偶戏剧场，是一份最不可思议的礼物。当然，我也有可能得到一个更昂贵而且什么都不缺的偶戏剧场——附着整组穿着漂亮戏服的人偶——但我可能就会因而停滞不前，只编得出一些适合给那些现成戏偶角色演的故事。但实际情况让我必须自己动手为人偶做戏服，因而给了我按照自己想象去创造偶戏角色的空间。在学着为人偶做戏服的同时，我也体会到自己原来还有一些小小的艺术创作天分。由于我拥有的人偶不够多，没办法上演我帮他们编写的故事，所以我就学着自己动手做人偶。我从人偶的面孔体会到脸部对一个角色的重要性，这个观察在后来拍片的时候也被运用了进去。

我和我的人偶活在一个完整特殊的世界里，一个只属于我们的世界，它的唯一界限就是想象的界限。

我的想象世界有一部分来自阅读。我很喜欢我们小时候流行的漫画，像是《教教爸爸》(*Bringing Up Father*)和《菲力猫》(*Felix the Cat*)。但我也读些别的书，当时我最喜欢的书就是尼禄（Nero）时代的贵族佩特罗尼乌斯（Titus Petronius）[1] 所写的《萨蒂里孔》（Satyricon）。书到了我们这一代只留下来断简残篇，有些故事缺头，有些故事少尾，有些头尾均去，只剩中段。但这些情况只有更吸引我，我对那些不存在的部分甚至更加着迷。我的想象力在那些残余片段的刺激之下更能肆无忌惮地乱窜。

我想象这样一个画面：公元 4000 年的时候，我们的子孙在一个地窖里发现一部丢失已久的二十世纪电影和当时的放映设备。"真可惜！"一位考古学家在看这部名为《爱情神话》（根据小说《萨蒂里孔》改编）的电影时感叹地说，"这部片子好像没有头没有尾，连中段都不齐全，真太怪了！这个费里尼到底是个什么样的人？他大概是疯了。"

当你选择把佩特罗尼乌斯的《萨蒂里孔》拍成电影，你就像是要拍一部科幻片，只不过是要把你的想象投射到过去，而不是未来。对我们来说，遥远的过往跟未知的将来几乎一样陌生。

拍摄历史片和神话片对我来说有很大的好处，因为那纯粹是种想象力的游戏。它们让我不必受到现世法规的约束，让我可以自由探索幻想的领域。描述当代发生的事会妨碍我们对气氛、布景、服装、仪态，以及演员面貌的想象。只有在剧情结构和现实可以为想象力服务的时候，我才会对它们产生兴趣。不过，即使是在想象里，也需要有现实，或更该说是需要"现实的幻象"的加入，否则观众就没法产生同情或共鸣了。

《爱情神话》这部片子描写的是一个离我们非常遥远的年代，遥远到我们无法想象的地步。虽然我们是从古罗马传下来的，但我们也不可能清楚当时真正的生活样态。我小的时候会把《萨蒂里孔》这本书里头缺漏的部分用我自己的故事补上。我后来住院的时候又回去读佩特罗尼乌斯的东西，那可以帮我逃避医院里单调郁闷的环境，而且也得到更多的心得。我就像

---

[1] 佩特罗尼乌斯，古罗马作家，出身贵族，曾任总督、执政官等职。尼禄皇帝在位时主管官中娱乐。所著《萨蒂里孔》目前仅有残稿留传，以诗文间杂体裁写成，描绘公元一世纪意大利南部城镇的生活，以讽刺、夸张的手法鲜明地刻画了社会中下层人物，突出当时奢靡的社会风尚。

一位考古学家用残余碎片在拼凑一件古代的瓶器，我想猜出遗漏的部分到底是什么样子。罗马本身就是一只残破的古代花瓶，一直靠着修补支撑不散，但瓶身仍留有原始秘密的线索。我只要想到我所居住的城市的地层，以及可能埋在我脚下的东西，就觉得刺激。

佩特罗尼乌斯用我们现在可以了解的语言描写他同一时代的人，我希望能把他的镶嵌画中脱落的部分补上新的画面。脱落的部分最吸引我，因为它让我有机会发挥自己的想象力来填补它，让我变成了故事的一部分，让我进入那个时代生活。这就像是想知道火星上的生活状况，却得到了火星人的帮助。所以，《萨蒂里孔》也算满足了我一部分想拍科幻片的欲望，它让我甚至更急着想早日拍出一部真的科幻片。

原著中"特里马丘之宴"（Trimalchio's Feast）这一段几乎完整无缺地保留下来，我相信我会被别人用一种比较字面上的标准去要求，全世界的学者都会去比较费里尼和佩特罗尼乌斯的异同。在评论者的眼里，这段拍得过于有想象力要比拍得过于平实来得严重。我拍片只是为了让自己高兴，并和大家分享我的梦境，所以我对评论只好尽可能眼不看耳不听。

《爱情神话》里有很多情境和现今是类同的。影片中倒塌的建筑和我们在《良缘巧设》里看到的没有太大的不同；故事里的主角也跟《浪荡儿》里的没有什么太大的差别——都是想无限延长青春年华的年轻男子，他们的家人也都愿意而且能够这样溺宠他们。这些男孩都不愿意长大，然后被迫承担成人的责任。有时候，父母也不想失去他们的孩子，所以就继续把他们当孩子一样地供养。孩子长大了同时就意味他们的父母亲变老了。

由于我在片中对同性恋的描写毫无保留而且未加评断，有些记者便狠狠咬住这诱人的话题，指我一定是个同性恋，或至少也是个双性恋；这就像看过《生活的甜蜜》以后，他们立刻以为我一定也过着那种奢华的生活。任何认识我的人都知道我不住在维内托大街，那种有钱人和名人过的生活与我无关。没错，我是选择了花大钱在电影城内仿照它盖了条街，也不愿为了拍片去进行实地管制。虽然在 Excelsior 大饭店旁的 Doney 厅消费是种奢侈的行为，但偶尔在那儿喝杯咖啡并不一定就代表出卖原则。为了观察，有时不得不这么做，即使幻想也都是根基于对真实生活的观察。你并不必一定要是一种特定的人才能去想象那种特定的人物。如果我写一个瞎子，我并不需要真瞎才能写，我只要闭上眼睛去体会迷失和无助的感觉就可以了。如果我想描写一个像《月吟》中那样的疯子，我也不必是个疯子。不过我做这行，描写这样的人物可能算是占了便宜，因为有些人认为我也是个疯子。

《爱情神话》那个时代的生活是我们无法想象的。手术不用麻药，治病没有盘尼西林和抗生素，平均寿命只有二十七岁——这个岁数在我们现在看来才正要开始活呢。现在所认为的青春年华，在那时被当成中年，甚至老年；迷信和原始的医术同享权威。特里马丘享用盛宴之后打的饱嗝被正经八百地当作预兆来看。我们可以高高在上用我们的后见之明去看那个时代，但我们大概也有一些属于我们这个时代的迷信吧。

特里马丘葬礼低俗不堪的地步，与今日会发生的状况可能也不会相去太远。那"性"呢？有人说我们现今在电影中对性的处理非常过分，那么请看看公元前五世纪的阿里斯托芬（Aristophanes）[1]的剧场：男演员戴着一直垂到脚底的假性具，走路时把它拖在地上，充当是戏服的一部分，这种做法一直延续到罗马帝国时代。当时我觉得这东西非常好玩，不过我相信如果我在片中采用这种做法的话，一定会吓坏很多人，而且我妈妈在里米尼又要没脸见朋友了。但当我最后决定把那招用在《爱情神话》里以后，却好像没人特别去注意这个事情。

佩特罗尼乌斯本人也出现在《爱情神话》的故事里。他是那个有钱的奴隶主，在释放他的奴隶之后，与妻子一同自杀。饰演他太太的女演员露西娅·博斯（Lucia Bosé）是安东尼奥尼早期电影里的美丽女星。我刚开始在那些电影里看到她的时候，曾疯狂地爱上她，我知道有很多男人也跟我一样。她后来为了多明关（Luis–Miguel Dominguin）这位西班牙斗牛士弃我们而去。此举铸成大错，不单是她的演艺事业结束了，而且几年后，她

---

1 阿里斯托芬，古希腊最重要的喜剧作家，擅长以喜剧作社会诤言，全部传世者仅十一部，包括《云》《鸟》《利西翠》《蛙》等。

和那个斗牛的也拆伙了。

我原本考虑要把那个漂亮寡妇的戏删掉。原先这个女人因丈夫的死显得痛不欲生，但之后，她却禁不住诱惑爱上了一名前来照顾她的年轻罗马士兵，而且竟在丈夫的棺台旁投向新欢的怀抱。我们因而明白她真正在哀悼的不是她死去的丈夫，而是她自己。她拿丈夫的尸体换取新欢的性命时，人物性格从极端浪漫摇身变成极端实际。这很自然，因为性格极端的人对所有事都会显得很极端。

《爱情神话》这部片子受到壁画的影响。剧终时，那些觉得自己曾经那样真实存在过的剧中人转眼间却成了斑驳脱落的壁画中人了。

我对人类想象力的历史比对人类自身的历史来得有兴趣。我会跟人家介绍我是一个"说书人"，简而言之：我喜欢编故事。从洞穴的壁画、佩特罗尼乌斯、吟游诗人到贝洛（Charles Perrault）[1]、安徒生等，我的电影所要追循的就是这种介于虚构与非虚构之间的叙事传统：从传奇的真人真事得来灵感再改编成一些原型故事。这是我尝试的方向，有时成功，有时失败，但不管结果如何，我很少会想看自己完成后的作品，因为我觉得永远没办法把自己感受到的东西完整地在银幕上表现出来。要是我看到太令人失望的东西，大概就会阻碍我下一回的全心投入，但也只有让人愿意全心投入的事才值得去做。

对我而言，担任《小丑》（I clowns）这部电影的导演是对我过不了小丑生活的一个补偿。

喜剧向来很吸引我，但我不知道为什么我们会笑。我以前思考过这个问题，我的理论是：笑代表一种压力的释放，它可以排放出高压、不合理的社会制度所带给我们的压力。然后，我看到一只动物园里的黑猩猩在笑，我想他是在嘲笑我的理论。很明显，我们这些猴类都有很好的幽默感。

我现在比较会觉得我们有时笑得很没道理，我们的幽默感有时是残酷

1　贝洛，法国文坛上革新派的领袖。1697年以他小儿子的名义发表《鹅妈妈的故事》，收入八篇童话和三首童话诗，包括《灰姑娘》《小红帽》《拇指神童》《蓝胡子》等，广为流传。

了些。我听过观众最残酷的一次笑声是在一部劳莱与哈代电影的结尾。故事背景设在中世纪，他们两个被押到一间刑房，胖的被放在铁条架上，瘦的被丢进模型器里，然后开始行刑。等他们最后被放出来的时候，两人体型相反了过来——现在劳莱变得又矮又胖，哈代则变得又瘦又高。原本瘦的人被压扁，胖的人被拉长。影片结束时，两人拖着变形的身躯凄惨地离开。

那真是个令人伤心的画面。劳莱与哈代两人是那么的善良纯洁，但这种可怕的事还是发生在他们身上了，直到现在我脑子里都还听得到富国戏院里那些观众的笑声。但当时我很疑惑，对我来说那并不好笑，我甚至替他们担心，这种情绪要一直到下次我再在银幕上看到他们安然无恙时才会解除。

为什么当时观众笑得那么厉害呢？是不是因为事情是发生在劳莱、哈代身上，而不是他们自己身上，这我得去问问那只黑猩猩。

我小时候以为当小丑是所有人梦寐以求的理想境界。我晓得这事我永远别想，因为我太害羞了。

我是心里面害羞，外人看不出来。我想我那时的自我意识真是太强了——也算是一种自我中心吧。我把它归咎于我缺乏自信，尤其是对于自己的外表。最奇怪的是，一直要到很晚，我才了解其实一般人都觉得我很有吸引力。真可惜我当时并不明白这点，不然我是可以很开心的。我当导演的时候从来不会害羞，但其他的时候，我老有自己鼻子上长了一颗青春痘似的感觉。

当我在筹拍《小丑》这部片子的时候，我怀疑现在的小丑还能逗大家哈哈大笑吗？大家变了没有？我记得小时候大家会为了一些更简单的事发笑。很多我们那时讥笑的东西，像是村子里的白痴，我们现在都不太会把他们当作嘲讽的对象了，倒是那时我们严肃看待的一些事，现在反而变得可笑了。就像《小丑》所描写到的，当时谁也不敢嘲笑那些外套大到拖在地上的高傲的法西斯军官。

你永远没法清楚看到《小丑》这部片子里那个小孩的面孔，因为那个小孩藏在我心底。这完全是小尼莫给我的灵感，那个小孩的观点就跟小尼

173

莫的观点一样，拍片期间，我的床边还一直摆着温莎·麦凯的书。我在学校念拉丁文的时候，才惊讶地发现尼莫（Nemo）原来是"没人"（No One）的意思。

我为《小丑》这部片子走访了一些上了年纪的小丑，发现他们有些人在忆起自己过去的风光事迹时显得十分开心，但也有一些人对自己英姿不再的事实感到郁郁寡欢。

当那名小丑从老人之家逃出来以后，他变成了一个我非常认同的角色。他是笑着死的。换作是我，我也会做那样的选择。这是一个很好的死法，在马戏团里被小丑逗到笑死。

我很惊讶有些小丑不喜欢我的片子。这是因为他们把我认定的真相当作一个悲观的论调，他们觉得这片子是在预言马戏团和小丑终将没落。没错，只不过我并不是在做什么预言，我相信这是个已经发生了的事实，而这世上再也没有谁比我更同情马戏团和小丑的了！这事说明了你永远无法预料你做的事会在别人身上引起什么反应。

在《罗马风情画》这片子里我想讲的是：现在的罗马和远古时代的罗马骨子里是一样的，两者十分接近。我老是会想到这一点，而且想到就觉得刺激。想象一下在竞技场塞车的景象！罗马真是世上最棒的拍片场所。

你随便在罗马哪里挖一下都可能变成一个考古行为。他们在挖地铁隧道时，工程真给古代的遗迹给挡到了，考古学家于是尽力设法抢救。当然啰，再也没有哪间屋子可以像《罗马风情画》里挖出来的那些一样保存得那么好了。这跟我很多其他电影的诞生情况一样，也是梦给的灵感。

我梦到自己被囚禁在一个罗马地底深处的密牢里，墙外传来怪异的人声，他们说："我们是古代的罗马人，我们还在这里。"

我醒来，想起了小时候看过的一部好莱坞电影《她》（She）[1]，是由哈嘉德（H. Rider Haggard）的作品改编而成。我对那部电影印象极深，又去读

---

1 《她》是一部冒险巨片，故事里有一位传说中可永生不死的神秘女子，由海伦·盖哈根主演。

了原著小说。我猜想罗马某处的地底可能也保存了一个类似的遗迹，也许是以前某家人的住处，由于许多世纪以来都是密封状态，所以保存得很好。但即使是保存最好的考古发现，在我们看来都还是那么的遥远，所以也就更难想象那些考古物对那个时代的人的意义为何。光是要我去想象我母亲所知道的十九、二十世纪交接时的罗马就已经够难了。

我幻想自己走进了一间保存完整的公元一世纪的罗马住屋，就好像自己原就是那儿的居民一样。问题是，我一打开那些密封的房间，延迟了许多世纪的腐蚀作用就会在我眼前绝望地展开。那些雕像、壁画都将在压缩了两千年的一分钟里化为尘土。

罗马的地铁似乎是最理想的景，它不仅样子最像，同时也具备了神秘、难以接近的感觉。

《罗马风情画》里"现场综艺秀"那段戏说明了我的一个信念：台下经常比台上更有趣。剧场就是一个具体而微小的世界。剧场就是这个样子，它可以完全地抓住你的注意力，等到离场的时候，你会感觉像是要出去到一个奇怪的世界，外头的世界倒变得不像真的。

在《罗马风情画》中有关第二次世界大战的几段戏里，大家在罗马被炸的当刻还在以为罗马永远不会被炸。他们相信的东西和现实几乎没什么关联。

电影快结束的时候，有一景是一个女人在画面背景处跑开了。我心里的想法是：她的孩子被困在一栋被炸燃的建筑里，所以她急忙向外求援。当时站在附近、看起来并不是很英勇的几个男人跑去帮了她的忙。感觉上，他们并不像是那种会对世上有贡献的人，他们比较习惯四处晃荡、争强斗狠的生活，而且个个缺乏教养，前途无光。但突然间，周围发生了急难，他们没有一点迟疑地冲进火场，而且奋不顾身地抢救受困的孩子。这是我的剧中人会做的事，那是一种自发性的反应，毫不犹豫，就像反射动作一样，他们会这样做就跟他们会站在街角盯着年轻女人看一样自然。直到有需要英勇行为的状况出现，他们才会显现出自己的英勇，即所谓"时势造英雄"。他们也不能预料自己的行为，只是还抱着希望。

175

值此危险时刻，在前景的那些角色还不忘男女之事。象征年轻时费里尼的那个角色，一早走出防空避难处，准备到一位寂寞的德国女歌手家里赴约，与此同时，女歌手的丈夫则在苏联前线作战。在这种情况之下，他们的事就似乎没有什么好怪罪的了，就像小孩在玩他们不懂的成人游戏一样。

拍《罗马风情画》的时候，我问安娜·马尼亚尼是否想在片里出现一下。我知道她当时病得很重，但我也知道她很爱演戏。"谁跟我搭档演戏？"她问。

"你的戏大概只有一分钟。"我向她解释。

"谁跟我搭档演戏？"她又重复问了一次。"我一定要知道这个才有可能答应。"

"我。"我急中生智答复了她。她不说话，我就当她答应了，因为如果反对的话，她是绝不会闷不作声的。

影片结尾的地方，一个夜里，我们在她家门外遇到了。马尼亚尼是个夜猫子，白天睡觉，晚上走动。她是罗马街头那些挨饿野猫的亲人，她会在黎明前喂食它们。我在画面外，开了自己一个小玩笑——

"我可以问你一个问题吗？"我问她，这就是我所有的台词。她则回我："再见，回去睡觉！"然后她就进门了。

她对我说的"再见"这句话也是她在银幕上所说的最后一句话，之后她就过世了。

第十三章　不堪一击是生命

有些人住过一些不同的城镇、国家，而且对那些地方也都有感情，但他们心里却有一小部分会一直惦念着另外某个地方。我自己则是整个人都放在一个地方，那就是罗马。有人可能会说我有些部分留在里米尼，不过我不这么想。应该这么说，是我把里米尼给带走了。这个里米尼是我记忆中的里米尼，就算现在住在那里的人能透视我的心，大概也认不出那是里米尼。《阿玛柯德》就是对我回忆的一个透视。

我不喜欢回里米尼，只要一回去，就会被厉鬼缠身，眼前的现实会攻击我心中的那个想象世界。对我而言，真正的里米尼是存在我心头的那个里米尼。我大可回到那儿去拍《阿玛柯德》，但我不愿那么做，因为我可以再造出一个和我记忆中的现实比较接近的里米尼。如果我真的把大批人马带到故事的发生地，我又能得到些什么？记忆跟现实是有出入的，我发现对我来说，我讲出来的那些故事好像变得比我的真实经历更为逼真。

我不承认《阿玛柯德》是我的自传还有一个实际的理由。因为要是我承认了，现在还住在里米尼的那些人就会认出我电影里拍的那些角色就是在指他们。他们甚至可能会指出一些与事实不符的故事情节。我常常会夸张剧中人物，戏弄他们，强调他们的缺点，而且会把其他人（不管是真有其人，还是虚构的人物）的某些性格特征加在他们身上。然后，我会再设计出一些适合这些角色人物性格的故事情境，但我要他们做的事却是他们实际生活中从未经历过的事。我没有必要去伤害那些我童年所认识的人的感情，那是我从来不愿做的一件事。

我原本想找桑德拉·米洛来演葛拉迪丝嘉（Gradisca）那个角色，这个角色是当时大家觉得最成熟性感的女性代表。不过桑德拉当时做了息影的决定，所以我就找了玛嘉莉·诺埃尔（Magali Noël）[1] 来演。桑德拉之前也宣布过退出影坛，但后来被我诱劝在《八部半》里复出演出，不过这回可真的劝不动她了。

玛嘉莉很高兴能再和我一起拍片。她是我所认识的女演员里最合作的一个，我要求她做什么，她都肯，真的什么都肯。有一场戏，我要求她裸露上身，她毫不犹豫立刻照办，只不过那场戏后来被剪掉了。

我被迫把她最喜欢的一场戏剪掉了，不知道她原谅我了没有，希望有。那场戏是这样的：摄影机在夜晚的戏院前慢慢移近葛拉迪丝嘉，最后发现她站在一张加里·库珀的海报旁，一边修着指甲，一边崇拜地望着她心目中的英雄——他是所有女人都会爱上的男人。这场戏会让葛拉迪丝嘉变成片子的主要角色，但这部分要讲的并不是她，所以我不得不把这场戏剪掉。

我后来问玛嘉莉喜不喜欢这部片子的时候，她虽然双眼哭得红红的，却还是咬紧下唇，强颜欢笑。

这些年来，我不时还会想知道葛拉迪丝嘉这个真实人物后来的遭遇。我还记得她和新任丈夫离开里米尼时脸上喜悦的表情，对她而言那是一个崭新的开始，她非常高兴最后终于网住了一个男人。

有一天，我在意大利境内开车，路上经过的人家告诉我葛拉迪丝嘉后来搬去住的地方。由于我不记得她丈夫的名字了，所以我想：找到她的机会不大。但诱惑实在太大了，我还是忍不住想试。

我看到有个老妇人在晒衣服，就走下车向她询问葛拉迪丝嘉的下落。

1　玛嘉莉·诺埃尔，土耳其籍女星。1950 年代出现于意大利、法国电影里，经常饰演具有诱惑力的女角，最有名的演出即为费里尼《阿玛柯德》片中的葛拉迪丝嘉一角。其他作品有《警匪大决战》(1954)、《历尽沧桑一美人》(1956)、《生活的甜蜜》(1960)、《Z》(1969)、《爱情神话》(1969)等。

那个女人表情怪怪地看着我，语带怀疑地反问："为什么找她?"

我说："我找她，因为我是她的朋友。"

"我就是葛拉迪丝嘉。"那位老妇人说。

我在1945年二战后回到里米尼，灾情相当惨烈。里米尼被轰炸过很多次，我住过的房子已经不见了。我当时觉得很愤怒，但也为自己离开战事那么远几乎未受波及而感到有些惭愧。

里米尼被炸后又被重建，所以变大了，但也变得不一样了。它再也变不回中世纪的外表了，现在看起来倒比较像是一个美国城市。原来一开始重建的时候是美国人帮的忙，但如果连比萨也变得难吃，这就不能怪人家老美了——里米尼未经我的许可就变了。

《阿玛柯德》中那位来到里米尼大饭店的东方权贵，除了长得矮以外，还非常胖。他的胖是一种大富大贵、衣食不愁、舒服自在的表征。那是一种文化差异。"胖"在他们的世界里象征"富贵"，在我们的世界里则代表"不健康"。

我在那些大饭店里的时候总是觉得很舒服，在罗马大饭店尤其有这样的感觉。我不知道这是不是因为我脑中对"豪华"二字的概念就是源自里米尼大饭店。小时候，那座富丽堂皇、不可思议的住处总显得难以亲近，我们之间有层无形的心理障碍，让我只敢躲在外面向里看，而大门警卫会来赶人，这更是一种有形的阻碍。其实他大可不必赶我，因为我那时太害羞了，就算请我进去，我也不会进去的。

我不知道小时候为什么会对里米尼大饭店那么迷恋。也许是因为我上辈子在哪家大饭店住过——也许我那时是只老鼠。我想可能是因为那里有诱人的华美气氛，也可能是因为那样的饭店会让你觉得极为舒服而且毫无负担。他们会为你在高脚床上铺上舒爽的床单和温暖的羽绒被；他们还会为你送上精致的餐点，而且吃完的餐盘会自动神秘消失。之后，我就可以毫无压力自由自在地去幻想了。

我一直都很喜欢兜风，不管是不是自己开车。我特别喜欢在罗马兜风，罗马是世上最有魅力的地方。我喜欢看着外头的世界流动过去，喜欢看着整个罗马城的影像流动过去，就像电影一样。当我坐在车里，尤其又不是我自己开车的时候，我会觉得看着所有的东西在动是件非常刺激的事。

但在罗马兜风并不是毫无危险的。很多意大利男人会选择用开车的方式来证明他们的男子气概。如果那就是他们的选择方式，那么他们大概也就没有别的方式可以表现他们的男子气概了。

现在罗马已经有太多可以去看、去经历的事了，我觉得不需要再到什么别的地方去了。我年轻的时候曾经希望可以多去外头的世界瞧瞧，但现在这种欲望已经消失了。就算我眼睛看到的东西令我失望，我都仍然觉得满足。我最早想去的地方是美国，我后来也去过很多次。现在，我希望自己想去的地方，最远最远就到车子可以开到的地方。

有一段时间，开车是我最热衷的事情之一。我学会开车以后，第一次上路是我这辈子最刺激的经验之一。当时我很喜欢汽车，希望自己也能拥有一部。那段时间我很爱开车，我觉得自己那时候开得还不错。

小时候，我盼望能早日学会开车，但那时自己能拥有车似乎是不太可能的一件事。当时能有部自己的车是很难得的事，而且我连日后要如何谋生都还没主意呢！汽车是我那时唯一急切想拥有的东西，而一到我有能力的时候，就立刻满足自己了。我想我开始做那些汽车梦是因为受了富国戏院里放的电影的影响，那时梦里的车都是些美国车。

我第一次看到 Dusenberg 型的车是在一部美国片里，它并不是我自己想要的车型，但却让我过目不忘。除了加油站以外，它可以越过路上的任何障碍物。电影里还有很棒的那种敞篷 Packard 车，警察和走私的歹徒会开着这种车互相用枪射击。此外，我那时几乎不敢相信世上真的有 Pierce-Arrow 这种车，它的头灯是装在挡泥板里的。有人告诉我，你可以看得见一部 Pierce-Arrow 朝你开来，但你却几乎听不到它的声音。这在小孩子的我看来显得特别奇特，这感觉其实到现在都还是没变。

我记得卓别林在《城市之光》里坐在一辆劳斯莱斯（Rolls Royce）厂

出的 Silver Ghost 型车到处转。而福特（Ford）厂的 T 型车（Model T）则是喜剧里很爱用的一种车，我只要一想到 T 型车就会笑，因为它在太多喜剧里出现过。当 Keystone 警察（the Keystone Cops）[1]、劳莱与哈代和菲尔茨这些电影人物进了 T 型车，你就知道有好笑的事要发生了。我记得有一部 T 型车还被两辆电车挤扁了，不过没人受伤，只是让当事人感觉很糗。如果有人受伤就不会好笑了。不过让那么棒的车变得那么惨，我也不觉得有什么好笑了。

马塞洛·马斯楚安尼也很迷车子。有一阵子，我们还彼此良性竞争看谁的车好。我曾有过一部很棒的捷豹（Jaguar），也有过一部敞篷的雪佛兰（Chevrolet），还有过一部阿尔法·罗密欧（Alfa Romeo）。我拥有它们的时候都很有快感，有时候我开的车实在是太神气了，路边的人甚至会向我举帽敬礼，或弯身致意。我对自己优秀的驾驶技术感到特别骄傲，这可能是因为我对很多其他体能活动——几乎是所有的运动项目——都不甚在行。

刚开始可以上路的时候，我开着车在罗马或附近其他的地方走走要比后来享受得多，那是在街道出现可怕的塞车情况以前的事了。开车曾经是种享受，后来却变成一种刑罚。此外，街上还有一些疯狂的驾驶，所以开车的人得时时注意，气氛变得十分紧张。渐渐的，你得出了罗马才能享受到开车的乐趣。我以前喜欢开车到意大利各地走走，主要不是为了观光——虽然我也蛮喜欢顺便看看——而是为了做人物研究、记录各地的风俗以及大家的对话。

时间大概是二十世纪七十年代初期，有一天我正在路上开车，车身突然被撞了一下，然后才发现撞上来的是一个骑着单车的男孩。他在单行道上逆向行车，而且还闯了红灯，所以撞上我的车，这些是后来目击者的证词。

我从车里出来，看到路上有一个大约十三岁的男孩躺在他的单车旁边。我的心跳都停了，对我来说，那真是一个非常、非常恐怖的时刻。

幸好他立刻就爬起来了，人没受伤，单车也好像没坏，只是有点被吓着。

1　The Keystone 警察为美国默片时期著名量产片厂 Keystone 所出品的闹剧片集，导演为麦克·塞内特。片中警察思想行为笨拙、荒谬，对照出法律制度的机械化倾向。

只不过我被吓得更厉害。

路上的车停了下来，然后围上来一小堆人。原本坐在事故发生地点旁的咖啡厅里的客人，也离开了座位，丢下咖啡变凉不管，前来围观。

然后，我听到了其中一个人的声音："看！是费里尼！他差点撞死了那男孩。"

我想为自己辩护两句，错不在我，但有时候，大家没看到事件发生的真正情况，他们以为自己看到不同的事实。目击者会看到不一样的东西，我就曾经看过一个这样的故事，故事里有一场审讯，所有应讯证人的证词都不一样。我那时还觉得这似乎是个不错而且可行的拍片题材。但后来当我站在街上面对同样的情况，这点子就好像再也不好玩了。

顿时我这一辈子——我的过去、现在、未来——就在我眼前一一闪现。我看朱丽叶塔受到报章报道的羞辱，然后在惊吓伤心中彻底崩溃。我还可以想见自己最难看的样子被刊登出来，这种时候他们只喜欢用你最糟的照片。然后，大家就会说："看费里尼那副德行，准是他的错！"要找我不好看的照片不难，我的照片几乎都不太好看。我一直想知道为什么，我想可能我本来就长得这个样子吧。

我还幻想到自己受审、入狱的样子。最糟的是，我想我可能没办法再拍电影了。

警察到了，那男孩说他没事，并承认是他来撞我的。警察看了我的驾照，跟我谈了几分钟，然后说我们都可以走了。

有位目睹车祸的德国旅客听到我向警察报了名字，就在我要上车离开那儿的时候，他走过来说想买我的车当礼物送给他在德国的太太，要是我一旦考虑卖车的话，可不可以跟他联络？那不只是一辆很棒的车，还是导《生活的甜蜜》的那位名导演开过的车。我说："可以，我考虑卖车，我现在就想卖。"

我们就在众目睽睽下当场做了交易。我们互换名片，我定了个价钱。除了收他支票并立刻交给他车钥匙这两件事外，我该做的都做了。我在那一刻就迫不及待想把车卖给他！

但我回头一想，如果我只拿了那样一张陌生人开的支票回去，朱丽叶塔会怎么想？

那部车就属当时最值钱。那时它有"附加名流价值"（Added CelebrityValue），就像"增值税"（VAT, value-added tax）。但我一向就极没生意头脑，当时也不例外。我那时急着想要摆脱掉那辆车子，因而出了一个很不好的价钱，就好像我那部漂亮的车犯过什么错一样，我出的价钱低于我当初买它的价钱，那价格比当时的市价低得多，就好像它做了什么见不得人的错事一样。

那部车好像是该返回它的老家——德国。隔天，那个德国人带了钱来见我，我就把车钥匙给他了。从那以后，我就再没开过车。我把那件事当作一个不好的预兆，之后就再也没碰过方向盘。

我单车骑得很好，所以住富莱金的时候，就骑骑单车。没人弄得懂为什么我后来再也不开车了，他们说我迷信。但过了一阵子，大家就把那事忘了，他们就当我从来没学过开车。在罗马比在美国有更多人从没学过开车。有的是因为买不起车；有的是因为在战时长大；还有的是因为他们觉得在罗马这种城市根本用不着开车。我想在纽约情况一定也一样，在那里不开车也很方便，可以省掉买车、停车的麻烦，而且你没车的话，就不必防人家偷你车。我发觉我真正喜欢的是坐车兜风，而不是开车。

我喜欢心头自由自在毫无负担。我年纪愈大，脑子就愈爱东想西想，我不希望还要花心思在开车这件事上。如此一来，我可以完全沉浸在我那个没有塞车困扰的想象世界里了。

现在我不开车了，就可以坐在后座和朋友谈话了。如果只有我一个人，我就总是会坐在前座的驾驶位旁边。我很喜欢坐出租车，这是我最爱的一项奢侈享受。出租车司机非常有趣，他们甚至告诉我要怎么拍电影，我跟他们学了很多。

我身边总有人可以载我。但如果是自己一人被雨困住了，又叫不到出租车也找不到公交车时，我就会走到路中央看哪辆车里的人看起来好心，或是看谁的视线和我对上了，然后就假装自己认识他们。有时候我还真的碰上我认识的人呢。那些人经常都认得我，当有人为我停车以后，我又会假装我认错了人，但之前我一定会先自我介绍，把我的名字清清楚楚报出来，然后他们几乎都一定会载我。有时候，我要去的地方和他们不顺路，或甚至跟他们是反方向，但他们还是会把我送到家门口。也许这是因为罗马人心肠软的关系吧，但我也相信这是当电影导演的众多好处之一。

如果要去很远的地方，我就找部带司机的车。自从那天发生车祸以后，我这辈子就再也没有想开车的欲望了。那个经验改变了我，我体会到人生在世一切都很脆弱。

下篇
费里尼

第十四章 传奇与小荧屏

成名和成为传奇不一样。成名可以让事情进行得容易些，成为传奇则阻碍事情的发展。

打从我开始发现拍片可以给我生命意义起，我唯一想做的事就是拍片。当了传奇人物，对一位想拍片的电影导演来说，不但没有帮助，反而是个障碍。

成为传奇是一种渐进的过程，就像变老一样。你不会在一天或一年之内变成一个传奇人物，也不知道这事会在哪一刻发生，就像你不知不觉拍了自己最后一部电影一样。然后，你就被他们勒令退休了。

大家谈论着他们以前看过的费里尼电影如何精彩，但却不去看我当下在拍的电影。大家都在谈论着费里尼的作品，即使那些一部都没看过的人也一样。我于是开始觉得自己像是那些我以前在街上走过时会去搔他们脚趾的名人雕像了。

有名的导演可以被允许偶尔拍出一些不那么成功的作品，但大家对一个传奇人物的要求就不止这样了。

我曾口出豪语说自己不拍"讯息电影"（message film）。当然，这不是说我的电影什么都不说。有时甚至连我自己都会从我的人物那儿得到一些启示——但那不会是在拍片前，而是在拍片的过程中。

我从卡萨诺瓦（Casanova）那儿学到："缺少爱是最痛苦的事。"

唐纳德·萨瑟兰（Donald Sutherland）[1]不是大家印象中的卡萨诺瓦，我就爱这点，我晓得自己不想找一个拉丁情人型的演员。我仔细看过卡萨诺瓦的一些肖像，也读过他写的东西，我想知道那些东西，但又不希望自己的想法受到太多的影响。我给唐纳德装了一个假鼻子、假下巴，然后剃掉他一半的头发。要他忍受几小时的化装，没问题，但连头发都得剃掉，就看得出他有些退缩不前了，不过表面上他还是一句抱怨都没有。

卡萨诺瓦根本是个木偶。真正的男人大概一定会注意一下女人的感受，但他纯粹只关心自己的性需求。他其实是个机械人，就像他带在身边的那只机械鸟一样。

既然我把卡萨诺瓦看成木偶，那他会爱上一个机械娃娃——他理想中的女人——就非常自然了。在我所有的作品里，我想《卡萨诺瓦》(*Casanova*)这部片子最能展露儿时玩偶戏所给我的影响。

连我自己都被吸引想"进宫"和卡萨诺瓦做伴了。我一直都尽可能地想"进入"我的每一部电影，我有些经验只有从电影里才能得到，没有其他可能。一直有人不断地问我："你为什么不再拍一部《生活的甜蜜》？"我拍了，《卡萨诺瓦》就是十八世纪版的《生活的甜蜜》，但没人注意到。

电视有无限的可能，错不在科技发明，而在制造那些烂节目的人和看那些烂节目的人身上，我也看过让我尊敬的电视节目。我很欣赏那些布偶（Muppet）[2]，戏偶本身和戏里的角色都很精彩，让我想起自己小时候做过的一些戏偶。那些戏偶是过去那些伟大的银幕喜角，如马克斯兄弟、梅·韦斯特、劳莱与哈代等人的继承者。猪小妹（Miss Piggy）是梅·韦斯特的接班人，克米特（Kermit）[3]是斯丹·劳莱（Stan Laurel）或哈里·朗东（Harry Langdon）[4]的后来者。跟那些布偶一起工作大概不错。我一直在找一些不同

---

1 唐纳德·萨瑟兰，加拿大籍演员，以《外科医生》奠定演艺事业基础，其他作品包括《俄狄浦斯王》《无语问苍天》《卡萨诺瓦》等。

2 布偶为美国人吉姆·汉森所创，是卡通动物造型的掌控型布偶，由布偶所发展出来的电视节目如《芝麻街》等，对二十世纪七十年代以来的小孩成长文化颇有影响。

3 克米特是布偶中的青蛙角色，与猪小妹均为布偶戏中的主要角色。

4 哈里·朗东，美国喜剧演员兼编导，作品包括：《周六午后》《强人》《长裤》等。

的脸，他们的脸就教人难忘。此外，他们是一个气味相投的表演团队。真希望我以前拥有偶戏的时候可以认识他们，不过那时候还没有布偶这种东西，他们连里米尼在哪里都不清楚。

电视提供机会给你完成一些你无法拍成电影的想法。而且还可以拍得快一些。有时候我喜欢替电视台拍点东西，因为我可以拍点不一样的东西，而且可以比较快得到满足。那种感觉非常"滋补"，立即的满足可能比大量但迟来的满足更好。它可以稳固你对自己的信心，提高你对后续战役的士气。

电视对我是一种不同的经验。当大家进到戏院，就会对影像有种尊重的态度；电视不一样，它是在你居家不设防的情况下攻占你的。当你的影片出现在人们家里的电视荧屏上时，它就处于不被人尊重的弱势了。它的观众可以边看边吃，而且不穿衣服。

当被要求谈到我为戏院放映而拍的电影时，我觉得那些作品和我为电视所拍的作品又不能等同而论。为小荧幕拍摄的影片就不会让观众觉得非到戏院里去看不可，为电视拍的东西没有戏院电影那种魔力。但我也以我那些电视作品为荣，因为它们代表我对一个目前如此重要的媒体所能尽的最大心力了，而这个媒体也的确已经重要到让我觉得有责任为它工作了。电视扮演着一个可以左右大家思考方式的角色，让人不得不重视它。但我还是没办法说："我的电视作品像我的电影作品一样，是自我的一种延伸。"电影作品是我的亲生骨肉，电视作品则比较像是我的侄儿侄女。

《乐队排演》（*Orchestra Rehearsal*）讲的不只是一个乐团的排练，但那当然是片中特定处理的一个部分。它代表的是一种情境，适用于任何一个为了共同目的而聚集在一处，但又必须把不同个体加以整合的团体，像是运动场、手术室，甚或拍片现场这类的状况。我则是把我当导演的一些经验转换到这个领域来。

乐师们到录音间来排练时，不只带来了他们各自的乐器，还带来了他们各自的脾性、麻烦、病痛、坏情绪、老婆或情妇犹然在耳的叫骂声，再不然就是被罗马混乱的交通给搅乱了心绪，耗光了精神。有些人只带来了他们的乐器和躯体，有些则带来了他们的职业尊严，再有些则更带来了他们的灵魂。

乐团里各式各样的乐器看起来很难共处一室。形状巨大笨拙的低音巴松管常要和体态纤细如女子的长笛坐在隔壁，优雅的竖琴独自站在一旁像棵垂柳，而面目邪恶的低音大喇叭则盘绕在后方像只昏睡的爬虫，再有就是那如女体一样的大提琴！

一直到事情真的发生，我才敢相信这堆不和谐的人、金属和木制品可以融合奏出那种独特、抽象、叫"音乐"的东西。我被这由混乱、不协调所创造出来的和谐深深打动，这让我想到：同样的情形也可以应用到另一个可将"个别表现整合融入整体"的社群。

我想拍这样一个小小的纪录片已经很久了，我要用它来表达自己对这种现象的惊叹，并且安慰观众在团队工作里还是有可能保持自己的独特性的。而乐团对我而言就是表现这种情境的最佳场景。

我们在 1978 年的时候开始进行这部影片，当时《马斯托纳的旅程》和《女人城》都因我还停留在寻求资助这个永远烦人又没创意的事情上，拍片计划因而不得不延后。

我承认自己对音乐有一种抗拒的心态，一直都努力让自己不受音乐的影响。我不是那种会主动去听音乐会或听歌剧的人，如果你以前告诉我帕瓦罗蒂（Luciano Pavarotti）是在唱"奥索布果"（osso bucco，一种用小牛肉做的佳肴），而不是在唱《纳布果》（*Nabucco*）[1]，我也可能会相信，不过我必须承认，近年来我的确已经体会到威尔第（Giuseppe Verdi）及意大利歌剧的伟大。

由于音乐有支配下意识的力量，所以凡是我不是刻意要听音乐的时候，像是工作的时候，我就比较喜欢避开音乐。音乐的地位太重要了，不能只

---

1 《纳布果》首演于1842年，是威尔第的第三部歌剧，也是他奠定乐坛声誉的代表作，情节取材自《圣经》巴比伦王的故事，合唱曲《去吧，思念，乘着金色的翅膀》流传至广，已成为离乡意大利人爱唱的念乡颂歌。

被归类成背景音响。要是我进到正放着音乐的室内或餐厅，我会尽量礼貌地要求他们关掉，情况就像我会在密闭空间客气地要求人家不要抽烟一样。我痛恨被迫去听音乐、被迫去吸二手烟或被迫去做任何一样事。我不懂为什么有人能当着音乐吃喝、谈话、开车、阅读，甚至做爱！想想看你得配合音乐拍子愈嚼愈快的模样。但情势却有恶化的迹象，你不想听的音乐变得像污染物质一样地无孔不入。在纽约，我在电话里听到音乐，在电梯里听到音乐，连在厕所里都听得到音乐，在那儿可以找到被迫害得最彻底的听众。

意大利电视台给了我拍这部纪录片的机会，条件是影片要能够符合电视的规格，也就是片子必须挤进一个"小方盒"里。预算是七十万，他们告诉我其中有一半钱是个德国公司出的。我可以拥有完全的创意自主权，这是这个机会诱惑我的地方。

他们对我当然也不是毫无限制。他们说片子里不能有裸露，片长不超过八十分钟，而且还要有很多特写镜头。还有什么是一位导演需要再多知道的？

在电视机前，一位导演所面对的观众数量就下降到一个或几个了。他们的反应不像戏院里的观众，不会被戏院较正式或较大众的观影气氛所制约。那种情况比较不像演讲，而像是单向谈话。

然而，对我来说，问题远超过道德、技术或是美学表现的限制。我之前为电视拍过两个东西，分别是《导演笔记》（*A Director's Notebook*）和《小丑》，但每次播出来的画面都糊成一片。对于这种日夜不停时刻刻塞给我们混杂影像的电视媒体，我不确定自己是不是还想再次投入。电视在不知不觉中蒙蔽了我们所有的辨识能力，进而想迷惑我们去喜爱那个新造出来的世界，一个我们必须重新适应的世界。糟糕的是，我们竟也希望去适应那个世界。我把电视和电视观众看成两面彼此对望的镜子，两相反映出的是永无止境的空无与单调。我们必须一直反问自己的一个问题是：我们相信自己看到的东西吗？或是，我们看到自己所信的东西吗？

我不知道自己要怎么对那些经由"时空隧道"从过去来到现代的人解释电视这个现象。我是不会接受这项外交任务的。

电视这个媒体本身没错，错在它节目的平庸。这个发明十分神奇，也充满潜力，但对它的运用是个灾难。

我投入那个拍片计划，确信自己至少不会做得比既有的节目差。此外，我的直觉也告诉我："这可能会是个有趣的机会。"绝对不会有但丁（Alighieri Dante）笔下的"炼狱"那么恐怖。我拍《乐队排演》的时候充分运用了我拥有的权利空间，我启用了一种更轻巧简便的拍片机器，操作过程比较省事，体积也没拍电影的机器那么庞大。

我意外发现自己在电视的领域里竟比较没有责任包袱。所以，我才能以一种完全意料不到的崭新眼光和随兴态度去面对这个作品。此外，也由于那些限制，我才能够从一开始的时候就把整部片子想过一遍，而我以前拍电影的时候就做不到这点。除此之外，我并不觉得那部片子跟我之前或之后拍片的时候有什么不一样的地方。也就是说，由于拍片的诸种限制和可供利用的里拉过少，我讲故事的时候，就只好追随着自己天生对于神奇、夸张、奇幻事物的喜好去拍，并像既往一样去表达我那些看来令人不安或神秘难解的生命观点。

一开始，我们把乐师约到我最喜欢的切萨里娜（Cesarina）餐厅聊天，这样一来，此番冒险便不可能全盘皆输：就算我在思想上没有什么很大的收获，至少还会吃到很棒的食物。结果那些乐师最了不起的贡献就是让我知道他们对彼此耍弄的恶作剧。他们觉得有必要降低事情的紧张气氛，要把心情放轻松一些。我没有机会用太多他们提到的例子，但把保险套罩在小喇叭手的喇叭口上，让他吹出个小孩玩的气球，这招我可无法忍住不用。

我请尼诺·罗塔为这部片子事先谱曲，这是个反常的程序，但因情势所逼又不得不这么做。我同时要求他写的东西要专业但不必亮眼，他像往常一样，完全了解我要的是什么。当然，我不是说东西不必好，但在这儿，音乐只是个"道具"。它就像是劳莱和哈代要搬上那一大段楼梯的钢琴一样——这是让我最忘不了的电影场面之一。

就在我要拍《乐队排演》的同时，发生了一个噩梦：我的总理朋友阿

192

尔多·莫罗（Aldo Moro）被自称为"红色旅"（Red Brigade）[1]的这个团体绑票杀害了。恐怖主义是一个我无法了解与接受的现象。这问题不容易回答，怎么有人可以去杀一个他完全不认识的人，然后一辈子还能过得心安呢？他是着了什么魔呢？战时，我们太多人被集体的疯狂意识控制住。我想我成年以来就一直隐隐约约受到自己那一小段战争经验的影响。"战争"这个词变得不只是一个抽象的词了，它变成了一种具象的东西，一种不是光靠嘴巴就可以说得清楚的东西，它变成了一种留在我体内深处的感觉。

一名老乐师问指挥："是怎么发生的，大师？"他回答："在我们不注意的时候发生的。"这是在说阿尔多·莫罗被恐怖分子谋杀的那件事。

这让我联想到有群工人在拆除一个城市的人行道时，发现文明人行道砖块之下的泥土和我们在原始丛林里可以找到的竟一模一样。我们的"文明层"难道就那么薄？文明人的大脑表层下面是不是也潜藏着同样的原始思想，方便人类可以随时退化回去？在我策划这部小小的纪录片的时候，这些灰色的想法始终挥之不去，所以还没等到片子拍完，我就已经体会到它们对我和我的作品产生的影响。当我正在拍片的时候，我喜欢尽可能不去接触新闻和外人。电视一遍又一遍播放着同样一则令人沮丧的新闻，让人觉得不管那条新闻的内容是什么，都正在一遍又遍地发生。我的心情会影响我的电影，而别人的心情也可能会影响到我的心情。我一直想知道外科医生或飞机驾驶员这些负有生命责任的人如何把他们自己周围那些不愉快的面孔和心情隔绝开来。

我习惯一旦片子完成以后就不再去看它们了，原因是我把每次拍片经验都当作一次恋爱，而再去和以前的情人相会是尴尬甚至危险的。因此，我只能告诉你们我记忆中的《乐队排演》。那是在我参与这部作品的拍摄过程所留下的一些"主动的记忆"（active memory），这跟单从观影经验得来的"被动的记忆"（passive memory）不同。我没法儿像个影评人一样地去记它，因为我从来不用影评人的眼光去看它。

1　红色旅，活跃于二十世纪七十年代至二十世纪八十年代初期的意大利左翼恐怖组织，企图以恐怖行为削弱意大利民主体制，以建立自己的政治经济系统。

光是《乐队排演》这部片子的场景本身就已经是一句对二十世纪的评语了。一开始片名打在黑幕上，背景音效是罗马嘈杂的交通声，然后我把画面溶进一个点着烛火的旧礼拜堂。正在分发乐谱的老乐谱管理员一身古装，像是来自不同世纪的人。他告诉"我"——因为我这儿是摄影机的位置——这个礼拜堂建于十三世纪，里面埋着三位教皇、七位主教。由于这儿的音响效果极佳，所以被重新启用当作乐团的排练厅。在罗马，所有的东西都旧，甚至古老，这是很稀松平常的事。

那些乐师鱼贯进入这个气氛庄严的场景，但他们很多人看起来就像是要来这儿看足球比赛，而不像是要来这儿演奏音乐。事实上，他们其中有一个人就带着一台小型的电晶体收音机，以便跟上球赛的比分，并在排练时传报给他吹木管乐器的同伴们。但也不是所有人都这么麻木不仁，有些年纪比较大的乐师，特别是那个乐谱管理员和一个九十三岁的音乐教授，他们还记得有段岁月，音乐家对他们的职业都比较认真，因此演奏的品质也比较好。

我访问了几个乐师，他们向我谈到他们和乐器之间的关系。他们对自己乐器依恋的程度，从痛恨自己管子所发出的声音的巴松管手，到除了自己的竖琴外再没有别的朋友的女竖琴师都有。她看起来跟哈代（Oliver Hardy）有点像，所以当她进来时，那些心里挂记着运动比赛的木管乐手就会吹奏《劳莱与哈代》的主题曲来打趣她。那位竖琴手是整个乐团中我最喜欢也最认同的一个人物。她太爱吃，又吃得太多；她热爱自己的工作，不愿意改变自己来取悦他人。她不像那位长得就像根笛子的女长笛手，那位女长笛手过分喜欢取悦别人，她甚至当场表演翻筋斗来加深我对她的印象。

那些音乐家说什么意大利方言的都有，其中甚至有几个操外国口音，那个德国指挥就很明显，他太激动的时候就会说回自己的母语。他几乎把音乐当作宗教一样看待。他对自己必须指挥一个二流的意大利乐团，而不是柏林爱乐（Berlin Philharmonic），可能觉得有些不高兴。那名演员实际上是个荷兰人，我原本翻他照片的时候是为了别的角色，但看过后就忘不了。

我视觉方面的记忆力特别强，尤其是脸部。

开始排练的时候听起来像是罗马的街头噪音。大部分乐师都想赶快混完到别处去，到哪里都好。对他们来说，这只是份工作，跟在菲亚特车厂里工作没有什么两样。那是时下大家对工作的一种态度，连创意工作也不例外。

乐团团员彼此开玩笑、听广播球赛、追打老鼠、吵群架，而且很容易为其他事分心，例如有位有魅力的女钢琴手愿意被别人拉到她的乐器底下亲热。她在排练时和别人做爱，而且还边做爱边吃东西，她对这两方面的感官享受都显得缺乏热情，更别提她对所从事艺术的冷漠了。

由于乐团团员排练时那么欠缺兴趣和使命感，使得指挥破口大骂，随后导致群体联合争执，接下来引发暴动冲突，造成数位著名德国作曲家的海报被投掷粪便的场面。最后指挥被废除了，他的位置被一尊巨大的节拍器所取代，但后来这东西还是被移走了。

这个幼稚的混乱场面最后被一颗拆房子的吊球给中断掉了。那颗吊球从一面墙出其不意地撞了进来，击毙了令我们同情的竖琴手——可怜的胖克拉拉（Clara）。于是大家又从混乱中恢复了秩序——一个普遍而且一再重演的人性过程。崩毁变动的过程中不免会有珍贵的事物遭到破坏：现在演奏出来的音乐里就没有竖琴这部分了。一项珍宝丢失了，也许是永远丢失了，这是最重要的启示。

那颗拆房子的吊球是人类价值的敌人，它是无情的佣兵，像那些控制它的人一样，在执行摧毁任务时是不带感情的。但真正的悲剧在于：这样的伤害很快就被遗忘了。一个遭受过摧残的世界立刻愿意接受：这就是人世的常态。原本不可思议的事现在都被认为理所当然。

最后，那些后悔的乐师了解到他们还是需要一个领导者，于是原先的指挥又被请回指挥台。指挥说："各位先生，我们从头来过。"乐团于是又重新开始演奏，其中又出现了一些琐碎的小争吵，接着画面全暗，我们又听到指挥一长串德语的咒骂声。情况愈走愈回头，人终究还是本性难移啊！

那位指挥最后脾气爆发可以有多种诠释，不过我的意图只是要表达他的挫败感，或甚至是在表达我身为自己这个领域的指挥的某些挫败感。先前我在他的化装室采访他，他说："我们虽然在一块儿演奏，但却像是一个毁灭性的家庭，因为我们有种共同的怨恨才结合在一起的。"有时候，当片厂情况不顺的时候，我也有一模一样的感受。

有个影评人认为影片开头的交通阻塞和结尾的德语咒骂都配合着黑幕，其中应有更深的含义。对于我影片里这些"更深的含义"我只能说："我给了很多影评人工作机会，即使我是无心的。"

沟通不是科学，是艺术，原因在于我们不一定能把我们想沟通的事物沟通成功。在戏剧的范畴里，观众扮演很重要的角色，他们负责诠释他们听到、看到的东西。他们用自己的眼睛看，用自己的耳朵听，我不能告诉他们该怎么想，否则我就是个限制他们的顽固学究。我对别人告诉我他们在我作品里看到的东西，常常——通常——都会感到很讶异。创作者的角色是为你的观众开启的，而非关闭这个世界。但有时候它却又像是个密室游戏，这个人小声地跟那个人说一件事，那个人再继续传给下一个人，等到事情再传回给最先传出的那人的耳朵里，已经让人完全认不得了。

所有的戏剧都要经过观众的见证才算完成。就电影的情形来说，观众是其中唯一一个在每次演出时都可以有所不同的角色。当那些大家从我作品里获得的意义再传回我这里的时候，我虽然不常觉得有趣，但有时候还是会挺讶异的。

我记得有一次在男厕所里，有个人向我耳语，他那时刚看过《乐队排演》，他说："你真是对极了，我们的确需要再有阿道夫叔叔（Uncle Adolph）[1]这样的人出现。"我当时的反应是拉上拉链尽快离开。

《乐队排演》的首次公开放映较不寻常。在佩尔蒂尼（Alessandro Pertini）当上总统前，他曾要求我为他私下放映我的下一部作品。所以这部片子的非正式首映是在 1978 年 10 月的总统府举行的，观众是一群受邀的政坛人物。我真宁愿回避掉那个荣幸，但由于我在佩尔蒂尼当选总统之前

1　指纳粹首领阿道夫·希特勒。

就答应为他放那部电影了，所以我也是逼不得已。

那些政客表面上客气，实则心怀恨意。他们有些人对片中的语言感到不安，总统为我做辩护，不过对一些其他的批评，他就爱莫能助了。所有人都觉得这部片子是针对他们的批评，或至少有政治上的用意。所有什么可以嫁祸给它的负面诠释，它都沾上了。当时（意大利）共产党的领袖来自撒丁尼亚（Sardinia）[1]，他确信自己遭到了戏弄，被影射成片中那个吵闹不休的撒丁尼亚人代表。事实上，饰演那个角色的演员正是撒丁尼亚人，但此事纯属巧合。

RAI 电视台（RAITV）被媒体的报道弄得很不高兴，无限期延后了已发出预告的电视首映日期，因此该片后来反而先在戏院露脸了。到日后它上了电视的时候，所有人都不记得为什么他们当初会对它那么生气了。

1　意大利西方的地中海岛屿，与周围小岛合称"撒丁尼亚区"，经济以农牧渔矿为主，是意大利共产主义盛行的区域。

第十五章 日魇夜梦

　　我的梦对我来说都像真的，以致过了这些年，我竟弄不清，那些是我的亲身经历，还是我的梦。梦是一种由影像构成的语言，再也没有什么比梦更真实的了，因为梦拒绝被明白地断言出来——梦采用象征的表达手法，并不做明确的意念陈述。所有梦里出现的东西，每种颜色、每个细节……都有所指涉。

　　我在夜里有很棒的做梦经验。我的梦有趣到让我对晚上上床睡觉这件事一直很期待。有时，同样的梦会做上不止一次；有时，是旧梦新编，略有变化。当然，我不是老做这些梦，但它们出现的频率也够高了。我担心哪一天——或者该说哪一晚——我不再做那些梦了可怎么办？到目前为止，我担心的事还没发生，但我必须承认，岁数愈大，我做那些梦的次数就愈少，就算做了，它们也愈来愈早结束。我想这情况也很自然，因为那里面有太多是跟性爱有关的梦了。

　　那些并非都是我睡着时所做的梦，而是我脑里想的东西，在夜晚播放的结果。那些东西其实比较像是一些幻想，而不太像是梦。梦是由人类下意识制造出来的东西，但幻想却是人类在有意识情况下所自我勾勒的理想情境。那些梦里面有一些是很早很早以前就做过的，像是扮成小男生的劳莱与哈代在秋千附近玩耍这种。

　　我可以睁着眼做梦、幻想，这跟睡梦的情况不太一样，秘诀是要能让

198

我的脑子放空。

有些人认为这是因为我不愿面对日常生活困扰所采取的逃避行为。没错，在不知道怎么处理问题的时候，我就是这个样子。我解决问题的方法就是设法不去想那个问题，然后希望有别人能来替我处理。我就像《乱世佳人》（*Gone With the Wind*）里的女主角一样———一切等明天再去担心。除了拍电影以外，我一概那副德性，然后我才会负起全责。

然而，我相信没有人要比做梦的人更接近真实了，因为这种人把最深层的真实——他们所认为的真实——给浓缩处理。

虽然我生在一个各地欧洲人都爱前来戏水的海边，却从没学过游泳。在一个我常常做的梦里——我最早的几个梦之一——我就快被淹死，不过每次都会被一个壮硕的女人救起，即使在她雕像般高耸的身材下，她的双乳仍然显得十分巨大。我开始做这个梦的时候也相当害怕，但过了一阵子，我竟对那个会把我从水中捞起来，然后把我放在她怀中搂抱的女巨人期待了起来。那时候，那是世上我最想待的一个地方了——被挤在她那对巨乳当中。我持续做着那个梦，而且几乎变得不怕溺水了，因为我确信自己一定会被及时救起，然后就又可以再度尝到那种被她搂在胸脯里的兴奋感受了。

我在自己的梦里常常一丝不挂，而且还很瘦，永远胖不起来。在梦里，我常有好东西可吃，尤其是甜食，我梦里经常不断地会有一个丰盛的巧克力蛋糕出现。我会做很多很多跟女人有关的梦。男人就像公蜘蛛一样迷惘，他是自己性欲下的受害者，"性"是一件危险的事。

1934 年，也就是我十四岁那年，传说有只海怪被捕落网，我在报上还看到那怪兽的图案。对我来说，那简直是个匪夷所思的画面，我后来也梦到它很多次。大海对我而言一直是一股强大的力量，但与其说我整个幼年都受到大海的控制，还不如说，大海原就是我生命的一部分，像是我的一只手或一条腿，或我家的一面墙。

在我心里，那只怪兽是个女人，一个巨大的女人。那时女人在我生命里扮演权威的角色，譬如说我妈。她是个非常严格的女人，但我想她那时并不完全知道这一点。由于爸爸大部分的时间都不在家,所以她就成了权威人物。爸爸希望得到我们的爱,所以回家的时候就送我们礼物,带我们去买糕饼,跟我们讲好玩的故事,可惜那时我们都听不太懂。

妈妈觉得我们本就该爱她,所以她不需要再去尽力赢取我们的爱意——她毕竟是我们的母亲呀。我确定她当时一定以为自己是个十全十美的母亲,她对此人生角色十分投入,不过却没察觉到我们因成长而起的变化,也许是因为她不愿意承认自己变老了的这个事实吧。此外,我认为她有意无意地希望我们长大以后不要像爸爸一样。她想用她的宗教信仰——天主教——来解救我们。对她来说,善良就等同于礼拜五不吃肉。

在梦里,遇到权威的人物就会让我不开心,而且我常常很怕女人。在现实生活中,我也一样。

我第一次梦到那只海怪的时候,我妈也在我身边。我想尽可能地接近那只怪兽、看清每个细节,以便稍后回家为它画张图。但妈妈却一直把我往后拉,并告诉我这么做是为了我好。可是我不相信。她说了一些像是海怪会把我吃掉之类的话,我觉得那种说法有些蠢,我不知那时脑子里为什么会有这种想法,我认为任何关心自己的海怪都不会吃小男孩,因为他们的肉太硬了,完全不值得为他们放弃海带、海藻这些食物。

然后,等到那只大海怪浮出水面时,我才发现它原来是个巨大的女人。她又美又丑,这个说法对我来说没有一点冲突。直到现在,我都一直觉得那个美丽的女人还在以不同的形貌出现。我无法不去注意她那肥硕的大腿,即使与她庞大的躯体相比,那个部位都大得很不寻常。

然后,我听到一个权威的声音,那声音不像是从哪个特别的物体发出来的,它就是凭空出现,这跟权威者的作风相符。那声音知道我叫什么,它把我点了出来,使得在场所有人都看着我,我当时恐怕已经脸红得像女孩子一样了。我整个人头昏目眩,直担心自己就要晕倒。那声音告诉我,除非我立刻遣走母亲,否则我就得离开。那里不准有母亲在场,何况那只海怪又不喜欢我妈妈。

我发现了诀窍。我双手击掌,命令妈妈走人,那声音像打雷一样响亮。

然后她就消失了。我不是说她走了，我是指，她就那样凭空消失了。

那只巨大的女海怪向我招手，她要我走近一点，而这也正是我心里想要的。

我那时候心里怕怕的，没忘记妈妈说过海怪会把我整个给吞下去的警告。但不知怎么搞的，这句话在吓人的同时，好像也很诱惑：我想她的体内一定非常温暖。

我向前移动。

然后，梦就醒了。从那以后，我就再也不是一个"小男生"了。

这是一个我这些年来一直反复在做的梦。年轻的时候，我常做这个梦，这是一个和"性"有关的梦。中年的时候,我还继续做着这个梦。直到晚近，我就比较少做这个梦了，偶尔才一次——我想理由很明显，不必多说。那是我幼年时期一个仍然十分鲜明的感官记忆。整个梦是根据真实经验而来，我后来把它用在《八部半》里。

我在梦里是个孩子，被几个女人放在盆里洗澡。她们用的是那种木制的传统澡盆，像奶奶农庄里放在户外的那种。那是从前为了酿酒让小孩光脚在里面踩葡萄的那种木桶。在踩葡萄前，我们都得洗脚。之后，在洗澡的时候，你都还可以闻到发酵的葡萄残留下来的味道，浓得差不多可以把人醉倒。

有时候我和几个小孩一起洗澡,男生女生都有,我们全部都被脱得精光。盆里的水很深，超过我的头——这是我个人对"深"的定义。其他的小孩都会游泳，我是里面唯一不会的一个。有一次，我差一点被淹死，还好被人扯着头发拉出来。幸亏我那时的头发比现在多，不然大概就淹死了。

我在梦里被抱出澡盆的时候，几个大胸脯的女人就拿着大毛巾把我湿淋淋、光溜溜的小身体包起来。我梦里的女人从来不穿胸罩，我想也没有那么大的胸罩可以给她们穿。她们把我裹在毛巾里，然后抵在她们的胸前来回转动好把我弄干。我下面那个小玩意儿在毛巾的轻刷下，会愉快地左右飞舞着。那真是一种美好的感觉，我真希望它永远不会结束。有时候，那些女人还会为我争风吃醋，这也让我很开心。

我花了一辈子在找那些小时候把我裹在毛巾里的女人，现在要是我还做这个梦，就需要更强壮一点的女人才抱得动我了。在现实生活里，朱丽叶塔也会为我裹毛巾擦身子，但浴室里的毛巾却不是那么回事，可以说是一团乱。

我在梦里从来不会有性无能的困扰，梦境总是比现实让人如意得多。在梦里，我一个晚上可以做二十五次之多。

我三十年前做过一个可以概括说明我人生意义的梦，我之前从来没有跟别人说过这件事。

在梦里，我是某机场的总负责人。那是一个夜晚，天上满布星光。我在机场的一个大房间里，坐在桌前，从窗外可以看到所有飞机降落。这时，有一架大飞机刚落地，由于我是机场的负责人，所以就前去进行护照查验的工作。

所有从那架飞机上下来的乘客都拿着护照在我前面等候。这时我忽然看到一个奇怪的人物——一个看起来像是古代的中国老翁，他身上的衣服虽然破烂，但看起来却像皇室的服装，此外，他身上还散发着一种可怕的味道。他在那里等着要进来。

他一言不发地站在我前面，甚至看也不看我一眼，完全在想他自己的事。

我向下望着那块放在桌上的小牌子，上面有我的名字和职衔，可以让别人知道我是负责人。可是我却又不知道如何是好。他是这么的与众不同，我又不了解他，所以不敢让他入境，我非常担心如果我让他进来了，我既有的生活运作就会遭到干扰。所以我就找了一个借口退缩了，而那其实是一个暴露出自我缺点的谎话。

我像个孩子一样撒谎，我不愿让自己去承担责任。我说："我没有权力，你懂吗？这里真正负责的不是我，我还得问别人才行。"

我羞愧地垂着头，我说："在这儿等一下，我马上回来。"我想到别处去做决定，却一直下不了决心。直到现在，我都还在考虑，而且我一直在想：等我回去的时候，他还会在那里吗？不过真正让我觉得恐怖的是：我自己也不知道我到底比较害怕"他还在那里"，还是"他不在那里了"。过去这三十年，我都不停地在想这个问题。现在我已经完全明白，当时有问题的是我的鼻子，不是他的味道。不过我还是没办法要自己回去让他通过，或是回去确认他是不是还在那儿等我。

有人问我，要怎么样才能梦到那些故事和幻境？要怎么样才能让你的脑子里出现那些人物和情境？

我不知道。我甚至不知道怎么去教自己。

拍电影的时候，我努力让自己被催眠入梦，虽然那个梦原就是我自己造的。

上床睡觉对我而言一直是一大乐事。我期待上床躺在那儿享受那段奇妙的时光。我喜欢高脚大床，外加舒爽的床单和柔软的羽被。我喜爱夜里的宁静，而且迫切希望进入梦境。躺在床上等待梦境就像坐在戏院中等待电影开始放映一样。

我也一直喜欢从睡梦中醒来的感觉。我可以立刻睁开双眼清醒起来，充分准备好去迎接新的一天。我会试着在还有印象的时候，把前晚的梦记下来，虽然我也记得梦中的对话，但记梦时大多还是用图画，不靠文字。我通常会像漫画一样把对话放在画中人物头顶的气球里。我梦境的主题老是绕着自己打转，我就是自己梦里的主角。我想有人可能会说，那是因为我太自我中心了，才会一直梦到自己。无论如何，我相信每个人都有权利以自我为中心去做梦。

我可以立刻完全清醒过来，不需要用咖啡或早餐提神，这是一个优势，这样一来我就不会有分秒的损失了。

在梦里，颜色是很重要的。颜色在梦里的地位就像它在画里一样，是掌控气氛的要素——不管是粉红色的马、紫色的狗还是绿色的象，这些都不是闹着玩的。

面孔一直可以激发我的想象力……

没找到适合的演出面孔，我就永远不嫌累。就算为了一个最不重要的角色，我也可以——而且经常也的确要——看过上千个面孔，才能找到最

203

适合的，因为那样的面孔才能表达出我想表达的东西。面孔是我们最早了解到的一种东西。

我们还是婴儿的时候，面孔是我们注意力的焦点。虽然不能清楚地记起来，但当我们看到了母亲的面孔就有了安全感。然后，我们又会继续看到一些其他的面孔。

我们的长相决定了我们的型。我注意到有些演员会受到他们演出角色的影响，他们会找到一种自己演来特别成功的角色，久而久之，在自己的生命里也习惯了同样的角色。我就知道有个演员因为演傻子演太久了，现在他有时候都看起来像个傻子。他当初之所以会得到那些角色也是因为他本来看起来就有点像个傻子，然后在饰演那些角色的时候又把他那方面的特质带出来，甚至加重了。

大家对我翻照片找面孔的这个行为的重点并不清楚。通常我不是在找令人难忘的面孔，令人难忘的面孔容易找，难找的是容易被人遗忘的面孔。

虽然我对梦一直很有兴趣，但我所有的电影里却只有《女人城》这部是接近一个完整的梦。片中除了头尾史纳波拉茨在火车车厢内醒来这两段以外，所有其他的部分都像梦里的东西一样，隐藏着一种主观的含义。这是《八部半》主角圭多梦境中的噩梦部分。

史纳波拉茨梦到他把自己一生中——过去、现在、未来——所有的女人都集合在一起和谐共处。那是一种男性的幻想：男人梦想他生命中的女人都能爱他到愿意一起分享他的地步，那些女人要能了解她们每一个代表的是他生命中不同阶段的不同情感，并了解她们甚至可以通过他来相互认识。但事实上，她们却宁愿肢解他，这个人拿走手，那个人带走腿，还有人剥走脚趾甲，她们宁愿占有一具死尸，也不愿让别的女人称心快意。

我是有天晚上和伯格曼在罗马街头散步的时候想到《女人城》这个点子的。当时他有可爱的丽芙·乌曼（Liv Ullmann）陪在身边。我们一认识就觉得彼此有缘，只可惜缘分不够深。

我们考虑一起合作拍片，两人各拍二分之一，然后再合成一整部电影。

也许我们每人各找一个制片，他们各摊一半的钱；我们各拍各的部分，然后在两部片子中间找个模糊的联结点——"像是'爱'啦。"我们其中之一说。我不记得是谁说的，可能是丽芙·乌曼。大家听了都觉得很满意，因为我们两人都相信寻找爱情可以使人类升华。何况，那晚的罗马又非常美丽，在那样的夜里，所有点子听起来都会不错。我原就非常喜欢在夜里的罗马四处走走，他们算是相当特别的访客，我从他们观光客的眼中对我自己的城市又认识了不少。伯格曼和我都知道我们两个得自我约束一点，不过指的不是制片人强加给我们的那种约束。我们两个都是出了名的爱拍过长电影的人，虽然那些片子都长得不无道理。

通常在这种感性时刻所想出来的拍片点子从来上不了电影银幕。事实上，本来就只有很有限的点子可以上得了银幕。但这次我们两个的点子却都拍成了电影。只不过这两个点子没能合并在一起，而是各自发展成单独的作品。

虽然我们认为两人应该合作一部电影，但发生了地缘上的问题，我想在罗马拍，但他想在瑞典。不过就算地缘的问题解决了，谁知道到时我们的关系是不是仍能维持不变？我们对彼此的作品都有最高的敬意，真正相遇的是我们的作品，以及我们两人的名气。

我那个点子一直到十多年以后才变成了《女人城》这部电影，它就跟伯格曼的《接触》（The Touch）那部电影的遭遇一样，不但一路上历经了多重变形，而且结果也不如我预期中那样受到大众的欢迎。因此有些人大概会说：如果我们两人那晚没有碰面，后来的情况可能会好一些。

《女人城》的第一个制片是个意大利姓的美国人。他叫鲍伯·古乔内（Bob Guccione），是个有名的美国杂志发行人。我觉得他是个意气相合的朋友。他年轻的时候甚至也和我一样在餐厅里帮客人画过漫画肖像赚钱。有人说我偏爱每次更换不同的制片，因为那样我就可以比较自由地去做自己想做的事。但我认为恰恰相反，猛然和一个新的制片人合作就像穿新鞋、穿漆皮鞋一样，是会吃脚的。我真正希望的是找到一个类似米开朗琪罗（Michelangelo）那个时代的艺术赞助人。会计做出的账总是跟我作对，而负责做账和解释那些账的会计也从来不是我的朋友。

古乔内没有做这部片子，因为预算超支了，而且他另外为别人制作的一部片子也出了问题。同时，他希望我能用那些招牌响亮的美国或英国演员，也就是那些具有票房号召力的演员。另一个问题是我们对如何在银幕上呈现"性"这件事的想法也不同。他觉得我过于节制，如果照他的定义来说，那么我的确是。他希望我在银幕上多拍一些这种东西，而且还要用特写，但我没兴趣。在我看来，别人眼中的"性"好像都很滑稽。我们自己不滑稽，但别人就滑稽。

《凯瑟琳大帝——费里尼版》（Fellini's Catherine the Great）是他想出来的点子，这个构想对我很有吸引力。我们对这个拍片计划交换过很多意见，但始终没机会去拍它。

在《女人城》这部片子里，观众看到的是史纳波拉茨这个男人眼中的世界。他老把女人看得神秘离奇，她们不但是他性幻想的对象，还是他的母亲和妻子；她们在客厅像淑女，在床上像妓女；她们既是给他灵感的缪斯女神，就像是但丁笔下的贝亚特丽斯（Beatrice）；又是他在妓院里的感官刺激泉源——以及其他更多的角色：他把自己所有的幻想都投射到女人身上了。我确信自古以来，男人就一直在为女人戴上不同的面具。然而，那些面具毕竟是男人给的，不是女人自备的——它们是观看者给的面具，而它们藏住的部分并不像是它们要掩盖的。那些面具来自那些男人的潜意识，代表他们不为人知的部分。

我不记得"史纳波拉茨"这个名字是我在什么时候想到的。这是我为马斯楚安尼取的一个滑稽的名字，我构想《女人城》的时候，这个名字听起来正好适合马斯楚安尼将要演的角色，然后我就开始叫他史纳波拉茨，并用这名字去想戏。这名字引来很多疑问，他们问我："那是什么名字呀？有什么意义没有？"

当有人问我这问题的时候，我喜欢故作表情暗示这个名字是有点诡异，说起来太可怕了，所以有些提问的人甚至不要我继续说下去。事实上，那只是我瞎掰的一个字而已。

当我喊马斯楚安尼"老史纳波拉茨"的时候，他好像并不是很喜欢，不过也许他只是不喜欢"老"那个字，而不是"史纳波拉茨"这个名字。

当马斯楚安尼到达片厂的时候，他得通过那堆将在片里出现的女人，以及那些等在电影城附近争睹他风采的女人。我们本来以为他应该会喜欢女人朝他扔花的这种仰慕举动，不过他却面有难色地跟我说："要我通过这堆向我扔花的女人未免太吓人了吧。"

看完《女人城》以后，大家对我有很多批评，其中又以女性的批评特别多。我被批评为"反女性"，我没想到竟然会出现这样的诠释！这又再度让我肯定了：你绝对无法真的事先知道别人会怎样来看待你做的事。我对自己这部片子的看法是：大胆、诚实、幽默。

我一直有些非常要好的女性朋友，老觉得自己需要有女人的温暖作陪。有女人在场可以刺激我做出最好的表现。她们非常会赞美人、鼓励人，在她们的激励之下，或也可能掺杂了一些炫耀心态，我就只好尽力端出最好的。我就像是些愚蠢爱现的公孔雀一样，非开屏向母雀献宝不可。所以，我是绝对不会高兴去拍什么大兵或牛仔的故事，因为这种故事里没什么女人嘛。

我这辈子大半的时间都跟同一个女人在一起，她就是朱丽叶塔；我在片厂常用女性助理，我作品里有几个我最喜欢的角色是女性角色。我完全弄不懂为什么影评会说我的电影讲的是男人，而且是为男人拍的。杰尔索米娜、卡比利亚、朱丽叶——她们对我而言，就跟我认识的活人没什么两样。

总共一万个女人！也许让这件事变成事实有点累人，但在幻想里可不累——而幻想才重要。《女人城》里卡佐内博士（Dr. Katzone）庆祝他拥有第一万个女人所用的那个蛋糕，照理说应该要有一万根火柴在上面，但事实上当然没有。在电影里，幻觉比真实情境来得重要。真实的东西看起来并不真实。要捕捉到真实情境中的幻觉，一个东西可能需要拍上好多次。

卡佐内博士这个角色是根据乔治·西默农写成的。在《生活的甜蜜》之后，我们变成了好友。他告诉我，他从十三岁起开始勾引女人，人数的确有一万个了——他记事情的功夫明显比我好多了。

老有人问我——通常是学生、教授和影评人——我拍电影的目的是什么？我想讲些什么？换句话说，他们想知道我为什么要拍电影，这些人认为我拍电影除了满足创作需求外，应该还有什么别的理由。你们也许该去问问母鸡：她们为什么要下蛋？那是它们一生除了被别人吃掉外，唯一还能做的一点事，下蛋无疑要比被别人吃掉好得多。我就像《红菱艳》(*The Red Shoes*)[1] 那部片子里的芭蕾舞者一样，当被问到她为什么要跳舞的时候，她的回答是："因为我没办法不跳!"

要是我据实以告，那些提问的人会觉得失望，而且不满意我的回答。所以，有时候，如果我情绪对的话，我会努力编出一些原因来解释我的某些做法，但那些并不是真正的原因，只是可能的原因。我一开始也想表现得礼貌一点，想讨好他们，但最后总是弄得不欢而散。但这是被他们逼的，他们总是一个问题接另一个问题，问个没完——这就是回答他们发问的代价，情况从来没变过。

有段时间我曾觉得开餐厅会是项不错的投资。接着我又领悟到那意味着责任，我真正喜欢的事是上餐厅吃饭，而不是当餐厅老板。

对我来说，什么都是凭感觉和直觉。我就像是个大厨，面对厨房里一大堆熟悉或不熟悉的做菜材料时会问自己："今天要做什么呢?"等得到灵感以后，我就开始东拌西搅，接着一样新菜就诞生了。这只是个比喻，我其实完全不会做菜。很久以前，在我还非常年轻的时候，我以为也许自己对学烹饪有些兴趣，但结果发现我对烹饪唯一的兴趣，就是把烹饪出来的东西吃掉。

可能有记者会来问我："你当初开设'费里尼面馆'(Spaghetti à la Fellini) 的用意何在?"而我又不能只回答："为了喂饱肚子。"因为这样我就会得罪他们，他们会觉得我瞧不起媒体，然后就会去写一些让大家不敢上门的报道。所以，我就瞎掰了一个故事，说有一次埃斯科菲耶（Georges Auguste Escoffier)[2] 向我显灵，我的头及时被一个掉下来的汤锅罩住因而逃过一劫，就像我在《小丑》中被一个水桶所救的情形一样。

---

1 《红菱艳》，改编自安徒生童话的经典名片，讲述一名芭蕾舞女伶的故事。
2 埃斯科菲耶，法国名厨。

真正的答案其实是：我没办法解释我为什么要拍电影。我就是喜欢创造影像图案这些东西，没有什么其他的原因，这是我的天性，这解释似乎已经够了吧。

我在二十五岁之前都不知道自己想做什么。那时，我没想到自己会想当导演，就算想到了，也不相信自己能胜任或是能得到当导演的机会。当我还是编剧的时候，我会坐在片厂看着他们拍我的剧本，然后对周围正在进行的一切感到迷惑。是一直到后来我跟罗西里尼一起合作才开始真的在意这份工作。他十分在乎此事。为某事在乎地活着，虽然比较激烈艰难，但也比较精彩。

我那时听到一个细微的声音从我心中传出："可以，你可以当导演。"也许这声音之前就一直在那儿，只是我从来没有听见过罢了。

我十岁的时候就已经会在家中阳台做戏给邻居小孩看了。我尽可能把那些戏弄得像是我在富国戏院里看到的那些电影一样，那些孩子看了以后也都哈哈大笑。我妈说我还向他们收进场费，但我不记得有这事儿。我对钱的事从来没什么概念。如果我当时向他们收钱的话，那倒是不错的观念，因为我觉得观众会对任何免费的东西起疑。就算那时每个孩子付我不到一分钱，都表示我已经有专业概念了。

我对荣格心理学变得有兴趣的原因之一，是他尝试以"集体"的概念来描述我们个别的行为，他在我还没找到自己的解释之前就先提供了我一个研究详尽的解释。如果有记者在我还是个孩子的时候来问我："你做这些偶戏的动机何在？"我可能会回答他："我不知道。"但现在既然我已经比当时老了六倍之多（虽然智慧没增加那么多倍），我倒可以这样回答他："因为它在我的原型集体意识里（archetypal collective consciousness）。"然后就憋住气直到水桶掉到我头上来盖住我自大的神色后才敢呼吸。

之后，就会有个学者要求我为后人解释一下为什么我老喜欢砸水桶，而且他还可以就这个题目写篇博士论文。

第十六章 最好的旅游方式就是搭个片景

　　我偏好的旅游方式是"神游"，不喜欢真正的跋涉旅行，那可会把我给累惨，但如果是神游的话，我的躯壳就可以舒舒服服地放在熟悉的位置，而且又少掉行李的拖累，由我的心负责漫游即可。这时我就不必去为一些旅行的细节问题伤脑筋，像是内裤带得够不够？牙膏盖有没有记得盖上？当我真的上了飞机，虽然我希望能借着幻想来逃避机舱的限制，但那时我这种能力已被幽闭恐惧症赶跑了。对我而言，坐飞机和住医院都有这种共同的效果。

　　旅行的时候，我会觉得自己像个行李箱，只不过我是个有感觉的行李箱，而且并不喜欢把自己运到任何地方去，现在我很喜欢听别人跟我讲他们的旅游经历，我可以从中得到旅行的刺激，却不需忍受其中的不便。我会对他们说："真有趣！""太棒了！"而且是真的为他们高兴。此外，我在想自己可以不必在机场听那些扩音器广播是件多开心的事啊！我几乎没法儿听得清楚那些模糊的声音原来是在报告有关我的班机迟飞的消息。

　　我小时候曾想过要去看看外头的世界，但后来我找到了罗马，也就等于找到了自己的世界。而且无论我人在什么别的地方，我都会有一点讨厌那里，因为我觉得是它让我离开了我真正想要去的地方。有几次我甚至迷信起来，觉得只要我人在罗马，我就几乎是"刀枪不入"死不了。但在别的地方，我就觉得危险不安。

我是带着好奇上罗马的，那时倒没对它抱有什么期待。当时我希望自己能成为成功的记者和漫画家。

我后来也去见识了很多先前一直让我心生好奇的地方，其中最让我好奇的当属美国。第二次世界大战期间，我在电影银幕上看到俊男美女过着令人羡慕的生活，他们穿着漂亮的衣服去跳舞、参加宴会，特别是享用美食——他们的冰箱里总是塞满食物。我当时对美国这个人人幸福有钱的神奇国度十分着迷，而且渴望能到那儿去一趟。我根据自己对所有那些美国电影的印象，在心里想象它的样子。

等到我真的去了美国，原先对它的那些想象就好像变成了一些愚蠢的小图案。那里所有的东西都和我心里对它们的想象不太一样，不是太大就是太小。我发觉现实和我的想象差距过大，而且无法让我理解。我知道自己是永远不可能懂的，所以只好逃开。慢慢地，我心中所残留下来的美国就变成我自己编造的那个美国了。除非我搭飞机去到那儿，否则现实状况并不对我心里的想象造成太大的干扰。

我有数不尽的机会可以到其他国家拍片，尤其是美国，但除了意大利以外，我在别的地方拍片都不会觉得自在。这有几个原因。对我来说，语言问题并不是重要的考量，我经常跟非意大利籍的演员工作，但我们从来没有沟通上的问题。以《爱情神话》为例，由于我觉得盎格鲁萨克逊（Anglo Saxon）人比较符合我对古罗马人外貌的想象，所以我就用了很多说英语的演员，而他们也完全懂得我的意思。我那时是用英语指导他们的，从语言的角度来说，我应该还可以到其他的地方拍片，包括好莱坞，但我却还有其他更重要的考虑。

在电影城拍片，我可以掌控全局，而且享有充分的弹性。我可以搭任何自己想搭的景，之后也可以随意更改。由于我要拍的电影背景大多设在意大利，所以我很少需要到国外去拍片。要是我真的需要一个异国的场景，像《卡萨诺瓦》这部片子，那么电影城里的技术人员也可以容易地替我办到。至于由卡夫卡小说改编成的《美国》（Amerika）——这部我在《访谈录》一片中所筹拍的电影，与其在现今的纽约城里去寻找一个十九世纪时的纽约，那还不如在电影城里搭建一个来得容易一些。我为了拍《小丑》这部片子到巴黎去了一趟，之后更相信自己日后不该再离开罗马，我把自己发生的一件意外当作一个征兆。我相信降临在我们身上的征兆，特别要把它们当作预警。我会试着观察其中的微言大义并相信它们。

我当时住在巴黎的一家旅馆里，半夜醒来觉得房间太热了，然后就半睡半醒地走到窗边，用手击破玻璃，受伤的手当场血流如注，我于是急忙冲出去搭出租车赶往医院，身上只穿了浴袍和睡衣，钱包忘了带，但医院的人却要求我预先付账。你们想想，那些人竟然要等我付钱以后才肯替我疗伤！只是他们最终还是可怜我。我把所有这类事都当作是要我别到其他国家拍片的警告。虽然不觉得自己十分迷信，但我相信一些明显的预警和超自然现象。荣格把这种巧合称之为"同步"（synchronicity），即两件逻辑上无关的事件以一种别有含意的方式结合在一起。

拍片时我喜欢知道一些细节，像是某个角色领带里面的标签上写些什么，某位女演员的内衣是在哪儿买的，某位男演员穿着什么样的鞋（一个角色穿的鞋可以透露出他很多秘密），或我也想知道是谁吃了大蒜。如果我不在意大利拍片，就绝对不可能全知道这些事。

在电影城拍片最大的一个好处就是：我可以随心所欲地导戏。我像个默片导演一样，我的演员一边对着镜头演戏，我一边跟他们说话。有时候，演员不知道自己该说些什么，或是剧本临时改掉太多，他们记不住台词的时候，我就得一面告诉他们台词，一面拍摄。当然，这在用麦克风收音的好莱坞就完全不可能了，那我就需要用一种心电感应的方法把我最后一刻的指示传给我的演员了。安东尼奥尼就能在那些限制下到伦敦和好莱坞拍片。不过我们两个生性就不一样，他到哪儿都带着意大利，所以他到哪儿都可以很完整；我呢，除了罗马以外，到哪儿我都觉得好像少了些什么。

我非常欣赏安东尼奥尼，他拍的东西和他拍片的方式跟我是那么截然不同，但我还是很尊敬他作品的质量和完整性。他给我极深的印象，是一个了不起的创作者。他不妥协，而且言之有物。他有一种与众不同的个人风格，独一无二，而且眼光独特。

我想我天生是当默片导演的料。我记得自己曾和金·维多谈过这事，他是影坛真正的天才。我一直记得他跟我说过的一句话："我是在开始有电影时出生的。"真是太棒了！我多么希望自己也能生在那个年头，好有机会一切从零开始创造！

另外一个让我喜爱罗马胜过其他制片中心的理由是个私人理由，那就是：在其他地方，我不知道要上哪些餐厅吃饭。我对到很多不同的餐厅试吃这件事从来不是特别感兴趣。一旦发现一家比较喜欢的，我就会很忠实。对餐厅忠实要比对女人忠实来得容易得多。

当上电影导演以后，"自由"更是让我觉得快乐的第一要素。即使在我还很小的时候，就老把精力用在对付限制我自由的敌人身上，包括家庭、学校、宗教以及所有的政治限制，尤其是法西斯主义，它代表着一种全面统治，以及一种人人都必须顺从的公共意见。就是法西斯审查漫画的举动，让我了解到他们恶劣的程度。

但这可能有问题，因为身为电影导演就负有一种责任，而责任和自由是互相冲突的。少数人的钱和多数人的生计都握在我的手里。此外，电影有很大的影响力，这同样也是一种责任。

有所限制也是非常重要的。百分之百的自由反而嫌多，事实上，这样等于没给你什么自由。如果有人告诉我：有八千万元随你去拍你想拍的电影，那么他给我的不是礼物，倒是负担。我可能必须规划所有的时间来思考：到底要怎么样才能花得掉那么多钱，而拍出来的电影又不至于长到一种地步，让我们得在戏院座位上提供枕头，以及在售票处租借床位。

我想我大概永远没法儿适应美国的浮夸和奢侈。什么都那么大，就像美国本身一样。真是毫无限制！得知你有万般可能是件多吓人的事啊！美国人听到自己可以无所不能时一定也会有点被吓到吧。光是幻想你拥有这样的能力就足以让你双脚僵硬全身发麻。不过，毕竟这只是幻想。你接受的钱愈多，操纵你的绳索也就愈多，直到你从男孩变回木偶为止——将匹诺曹的遭遇倒写。而且，多些钱未必就可以买到品质好些的电影。

我在《船续前行》(E la nave va) 这部片子里需要一个大型的户外平面

来作画，所以我就画在"潘塔内拉面厂"（Pantanella pasta factory）的墙上。第一次世界大战时，我爸爸乌尔巴诺·费里尼（Urbano Fellini）曾被强迫征调到比利时服务,战后返乡途中经过罗马时就在这家面厂工作过。1918年，他就是在这家面厂认识了我妈妈伊达·巴尔比亚尼（Ida Barbiani），然后在她百分之百自愿的情况下，用三等火车（而不是一匹白马）把她带离了她在罗马的家和她原来的社会阶层。

等到我拍《访谈录》的时候，多年之后再去看我的父母，比起小时候又了解了更多。我觉得自己愈来愈懂爸爸了，而且万分希望自己能够开口告诉他。同时，我也比较能谅解妈妈了，而且不再怨恨我们之间的差异。我看出老天也并没有给他们两个他们想要的东西，而我也愿意试着用我对我电影角色的谅解态度，再回头去看待他们。

《船续前行》里所用的船甲板是搭在电影城的第五棚里，它是用水压起重机支撑的，而且还造出了真实的摇晃感。除了我以外，每个人都晕船。原因不是我多有船上经验，而是我太专心在拍片，所以没感到船在摇晃。大海其实是一块大塑料布做成的；而天上的落日景象则是人工画出来的，看起来十分美丽。这些人为的痕迹是故意的，结尾的时候，露出了在拍片现场以及摄影机后面的我。其实整个都是魔术表演。

我原本不太确定是不是要用弗雷迪·琼斯（Freddie Jones）来演片中奥兰多（Orlando）这个角色，他会看起来像是一个英国人在地中海的布景里假扮意大利人。但他还是有什么地方吸引了我，让我考虑给他这个角色。我们初次面谈后，我陪他坐车到机场。在回罗马的路上，我还是不能确定。这时，我看到眼前一辆巴士上有一幅很大的广告在宣传奥兰多牌的冰淇淋。我于是把它当成一个吉祥的预兆，让它为我做了那个决定。况且，我当时心里也真的没有其他人选了。

我在影片开头对比了那艘豪华游轮中头等舱内的急乱无章和饭厅里的迟缓端庄。有钱人吃饭的速度非常慢，从来不必担心东西不够吃，他们比较关心的是他们咀嚼的样子优不优雅。

我很关心演员吃的东西够不够好，那些食物必须很上相才能在银幕上看来诱人。我要人准备新鲜美味的食物来引导演员。东西闻起来好吃很重要，要让我们都有戏拍完后想去吃的欲望。也许这样一来，大伙就都会表现得更好，重拍的次数一少，就有可能赶在食物变凉之前把戏拍完。

在拍片现场，无论再小的事我都愿意去做：搬桌子、为演员梳头、捡地上的纸片……这些都是拍片这事的一部分。可是在家里，我却连杯咖啡也不会煮，因为我没有耐心等水煮开。

《船续前行》这部片子和歌剧有很大的关系，要是换做早期，我是不会拍这种东西的。我是到了后来才逐渐有办法欣赏我们意大利的歌剧传统。我猜以前强烈表示自己不喜欢歌剧的原因是：好像身为意大利人，尤其身为意大利男人，就都该喜爱歌剧。我弟弟里卡多以前就很喜欢在家里哼哼唱唱的。当然，歌剧热并不仅限于意大利，但在这里还是比在美国更为流行。

我这辈子对所有人都喜欢、想要或是"应该"做的事，都自然会产生反抗。我对足球从来就不感兴趣，不管去踢、去看都一样。在意大利，一个男人要是承认这种事，就几乎等于承认自己根本不是男人了。我不喜欢参加政党或社团，也许部分的原因就来自我不合群的本性，不过我想还有另外一个如假包换的理由，那就是我对黑衫军的记忆。

小的时候，我们都得穿着学校规定的天主教制服，再不然就是得穿上法西斯的黑衫，而且还什么都不准问。但这反倒让我凡事都要问。我疑心甚重，不愿成为任人宰杀的乖乖羊，所以我有时候虽然没变成羊排，却也可能错失了作为羊可以享受到的乐趣。

虽然我现在对歌剧发展出一些迟来的兴趣，但对一个你长久以来就强烈否认对它存在任何兴趣的东西，倒很难再承认你对它真的感兴趣了。

《船续前行》这部片子需要很多临时演员来饰演片中的南斯拉夫难民、船员以及乘客。他们是根据工作时间的长短来给酬劳的，所以戏拍得愈久，要付的钱就愈多。我也希望能准时收工，甚至将进度超前，尽量把花费控制在预算之内或尽量接近预算，但那些人却想赚更多的钱。

有场戏是让饰演意大利水手的临时演员去赶那些饰演难民的临时演员，但那些难民演员却带着嬉笑的孩子在那儿慢吞吞地散步，样子倒比较像是在公园里野餐。经过几次心不在焉的拍摄后，他们才会开始演得好些，但就在最后的紧要关头，却又会有人把它给搞砸了。

还好那群人里有我的朋友，不然那情形还会持续更久，不过整个也够叫人沮丧的了。我没法儿想象怎么有人在拍电影的时候可以那么地不尊重、不尽力。我总是努力去和片厂里的每个人都保持良好的关系，希望能获得他们的支持，即使职务再低的人也不例外。然而我可以料想到一种我不太喜欢的负面情况，那就是拍片现场有制片人或他们的特使在我附近盘旋不去，再不就是鬼鬼祟祟地躲在一旁讲电话，这种情况尤其会发生在拍摄后期——会计在那儿计算拍片花费的时候。

这部片子完成以后，我就再没看过。不过在知道南斯拉夫发生的事情以后，现在再去看它，不知它会给人怎样的感觉。会不会看起来太过时、太不严肃？或者，电影会不会反而讲得比较清楚？

片中的犀牛就好比是我小时候在马戏团来到里米尼时帮忙清洗过的那只病斑马的远房表兄。我对那只斑马会生病的解释是：因为他没有任何性生活。这样他怎么可能过得开心呢？毕竟整个马戏团里只有它一只斑马啊！而那只犀牛则是患了相思病。

犀牛落单跟斑马落单是同样的道理。

当我开始为电视拍广告的时候，大家都说我是为了商业利益出卖灵魂。这话把我伤得很深。我不敢说自己已经有钱到不想再赚钱了，但我倒从来没有只是为了赚钱而拍片。我是不会那么做的。名气没办法帮我付"切萨里娜餐厅"的账单，但我还从来没有穷到会去做我不认同的事。曾有人出大钱要我到美国、巴西等地去拍一部我不太有感觉的电影，他们要我到巴西去拍一部有关西蒙·玻利瓦尔（Simon Bolivar）[1] 的电影。

拍广告片这件事很明显并没有让我赚到大钱，但我却借此拍下了我心中的一些幻想。很多人说："费里尼那么恨电视广告，而且把它们批评得体

1　西蒙·玻利瓦尔，委内瑞拉人，南美军人、政治家、独立运动领袖。

无完肤，那么，他怎么还会去拍电视广告呢？"但那正好就是我要拍它们的原因。他们说我可以去拍那种艺术完整性的广告。虽然我也收了片酬，但我并不是为了钱去拍。

说得再精确一点，我并不恨既有的那些电视广告，只不喜欢它们罢了，我在电视上看到很多拍得很差的广告作品。我不认为电视节目在电视上放映就表示它们有权拍得比较差，广告也可以是小型的艺术呈现。它们应该尽可能就自身的特性做出最佳的努力。

我痛恨广告的地方是它们中断了我的电影在电视上的播出，整个片子的节奏都被它们给毁了。我强烈反对影片被广告打断。我曾公开指责过这种事情，但那并不表示我认为应该完全没有广告。因为总得找到人出钱，这时广告主的角色就能跟电影的制片人一样了。

然后媒体就会说："你老是说你恨自己的影片在电视上被广告打断。现在你拍广告片了，那你是不是背叛了其他电影的导演，而且也背叛了你自己？"这又是另一个傻问题，而经常带有挑拨的意味。拍那广告的目的当然不是为了要打断电影，它们可以在之前或之后播出。可是如果情况不是这样的话，那并非我的错，我已经尽力了。这世界不是我在管的，意大利当然也不是。这些事都由政客把持，我所做的只是尽可能让广告片变得有趣一些。这是一个我一直不喜欢谈的问题，所以当他们问我，"费里尼先生，你为什么要拍广告片？"的时候，我都拒绝作答，因为我不喜欢听到自己为自己辩护。

拍广告让我开心的一点是它能给我立即的满足，就像在写篇短文。我有了灵感，就可以把它拍出来看看。这让我想起以前自己还是记者时帮杂志和电台写东西的情形。

我第一支电视广告是在1984年时给金巴利（Campari）拍的。

片子开始有个坐在火车里的女子无聊地看着窗外的风景。一名同车的男性乘客拿起一个遥控器换了车窗外的景象，好像那只是一个大型的电视屏幕。接着窗外又出现一些不同的异国景致……

这个女子仍然无动于衷。

男子问她是不是比较喜欢意大利的景色。

然后出现在窗外的风景瞬间变成了比萨斜塔（Leaning Tower of Pisa），塔的旁边还出现了一个巨大的金巴利瓶。

看到这个景象以后，那名女子才变得开心活泼起来。

我在 1986 年为"巴利拉面"（The Barilla pasta）拍了一则广告，片子一开头的场景有些像是《船续前行》里出现的那种头等餐室。我们看到桌边坐着一对男女，两人明显是对恋人。那名女子向她的伴侣投以暧昧的眼神。

餐厅里的服务生傲慢呆板，十分拘泥形式，领班还刻意用法文念菜单上的菜。

那名女子被问到要点些什么。她轻声地说："Rigatoni .[1]"

服务生这下可松了一口气。原来他们其实是意大利人，被上面规定要装成法国人。然后我们听到他们齐声合唱："巴利拉！巴利拉！"

这时出现一句旁白："巴利拉总是让您觉得口感结实（al dente）。"

"al dente"如果用来指意大利面就有"结实"的意思。没错，其中的性暗示是故意放进去的。饮食的乐趣和性爱的乐趣被紧密地结合在一起——反正对我来说这样是成立的。

当年我替《马可·奥勒留》杂志工作的时候——我想应该是 1937 年左右——我写了一系列讽刺电台广告和报章广告的文章。其中一篇写的是：一家餐厅里的服务生把一盘煮好的通心粉撒在一名顾客身上。那名顾客的怒气一直到他知道了那种通心粉的牌子才消失，他觉得至感荣幸，便又再点了一盘让人撒在他的身上。

发现有人觉得我写的东西有趣，对我来说是种惊喜。我之前从来不会说笑话，只是根据自己对生活的观察所发的批评，那是一种被夸张处理后的真相。

"金巴利"和"巴利拉"那两支广告所受到的注意程度不亚于我拍的电

1　Rigatoni 是一种粗管意大利面，在意大利，尤其是费里尼家乡罗马涅省，早年曾是口交行为的俚俗用语。在此则广告中 Rigatoni 和 al dente 双关地搭配使用，巧妙地将"吃"与"性"两种行为的概念联结在一起。

影。报上发布消息，说费里尼拍的广告就要在电视上出现了。等到播出以后，每则广告都还被评论家、影评人审阅、讨论了一番。

1992年，我受邀为"罗马银行"（Banca di Roma）拍广告片。因为我已经有几年没导过任何东西了，所以就答应下来了。这一次我又选择了铁路的场景，像"金巴利"那支广告片一样。

我利用了类似《女人城》中火车出隧道的效果。跟在那部片子里一样，广告里有位火车乘客从梦中醒来，然后领悟到银行贷款可以让他美梦成真的道理，这个解决问题的办法比《女人城》里容易得多。火车跟汽车一样，可以提供乘客坐在车内看窗外流动景象的机会，这是我一直都很爱做的事。

我有段时间很欣赏卡斯塔涅达的著作，也希望能把他的书拍成一部电影。他很难联络。我有位朋友（即本书作者夏洛特·钱德勒）和卡斯塔涅达在加州的律师谈过，我跟她聊完以后就决定去加州见卡斯塔涅达，虽然他那时还没答应要见我。除了负责为他向出版社收取版税的律师见过他以外，没有人见过这位神秘而且不见踪影的作家，连为他编书的编辑也不例外。当我返回罗马以后，我告诉记者我见到了卡斯塔涅达，但洽谈并无结果。

实情则是：我压根没找到卡斯塔涅达。

在接受访问时，我就告诉记者一些他们想听的，有时候我说："是啊，我见到了卡斯塔涅达。"有时候我会说他是个十分精彩的人，比我预期的还要精彩。但别的时候我就会说，他跟我想象的完全不一样。我甚至还说我去寻找那只传闻中的野鹅，这就听起来有点笨了。但事实上，走那趟已经消耗掉我对卡斯塔涅达的兴趣，不管他是什么样的人，或在什么样的地方。看来他甚至是个比我还不喜欢社交的人。那趟走下来的影响除了旅行本身的经验外，另外的一个结果就是我之后再也不读卡斯塔涅达了。那趟让我翻完了卡斯塔涅达的最后一页，感觉上好像我已经把那部想拍的电影拍掉了。

林肯中心的电影部要在他们1985年的庆祝大会上向我颁奖致敬。我的朋友夏洛特·钱德勒来罗马报告这个"好"消息。

这个奖"一开始"让我很高兴，这是我的第一个反应。但接着第二个反应就变成"痛苦"了，因为从来没有人愿意把我的奖直接寄来。我得开始烦恼搭机旅行和离开工作的事。他们要送我机票，让我觉得又爱又怕。我也开始在心里想象搭机飞行的情况……

有件十分困扰我的事就是：我担心班机可能会被取消。想想看，我这么痛恨坐飞机的人，竟然还会如此在乎自己压根儿不想搭的班机被取消！原因我已经认定了：为了此行损失些时间是值得的。但班机取消的意思是说：我不仅要损失更多时间，而且整个可怕的期待过程还要再来过一次。期待所需花的时间，远比实际的旅程来得长，到我真要启程出发时，我早已在脑中飞过好几趟了。

我觉得在我到达罗马的那一刻，我就等于精神上出生在那儿了，而且那儿也是我将来想闭眼的地方。我想这是我不爱旅行的原因之一。我不想客死异乡，当然，说实话，我根本一点也不想死。

朱丽叶塔跟我一起去了纽约，同行的还有马斯楚安尼、阿尔贝托·索迪、我的宣传马里奥·隆加尔迪（Mario Longardi）。还是一样瘦的阿努克·艾梅从巴黎出发到纽约来跟我们会合。我记得我们在拍《生活的甜蜜》的时候，她抵达拍片现场时，等在片厂大门的影迷看到她就大叫："喂她！喂她！"唐纳德·萨瑟兰则已经先行抵达了。朱丽叶塔一遇到旅行可以穿漂亮衣服亮相的机会就欢天喜地。永远的演员马塞洛也希望此行可以带给他演好戏的机会，反正他至少可以碰到阿努克。

在林肯中心为我举行的庆祝大会上，我向美国电影和我小时候在里米尼看过的好莱坞电影致敬。当我向林肯中心的观众提及"菲利克斯猫"对我的影响时，我事先从来没料到会有人那样大笑、有反应。我不知道他们喜欢的是我还是菲利克斯猫，希望两者都喜欢。

我一直都很喜欢纽约，但从来不知道纽约是不是也喜欢我。我在那晚得到了肯定的答案。

马斯楚安尼和我一起坐在包厢里，他在清点会场里的人头。他说："你看，今天晚上观众席里的名人比台上还多呢／或作：观众席里的有些人比台上更有名呢！（There are more famous people here tonight in audience than on the stage. ）"[1] 我不知道他指的是数量还是名气的大小。然后他问我有没有注意到达斯汀·霍夫曼（Dustin Hoffman）在我的名字被念出来的时候疯狂地吹口哨。没有，我没有注意到。马斯楚安尼很习惯在众人面前露面，我则是被吓得除了自己裤子拉链是不是拉上以外，什么都感觉不到。马斯楚安尼常常会在我紧张的时候想办法让我轻松，但这次他知道情况的严重性远非他的喜剧才华可以解围。我们所有人都很严肃地看待这事儿。

林肯中心庆祝大会之后，在中央公园（Central Park）的"绿地酒店"（Tavern-on-the-Green）有一个很大的宴会。会上备有晚餐，可是我一口都没尝到。从头到尾我好像就站在那儿，接受了几百个人走过来跟我寒暄道贺，我还担心是不是会忘记一些我以前碰过面的人。我那天因为太紧张的关系，从一早开始一直到上台讲话以后就都没吃过东西。

我以为我们之后会出去吃东西，但那个宴会之后在下城老远处的一家迪斯科舞厅还有另外一个派对。那里有些跟我影片有关的布置，可是地方又挤又暗，让朱丽叶塔觉得很害怕，表示想走。

我们全都饿坏了，时间已经是凌晨两点半了。我们于是又赶到上城老远处一家叫"艾莲餐厅"（Elaine's）的地方，是艾莲亲自开的门。没人可以想象到她竟美到那个地步，真是人如其名，她都可以变成我作品里的一个角色了。我是可以邀请她来演戏，但我知道她没办法离开她的餐厅。热爱自己餐馆的人就像片厂的导演一样，他们无法抛开自己的责任，而且也不愿抛开。与其说是那个餐厅属于艾莲，还不如说是艾莲属于那个餐厅——不只她人在那个地方，她的心也在那个地方。

有个人指着一张桌子告诉我们："那儿就是伍迪·艾伦（Woody Allen）常坐的位子。"阿尔贝托·索迪听到这话儿就立刻冲上前去亲那张桌子。

有一些人邀请我上电视接受访问，我竟笨到答应了下来。我答应他们

1　马斯楚安尼此句英文可能引起上述两种诠释，导致费里尼有之后的疑问。

是因为我的制片阿尔贝托·格里马尔迪对我不错，在我拍片的时候从没逼我妥协过什么。我答应不愿用意大利话说的部分就用英文来讲。如果我出了什么洋相，我不希望那些话传回意大利。我在意大利的时候从来不接受电视采访，理由从来只是"我绝不接受电视采访"，但现在我又要怎么向意大利记者解释我在美国已经"下过水了"呢？

纽约的一个在电视上提问的人问我："你是个天才吗？"

我能怎么说呢？我拖了一阵想想要怎么回答，我不希望让她或自己感到尴尬，所以我就用"有人会这样想真是太好了"一句话应付了过去。我在想："有人会这样想的确是太好了！"

去看电影纯粹是种个人的选择。看电影好像是走进一场梦，电影结束了，他就离开了戏院回到现实生活里，这跟电视的情况不一样。

电视是在我们毫无戒备，甚至毫不察觉的情况下，对我们说话，不停地说话。它把庸俗的讯息和错误的价值传递给收看它的电视观众，这些观众一边看电视的同时还可能一边讲电话、吵架，甚至不吭声地吃晚饭。最好就是趁睡着的时候去看它。

我觉得电视无孔不入的力量以及它的商业化色彩，对许多新一代愿意让电视为他们思考及教养小孩的人来说，是一种危险。如果我在《舞国》中允许自己疯言疯语的话，就等于违背心意去取悦别人，然后也就等于犯下了自己批评别人所犯的那种错。大家相信电视，觉得它就像一个朋友来到家里陪自己说话、吃饭，以及上床睡觉。

电视的魔力大到让有些人走进家门后，连外套都不脱就先开机。他们有些人晚上甚至连电视都不关就睡着了，让电视就开在那儿自言自语，直到电视节目全部播映完毕后，它终于也要去睡觉了，然后留下发亮的荧屏充当室内照明。电视消灭了我们找人谈话的机会，也消灭了我们自我思考的机会，思考也就是我们每个人只会在内心对自己说的话。它接下来要侵略的就是我们的梦。我们晚上睡觉的时候，每个人都可能梦见自己在参加什么竞赛节目，而且最后还赢得了一台冰箱，但到了早上梦醒就什么都消失了。

然后大家不仅开始对自己最亲近、最珍爱的人觉得陌生，对自己也是一样。现在的年轻人说话没有以前没电视时来得清楚，我想这不纯粹是我的幻想而已。

录像带的状况介于电视和电影之间。我认为它的好处在于，你可以像保存书或保存唱片一样地保存你喜爱的影片。你可以用家中的小屏幕创造出一种小型的戏院。只要你把灯关掉，而且不边看边吃饭，我是可以同意这种观影方式的。吃爆米花，也可以。另一个重要的差别是：你在戏院打开巧克力的时候，外头的包装纸该先打开，然后把它松松地包在糖外面用手拿住，这样巧克力才不会溶化在温度较高的手指头上。但如果是在家看电视的话，糖的包装纸就不必事先打开，除非那个人要边看边小口地咬。

录像带的一个缺点是把精彩稀有的东西变成家常便饭。我怀疑如果黄金不是那么难取得的话，我们会用怎么样的态度去看待它？同样的电影可以看多少次，而仍然能让人觉得感动或有趣？

将来除了观众的共有反应部分外，戏院的观影经验无疑将全面受到高解像度的大屏幕影像的冲击。到那个时候，也许挑选影片这样的事就是去超市一趟，或是打一通电话到电视台，而不是到戏院去——在这种情况下，戏院的存在就不再有必要了。它于是就变成了另一个被吊球击毙的竖琴手了……

《舞国》是从朱丽叶塔的想法发展出来的，这个想法原本是想放在一个系列电视剧集里，但没能拍成。我原本也是要担任她这个剧集的导演，她希望这个故事能拍成，要是有机会的话，我当然也会为她完成心愿。这部影片是在攻击无孔不入而又毫无生气的电视，即使手法略带幽默，但情况还是很讽刺。不过我同意拍这部电影是因为我喜欢这个构想，而不是因为我想攻击电视。打一开始，它就设定是一个爱情故事。

这个系列还有其他几集打算让安东尼奥尼、柴菲莱利（Franco

Zeffirelli）[1] 等人执导，那是个大计划，但对电视来说却太贵了。后来剧集没拍成，阿尔贝托·格里马尔迪提议把《舞国》的构想拍成电影。朱丽叶塔觉得找马斯楚安尼这位她从大学时代就认识的老友来搭档最适合。他们两个首度合作演出，这事太棒了，我们所有人都赞成。

当然，这可是个超重的弗雷德·阿斯泰尔，事实上那是马塞洛一生中最胖的时候，但我不提这事。我知道他爱吃到什么地步，我同情他。但话说回来，导演胖是一回事，弗雷德·阿斯泰尔也胖就是另一回事了。

我以为他情愿拒绝那个角色也不愿意减肥，即使他不愿拒绝朱丽叶塔。不过实际情形和此相距甚远，打从一开始，这角色就吸引他了。原来他一直都很想当弗雷德·阿斯泰尔，他还当下跳了一小段舞给我看。即使他跳完的时候气喘如牛，但却真跳得好。

当马斯楚安尼跟我说：弗雷德整个人瘦成那样，一定得让他穿上双罗伯牌（Lobb）的鞋才能维持他的尊严。我不了解他的推理，不过对马塞洛这种人，你可别想要去了解他。最好不要。

他解释说他饰演的角色会穿双罗伯牌的鞋来保持体面。他说：虽然可能没人看得出他穿的是罗伯牌的鞋，但他们大概会认为这个人自尊心仍然很强，在乎别人的看法，并且希望让别人觉得他成功。他并说：推销员就会明白鞋子对自己的重要性；身为舞者，他也会很重视他的鞋子。如果他能从脚底开始向上感觉到他所饰演的角色，这也蛮好的。

马塞洛不是一个"方法派演员"（Method actor）[2]，而且通常甚至不一定照着剧本来演，所以更别说他会想知道自己所饰角色的背景或行为动机了。因此，我猜想他是想为自己在片子拍完后弄到一双合脚的罗伯牌鞋……在我那样整过他的头发以后，这是我可以给他最起码的一点补偿。

---

1 柴菲莱利，意大利歌剧、电影导演。作品包括：《驯悍记》（1967）、《茶花女》（1982）、《奥塞罗》（1986）、《哈姆雷特》（1991）等。

2 方法派演员，所谓"方法派演技"乃是苏联导演，也是莫斯科艺术剧院创办人斯坦尼斯拉夫斯基（1863—1938）提出的演员训练方法，要求演员不要模仿形象，而是根据角色生活逻辑去真实体验其内在情感。此一方法于二十世纪二十年代起由美国导演员李·斯特拉斯堡引进美国，对舞台及电影界均产生极大影响。

最棒的友谊是一种冒险关系，那是种很热情的关系。有时候我觉得自己并没有尽力扮演好身为朋友的角色，因为我太自我中心了。我不是把自己看得最重要，只是把工作看得最重要，我着魔到不会有"他（她）会怎么想？"这种疑问。有时我担心自己过于严苛，不过从来不会故意去刺探我和别人的友谊。我很高兴能拥有这些礼物般的友谊。

有一次我无心地做了刺探，而且刺探得过深，真苦了马斯楚安尼！老史纳波拉茨愿意为我做任何事——可以说，几乎任何事。我不知道他那么做，是因为我们的友谊特殊呢，还是因为他把我当成导演一样地完全信任，甚或是因为他极端的敬业态度？我们的朋友关系像是小时候的学校同学。我们一起工作的时候，他像玩偶一样对我完全信任，愿意任我摆布，并有全心奉献的心意。但我却对他做了什么呢？我把他像绵羊似的大剃了一通，表现得像是对大力士参孙（Samson）不忠的黛利拉（Delilah）[1]。

在《舞国》这部片子里他一定不能显得太好看——当然他还是要对女人有些吸引力，不过不能太有吸引力。以马斯楚安尼来说，要削减他的性感魅力可需要不错的功夫呢。我认定剥夺他魅力最有效的方法就是把他的头发弄掉一些，不过不是全部剃掉，全秃可能比头发少还要性感。所以我们的想法是把他的头发弄得稀疏一些，像我一样。后来，他指责我这么做是因为嫉妒他。我当然嫉妒他！但那可不是我剪他头发的理由，我那么做是为了他的角色"弗雷德"。结果"刑具"不是剪刀，而是薄发刀，此外，我们也用了发蜡。理发师说："头发会长回来的，而且会比以前更多。"

马斯楚安尼向理发师、他无情的薄发刀还有发蜡投降。他让别人把他的头顶弄得差不多秃了，残留下来所剩无几的头发是用来象征男人对挥别壮年的依依不舍。当你愈来愈老的时候，一切原本你认为理所当然的事情都要格外费力才能办到，就算拥有的不多，都会被加倍地珍惜。

当我要求马斯楚安尼把头发弄掉一些的时候，我也想到了当年罗西里尼要我把头发染黄的情形。差别在于，我向马斯楚安尼提出要求的时候，

---

[1] 参孙与黛利拉：根据《旧约》记载，参孙为公元前十一世纪希伯来人的英雄，其发丝具有法力。其情妇黛利拉接受非利士人的贿赂，趁参孙熟睡之时剪去他的头发，使其丧失了制敌的法力。

他可已经是个大明星了！

我之前也无法体会把马斯楚安尼头发弄少到底会造成多大的改变，指的不仅是对他所饰演角色造成的改变，还有对他本人造成的改变，此举对老史纳波拉茨的人格产生了不良的影响。情况十分明显：他的心情没以前好，也没那么神气了，有时候他甚至显得有些自卑。不论到哪里，他头上总是戴着帽子，连在室内也不例外，不管那是餐厅，还是别人家里。纽约"马戏餐厅"（Le Cirque）的马基欧内（Sirio Maccione）为他破例，特准马斯楚安尼在他那菜色美味、气氛优雅的餐厅里全程戴帽用餐。我们那次参加纽约林肯中心电影部所办的活动期间，马斯楚安尼只有在颁奖典礼的时候当众摘下帽子过，我想——我希望——那是为了对我表示尊重。几乎没人提过他跟帽子的这种亲密关系，大家也猜不出原因何在。有些人认为那是他从《八部半》那部片子养成的习惯，我猜他们是觉得不便多说什么。有个女人告诉我，他甚至连做爱的时候都戴着帽子，不过我只当那是谣传。

一开始，我们都寻他开心，我们都以为他的头发会很快地长回来。但几个月过去了，那些头发却压根没长回来，他于是继续戴着帽子，而且无法恢复往日无忧无虑的样子，可以说他甚至几乎有点郁郁寡欢了。此外，他帽子也买得更多了。我觉得很罪过，而那个说他会长回头发的理发师也不见了人影。

又过去了几个月。突然有一天，他的头发终于又开始长了，而且长得比以前更多。大家再次看到他到哪儿都不戴帽子，而且无论身到何处，都会有女人用手去摸他那头漂亮的头发，而他爱好嬉戏的本性终于又恢复了。

我们当初还要求马斯楚安尼做了另外一项牺牲：我们不准他跳得太好。这项要求让他很难过，因为他一直梦想自己的舞能跳得像弗雷德·阿斯泰尔和金吉·罗杰斯那么好。因为如果他真把舞跳得那么好，会与剧中（舞技渐衰的）角色不符。而且如果让他跳得比朱丽叶塔好，朱丽叶塔也不会喜欢的。

拍这部片子，重要的一点是：我不可以太滥情、太同情那些剧中人，因为如果我过分同情他们，效果可能就会适得其反。不要让他们过分自怜也很重要，尤其得让朱丽叶塔保持她乐观的质地。只要不是太过分，弗雷德这个角色可以有一定程度的脆弱，以免造成反效果，失去观众的同情。

朱丽叶塔不喜欢我们为她的角色所设计的造型，她希望我可以让金吉看起来更年轻诱人一些。她不希望脸上有皱纹，而且对她戏中穿的服装相当关心，关心的重点不只在于希望戏服能够配合她的角色，同时也要她自己能觉得满意。最早的时候，只要戏服可以正确呈现出她的角色，并帮助她"感受"所饰演的角色，她才不在乎自己穿上戏服以后是什么样子呢！她坚称那是金吉这个角色本来就会有的一点虚荣心，这并不过分，说得有理，不过我想其中一定也有朱丽叶塔自己的虚荣心在作祟吧。在她还非常年轻的时候，就算我要她扮成一百岁，她也不会在乎的！她说如果我这时让她看起来像是一百岁，她还是不会在乎的，只要别让她扮成不上不下的尴尬年龄就好。

在二十世纪三十年代，弗雷德·阿斯泰尔和金吉·罗杰斯就是意大利人眼中美国电影的代表。他们让我们了解欢乐的生活方式是存在的。我们开始筹划这部电影的时候，上上下下无一不是金吉·罗杰斯和弗雷德·阿斯泰尔的仰慕者。我们把自己在做的事当成一种致敬的举动，向他们为全人类所提示的意义致意。所以后来当我们听说金吉·罗杰斯向我们提出告诉的时候都非常震惊，我不知道她到底在想些什么。

原本我想用金吉·罗杰斯和弗雷德·阿斯泰尔在银幕上跳舞的画面作为开场，但他们不准我这么做，真是可惜。金吉·罗杰斯原本还是马塞洛的"梦中情人"呢，至少在我们拍那部片子的时候还是。不过经过那场官司以后，我就不确定了，我和马斯楚安尼从没谈过这事。

我们这部小品讲的是那些崇拜罗杰斯和阿斯泰尔的人。这部片子（原文直译）片名取为《金吉与弗雷德》(*Ginger and Fred*)[1]的用意就是向他们致敬。所以当我听到她要告我们，而且真的想阻止这部片子上映时，简直无法相信。他们要求的损害赔偿甚至比这整部片子的拍摄成本还要高。

---

1 中文片名译为《舞国》。

我绝不相信此事是由她在主导，她一定是听了别人说这部电影在取笑她——譬如她的经纪人和律师，有些影评人甚至说我是在嘲弄罗杰斯和阿斯泰尔。我从来不会嘲弄我拍的东西，我会在我拍摄的对象身上看到有趣的东西，但绝对不会嘲弄他们。我和我的剧中人一起发笑，但我不会去嘲笑他们。

　　我想是律师向她捏造了一些他们以为可以让自己有钱赚的说辞，她被他们骗了。我相信她那么做的时候绝对还没有看到我的电影，我无法相信我童年在富国戏院里看到的金吉·罗杰斯竟会这样背叛我。但真正伤心的要算朱丽叶塔了，因为她是那么的认同金吉，而这部片子实际上也是因为朱丽叶塔的缘故才拍成的，当然，结果他们并没告成我们，可是却扫了我们这些拍这部片子的人的兴，而坏的情绪气氛也许就带来了坏运气。我相信做一件事时制造一种好的情绪气氛是极有必要的，喜欢你所做的事也是，这就像在你头上放一个庇佑的光环。但如果情况相反的话就会破坏你的运气。

　　在二十世纪三十年代的意大利，金吉和弗雷德对我们是一种安慰，对我们那些住在外省的人来说又尤其是这样。弗雷德·阿斯泰尔和金吉·罗杰斯向身处于法西斯世界里的我们展示了另一种可能的生活方式，至少在美国那样一块充满令人难以想象的自由及机会的土地上，存在着这样的可能。我们知道那是美国人的电影，但同时也成了我们大家的电影。弗雷德和金吉就像马克斯兄弟、卓别林、梅·韦斯特和加里·库珀一样是属于我们大家的。他们是我们和美国子孙的共同遗产。对一个里米尼的小男孩而言，你要他用话语说出当时好莱坞对他人生有何意义是不可能的。对他来说，好莱坞就是美国，而美国就是一个梦。那时所有的意大利人都希望能亲眼看看美国。我，也同样地做了那个梦。

　　片中我最喜欢的一句话——不是什么主旨，因为我不喜欢在电影里说教——是位修士讲的，他说："凡事皆为神迹，唯需用心领悟。"

第十七章 青春痘与奥斯卡

1986年时，奥斯卡主办单位邀我担任颁奖人，他们要我、比利·怀尔德和黑泽明三人合颁一个奖。我不想拒绝这事，因为他们对我一直都礼遇有加，而且我也想向他们和那些伟大的导演表示敬意。可是，我也不想答应。

对于那些家住洛杉矶、不必从罗马搭飞机去的人，或那些不介意在十亿观众面前用外语现场说话的人，或那些当时不必工作的人，或一些其他的人而言，那都是个值得参加的盛会。

当时间还早的时候，答应什么都比较容易。在你答应下来的时候，感觉上，那个日期好像永远都不会到来，但它又一定都会来到——而且都是在我把它抛到九霄云外以后。那时不管是谁在当我的制片，都会向我施压要我去美国，他们说：去接受项荣耀本身就是一种荣耀，这是很显而易见的。我猜那样可以推广我们的电影，这也是显而易见的。他们还有一个原因没有提到，那就是他们自己希望去那儿参加各种酒会。制片们爱死了影展和酒会。他们喜欢各式各样的奖项，对奥斯卡这个奖，他们更是疯狂。

有时候我会用"我尽量"这样的话作为答复，这真是大错特错，虽然门只开了一点缝，但压力就全渗进来了。通常我并没答应，但大家却以为我答应了，因为那是他们希望听到的，他们把不说话当作默许。

同时我也承认我不喜欢拒绝别人，也许是因为我也不喜欢被人拒绝吧。我不喜欢让别人不开心，这是我懦弱的部分。有时候我说"也许吧"，这其实是在说谎，这时我知道自己是想拒绝他们，我的意思是"不行"。

有时说"也许吧"就尝到了苦头。如果你的行为让你省下了时间和精力，你就得付出代价。但我又没办法不那么做，我一旦得到什么奖，就开始担心。

我对奥斯卡奖其实是很认真的，1986年那年，我原本也一心想要去颁奖，可是有一天我在和朱丽叶塔散步的时候跌伤了脚踝。我那时的第一个想法是：他们不会相信我的。我以前爽约的纪录早已是坏事传千里了，而且大概也是我罪有应得。不过既然我只是颁奖人之一，事情大概就没那么严重，其他颁奖人的意愿都没问题。我不知道他们是不是相信我。这事真假如何？可以说有真有假。我真的跌倒吗？有。我当时受伤吗？有。痛吗？痛。我还去得了奥斯卡晚会，可以跛着脚上台帮人家颁奖吗？可以。我有没有这样做呢？没有。

奥斯卡典礼过后的那个礼拜，我预定要到纽约出席林肯中心电影部为《舞国》所办的首映典礼。他们在前一年给过我奖，而且我在那儿也有些私人朋友，此外，我的脚踝也好多了，所以我决定去一趟。朱丽叶塔也想去，因为她原本打算和我一起出席先前的奥斯卡颁奖典礼，因没去成而感到失望；《舞国》的制片格里马尔迪的情况也跟她一样，所以他也和我们同行。那次在纽约我见到了伯格曼的摄影斯文·尼奎斯特[1]，可真是个惊喜。他为了参加首映典礼还在纽约多待了一个晚上，让我觉得很光荣。成功成名的好处之一，就是你所仰慕但觉得永远不会碰得到面的人，会自己跑来见你。我想由于我在奥斯卡颁奖过后的那个礼拜就出现在纽约，虽然走起路来还是一跛一跛的，但那些加州的人一定从来没有真正相信过我。

欢迎酒会上，大部分的时间我都得坐着，因为我还不能在脚踝上放太多的重量——尤其是我这一身的重量。由于我得坐下，朱丽叶塔也就跟着在我身边坐下。她本性并不孤僻，而且真心喜欢认识不同的人，但她也很同情我，不愿让我一个人坐在那里——虽然，当然，我从来没有孤零零地

---

1 斯文·尼奎斯特，以现实主义风格闻名的瑞典摄影大师，是伯格曼的知名搭档。此外，尼奎斯特也曾与塔可夫斯基、伍迪·艾伦和菲立普·考夫曼等多位名导合作过。

被丢在哪儿过。

我试着忍住疼痛。但有人建议我不要忍，因为前一个礼拜我没有出席奥斯卡典礼，那个人认为我甚至应该夸张我的病痛。

我们都喜欢取悦别人，最爱让别人看到我们想被他们看到的模样。我自己最爱让别人看到和记得的模样是我导戏时的样子。我导戏的时候，身上会散射出一种特别的精力，连我自己都会吓到。

我拍片时不对外开放，这是我一再强调的，我只喜欢让一些我认识而且信任的人进来，或偶尔也让一些我不认识，但同是拍片的人进来。拍片的时候老有太多人要求参观拍摄现场，我几乎全得下令拒绝，而且一切交由我的助理去处理。至于媒体方面，电影拍摄的前三个礼拜大概不准进片厂，要一直等到我觉得开头气势够强了为止。之后，要是有媒体的人来，每次最多我也只准一名记者在场。这突然让我想到，我可以拍一部关于自己导戏实况的电影，这样就可以邀请所有人来看我导戏时的模样。电视台给了我这样的机会来拍《访谈录》这部片子。

《访谈录》原本打算拍成一部纪念电影城成立五十周年（1987）的电视片。电影城会有关于它自己的纪录，但不管我要讲些什么，我的电影里必须有我的个人性存在。像以往一样，我想讲的东西远在时间、预算或拍摄天数允许的范围之外。所以我为电视拍的这部小品后来就变成了戏院里的一小部电影作品了。这事让我的制片易卜拉欣·穆萨（Ibrahim Moussa）很开心，但却把制作单位 RAI 电视台给得罪了。此外，我在影片结尾让美国印第安人带着电视天线（而不是弓箭）前来威胁拍片人员，这点可能也令 RAI 觉得不高兴。我这个象征用得不够有技巧，但却没有任何恶意。

事实上，这部片子的构想是某个星期天我一人在电影城里想到的。我喜欢在星期天去那里，那时比较安静，我可以和电影城里的鬼魂独处。墨索里尼会是拍片时的一个问题，他是任何要讲述电影城历史的人非提不可的人物——不过意大利人却宁愿把他给忘记。他是那么令人难以启齿，所以对那些在这位"领袖"被吊死后才出生的意大利人而言，他几乎像是个虚构的人物。以前片厂是由维托里奥·墨索里尼（Vittorio Mussolini）[1] 负责主持，法西斯体认识到电影的重要，因为电影不仅可以明显为政治做宣传，还可以改变群众的价值和观念。

只要电影城存在一天，我就安心一天。它是我的城堡，虽然它也像我一样在逐渐衰老，但它依旧在那儿。星期天的时候，我会为住在那儿的野猫带些食物过去。它们也为片厂贡献了部分的力量：它们抓到了一些想咬电线的老鼠，或是其他别的东西，甚至包括演员。

这部片子原本是要让一位导演来拍一部关于电影城的纪录片，而我就是那名导演，要拍一部自己的新片。我觉得如果能让一群外国人在我拍摄新片某场戏时来访问我会更有意思些。然后，这又让我想起了自己在1940年首度造访电影城的情景。那是我和电影城初次相见，当时我只有二十岁，对于电影工作一概不知，更甭说想当电影导演了。我当时到那儿的目的是做记者采访。

我向来认为访问应该以玩乐、随兴的方式进行。我唯一的一条规定就是不能让人觉得无聊，这是很难办到的。我希望这部片子不要让人觉得我自恋。片中呈现了我第一次看到电影城时的样子，也呈现了现在我眼中所看到它的样子。

那个被我选来演我二十岁时的演员，让我想起了自己在那个年纪时的长相和行为。他的样子像我，连我让化妆师在他鼻子上加了颗青春痘的样子都像我。我记得自己当年去电影城访问一位女演员的时候，鼻子上就长了颗十分明显的青春痘。那颗痘子没缘由地就冒了出来，我相信当时所有人一定都在看我鼻上的那颗痘子，尤其是那位女演员。我那时觉得它愈长愈大——是说那颗痘子在长，不是我的鼻子在长。每当我看到有人在一起讲话，我就认为他们一定是在说："看！看他鼻子上那颗青春痘！"虽然我没有说谎，但已经可以想象匹诺曹被人瞪着长鼻子的感受了。我那时是个非常害羞、敏感，同时又以自我为中心的年轻人。极度害羞从某方面来看

1　维托里奥·墨索里尼为意大利法西斯党领袖贝尼托·墨索里尼的侄儿。

就是一种以自我为中心。

有段时间，我曾打算为电视台拍一部关于里米尼富国戏院的电影，以后我还是有可能去把它拍出来的。那会是一个包括三部片子的剧集：第一部讲电影城，第二部讲我对歌剧的印象，第三部讲的则是富国戏院。第一部演变成后来的《访谈录》，它的长度足以让制片人送到院线去发行。那个剧集的计划胎死腹中。富国戏院出现在《阿玛柯德》里，不过有些像是里米尼那个戏院被浪漫处理以后的版本。我按照富国戏院在我记忆里的模样，在电影城里重盖了一座。要真的明白富国戏院当时的情况，还得要用当时富国戏院用的那种廉价香水把戏院内外喷洒一下才成呢！那时候，他们会派人在戏院各角落洒上香水，好把原先的臭味盖掉。至于那究竟是些什么味道，真要讨论起来就太可怕了。在《阿玛柯德》里，我让富国戏院看起来很迷人，我把它盖成它在我记忆中的样子。我爱它，对一个自己爱过的女人也会做出同样的事。

我曾想把《魔法师曼德瑞》（*Mandrake the Magician*）[1] 拍成一部电影，那是我儿时很喜欢的一个漫画。二十世纪七十年代初的时候，我觉得马斯楚安尼是饰演曼德瑞的最佳人选，而曼德瑞的女朋友娜达（Narda）则可以找克劳迪娅·卡汀娜（Claudia Cardinale）[2] 来演。我认为她十分适合这个角色，但马斯楚安尼却希望找凯瑟琳·德纳芙（Catherine Deneuve）来搭档，他们两个当时正在恋爱，情况就像戏里的曼德瑞和娜达一样。只不过他们后来一起生了个女儿，但曼德瑞和娜达却没有。曼德瑞和娜达两人从来没有成双在我的任何一部电影里出现过，我怀疑是不是已经太迟了？

不过我在拍《访谈录》的时候，终究让马斯楚安尼扮成了曼德瑞，即使只有短短几分钟，我还让他和安妮塔·艾克伯格重逢，她从拍了《生活的甜蜜》以后就一直住在罗马了。她爱罗马，尤其是罗马的食物。我们很

---

1 《魔法师曼德瑞》为美国极为知名的漫画，由李·弗克负责编剧，菲尔·戴维斯负责画画，在二十世纪五六十年代有极多慕名的模仿者。

2 克劳迪娅·卡汀娜，美艳女星，出生于突尼斯，为意大利名导维斯康蒂所钟爱的女演员。作品包括：《八部半》（1963）、《粉红豹》（1964）、《西部往事》（1968）、《无辜》（1976）、《陆上行舟》（1980）等。

少见面，但每次见面，她总是会表现得很认真，一定要让我知道她有空拍片。

我老是被"希望光束"这种概念折磨，主要是制片人有这样的迷信。我十分了解意大利的制片人，但我想这在哪里都一样。每个制片人都希望在影片结束时来一道他心目中的"阳光光束"。

这就是为什么我会在《访谈录》结尾暴风雨过了以后，拍下那样一道透出云层的"希望光束"。

我在几年前读过一本书叫《马格利安诺的自由女人》(*The Free Women of Magliano*)，作者是马里奥·托比诺 (Mario Tobino)，他是马格利安诺当地一家精神病院的医师，他用一种带着诗意及情感的笔触来描写那里的病人，笔尖所散发出来的温柔让我很感动，因为我个人向来就很认同疯狂的人。我也一直被别人当成怪异的家伙，但我的疯狂经由成功的转化放送，最后竟得到世人的赞许，真是何等的幸运啊！

在里米尼以及我过暑假的奶奶家甘贝托拉，精神疗养机构并不普遍，因此常常可以看到得了痴呆症或精神病的人到处乱跑，不然就是被人藏在屋子里。这些受到孤立的人让我觉得很着迷，他们无法有什么贡献，所以造成了家庭和社区的负担，因此就遭到放逐，活在和一般人不同的世界里。

大家对畸形这件事存在畸形的想法。我们被教导不要去看那些被众人视为丑陋的事物，他们用文字话语外加举例来教导我们什么样的东西该被视为丑陋。我小时候在里米尼也看到了一些一战后所留下来的老兵、截肢病人以及一些要靠轮椅行动的人。由于没有地方可以收留那些被认为是"老天失手"制造出来的人，所以那些头脑简单、智障及所谓的"畸形人"都被父母关起来，或有时藏在家中。而其中又以生他们的那些父母特别以他们为耻，因为他们会被视为是那些父母做过坏事的惩罚。在我们所住的那个迷信环境里，很多人相信他们就是坏人，而且是因为他们或他们的父母受到诅咒才会遭此不幸。如果你们家生了一个残障畸形的人，那么所有的人都会把这事当成你们做过坏事的记号。

你有没有真正仔细看过那些所谓的"美丽的人"呢？我借着一次影展

的机会四处观察了一下。他们是不是真的就比较美丽呢?

戴着一颗假玻璃眼珠、五百磅重的女人,或是巨人与侏儒——这些人和我们一样同属于这个世界。真正有问题的是我们对他们的看法。

小时候,我曾和住在甘贝托拉附近村子里的一群小孩去一个被禁止进入的老修道院探险。我们在那儿发现了一个痴呆儿,除了有饭吃以外,没有任何其他的照顾,他们大概希望他早点死,好把他消耗的一点点粮食也省下,并卸去那些负责照料他的人的负担,同时甚至还可以抹去生下他的不名誉。我对那件事有极深的印象,往后还不断地忆起,而且硬是在《大路》这部片子里出现了。等到我把故事拍进这部片子以后,他就变成了女主角杰尔索米娜的回忆,而不那么像是我的。我因而卸下了记忆那件事的重担,然后也记得住那部电影了。

我以前曾经考虑过要拍一部关于"精神失常者"的电影,但当时我还不很清楚自己要拍些什么。当我看到托比诺的画时,我想也许就是它了。我拟了一个简短的大纲,但没引起制片的兴趣,他们会说:"谁会想去看一部讲疯子的电影?"只有到了《月吟》这时候,我才终于拍出了这种电影。

《月吟》这部片子带给我一个特别的问题,因为它是从艾曼诺·卡瓦佐尼(Ermanno Cavazzoni)的小说《疯人诗篇》(*The Poem of Lunatics*)改编而成的。我说过自己绝不做这样的事。或许这正是这件事吸引我的原因吧,拍些不一样的事,对我总是有吸引力的。之前处理佩特罗尼乌斯的东西,以及拍摄《卡萨诺瓦》这部作品的时候,多少也面对过类似的问题。但这次情况独特,因为这是1985年出版的一本当代小说。我按照往常的方法来解决这个问题,也就是完全用我自己的方式来诠释这本小说,不过事先当然有征得该书作者的同意,我们在这部片子上有某种程度的合作。

把书改编成电影这事对我来说一直是很多余的。小说就像任何一种艺术形式一样,是在它独特的环境中生成的,所以在那儿会存活得最好。它像是另一种不同的语言、语法。要把一个东西从一种艺术形式转换到另一种艺术形式,就像是要一个演员去扮演一位伟人一样,那只是对于真实事物的表面临摹罢了。

我很明白格里菲斯（D. W. Griffith）首创将舞台剧和小说综合成剧情片这样一种新的艺术表现形式的功劳。不过我认为他的贡献其实远不止于此。他了解电影有一种独特且深具潜力的叙事方式，他运用新观念逐步将小说、戏剧转换成他直觉上认为电影银幕能够表达的东西。在他看来，电影是全新的创作形式，不是从别处衍生出来的东西。证据在于，自从他的作品问世以来，所有说故事的方法都戏剧化地受到电影技巧的影响。

我对《月吟》这部片子所选择的处理方式，不是把小说改编成电影，而是把电影改编成小说。说得明确一点，我是想用自己的表达方式来处理剧情和人物需求等基本要素。

我在写《月吟》这个剧本的时候心里有些疑虑。我以前写东西的时候，从来不会有疑虑，有的话，也不会是那种疑虑，始终是肠枯思竭，苦无灵感。我和皮内利在他家的客厅工作，有时我会转过去问他："你真的认为我们该继续下去吗？"我们在同一个房间工作，一人一张桌子，他把大的那张让给我。他回答："当然该继续下去呀！"但我知道自己从来没有那样需要重拾信心过。出了问题，但我又不知道问题是在我们发展出来的剧本上，还是在这个拍片计划上，或问题在我丧失了自信。我不确定自己对事物的感觉。而如果我不相信自己和自己所做的事，那么怎么有能力创造出些什么呢？

虽然朱丽叶塔嘴里不说，但我感觉得到她不认为这个拍片计划是个很好的选择。而且虽然没人提，但我们都明白我的事业是经不起再次失败了。

一段恋情一旦成为过去，就可能变成愉快或痛苦的回忆，或甚至不成回忆，但它不能再度变回恋情本身，这就是我和电影的关系。《月吟》这部片子并未获得影评人和一般大众的肯定，我并不觉得完全意外。在剧本完成后影片开拍前那段时间，我自己也开始有些疑虑。并不是我不喜欢那个剧本，而是我不确定观众会怎么想。我问皮内利："我是不是该收回这个剧本？"他反对。我想他是对的，既然都已经成形了，就应该给它活下去的机会。

现在大半辈子都已经过去了，时间过得飞快，日子所剩无几，但我还有好些故事想说。失败不只增加我找钱拍片的困难，更糟的是，它会动摇我对自己的信心。当全世界都喜爱你的作品时，那就是对一个艺术家支持的允诺。

享受你的成就是很重要的。在平民化杂耍团表演的人一直比在头等剧院里演出的头牌明星更为开心。有时候我也能得到一些工作上的满足，而且霸占我注意力的愈来愈只有这些工作上的满足。在我还很年轻的时候，我常想到"快乐"这件事，但这已经不是我现在关心的事了。我知道"快乐"是不会长久的，而且"不快乐"的时刻总会再度降临；但又知道"不快乐"也是不会长久的，就让人感到有些安慰了。

从我自己的观点看来，我觉得自己的作品里大概只有一部算是失败，或说部分失败，那就是《卡萨诺瓦》。我没读那本书就接下了那部电影，而且对它的态度也不算完全热衷。虽然结果并不十分令人满意，但我仍觉得自己对一个卑劣的人物做出了真实的描写。

我用《月吟》这部片子要求观众暂停他们对电影的期待，或他们对费里尼式电影的期待，我要他们全心跟随银幕上的影像。很明显，他们并未照做，他们期待一部典型的费里尼作品——如果真有这种电影的话。这部影片的潜在观众里有一大部分甚至没发现这部片子就是被这种期待给毁的。

小说在本质上是种主观性极强的艺术媒介。作者单独和打字机在一起，读者则独自与书本为伍。我们不难明白，在电影银幕，甚至电视荧屏上，要传达主观性的东西是比较困难的。影像的写实层面，或单就参与电影工作的人数来看，都是违反主观的。引起共鸣是可能的，但共鸣与主观性不是同一件事。我个人喜欢电影客观传达的这种意义，这跟小说主观的本质是不一样的。

《月吟》这部片子主要是通过一个刚出精神病院的疯子来看事情。他对人无害，他的"疯"是浪漫说法上的那种"疯"。他看事情的观点和别人不一样，以这种角度来看，我也是一个疯子，所以我可以认同他。

我必须在片中拍出主角伊渥（Ivo）眼中所看到兼具扭曲和诗意的现实，但又不希望明白表示那是他的观点。这情况跟《卡里加利博士的小屋》（*The Cabinet of Dr. Caligary*）一样，只是该片的结尾是制片人硬行决定的，违背了导演原先的用意。就我对这事的了解，在《卡里加利》这部片子原本的结尾里，我们发现那个疯子其实是那个疯狂世界里唯一的正常人，只是这个结尾后来被换掉了。而《月吟》这部片子的观点则维持不变，希望由观众自行判定剧中谁正常谁不正常。

有些观众对这本小说不熟悉，这是我该事先想到的。即使在意大利也不是所有人都清楚这本小说。从戛纳电影节传到我这儿的评语是：没人看得懂我的电影——明显是夸大其词。我本来应该到戛纳参加影片的正式放映典礼，但最后一秒我又决定不去了。我是被迫答应参加的，但我不喜欢参加电影节，那儿的观众不是一般观众，所以我不觉得我可以从他们的反应里学到什么。我觉得他们对电影节活动和参展衣着的兴致要比电影来得大。

我被问到《月吟》里的人物是不是延伸自《浪荡儿》和《阿玛柯德》。修指甲师傅玛丽莎（Marisa）和葛拉迪丝嘉（《阿玛柯德》）这两人是有些相似性，因为她们都和同一段记忆有关。此外，在象征层面上我也能认同伊渥。不过总体而言，这问题的答复是否定的。

当伊渥在片中发现不止一个女人可以穿玛丽莎的鞋的时候——事实上是很多女人都可以穿——我觉得非常悲哀。不管他是任何岁数，都代表他已经老了。那是愤世嫉俗心态的开端，伊渥内心的浪漫灵魂已死。他永远无法再满怀希望，永远无法再完全信任。他的脑袋里总会出现一些声音，专问一些浪漫者不会去挑剔的小问题。单单那种提问的概念就说明了他的浪漫灵魂已死。

年老与年少有很大的相似性，只不过年老的人前途较为黯淡。

由于大家都不喜欢这部电影，所以我就得更珍爱它一些，我这可怜的孩子至少有权从我这儿得到这些。

你的电影失败就代表着一种无能。失败令人尴尬，不出几次就会毁了你的自信，如此一来，将来想要成功就变得难上加难。失败就像无能一样，可能变成永久性的状态，你连试都不可以试。你希望可以把责任推给别人，但在内心深处，你知道它是怎么回事。

我不喜欢承认自己顽固，因为我把顽固和愚蠢、非理性这两件事联想到一块。不过我知道自己是不能被逼的，如果有人想逼我，我就真会坐在地上拒绝移动，就像我妈形容我两岁时在里米尼主要的商店街上当街坐下的情形一样。大家经过时都只好绕过我，妈妈说她当时简直是羞死了。按照我后来对她的认识与了解，我确定此言不假，她一辈子都在担心别人怎么看她。

当她连自己的幸福都找不到的时候，还要她来帮我寻找我的幸福，这谈何容易。我下定决心不按照别人给我的规定过日子。这点我成功办到了，但这并不表示我受到别人批评的时候不会受伤。

我想有的时候因为工作压力的关系，我还是不免伤害到了自己的创作。在个人生活方面，我仍有抗拒外力的倾向，虽然有时候女人家施点巧计也可能突破我的心防。不过，之后如果我发现其中有阴谋的话也会觉得很愤恨。然而我却无法去憎恨任何出自天真心态的行为。朱丽叶塔生性天真，诈骗的行为背离她的本性，不过我倒是知道她在晚上向我提出难题之前，多半会先为我端上一盘她的招牌意大利面。

有些人告诉我《月吟》不会成功，他们说它不是那种大家期待想看的费里尼电影，而且没读小说的人不会清楚片子拍些什么，小说的意大利色彩太浓了。也许我一直不放弃这个拍片计划的原因之一不过是我太固执了。

没有人喜欢听别人对他老早以前的作品一遍又一遍地夸奖，而且谈的老是那几部。所有的制片都真的只是想要另一部《大路》《生活的甜蜜》或《八部半》，尤其是《生活的甜蜜》，因为它卖了大钱。

大家以为一定有人争相找我拍片。我自己以前也以为情况应该如此，但却从来没发生过这样的事。唯一的例外是在拍完《生活的甜蜜》的时候，虽然那时有过一些机会，但都不是很理想。当时拍片的机会很多，美国制片人给我很多钱要我拍片。但拍片计划的选择应该重质不重量。

对于创作出来的东西，我自问什么才是我觉得重要的。答案其实只是："它是不是活的？"

我对《月吟》这个作品的答复是肯定的。它值得一个活命的机会，所以我拍了它。这个问题的答案到现在都还是肯定的：它是活的。如果可以让我挑一部希望大家能够给予更多称赞的作品，我会选择《月吟》，因为它像个孤儿一样，那么不受大家欢迎——即使身为其父的我仍然在世！另外还因为它是我最近的一部作品。所以要是有人对我说，"费德里科，你从来没那么棒过！"的话，对我会是个很大的鼓励。

我相信工作对我的健康影响最大。有时我在进电影城之前发了脾气，但只要我人一到了那儿，有人跟我打了招呼，我的火气就会被那种亲切温暖的气氛驱逐得无影无踪。当我走进自己的拍片现场，即使正患着感冒，病情也会不药而愈。

只要我还在拍片，我的身体就能保持健康。我只要有一阵子没拍片，人就会生病。并非所有的人都了解这种情况，只有那些喜爱他们工作的人懂得。我的工作对我是一层保护，就像一副盔甲一样。要说那是肾上腺素的功效就把事情的原因过分简化了。当我在"自我完成"的时候，就觉得自己身体状况出奇地好。

《月吟》不是很受欢迎，所以我也找不到人资助下一部作品。于是，我的身体就开始没那么舒服了。我只有在片与片之间的时候会生病。对我来说，不拍片的时候就会心情沮丧。但如果拍片不顺利，也会情绪不好，只是为时较短，情况也比较轻微。

我不觉得这些年来自己的作品有非常多的改变——但些许的改变可能是有的。开始的时候，我比较强调故事情节，也比较贴近故事本身，电影的文学性较强，技巧较弱。后来我更为信赖影像，并发觉自己的电影和绘画之间有密切的关联。我发现光影要比用对话更能够展现角色心理以及导演风格。

能有像画家一样的自由度是我心中理想的拍片方式。画家不必去说明他的画会是什么样子，你一定得让他在画室和他的画布、油彩待在一起，之后画作便会自然成形。如果我的作品有些改变，那就是这种改变了。我愈来愈没有剧情上的束缚，只是任其发展，让它和影像画面更加靠近。

电影是一种可以激发"共感效应"（synesthesia）的表现媒介。"共感效应"是指在正常的单一感官刺激反应外还能产生其他感官的刺激反应。譬如说，一幅画有诱人食物的静物写生不但可以刺激眼睛，同时还可以刺激食欲；一段歌剧里的咏叹调可以让你产生视觉上的幻象，即使它本意想打动的是你的听觉。雕塑还可以引发人的触觉。我在经过罗马城里某些古代帝王的雕像时，常会心生冲动想去摸他们的脚趾头，不过最后都忍下来了，我担心他们可能会怕痒。我觉得电影常常可以在一个时刻意外地引发许多不同的感觉。我在拍片的时候都一直努力提醒自己这件事，意思就是要自己去注意细节。我在拍人享受美食的时候，一定保证让演员吃到真正的美食。有时候我还得先试尝一下，好知道我片中角色嘴里吃的到底是什么东西。

关于我从早期到晚近在创作上的这种变化，影评人写了很多。一开始，我对语言比对影像有把握。等到后来我对影像愈来愈有把握的时候，就让我可以自由大胆地去表现它们了。这同时也是因为我了解，我可以在事后配音的时候再将注意力转移到人物对话上面。当然我不只关心对话，也关心声音。声音和影像是十分相似的，我关心电影里所有的声音，不只是剧中人说出来的话。在《骗子》这部作品里，农庄背景上鸭子嘎嘎叫所要传达的讯息，可能比一两句人物对白更为重要。

有时候片中一句外围背景的对白可以形成一种气氛，并对语言底下的事加注，而这些东西可能比表层语言还要有意义。一个例子是《生活的甜蜜》中那场夜总会的戏，当圭多和他父亲坐在场子里，背景处有一名喝醉的美国水手在画面外头喊着："放 Stormy Weather 这首歌!"虽然这句话几乎听不太清楚，但有人告诉我说英语的观众还是可以辨认出来。当他们听出那句话，会觉得特别好玩，因为那好像让他们成了知道秘密的"局内人"。

当我可以全面掌控自己的影片以后，我的创作就得以完全从自我出发，而且让我可以寻找到自我。电影可分为两种：一种是"集体发想"，另一种是"独立构成"。我可以老实说，我拍出来的东西责任完全在我。

有些人说过这样的话："等我弄清楚费里尼成功的秘诀以后，我就要拍出一部《杰尔索米娜八岁半的儿子的生活的甜蜜》（La Dolce Vita of the 8½-year old Son of Gelsomina）。"但这当然是行不通的，他们不可能找出成功的秘诀，因为之前有效的东西之后不一定会有效，即使你做出的东西一模一样。其实我也和他们一样不清楚秘诀为何。每次我开始拍一部电影，都像是在开始拍第一部电影。每次开始前，我都会经历同样的恐惧、同样的自我怀疑。我是不是可以再次胜任？每次的期待都更高，心头的负担也就愈重。观众对费里尼的作品已有先入为主的观念，而我却没有别的创作源头可以依靠，因为我所有的创作力都是来自内心。

我真的不愿意自我重复，奇怪的是，即使我想这么做，也不知道要如何再去拍出一部《生活的甜蜜》式的电影。发现自己原来和别人一样不知道《生活的甜蜜》的拍摄秘诀，这真吓人。

我希望尽可能把作品拍得不一样，而且我相信那些才是最有可能成功的影片，不过制片人却不信这些。

我拍片成功的关键在于我是否能让观众看到我所看到的东西。成功好比童话里的魔法师一般，可以让事物突然出现。魔法师把不存在或隐约存在的东西转化成一种我们可以看得到、摸得到、感应得到的东西。

影评人指责我自我重复。事实上，这是无法避免的事。若刻意为不同而不同，其结果就跟为相同而相同一样虚假。最好的喜剧演员不是因为他们口袋里装着上百万个笑话，有些笑话即使一听再听，我们还是会笑，而且可能笑得更厉害，因为这些笑话发展自人物本身，而且我们也清楚让它们好笑的是人性的基本状态。

我们知道菲尔兹这个人物很会唬人，因为他没有别的生存技能，所以只能靠耍弄小聪明过活。不过在我们看到他"无中生有"的精彩本事后，也会愈来愈认同他。马克斯兄弟除了聪明才智外一无所有，但仍然能够开心地活着——我现在谈的当然是指他们在银幕上饰演的角色。他们在同样的自我风格下有着源源不绝的想象；相对而言，他们几乎用同样的技巧来应对不同的状况，但这并不会对我们造成困扰。由于里面讲的东西和我们有关，所以我们会觉得有趣，甚至被感动。

构想重复再加以变化，是所有戏剧情节的共同特征。有人跟我提过一本描述三十九种可能剧情的书。我现在认为就是那个数字了。他说："就只有这么些基本情节，这不挺让人惊讶的吗？"我还讶异怎么会有那么多呢！

我自己是个比较依赖视觉感受的人。底片上拍有影像，之后，你总可以再去挑你要的声音，重新加以强调改善。对我来说，意大利的事后配音制度真是一种完美的发明。

为了让我的作品更丰富、更精确、更易于掌控，也为了确保我所选择的面孔都能拥有正确的声音，就算原本没有事后配音这种方法，我也会把它给发明出来的。意大利电影使用事后配音的方法对我明显是个好处，我相信总有比原音更好、更具表达力的东西。如果要想同时取得正确的画面和正确的声音只会徒增限制。即使换了一种声音，我仍还是在拍电影。剪接这个步骤对我非常重要，尤其是声音的剪接。配音让我可以对我电影的所有制作阶段都继续保持全面的掌控。我对我作品里的多重声响（polyphonic）效果感到特别骄傲，这只有在后制剪接阶段才可能办得到。这个步骤不仅可以让我控制所有的影像，还可以控制所有的声音。

有人指控我偏爱事后配音，其实是因为我喜欢一边拍片一边说话，而且一边指导所有的演员如何演他们的角色。嗯，没错，这也是原因之一。

我想我还可以记得自己生平看到的第一部电影，只是片名已经忘了。我当时跟妈妈坐在里米尼黑漆漆的富国戏院里，在一面宽阔的银幕上面有一些很大的人头，印象中还有两名巨大的女人在上面说话。在我幼小的心灵里简直无法想象那些人是怎么上到那儿去的，而且他们为什么那么大。不过当时我马上就接受了妈妈的解释，只是她解释了些什么，我不一会儿就忘了。不过我倒记得自己也希望能进到银幕里去，那儿看起来挺有意思的。可是我又非常担心到时自己不知如何再出来，说不定我会被困在里面呢！也许这段我首次接触电影媒体的回忆可以解释为什么我只把特写镜头当作特效运用，而没有把它当作例行的叙事技巧使用，这种利用特写的叙事技巧时下相当普遍，在电视上尤其泛滥。我知道《卡比利亚之夜》接近尾声时给奥卡斯眼部的大特写如果通篇都用的话，在那儿就不会那么有效了。

我一直觉得身为导演代理的摄影机应该追随着剧情，而非引导剧情。我喜欢把自己当成一个旁观者，而非主动明显的叙事代言人。很多导演都

243

有一种以形式为先的毛病，他们会抢在戏剧发生之前，把他们想让观众看到的东西先显露出来。观众应该会想要在故事发生之前就先看到点什么的，但当我们在银幕上讲故事的时候，这招当然不是每次都行得通的。我也可以想到一些当时我觉有必要为观众做引导的例子，只希望我的做法不至于太过明显。

在《骗子》这部电影里，我记得曾经在一个剧中人还没被叙述到之前就特别强调了他。当时奥古斯多和女儿帕特丽夏进入一家戏院，在前景的地方，我安排一个男人坐在他们的前面。稍后这名男子会遇到奥古斯多，并成为他的受害者，不过观众要等到事情发生时才会恍然大悟。我也可以不事先提醒观众，直接让事情发生，但在这部片子里，我认为用摄影机做前导是合理的。奥古斯多生活在一个一辈子都怕自己行迹败露的世界里，我希望能把这层预感传达给观众。

一般而言，我都尽量掩饰导演在片中的角色。除非我是在拍一部关于"拍电影"的电影，否则我会自觉地将片中的拍摄痕迹隐藏起来，绝对不让观众察觉到我的摄影机或我的叙事技巧。所以像是大特写、快速剪接，或奇怪的摄影角度……这些明显的技巧，我都限量使用。风格和技巧本身并非目的，而是达成目的的手段。不过在《该死的托比》（*Toby Dammit*）这部片子里，我可抓到机会来探索这些技巧了——它们是我拍剧情片时使用的。

当一位导演的风格变成一种让人注意的形式，当那些形式变得比故事本身更抢眼，并转移了观众看戏的注意力时，那就错了。

我不知道要如何来评断自己。我回顾自己的作品，却记不得自己作品里有哪两部是完全相像的——即使片中有角色重复也一样。卡比利亚这个角色出现在两部不太一样的作品里，而《该死的托比》《爱情神话》和《小丑》这些在几年之内相继拍下来的电影，它们风格差异之大，在我看来，几乎可以被当作三个不同导演所拍的作品。对我而言，只有去拍像是《单车上的杰尔索米娜》（Gelsomina on a Bicycle）或是《卡比利亚的岁月》（Days of Cabiria）这类电影才算真正的失败。

有两个时刻让人最无法好好工作，或者说这是我的个人经验。一个是

244

当你刚成功的时候，这时好像全世界的人都认为你不可以失败。但这是别人的看法，不是你自己的。当你自己不确定怎么去做一道菜的时候，他们却认为你握有做那道菜的秘诀。你最大的成就是：那是你独家发展出来的秘诀，不是别人给的。但你却不明白为什么你那么自然就可以办到的事，别人要把它捧上天？我想到的一个例子是所有那些还想去模仿海明威（Ernest Hemingway）的作家。但真正要想窃取他的写作风格，大概得把他整个人都偷过去才行。

另一个让你觉得没法好好工作的时刻是你刚失败以后。喝彩令人难以理解，它的反面更是让人疑惑。失败这件事比成功更让人难懂。你人没变，但突然间，全世界都开始反对你的作品了。是他们错了？还是你错了？大家都努力不要活在过去里面。你前一部片子赚钱了吗？赚了多少？还是赔了多少？

我不再看电影的一个原因可能是担心自己会在不自觉的情况下抄袭别人的东西。我绝不希望让别人有机会说我在模仿，也许那就是我从不去看自己电影的一个原因。最糟糕的一个流言可能会是："费里尼自我抄袭。"

其实我不去看自己电影的原因，是因为老想重拍它们，这儿一点、那儿一点……

我从不去看自己拍完的影片的另一个理由，是害怕自己甚至不敢承认失望——怕会失望。要是我不喜欢怎么办？要是我觉得有需要爬上银幕去修改那些我不满意的部分怎么办？要是……

拍电影属于把火箭送上月球那类的事，事成绝非偶然。我即兴导戏的方式是把眼睛、耳朵张开，欢迎所有可行的东西。拍片是一趟事前仔细计划过的旅程，不是随意的漫游，拍片时得跟随特定的步骤，但如果你成功了，结果也并不是那么机械化的，它是结合艺术和科学的产物。当影片向你说话，那会是一种轻柔的情话，微微地暗示你加上这一笔会更好，会有助于传达幻觉、保持魔力。你要是忽略了这些，只是一板一眼地照着你几个月前所写的剧本拍片，那就真的太蠢了。在那些自发的灵感里有一种诚实，那并不是即兴，而是对你的艺术的爱和忠实。对我而言，很重要的一点就是：我对自己的每一部作品都还保持着敏锐和着迷，对我的每部电影来说，我都还是个处男，我不只是嘴巴上对自己的每部片说："你是我的第一次。"也是打心里相信这句话的。

那么，凡是看过我将自己心灵坦呈的人，都有权利对我的内在现实发表看法。他们可能会认为我的内在平凡无奇，就像很多人对我外表的批评一样。这当然会让我伤心，不过我却记得大力水手卜派说过："我就是我。"

怪异的外表可能暗示着一个更丰富的内在生命。有人认为如果你是个电影导演，就该比较特别，应该和他们不一样，所以他们期待你的行为和你所讲的故事都该怪异。如果你表现得很正常或和其他人一样，他们就会把你所言所行抹上一种怪异的色彩。他们会把深奥难懂的力量归因给你的喷嚏，就像他们把特里马丘（《爱情神话》）的神力归因在他打的嗝上一样。但比较可能的情况是，他们会把明显的失望和不满表现出来，这些他们不会费事去隐藏，因为你不过是个凡人罢了。如果这时你还对他们客气，他们就更觉得你没价值了。他们十分自卑，如果你认识他们，反而无法得到他们的尊敬。为什么会有这样的人呢？

对我来说，最惨的就是在一家上等餐厅里被人强迫表演，而不是强迫吃东西。我觉得自己就像是他们点的主菜一样，而且我还很想看看自己在菜单上标值多少？我现在已经难得，甚至绝不接受我不认识的人的邀约了。

我的地址本已经盖上了。

第十八章 一去不返的采访者

有出版商请我写自传，我没答应的原因不只是迷信而已。主要的理由是这事需要投资时间，而那些时间是可以用来发展新片的。此外，还有好些让我从不心动的理由，其中之一就是我大概会被期待去把自己所有的作品重新再看一遍。我必须去看那些历经风霜、残破不堪的拷贝，必须去看那些当时被迫做的修剪，我心中并不存在那样的修剪，因为我对那些影片的记忆是想象它们、我拍出它们的样子，是它们长大成形的过程，是它们的全部，而不是我和制片人在最后阶段争执妥协下的产物。

那些修剪，即使是我亲手执行的，也都是被那些想增加放映场次、降低拷贝冲印成本或为了图利的美国发行商，让他们可以拥有更多更长的零食时间的人逼出来的。我心中的那些电影要比大多数观众看到的长得多。那是我记得自己拍出来的部分，是我原本想拍成的电影。

出版商会期待我去分析自己的电影，这样做的话大概会证实我其实比那些巨细靡遗解析我作品的头号无聊影评人更加无聊。除了做一个希望娱乐大众的说故事人这个用意没变之外，我还得去捏造一些原本并不存在的理由。此外，有些当时自己不觉得有多重要的东西，我还得重新仔细去评估。如果有人把我的电影评论作"像丑戏一样"（clownish），我会把它当成一大赞美。因为电影也有自己的生命，在拍片现场就是发生了这么多的事。

此外，我还得用一种比我拍片时更精确、更有系统的方法来讨论那些电影。我可能会需要一个大纲，而且可能还要把拍成的电影剧本记下来，这个剧本要比我用来拍片的那个脚本更接近电影本身——无聊的任务！

而且，我还得从我拍每部作品时的状况出发去看待每部作品才行。虽然拍那些电影时候的"我"都还是现在自己的一部分，但已经让我觉得有点陌生了。

然后，我还得把东西写出来，并且不断地改写，直到我文字里原来的自发本性消失不见为止。此外，我还得站在防备的位置为自己辩护。何不干脆让别人用文字话语和所有其他可以摧残一个人电影的办法去毁掉我的电影算了！我宁愿把时间花在另一部电影的创作上。我不写自传或许还牵涉到另一层因素，那就是去写回忆录好像的确一个终了的意味。

我不喜欢接受访问，不喜欢让自己和别人觉得无聊。毕竟我对自己一生和工作能说的就只有那么多，而且这些东西我已经试着在自己的电影里说了。但我有时候还是会屈服，因为我的第一份工作就是做这种事，而且我也记得当时这件事对自己意义重大。我想那时自己是个害羞的采访者，不像有些人那么积极。当时我在与人谈话上很没经验，情况一如我少得可怜的性经验。

我的生活就是拍电影。拍片是天底下最刺激的事，但去谈它就没那么好玩了。我可以理解为什么大家都想当电影导演，但却不懂，为什么会有人想要听人家谈拍电影这件事。当我拍片的时候，我希望这个经验永远都不要结束。但当我被迫去谈这件事的时候，却可以听到自己讲得多无聊，而采访者的感受可能还更糟。然后就会有些访问最后变得不知去向。

有一天你决定放弃一些私人的时间，因为大家都说你必须这么做。你的作品不能独立生存，要让大家都知道才行——宣传是不可或缺的。所以你就心软了。

你把时间花在一个带着机器来或是记着秘密可笑笔记的人身上。你看着他们的脸，希望能找到一些自己表现好坏的线索，但一直没找到。你更加努力，但仍不见笑声，他们的眼光仍然呆滞无神。你甚至比较可能听得到录音带转动时无情的吱吱声。你希望他们什么时候会觉得累，但都是你在做工，他们怎么会觉得累？所以到了某个时刻，你会决定：访问结束了。

你如释重负地叹了口气，采访者也离开了。但总还有需要接受的第二个访问。不管你第一次接受访问时发生了什么事，保证你还会有需要接受的第二个访问。你花了这么多时间和精力，你被困住了。你不但没有停止损失，反而还浪费了更多的时间。然后你会等待访问的小部分内容在一些看不太到的刊物上发表出来，那些刊物会免费发给帕塔贡尼亚大学（University of Patagonia）[1]的十个研究生看，而且那儿并没有放映你的电影。但这样的结果已经算好了！

你希望他们不要登出一些和你所说相反的东西，希望被登出来的东西要和你谈话的内容、方式多少有些关联；虽然你会答应接受采访就已经够傻了，但还希望自己不要显得比原先那个样子更傻；你希望有人会去读那些文章，但又希望没人看到那个采访。之后，你会几乎忘了自己曾接受过那样一个访问。

然后，在那个访问没有给你的电影带来任何好处很久以后，你又想起了它，而且满心疑问。也许你们可以告诉我答案，那些消失不见的访问都到哪儿去了？为什么访问我的人离开我办公室后，就跑去参加"外籍兵团"（Foreign Legion）了？

片子还没拍出来就要你去谈它，真是件荒谬的事。因此，我作品开拍后的前三个礼拜从不会见媒体。我希望自己到了三个礼拜的时候已经可以控制住局面。

而在片子拍好以后谈论它们，无止无尽地分析它们则会杀害它们。我没有办法阻止这种人们对电影的杀戮，但我也不希望去主持我孩子的谋杀典礼。我不爱谈自己作品的理由非常简单，因为我不想削弱观众的观影感受。

这就几乎和我不会去削弱自己所经历的情绪感受并把它们保存在电影里一样重要。我喜欢把电影拍得像我的梦境一样，那种神秘气氛简直是太棒了。

1　帕塔贡尼亚大学是一所以阿根廷地名命名的意大利大学。

采访者就像在石头上翻找岁月所留下智慧痕迹的考古学家。当采访者带着寻宝心情找上门来的时候，我会觉得很尴尬。我从来不会像他们分析我过往的作品一样去分析自己要拍摄的东西。

我不把自己当成一名"知识分子"，因为我们一般用这个词的时候跟"知识"好像扯不上太大的关系。那些自称"知识分子"的人通常就是我觉得无趣的人。他们是裁判别人的法官。我只喜欢好好地做事，法官让别人去当。我不喜欢对自己的作品下定义、贴标签。标签是给衣服、行李用的。

我记得有个采访者在《八部半》公映期间问我："8½"的意思是不是我第一次性经验的年纪？我回答"是"——那种笨问题好像也只配得到一个一样笨的答案。这个答复被他们当真，而且这些年来还被一再地印成文字刊登出来。我经常被问到此事，而且永远都无法完全反驳。那个笨答案会跟着我一辈子，我猜唯一结束人们追问的方法，就是回答"是，没错！那就是'8½'的意思。"

在意大利，我是很多人写论文的题材。学生对你的敬畏之情实在令人不敢当——而且也令人无福消受。当你刚开始知道这种事的时候，你当然会觉得开心，但它同时也让人尴尬，每个人都想听到你亲自从嘴巴说出同样那些问题的相同答案。虽然那是一个负担，但我却不希望让他们失望。

我不希望身后留下讨论自己电影作品的文字多过创作本身。要是听到他们说，"费里尼用（文字）作品来讨论自己的（电影）作品"，是会很尴尬的。

我朋友都认为我是出了名的爱夸张修饰事实。有些人把这种人称为"骗子"。我只知道自己在幻想里更为自在。

任何一个像我这样活在幻想世界的人，一定都得费尽气力、反向而行才能跟得上缺乏想象的日常生活。我跟没有想象力的人从来就处得不好。你们是不会要我出庭作证的；我也曾是个糟糕的记者，我会被迫用自己的看法来报道一个事件，但从一个较客观的观点来看，那却常常不是事件发生的经过。我希望报道本身成为一个好听的故事，所以就在心里把它这儿那儿修饰了一下。最奇怪的是，我会真的相信自己眼中的这个版本，并觉得奇怪为什么其他人跟我记的都不一样。之后，我对自己修改过的这个版本会记得比较清楚，而且是第一个相信它的人。

有人指责我在讲自己的故事时幻想力特别强。我这一生的确像是我拥有的一件东西，如果我得用文字的方式再活过一次，那么为什么不把细节调整一下让故事变得更精彩一点呢？譬如说，有人指责我把自己的初恋编出了好几个完全不同的版本。那个女孩本来就应该被写成很多故事的啊！我不认为自己是个骗子，这是观点的问题。说故事的人免不了会去把自己的故事加油添醋一番，以提升、丰富他的故事，端看他主观觉得故事该怎么讲。我在现实生活里也这么做，跟我拍片的情况相同。有时候我会这么做，是因为发生过的事我真的不记得了。

我通过电影来说故事，再没有其他方式可以给我这么大的弹性。它甚至比绘画还好用，因为我可以用动态的方式去强调、扩充、提升生命，并从中萃取出菁华，然后再重新创造出一个新的生命。对我来说，电影比音乐、绘画，甚或文学，都要更接近造物的神奇。事实上，它就是一种新的生命形式，有着属于自己的生存脉动、现实层面，以及理解事物的观点。

我说故事是从感觉出发，而非意念，当然更不会从意识形态着手。我是为自己心里想要被说出来的故事服务，而且我必须了解这个故事希望走到哪儿。

我接受制片人的请求在电影节时对记者谈话，但即使我尽力表现，仍有人向我抱怨。记者们不喜欢记者会的形式，每个人都希望私下听我谈话，他们抱怨在记者会上每个人得到的东西都一样。但除了同样的东西，我还有什么可以给他们呢？所以，我损失了一天，而那很可能就是我一生中会想出最棒点子的一天。但我白白地牺牲了，因为那些从"地狱"来的采访者个个都不满意。

个别采访后他们会对我说些什么呢？"谢谢你，费里尼先生"吗？

不是，完全不是那么回事。他们还是抱怨。他们说："你跟我们每个人说的都不一样。到底哪个版本才是真的？"原来他们聚在一起，互相比较笔记。那么他们到底要什么？难道还要我一遍又一遍地重复同样的故事？完全一样，如果可能的话，甚至一字不差？如果那就是他们要的，那么为什么不干脆就开记者会呢？

我从来没办法猜测出采访者的期待有多高。不知道格鲁丘·马克斯（Groucho Marx）[1]如何面对期待他开口就必须妙语如珠的人。有些陌生人不得不来和你谈话，他们希望你有些激动的表现，好让他们回去向朋友议论。面对这些人，你的压力实在太大了。如果你的表现不对，他们就会露出失望的表情。我觉得他们会期待我披着斗篷，打扮得像我某部电影里的人物一样。这种感觉让我很害羞，会让我对陌生人变得坏脾气、不耐烦。我不希望别人来问我意见、让我说话、给我鼓励；我不希望被迫表达自己。要是有人期待我跟他谈我正计划要拍的片子，我认为那是最不恰当的时机。我人在，心不在。我会去想如果此刻我是自己一个人的话，可以幻想到些什么东西？我可以在心中看到什么样的电影？

有时候我心想，世上只有两种人与电影为伍：一种是"影片建构者"（Filmmaker），另一种是"影片解构者"（Filmunmaker）。只要有人来问我："费里尼先生，你的电影是在讲什么？"我立刻就可以认出那是个"影片解构者"。

"解构影片"是个比"建构影片"更大型的工业。"影片解构者"不需要有钱的制片人、繁复的片厂设备，甚至连演员都不需要。他们不必在一个拍片计划上耗费数年的时间，只要能够有钱进戏院，而且受过某种大学教育，就有资格做"影片解构者"了。此外，他们还需要准备录音机、打字机和纸张，再来，可能还需要家人给点零用钱。

"影片解构者"不用智性分析就无法接受电影里变出的戏法。那样的心态势必会把活的东西变成死的。如果他们一定要知道那些把戏是怎么变的，我也可以理解，但他们首先得了解这名魔法师在变戏法的那一刻心里在想些什么，以及他为什么要变这个戏法。说不定他只是在想自己能不能再续约？或夹层里是不是有兔子？或他能不能钓到那个坐在第三排对着他微笑的金发女郎？也说不定他才刚和那位即将要被他锯成两半的女子吵过架？

1　格鲁丘·马克斯，美国喜剧演员。作品包括：《趾高气扬》（1932）、《鸭羹》（1933）、《歌声俪影》（1935）等。格鲁丘于1974年获奥斯卡终身成就奖。

当一位"影片解构者"跑来问我：我让莎拉姬娜（Saraghina，《八部半》）在海滩上当着小男孩大跳艳舞到底有何含义的时候，我不知道该怎么回答。如果我运气非常好的话，他的论文会被收在不知道哪个图书馆的藏书架上，和其他那些滥用了我们珍贵有限天然资源的博学著作一块分享那儿厚重的灰尘。如果我运气不好的话，他的论述就会以书的形式出版，然后被某些人读到。如果我运气非常差的话，那位作者将来变成了某大学电影研究课程的教授，或最可怕的是：如果他变成了一名影评人，那么大家就会相信他所写的东西了。

"影片解构者"很少会变成"影片建构者"。我预测哪天有些比较特殊的"影片解构者"会去拍摄一些描写"影片解构者"用拍片的方式来解构"影片建构者"的纪录片。那么情况就更惨了，说不定那时还会有为"解构影片"办的电影节（unfilm festival）呢！

我最痛恨的问题像是："为什么要用犀牛？"

还有两个人人必问的问题：

"你是怎么变成导演的?"他们并不真想知道我是怎么变成导演的，而是想知道他们要怎样才能变成导演。

另外一个问题是："你拍的就是你的亲身经历吗?"答案是"对"，却又不完全是"对"。那些作品反映出的是我某一刻对生命的看法。

接受采访是件非常困难的事，因为那是一个虚伪的情境。一方得提问，另一方则试着要去讨好这位正在听他说话的人，而且还要努力表现得聪慧有趣、兴致高、有创意。我只要一听说有人想访问我，就想逃，而且是能逃则逃，因为我无法面对别人一再问我相同的问题。我希望能把问题和答案标号，然后当访问者问"第四十六题"的时候，我就回他："请参考第四十六题的答案"，这样彼此都可以省很多时间。

我又想起了《小丑》里的一场戏。有位采访者问我："费里尼先生，你到底想讲些什么?"正当我要对他这个沉重的问题卖弄一些我想是他期待的答复时，突然有个水桶掉到我头上把我的脸遮了起来，让我不能开口讲话，然后，接下来又有另一个水桶掉在那个采访者的头上把他的嘴也封了。

这一小场戏就是我对这类问题的真正反应。由于我是导演，我可以在电影里这么做。在现实生活中，我只好经常在自己脑子里这样对待那些问我笨问题的采访者了。

偶尔，我会给像是"你认为哪些电影是有史以来最伟大的电影？"这类问题一个笨答案。我会说是自己最新的那部，尤其如果它又不真是电影最好，像是《访谈录》这类为电视台拍的东西。但我很快就学到教训了，因为不管我说些什么他们都会当真，而且只字不改地照登来留传后世。我当时可真需要拿块板子，上面写着"说着玩的"，并在句子下面划线。

拍电影有一个我一直不喜欢的部分，那就是像个乞丐。这是我唯一不喜欢电影导演的一件事。我得向制片人乞讨，请求他们恩准我的新片诞生。我从来不会为了自己的事去求人，我宁可饿死街头！但为了自己的电影，我找到了牺牲尊严的勇气。为此，我需要对自己拍的东西有信心才能激发出勇气，而这也是我觉得必须跟支持我的人在一起的理由。当我要找钱的时候，我需要有自信，才能上那些人家中去烦他们。

我不喜欢"制片人"这种人。我了解他们希望自己的钱能够回收，但这种制度甚至不太自然。不过他们有些人一直还是不错的朋友。所以，我想我恨的是他们对我的操纵。他们把我降格成一个没有钱可花的小孩，即使你不同意他们，或甚至更糟的是，即使你看不起他们，你都还要受到他们的控制，并不得不去讨好他们。

我从来不很在乎钱能买到什么，所以"找钱"这件事竟如此地主控我的人生，这点似乎有些奇怪。

第十九章 拍电影比看电影刺激

从前我也和别人一样爱看电影，我在童年看过的那些电影已经变成了我的一部分。不过某个阶段以后，我也就无法再用那种儿时天真的眼光来看电影了。小时候，我们在现实和幻想之间、意识和下意识之间、清醒和梦寐之间，都平衡得很好。小孩面对人生旅程的态度诚实而开放。由于我变得不一样了，所以我看到的电影也变得不一样了。我想那些电影是变得不一样了，但我所真正明了的只是它们对我产生的效果不一样了。我开始不再用以前那种逃避到幻想里的心态看电影，是在我对拍电影这件事变得极为关心的时候。真正能让我活在影片情境里的，只有自己拍的电影。拍电影比起看电影要刺激太多倍了！

我认为自己不再去看电影的原因之一，是它们没有办法再抓住我的心，它们只会把我的心赶出戏院，这时如果我能中途离席而不致伤害到别人该有多好！我没办法想象怎么可能有人可以去当电影节的评审？他们邀请过我，但被我拒绝了。在某个阶段以后，我已经有办法在自己脑中看电影，而且我也偏好这种方式。人生苦短，我希望尽可能为自己留下更多的作品。我无法永远不死，但我希望这些作品里会有一些影像或一种对这世界的看法可以长存不朽。能有机会把你对这世界的看法和世人分享，是一种难以形容的感觉。

我已经不太常去戏院看电影了，常被人问到为什么？我却也从来没有为这个问题准备过一个聪明的答案。我真该想出一个，而且多去看些电影。我难得有机会，很少有时间——但这些答复都无法令人满意。如果那是在我的优先名单之列，我好像是可以找出时间的。有时我告诉朱丽叶塔，我是在囤积所有自己这几十年来错过没看的电影，这样我们老的时候才会有点儿事做。

我最早的影迷经验是在四岁之前，其实是比这个岁数还要早很多，或许应该是在两岁之前吧，只不过我第一次的影迷经验必须仰赖我母亲的记忆，因为我当时还坐在她的腿上。我看到意大利的电影，也看到好莱坞的电影。由于当时所有的电影都配上了意大利语，所以我们小孩好像有可能搞不清哪些是意大利片，哪些是美国片。不过这种疑惑却没有发生。那些好莱坞来的电影好看得多，我们小孩可以分辨得出来，成人观众更是绝对没问题。

我当时不知道自己看的是一些大导演的作品，像是金·维多啦，冯·史登堡（Josef von Sternberg）[1]啦。我甚至不知道电影有导演这回事，也不知道导演是干啥的。我想自己打一开始就相信银幕上发生的事就是现实。我记得有一部我跟妈妈看过了的电影，后来又跟爸爸再去看了一遍，我对同样的电影剧情可以再发生一次感到很惊讶。我还记得那时看了卓别林，喜剧演员一向是我的最爱。直到非常晚，等我长大了以后，我才看到了由雷内·克莱尔、让·雷诺阿（Jean Renoir）、马赛尔·卡尔内（Marcel Carné）和于连·杜维威尔（Julien Duvivier）[2]等导演所拍的了不起的法国片。

我的电影知识就像我受的一般教育一样充满了断层漏洞，此外，我的口味多元不定而且异于常人。我看合我口味的电影，我最喜欢的一些电影都是很个人口味的电影，是一些可以带给我观影乐趣的电影。譬如说，我

1　史登堡，奥地利裔的编导，曾是好莱坞首屈一指的大导演。作品包括：《最后命令》（1928）、《蓝天使》（1930）、《摩洛哥》（1930）、《不名誉》（1931）、《上海快车》（1932）、《金发维纳斯》（1932）、《红色女皇》（1934）、《魔鬼是女人》（1935）等。

2　于连·杜维威尔，法国编剧、导演，影龄长达半世纪。杜维威尔以《大卫·古尔德》（1930）、《白色处女地》（1934）、《望乡》（1937）等片奠立国际声誉，二战法国被占领期间曾为美国拍片，以《灵与肉》（1943）一片较为出色。战后重返欧洲导片，1951 年以《卡米欧先生的小天地》在威尼斯电影节获奖。

对哈尔·罗奇（Hal Roach）[1] 的作品非常熟悉，但却还没看过茂瑙（F.W. Murnau）或爱森斯坦（Sergei Eisenstein）的电影。因此，很多人不把我当作知识分子。其实不单只为这个理由，还为了很多其他的理由，我同意他们的看法。我是一直到了二十世纪五十年代中见到了奥逊·威尔斯才去看了他的《公民凯恩》（Citizen Kane）。我是实话实说。不过，他的《安倍逊大族》我倒是之前就看过了，而且还留下了很深的印象。而当我看了《公民凯恩》以后，当然也像其他人一样肃然起敬。

就算不是以导演的身份，我也要以观众的身份向许多电影导演表达我对他们的感激之情。我看过几部伯格曼的电影，觉得非常喜欢。伯格曼的电影有一种阴郁的北欧色彩，十分吸引人。黑泽明对古代日本贵族阶层的独特想象也非常精彩。此外，他以当代日本为背景拍出来的影片也一样地震撼，真是厉害！他弹性之大令人印象深刻。不论是黑泽明的古代日本片还是库布里克（Stanley Kubrick）的外太空片，我看电影时会相信它们讲的故事，那时我就变成了一个观众，一个非常天真的观众。我好像回到了天堂，找回了自己失去的纯真。在库布里克的《2001年：太空漫游》（2001: A Space Odyssey）里，男主角哈尔（Hal）的死真让人伤心！我之所以尊敬伯格曼、黑泽明、比利·怀尔德和库布里克，是因为不论他们让我看到的东西多么不可思议，我都愿意相信它们。

我没办法说谁最伟大，但我可以说没人比得上比利·怀尔德。《双重保险》（Double Indemnity）和《日落大道》（Sunset Boulevard）已经变成我们生命的一部分，是我们共同的记忆。他真是位大师，那些电影的选角功夫真是太厉害了。怀尔德即使在通俗感伤剧或悲剧中也总保持着他的幽默。他不需要由别人帮他写对白，而且他懂得吃，他喜欢吃，这表示他是个会享受人生的人。他对艺术的兴趣浓厚，但不是创作上的兴趣，而是收藏上的兴趣。有时候你会遇见一些跟你原先想象不一样的名人，但比利·怀尔德的人就

1　哈尔·罗奇，美国制片兼编导。罗奇于1914年与谐星哈罗德·劳埃德成立制片公司，开始制作一连串由劳埃德主演的短片。代表作品有风行长达二十年的小捣蛋系列，及《祖母的孩子》（1922）、《安全至下》（1923）等。

跟他的电影一样。我曾为他画过一幅好玩的画像，他本人就是一幅画。

我觉得库布里克是个有见解又非常诚实的伟大导演。我特别欣赏库布里克的地方是他有能力拍出任何时代背景的电影。他可以拍出《巴里·林顿》（*Barry Lyndon*）这样浪漫的历史剧，而且拍得十分精彩；然后他又可以拍出像《2001年：太空漫游》这样的科幻片，以及像《闪灵》（*The Shining*）这样的鬼片。

《相见恨晚》（*Brief Encounter*）和《阿拉伯的劳伦斯》（*Lawrence of Arabia*）的导演大卫·里恩（David Lean）也是电影殿堂里供奉的神祇之一。布努埃尔（Luis Buñuel）则是位真正的大师，真正的电影魔法师。

在我所知道年轻一辈的导演里，我特别喜欢我们意大利的朱塞贝·托纳托雷（Giuseppe Tornatore），他的《天堂电影院》（*Cinema Paradiso*）在具备真正个人创意的同时，又没有背离电影的大传统。对一个年纪轻轻的导演来说，这已经算是非常成熟的作品了。因此，有些人发现他原来是那么年轻的时候都很惊讶。然后，由于他拍的是那种电影，他们就认为他老派，意思是他的作品是从别人那儿模仿或衍生而来的。这想法不对。重点不在它是新是旧，而在它精不精彩。

我明白自己是世上的幸运宠儿之一，我绝对不会去跟任何别人交换我的人生。我所能希望的只是给我更多我已经享有过的生活。

当然，电影导演这工作为我开启了通向外界的门窗，而且还把一些我一直想认识的人带到电影城来和我见面。这真太棒了！对于住在我心中那个从里米尼来的小男孩来说，这事简直令人难以置信。我记得有天在家中接到一个人的电话，他的英语带着美国南方的口音。由于那个口音，我很难听得懂他在说些什么，他说他叫作田纳西·威廉斯。我以为有人在恶作剧（practical joke），我当时心想为什么这样的玩笑在英文里要用practical（有好处的）来形容。那个人邀我吃中饭，我向他道歉，说我那时人不会在罗马。我从前接过一些声称自己是某些名人的人的电话，但他们不过是想跟我在电话中说说话罢了。我在约定的中饭时间等他们，却没人出现。我曾上过当，所以不愿再重蹈覆辙。

然后电话又响了，还是同一个声音。我完全听不懂他在说什么，不过虽然他音发得不标准，我还是听出了"安娜·马尼亚尼"这个名字，他说是她把我的电话号码给他的。他又提了一次中饭的事，不过多说了马尼亚尼没办法那么早起来，所以不会加入一事。

　　我到那时才明白他熟悉马尼亚尼的生活作习。马尼亚尼是只大夜猫，她觉得下午三、四点起床还算早，一定要特别喊她才会醒，不然她会一直睡到五点。和安娜碰面，对我从来不是问题。因为我早上六点起床出去散步的时候，她正要回家上床睡觉，我们可能会碰巧在一个广场上见到。她会一路停下来喂罗马那些无家可归的野猫，她吃晚饭的餐厅知道这事，会把客人盘里吃剩的东西打包放在一个大盒子里让她带走。

　　那通电话真是田纳西·威廉斯打来的。当我和他吃中饭的时候，我告诉他我没料到他会亲自来电。他说工作的事得由经纪人来安排，个人享乐的事就不必麻烦他们了。由于他和我吃饭是享乐，不是为了谈拍片的事，此外，由于他打的是我私人电话，若由别人代劳就会显得失礼了。他说什么错他都犯过，就是没失礼过，然后就开始放声大笑。对自己说的这个笑话，他笑得非常大声，直到所有在罗马大饭店餐厅里的人都转头过来看我们。

　　我跟他说，他第一次打电话来邀我时被我拒绝，是因为我以为有人在"恶作剧"。然后我提到我觉得英文里的 practical joke 这个词很怪。他说应改成 impractical（没有好处的）才对，这时他又笑得非常大声，而且笑了很久，让餐厅里所有的人都转过来瞪着我们看——或至少让我有这样的感觉。

　　整个中饭的过程，他都一直在那儿大笑，不过都只是针对他自己说的话在笑，从来没有针对我说的来做反应。

　　吃完饭，他付了账。他坚持要这么做。在罗马和人吃饭，一向都是我付账，当然跟制片人在一起的时候例外。但他坚持要付，他说邀请别人吃饭，然后要他们付账，是件失礼的事。然后他又重复了一次：他犯过很多错，但从来没失礼过。之后，他又笑得更大声、更久了，好像这句话再说一次就会变得更好笑一样。这回，饭店里用餐的人甚至连头都不愿抬起来了。他说下次可以是我邀请他，而且仍得由他付账。他保证我们会再在一块吃中饭，他表现得十分亲切。

下一次当我听马尼亚尼说他又来罗马的时候，打电话到他的饭店留言说我想邀请他吃中饭，但他没回话。我猜他大概没收到我的口信，所以我又留了一次，但这次还是没接到他的回音，之后我就放弃了。

画《史努比》（*Peanuts*）漫画的查尔斯·舒尔茨（Charles Shulz）是我高兴见到的一个人，那就仿佛是查理·布朗（Charlie Brown）[1] 来罗马看我一样。他还特别为我画了一则《史努比》漫画，然后问我是不是也愿意为他画一幅人像。我尽了全力，不过那并不是一桩公平的交易。

当一位名导演的好处之一就是有机会见到一些自己心仪的伟大导演。当我见到伯格曼的时候，我想即使他的影片有些北欧的冰冷味道，我们还是可以立刻水乳交融起来的。

我们在一块谈论着天气、旅行的煎熬等既不知性又无创意的话题。有人要是偷听到我们的谈话绝对不会知道我们是电影导演的。

谁也不知道这些谈话是怎么开始的，或者话题会扯到哪儿去。它们就是循着某种道路形成了。

话题不知怎么扯到了我童年的偶戏戏台，伯格曼告诉我他小时候也有过一个小型戏台，不过他的是用硬纸板做成的电影戏台（film theater），有小椅子、乐团，以及前舞台。他在舞台前端有块天幕可以放映那个时候的电影。此外，就像我为我的戏偶编写故事一样，他也为他用纸剪出来的人物捏造情节。我向他描述自己戏台的状况，结果发现他那个和我类似的戏台也大约在同时建立。差别在于他有妹妹和其他朋友一同加入做戏，而我则是孤军奋斗。他的戏台比较繁复，技术层次较高，并且非常强调布景、灯光和复杂道具的更换。此外，他也较常演出歌剧，但不像我一样有对演出收费。而不管我十二岁时生意头脑如何的好，我当初一定已经把它给留在里米尼了。

我们两人都觉得偶戏这个我们在童年投注极多时间精力的东西，对我

1　查理·布朗为《史努比》漫画故事中的主角。

们一生都有很大的影响。经过这番谈话以后，伯格曼鼓励我像他一样去为剧场导戏，他猜一定有很多人跟我提议过。有是有，只是没有他想象的那么多。之所以会有那些机会是建立在这样的揣测上：由于我热爱电影工作，而且我曾经热切希望能到马戏团工作，所以剧场工作也可以依此类推。

我希望那些剧院的制作人请我这个剧场新人导演舞台剧，甚或歌剧的原因，别只是他们可以利用这种新鲜感来促销卖钱。我希望他们请我去导戏的原因是他们觉得我有那方面的潜力。

我第一次知道有剧场这东西是在里米尼。一天，爸妈带我去看"大木偶剧团"（Grand Guignol）的巡回演出。我看到剧院外头张贴着海报，就知道里面有精彩的事要发生了。他们在进行一项秘密的事情。

光是剧院的内部就让我觉得十分精彩了。漆金的包厢、天鹅绒质感的布，以及精心装饰的前舞台。我对那出戏的印象还不及我对它华丽布景的印象来得深。我对剧场从来没有像我对电影那样的感觉，但我那天看完戏以后的确是兴奋得整晚无法入睡。

伯格曼说我可以在"片与片之间"为剧场导戏，这样我就会觉得剧场工作可以给人很大的满足感。但对我来说，没有什么"片与片之间"这回事。当我完成一部片子，我就开始进行下一部。他指出我的电影特别有剧场感。当他了若指掌地谈论我的作品时，我必须承认自己有些不好意思。我的电影他好像看了很多，但他的电影我却看得那么少。对他而言，我明显对布景、服装这些东西极为热衷，对灯光很在意，演技则是凭感觉行事。如果这些情况都这么相似，那么，为什么不两样都兼顾呢？

我没有回答伯格曼那个问题，因为他不是真在提问，那只是个修辞的说法。他只是在谈电影导演跨行做舞台剧导演的情况。我想这个问题的答案是：电影和剧场对我而言似乎是不一样的。就像歌剧和芭蕾，它们虽然相通却不相同。此外，我需要把片与片之间的所有时间都拿来开发新片，以及——说来伤心——去找钱让它们诞生出来。

我碰到奥逊·威尔斯的时候，他说他是个魔法师。我一直就对魔法有兴趣，我猜是因为我愿意去相信它、去认为它是真的——我准备好要让自己上当。我小时候曾尝试过想变些戏法，但技巧不够纯熟。我对要勤练才能变出魔法的兴趣不够大，我向来比较喜欢随兴的东西。我一直反抗任何需要纪律的事，尤其是别人定下的纪律。威尔斯和我不同，他不但喜欢操控戏法，同时还喜欢解释戏法是如何变出来的。我则宁愿相信魔法就是真的魔法。

他大部分的时候都在谈论吃这件事。他爱吃到可以当一个意大利人了。他的声音真迷人！当他说到橄榄油里放的白豆时，那声音真是好听，就像是在朗诵诗一样。事实上，那声音令人分神，它会让人过分着迷，然后就记不住他是在讲些什么了。

能见到金·维多真是太棒了，他是拍《群众》（*The Crowd*）和《战地之花》（*The Big Parade*）的导演。我一直记得他告诉我的一句话："我生在电影开始的时候。"我多么希望自己也是生在那个时代的电影导演，然后发明所有的东西！我想他那时已经七十几岁了，但他最想做的事就是拍片。因为大家说他太老，就不让这样一个天才继续创作下去，真是凄惨。他告诉我他希望拍的一部电影，讲的是《群众》那部片子的主角的故事，那名演员是被维多发掘出来的，原先并不知名。从默默无闻到一夕天下成名，只是让这个演员落到个悲剧收场，因为他没有应付功成名就的心理准备。

我和维多都认为用非职业演员或没名气的演员来饰演某些角色是非常重要的，因为电影明星带着一种自身的身份印记，观众没办法相信他们能饰演某些角色。维多是有天在一群正要离开他在米高梅（MGM）拍片现场的临时演员中看到了这位演员，后来就把他选作《群众》一片的主角。

我们对坏蛋都有相同的想法，那就是我们都不喜欢把坏蛋看成十恶不赦。一个角色可以不诚实或做些很坏的事，但却不必是十恶不赦。然而谈到拍片用实景与否，我们就有歧见了。他比较喜欢实景拍摄，我却偏好片厂作业。在片厂里，我可以完全掌握周围的环境。在这方面我们按所需各行其是，但他在享有创作自由的同时，却似乎可以没有财务的压力，这点则令我十分羡慕。而他还是在好莱坞片厂制度当道下争取到这些的，当时米高梅的头头欧文·萨尔伯（Irving Thalberg）很信任他。维多很多的作品在他们那个时代都是极为大胆，甚至带有实验性的尝试，可是片子也卖钱。他说片厂制度也有它的优点，我相信他的话，那一定就像有个赞助人一样。

他还讲了一些关于葛丽泰·嘉宝的精彩故事，他们是很熟的朋友。打从坐在母亲腿上开始，我就一直对嘉宝有某种抗拒感。金说她在家四处走动时不穿衣服，但只限于在好友和仆人跟前。她看起来好像完全不知道他们在看她，但其实她相当清楚自己所引起的注意。从那之后，我对她演出的电影就另眼看待了。

我觉得金·维多的名字很好玩，不过以他的情况而言，他真的称得上是位"国王"[1]，所以就没问题了。我写信给他的时候，会在他姓的前面画上一个皇冠，然后就不必写出他的名字。他喜欢作画，而且还邀请我去他位于加州的农场看他的画。

他说他参加过很多致敬展都是接受大家起立欢呼，因此他认为他们不如把那些椅子拿掉算了。他告诉我："当邮差、电话不断给你带来接受表扬、出席致敬展，以及旅行、午餐等邀约，而不是带给你拍片机会的时候，你就得小心了。然后有一天，当信箱里只有账单、广告 DM，而电话也不见响的时候，就是你已经退休的证明，即使你没注意到它是哪天生效的。"

虽然我向来不喜欢旅行和参展，但到美国、莫斯科、戛纳、威尼斯这些地方去让我有机会认识一些别的人——如果我只待在罗马就遇不到他们。

拍片的时候，我喜欢尽可能去认识每一个人。偶尔，我也会因而有些意外的发现。

我不会真的只把任何人当成"一个临时演员"看待。我片里每个人都有戏要演，不管他们有没有台词，或是不是职业演员。我喜欢认识他们每一个人，而且我会想办法要他们自在一点。有时候我会对某个女演员问些像是"你喜欢冰淇淋吗？"这样刺探性的问题，希望她能把真正的自我释放

1　金·维多（King Vidor）姓名中的 King 一字音译为"金"，意译为"国王"，一般采音译。

出来。

　　我老喜欢和自己的朋友、处得来的人以及喜欢我和我作品的人在一起。所以有人说我只喜欢我的那些死党、亲信和凡事顺从我的人。我想也没错，我一向希望凡事愉快、了无纷争。但当他们说我被成功宠坏了，这就不对了——我可是一直都没改变。

　　我从来不邀请制片人来我家，只是因为希望他们的角色就是当我电影的制片。这不是说我家不欢迎制片人，我只欢迎他们以个人的身份来访，一定得是私人的情谊。

　　我不喜欢参加派对，同样也不喜欢举行派对——对后者甚至更厌恶些。朱丽叶塔以前喜欢邀请演员和电影、剧场界的人到家里，他们吃完饭后就会玩"比手划脚"的游戏。这时，我常借机开溜。我可以在电影里演戏，但可没办法让自己在聚会中表演。我在演戏的时候总是过分清醒。所以就让朱丽叶塔去扮卓别林吧，我可不要演加里·库珀。

　　我喜欢随兴过日子的朋友，不喜欢那些需要你去约了再约的朋友。因为，我怎么知道明天晚上想在哪个地方、什么时候吃晚饭呢？光是"约定"这个行为本身就已经让我觉得扫兴了。我喜欢随兴而为，有想法的时候就拿起电话问朋友："现在在干吗？"我是那种不爱事先做任何预约的人，从不提前向餐厅订位，甚至连杂志都不喜欢用订的。

　　我非常喜欢尼诺·罗塔，他是我重要的合作伙伴。工作时，他会在钢琴前坐下，我会跟他说我想要些什么，然后他就会把我讲出来的话用音符曲调表达出来。他总是可以了解我心中那些无法用音乐表达出来的模糊概念。他觉得《大路》的故事可以编成很棒的歌剧，也许哪天会吧，可惜没办法让他来谱曲了。

　　他的个性非常好，我跟他在一起的时候，没有一次觉得像是在工作。他总是很谦虚，认为自己的音乐是在辅助电影，而电影音乐偏巧就是这么回事。

结识朋友多半在早年。我年轻时有很多朋友，他们岁数通常比我大，我们可以坐下来聊上几个小时。后来，我认识人、与人交谈多半受制于工作关系。我只有时间去认识共同合作拍片的人，他们变成了我的"同船人"。其他人必须了解我在筹划或拍摄电影的时候，是没有时间去过纯粹的社交生活的。很多我认识的人把这种情形诠释成我不希望和他们在一起。他们有些人说对了。我把工作摆第一，只有在片与片之间的空档，才有时间给别人。这只有圈内的人才能真正明白。我只能在电话上和弗朗西斯科·罗西（Francesco Rosi）[1] 讲几分钟，但他能了解。

年纪再大一些，你就交不到什么新朋友了。反正也不容易，我就没交到几个。变成传奇人物，你就会和人疏远，你再也无法信任友谊，或对友谊保持开放的态度。你变得防卫森严，因为大部分的人都好像想跟你要些什么。你变得害怕听到电话铃响，因为有人想跟你要些什么。直到有一天，大家说你是住在"一人国"里，但那可是个寂寞的地方呀！

再回去看那些曾经对你很重要的人，却发现他们现在并没有你当初以为的那么重要了，真是怪哉。我认为有些情况是因为年幼无知——那些我当时想加深自己在他们心中印象的小孩，现在连他们的名字都已经记不得了。此外，还有一些别的人：我第一个想到的是奶奶。有一段时间，她曾经是我生命中最无可替代的角色，她当时对我重要到我无法想象生命里如果没有她会怎么样。我那时觉得，如果她有个三长两短的话，我也就了无生趣了。那时，她是我最好的朋友，但现在我只会偶然想到她，她在我脑海里的印象已经愈来愈模糊了。由于我所能依靠的记忆已经日趋零散模糊，所以往事画面里的她愈来愈少，自己的部分反而增多。

晚些时候，当有人在某阶段好像对我重要得不得了的时候，我就会去回忆奶奶有段时期也曾经对我如何的重要，然后就能帮助我重新调适观点。

我想过如果哪天我不能再导戏了——不管是我身体不行了，还是没人愿意再投资我——我可以做些什么？

1　弗朗西斯科·罗西，意大利导演。1958年以《挑战》一片崛起影坛，1962年又以《龙头之死》享誉国际。代表作有《意大利式奇迹》（1967）、《马迪事件》（1972）、《教父之祖》（1973）等。

我永远都可以继续画画呀！我以往想画的时候都没办法抽出那么多的时间去画。

我也可以写东西。我一直认为自己可能会喜欢写点给小孩看的故事。我甚至还曾为一个在片中写童话的角色编过一个故事，这样一来，那些童话故事就可以面世了。

其中一个写的是：有一辆马车，车身和轮子分别是帕尔玛干酪和普洛渥隆干酪（provolone）[1]做成的。有天马车卡在一段用奶油铺成的马路上。用玛仕嘉本奶酪（mascarpone）[2]做成的车夫吓得发抖，劈啪挥着用摩札蕾拉奶酪（mozzarella）[3]做成的马鞭，两匹用丽可塔奶酪（ricotta）[4]做成的马则使力用劲想把马车拖开……

不过我没能写完这个故事，因为那时实在太饿了，必须出去找东西吃。

我几乎把我所有的文件都处理掉了，我不喜欢活在过去的记忆里。有一阵子我也保留一些纪念品，但那已经是很久以前的事了。那些文件随着日子愈积愈多，我的空间向来就不怎么大，堆在那边反正什么都找不到，要建档更是不可能。我在忙着拍片的时候也没有时间去欣赏那些纪念品；不拍片的时候心情又有些沮丧，去看那些我以前拍片时的照片不会让我心里更舒服。

我向来就不喜欢自己的照片，因为我从没满意过自己的样子。我一直相信自己本人比照片好看一些，因为我愿意去相信这件事。朱丽叶塔喜欢留东西，像她的衣服啦什么的，所以我就把我们可以放东西的地方都让给了她。

大家总是跟我要一些旧剧本、旧文章或以前的信件。这样一来我就可以老实地回答他们：我没有，同时也不必浪费时间去找了。我只留下那些用来选角的人头照片。对我来说，他们不是过去的事，而是未来的事。他

1　普洛渥隆干酪：一种较黄较硬的干酪。

2　玛仕嘉本奶酪：一种可以用来做蛋糕的奶酪。

3　摩札蕾拉奶酪：一种常用于比萨里的奶酪。

4　丽可塔奶酪：一种稍软，下层有白乳的奶酪。

们是我工作的起点、我的希望。不过我得记住那些演员的实际年龄要比照片看来大很多。有时候我忘了有些照片其实很旧了，而且有时候那些演员寄来的照片是多年前拍的，因为照片里的他们看起来年轻一些，女演员尤其会这么做。

我尽可能努力把所有的东西都抛开。我要试探自己没有它们行不行，这是我的目的。如果是合约的话，我想也许哪天有可能派上用场，所以就把它交由我的律师保存。如果是会引人伤感的东西，我就想办法把它给扔了。因为我把它留得愈久，它就可能变得更引人伤感，然后就更难摆脱了。这招有时候算是有效，除非那东西又被朱丽叶塔从垃圾筒里给拣回去，那时它就可能变成一项永被留存的东西了。如果是一个让我举棋不定的东西，那么我就把它交给马里奥·隆加尔迪。我不知道他会怎么处理那个东西，而且也不想知道。

有时我是不是会弄掉一幅我珍爱的画，或是一个拍片构想，甚或一个剧本？当然会。但如果不这样的话，它们也可能就被淹没在纸堆里，无论如何我是找不到的，因为我也从来负担不起人力和空间去把所有东西建档起来。况且，我喜欢进到办公室看到所有的东西都尽量整齐清楚，也就是我希望自己心里能够呈现的状态，不要有任何杂乱。我喜欢每天都有重获新生的感觉。

不过那几百张人头照片的确被我按照秩序放在可以找得到它们的地方，所以我一知道自己进入创作状态的时候，就可以立刻翻到。我一看到那些照片，脑子就会开始动，而且比手写的要快。有时我看到了一张脸，我会对我的助理菲雅梅塔（Fiammetta Profili）说："联络这个人。"然后，她会回我："但这个地址是他二十七年前留的。"意思是那张照片可能是四十年前拍的。

267

第二十章 那一定是她先生费里尼

这些年来，每当有人说了或做了什么不利于我的事，朱丽叶塔总是比我还气，而且是她不愿意原谅他们。任何对费里尼这位公众人物，或是较为脆弱的费德里科个人不利的举动，她都会极为在意。

每当我们因为配合电影首映或电影节而必须旅行的时候，朱丽叶塔总是被大家抢着邀请。她不是以"费里尼太太"的名义应邀，而是以"马西纳小姐"或"朱丽叶塔"的身份出席。我对她和她的演艺成就非常引以为傲。她也曾和别的导演合作，并参加过电视的演出，但最让她出名的还是"杰尔索米娜"和"卡比利亚"这两个角色——我俩合作影片的剧中人。在意大利除去罗马以外的地方，认得出她的人比认得出我的人要多。有次正值她所演出的电视剧《艾莉诺拉》(*Eleanora*)播映期间，她在米兰被人围着要求签名，我于是站到一旁，然后就看到有女人指着我对她的朋友说："那一定就是她的先生费里尼。"

她在《金屋春宵》(*The Madwoman of Chaillot*)里表现得非常好。她拍戏的时候我没在拍片，所以就到法国去探她的班。凯瑟琳·赫本（Katharine Hepburn）是该片的女主角，但我并没真正跟她认识。我尽可能不让别人发现我，因为是该片导演布赖恩·福布斯（Bryan Forbes）[1]慷慨答应让我在场的，

1　布赖恩·福布斯，英国导演，兼编剧、制片、演员、小说家。作品包括：《微风轻哨》(1960)、《陋室红颜》(1962)、《金屋春宵》(1968)、《卓别林和他的情人》(1992)等。

我不希望让他觉得我是一个干扰，或让他觉得我在家时有秘密指导过朱丽叶塔。我可没有，只是我必须承认自己的确给过她一点建议。

她在那出电视剧的演出非常成功，之后她还为一家报纸写专栏，并为联合国儿童基金会（UNICEF）服务。朱丽叶塔对家人、街头需要帮助的人及小孩都有一种特别的感情，也许是因为我们没有孩子的缘故。

直到最近我才发现，在我成为电影导演的过程当中，竟有那么多人扮演着重要的角色。当然，我一直都记得朱丽叶塔在这件事上的贡献，如果我忘记的话，她也会在旁提醒我的。但也还有一些其他的人：我的父母、在罗马收留过我的阿姨，还有朱丽叶塔的阿姨——她太重要了，她让我们住在她家，直到我们有能力负担自己的住处为止，而那是很长的一段时间；此外，还有法布里奇、罗西里尼、拉图阿达……等等。

我直到很晚才发现我母亲对我的影响和帮助有多大。她的贡献不在于她做了些什么，而在于她不十分知道该做些什么。虽然我们的想法不一样，但她倒从来不会阻止我去发展自我。她不仅鼓励我，还给我钱，让我去走自己想走的路。

有些话是你说了将来会后悔的，那些话说了以后就永远收不回来了。然后，就是一些该说的话你没说——这是一种消极的罪。有时我令别人失望，但知道时已经来不及了，有时我甚至还会令自己失望。

我现在才体会到自己当时其实是可以付出一点什么的。我真希望自己当时成为名导演的时候，有简单明了地用几句话让妈妈知道我承认她早年对我的重要影响。

我在工作上能享有艺术自主权的代价，就是在经济上也得靠自己。

我心目中的理想方式，是由赞助人发我薪水、供我吃穿住宿、帮我付电话费，给我钱坐出租车，而且帮我保障朱丽叶塔的安全和幸福。之后，他们需要负责的就只剩下拍片的钱了。

虽然我无时不在为房租、税金、医药费，或朱丽叶塔不能买她喜欢的衣服伤神，但并不担心自己未来的经济状况。

我从来没有赚钱的本事，反倒是有丢钱的本事。要是我有足够的钱，而且有权决定如何用，那么我在投资的处理上大概会犯很多错。我想原因在于我对钱从来没什么兴趣，唯一希望能有钱的一段日子，是我初到罗马的时候。那时一天只吃得起一餐，肚子填不太饱；再不然就是咖啡想再续杯，或希望请别人喝杯咖啡的时候得先考虑一下。

我对买东西没有兴趣，而且从来不觉得有必要为未来买保障。不知道是因为我对未来太有信心了呢，还是我对未来毫无信心。除了保证朱丽叶塔不露宿街头这个责任以外，我不会去想钱的事。再有一个例外就是，当我需要钱拍电影时——这算是最最奢侈的状况。

我不喜欢搜集东西。我曾听过一个故事，说是阿根廷有个高卓族人（Gaucho）[1]，他的餐具只有一把刀，因为他担心如果用了叉子以后，就会再需要一个盘子，之后就需要再有张桌子来放那个盘子，然后还需要再找张椅子才能坐在桌边，到了最后就得用一栋房子把所有的东西都装进去。

我一直担心如果我拥有了什么以后，真正的情况反而变成自己被它们拥有。我一辈子都在为"反物役"而战。我猜在某种程度上自己对人的态度也是一样的，我会努力抗拒让情感不致陷入过深，当我陷入过深的时候就会感觉到有危险。

由于朱丽叶塔像一般女人一样喜欢拥有一些东西，所以我们过的日子比起我单身一人可能会过得细致得多。不过到头来，我毕竟还是被自己的电影拥有了。

谈生意，我向来不是很在行。不知怎么着，我就是不适合去谈钱的事。我不知道怎么去把自己的价值定成一个数字。也许我理财概念没法儿更好的原因是我从来无法把数字视为一种目标。我心里不会把自己想要的东西转换成里拉。我记得唯一挂念过的东西就是一部车，一部迷人的车，我承认自己想拥有车的目的不只是为了代步而已，还因为想向人炫耀。我是记得自己曾有过那样的感受，只是我现在已经不再能理解那种感受了。

我向来不太会处理大笔金钱，它们看起来不太像是真的。我经常不

1　高卓族人为阿根廷、乌拉圭一带的牧牛人，骁勇善战，在南美民间传说中富于英雄色彩。

要那种钱，而且通常真的就是这个样子。我可能显得吝啬的时候，是对那些微不足道的少量现款。就是为了省那些小钱，我才偶尔可能会去亏待自己。

坐出租车是我最喜欢的奢侈享受之一。我曾想过要省下这笔开销，因为在不工作的时候，对我而言，车资就相对形成一种压力。那时钱只出不进。但我也没进一步节省的空间，因为我既不是在采购又不是在旅行。我要的只是基本的保障。朱丽叶塔没办法不抽烟，我以前虽然抽得很多，但自从戒了以后就讨厌有人抽烟。因此，朱丽叶塔就需要另外有个可以抽烟的房间。我告诉过她，抽烟对她没好处，但她可不是每回都听我的。

我无法放弃的是食物。如果我能减些量，我会这么做但并非基于经济上的考量，而是为了腰围的缘故——好让我经过大镜子的时候不再想要回避。

有一次我参加一个宴会。当时我正在尝一份点心，由于东西很烫，所以我没有把它整口吃掉。又因为那道点心很容易碎，所以另一半就掉了下去。我当时真觉得羞辱极了，心想自己是不是把人家那块白色的地毯给毁了？他们是不是得把整个屋子的地毯都掀起来？我可不可以遮着那个污点直到宴会结束，然后迅速混入其他宾客中逃之夭夭？直到我往下一看，才发现没入口的那一半点心刚巧被我凸出的肚子给接到了。我当时不知道该高兴还是伤心。只见我以迅雷不及掩耳的速度把它捡起来吞了下去，算是湮灭证据。

很明显，放弃食物并不是一个能让我省钱的方法。事实上，我只要一想到节食这件事，就会产生一种饥饿心理，之后我就会变得更饿，然后吃得更多。因此，我担负不起"放弃食物"这种昂贵的想法，于是还可以动脑筋的就剩下交通这一环了。运用大众交通工具不但省钱，而且还会让我回想起自己初到罗马的美好岁月。当时可以搭乘罗马的大众运输工具让我感到很兴奋；此外，也要谢天谢地，让我还付得起车资，这样我就不必用走的了。

但后来的情况跟当初已经不一样了，何况我也不再是从前的我了——

人是会变的。我想我的决心维持了几个月；嗯……大概有吧。虽然我记得有几个月，但事实上却更像只维持了一个月。然后，我就又开始坐出租车了。

民主降临意大利，突然将我们从许多世纪以来的桎梏状态中解放出来。我早年是在法西斯主义的阴影下度过的；虽然纳粹后来被美军赶跑了，但我们还是跟从前一样，对民主知之甚少。我们陷入腐败政客和黑手党两者的倾轧之中，前者阳奉阴违，后者的恶行则不必再做解释。有时黑手党里专门负责"洗钱"的人会找上门来要我帮忙，但我从来不想用那种脏钱来拍片。

在某些人的评价里，我的作品或许不是什么无价之宝，但我自己可不是出价就可以买到的。我宁愿饿死，也不愿去做一些自己清楚并不光荣的事。

如果一次有两位制片，而不只是一位的话，我就可以较有优势。但我老是连一位制片都很难找到，所以就没有很有利的谈判筹码。我成名以后也有过一些机会，尤其是好莱坞，他们愿意付我很多钱，不过希望我到他们那儿去工作，而且拍什么要听他们的。但我一直只想拍自己的电影。

有几次，有些有钱的女人——不管是她们本身有钱，还是她们的老爸有钱，或是她们的老公有钱（外带有权）——主动对我投怀送抱，而且还附带表示她们可以帮我达成拍片心愿。我从来没答应过她们。

我竭尽所能要过一个不是靠交易得来的生活，但也从来不希望让朱丽叶塔受苦。

有一次我们手边缺现款，但我得招待几个客人，而且有时出席饭局的人比你预期得多，所以担心身上的钱不够付账。朱丽叶塔了解我自尊心强，所以就弄来了一个装着钞票的信封，说是她忘了自己藏起来的，然后要我开心地去吃饭，别担心付账的事。直到好一段时间以后，我才知道那是她卖掉几件金饰换来的。那些首饰并不是很值钱，所以也没换到很多钱。是在很长一段时间她都没戴它们以后，我才注意到这事的。她说她不在乎，而且等到有一天我们赚大钱的时候，她会再多买几件回来。

我觉得很难过，所以吃那顿饭是有代价的。之后，我们从来没赚到大钱，也从来没去多买几件首饰。

我会收到很多邮件——很多影迷的来信。我也请了一个秘书帮我回信，因为我不喜欢让那些等候回音的人失望。我也会亲自回个几封，但数量没办法多，不然就要全天候地做这件事了。可是我一定亲自过目所有的信。单是把重要和有趣的邮件过滤出来，就已经是一大工程了。

我收到非常多向我要钱的信。有人寄一些文件给我，让我知道他们的病情，并证明他们值得帮助。他们把生病的小孩和受苦的老人的照片寄来，希望能赢得我的同情。我是很同情，但又有什么办法呢？我和朱丽叶塔没有那样的钱可以帮他们呀。大家以为我有名就该有钱，他们以为我的电影看起来很花钱就代表我有钱。这就跟分不清演员和他们所饰演的角色一样。

我接到一些人寄来的照片。有些是演员寄的，但还有很多都是从没演过戏却想在费里尼电影里露脸的人寄的。而我挑人都是凭照片，有没有演戏经验不重要。经常有父母把儿女的照片寄来，再不然就是男朋友把女朋友的照片寄来，好像是在参加选美比赛一样。我把这些照片归档在我办公室和电影城庞大的档案库里。如果我把它们放在家里的话，大概会把我们不是很大的房子都给淹没了。

再有就是剧本。每个礼拜都有成打的剧本寄到。我比较不喜欢用别人的剧本拍电影。有些编剧知道这点，所以只要我给批评和意见。但除非剧本是我认识的人寄来的，否则我一定原封不动退还。开始的时候，我还会打开那些剧本，但之后每次我一有电影拍出来，就会收到某些人的律师来信说我剽窃了他们客户的作品。他们的客户是可能寄给我一个内容关于一位名叫作里卡多的男子的剧本。他们说我在我的作品里把这个名字用在一个会唱歌的男人身上，而他们的里卡多也会唱歌，而且这两个人同时都喜欢吃意大利面，所以我很明显偷了他们的点子。我自己有个名叫里卡多的弟弟，很能唱歌又爱吃意大利面，他在我的片中饰演一个叫作里卡多的角色——这些他们就都不管了？那些律师是拿这种事来为他们自身做宣传，而且大概还希望会吓到我，让我给他们一点好处打发他们走。我可从没上过他们的当。

有时候这些人会闹到法院去。他们宣称我的作品是他们写的，那些指控简直不知道有多气人。他们没有一个得到过半毛钱，但整个诉讼过程耗时耗神，令人极不开心。所以现在除非是我能相信的朋友的东西，不然我是绝对不会去看任何人的剧本了——至于原因就不必再说了。

第二十一章 魔法与面包

时间的形态可分为三种：过去、现在，以及幻想的时刻。

很明显，未来可以用"如果……怎么办？"（What if?）这样的情况来表现。我们活在现在，但受到过去的影响；除非是在记忆里，否则我们无法更改过去。现在是过去延伸而来的，我喜欢把这个时间状态视为"永恒的现在"（the eternal present）。

对一个人而言，最糟的一种牢房就是"悔恨的牢房"，也就是对自己说"要是……就好了"的情况——但这又不太可能完全避免，因为没人比我们有办法去折磨我们自己。当记者问到我："你此生有何遗憾？"的时候，我总是回答："没有。"这是我所能给他们最简短但仍不失礼的回答。一般来说，我希望保持风度。然而，有个遗憾我平常是不会跟别人说的，我只跟朱塞贝·托纳托雷说过。我通常不随便给人建议，但我想提醒他不要重蹈我的覆辙。

他完成《天堂电影院》以后，我是第一个看到影片的人。他单为我一个人试了一次片，之后，他问我有什么意见。当时我想起了罗西里尼，连带回忆起多年前的往事。当时我还是一个充满期待又怕受伤的年轻人，我把自己的片子放给一个当时地位超出我很多的电影导演看。罗西里尼曾在同样的位置帮过我，其中的差别只在于当初我给他看的《白酋长》并没有完全剪好。我想起罗西里尼当时跟我说的话，他说我有一天也会在关键时

275

刻为另一个年轻人的前途指点迷津。

我非常喜欢那部电影，但我也告诉他，由于片子太长，该再修剪一些。但当他问我该剪掉哪些的时候，我不愿告诉他，我绝不做那样的事。除了自己以外，他不该听信任何人的话，连我也一样。

当他的电影造成全球轰动并赢得一座奥斯卡奖后，我告诉他不应跟我犯同样的错误，不应让拍片间歇中的多年光阴白白流走。一个人在一生中有一些最受世人重视的高峰。我的高峰是《生活的甜蜜》和赢得几座奥斯卡的时刻。那些时候，重要之举就是尽量多拍一些片。

我以前相信，与其拍一部我不能完全相信的电影，不如不拍。但现在的想法不一样了。即使拍了一部坏电影，你也可以学到东西，而且说不定日后它会带给你更好的机运。我当时要是多拍一些电影的话，现在的情况大概会更好。

我知道我现在是在悼念那些我有机会拍却没拍、那些从未出生的片子。

最大的阻碍之一就是害怕犯错。你阻止了自己，你得悠游进场，而不只是在一旁伺机等候。现在只要一有年轻导演问我建议的时候，我都会这么说。当《天堂电影院》赢得奥斯卡金像奖的时候，我对朱塞贝这么说：

"这是你的大好机会。利用它尽量多拍一些电影。不要等待完美，不要等任何人或任何事。当你年轻的时候，以为那样的黄金时刻会永远持续下去，但它其实正在消失。你没办法要它们停留多久就停留多久，它们自有别期。最悲哀的是当它到来的时候没能认出它或珍惜它；次悲哀的是只知去享受它，而不设法延长它。去拍吧，多拍一些。"

如果"动"与"不动"都是错，那么前者仍比后者值得。如果我能再有机会，我会试试运气。我宁愿冒险去拍一部结果可能不如预期的电影，也不愿什么都不拍。像现在这个样子，我想说的那些故事都会跟着我一块死掉。

科罗蒂（Carlo Collodi）[1] 的《木偶奇遇记》一直是个我想拍成电影的故事。我的版本会和迪士尼的有所不同。在我的电影里，每次小木偶对一个女人说谎的时候，会变长的不是他的鼻子。

我很小的时候，书好像就是用来砸弟弟的东西。它们是大人的东西，属于学校的一部分。但学校却又不像是一个为我们开启外在世界的机构，反而比较像一个阻绝我们与外在世界沟通的机构。它妨碍我的自由，并在一天最主要的精华时段把我关在教室里。我的老师里面，没有一个是我心中的模范，我很早就知道自己以后不想变得跟他们一样。我那时对书的看法与一般人相反，我认为它是和学校以及那些我不想认识的人有关的东西。

直到八九岁，我才第一次对某本书有了好印象，而那本书后来也成了我一辈子的好朋友，它就是《木偶奇遇记》。它不但是本精彩的书，还是本伟大的书。我觉得它对我产生了巨大的影响。一开始，是书中那些美丽的图案吸引了我的注意，我希望自己的画也能像那样。

我从《木偶奇遇记》这本书了解到自己也能去爱一本书，同时得知阅读也可以是一种神奇的经验。结果证明，它不只是一本儿童读物，而是一本可以不断一读再读的书。从我小时候发现这本书以后，我在生命中的不同阶段又读了好几次。

故事的结尾是全书最弱的部分，因为作者卡罗·科罗蒂是十九世纪的人，不免会用木偶变成男孩的过程来说教。那真叫人难过，因为匹诺曹失去了木偶身份，也就失去了童年——一种可去认识各种动物、魔法的精彩生活，交换而来的，是把自己变成了一个听话、乖顺的小白痴。

匹诺曹跟我一样出生于罗马涅省。我想顺从科罗蒂的心意去拍这个故事，用"真人"去演，但我同时也会把基欧斯特利（Chiostri）的精彩画风运用到片中。我小的时候，还经常临摹那些插图来练自己的笔，却从来没办法画出基欧斯特利的水准。我为片中匹诺曹在"玩具国"（Country of

---

1　科罗蒂，意大利儿童文学作家，也是新闻记者和剧评家。1880 年起开始在报上连载《木偶奇偶记》，1883 年出版单行本后，译为多国文字，风行至今。

Toys）那段遭遇想出了很多点子。

在这个故事里，我认同的是杰佩托（Gepetto），而不是匹诺曹。造出匹诺曹就好比拍出一部电影，我可以看出杰佩托雕琢木偶和我拍制电影两者间的关系。杰佩托要把一块木头雕成一个玩偶，但哪里知道那木偶很快就要脱离他的掌握。

这跟原本是我在导演一部电影，到头来却变成电影在使唤我的感觉如出一辙。杰佩托原以为是他在主控，但木偶愈接近完成，他就离主控权愈远。

木偶匹诺曹曾是我最喜欢的朋友之一。如果我以前能如愿地用真人演员去拍这部电影，我希望由我自己来饰演杰佩托这个角色，而最适合扮演匹诺曹的则只有一个人，那就是朱丽叶塔。

我一直很迷贝洛和安徒生的童话。想想看《长发公主》(Rapunzel)、《豌豆公主》(The Princess and the Pea) 和《海的女儿》(The Little Mermaid) 这些故事，我好想把这些童话都搬上银幕！我脑海里有这样一个画面：一位公主身穿睡衣躺在像山一样高的床垫上，觉得非常不舒服而且辗转难眠，不知惹她烦心的原来是第一层床垫底下的一颗豆子。这场戏在我心里已经发展得很深入了，所以有时候我会觉得自己好像已经拍过这部电影了。可怜又浪漫的小美人鱼为爱付出了一切，这种感情我们能了解，因为我们每个人也是一辈子都在追寻真爱。《皇帝的新衣》(The Emperor's New Clothes) 这故事的概念则深刻无比。童话故事是人们创造出来用以表达人类境况的伟大手法。荣格吸引我的另一个理由，是他将童话故事诠释成我们"潜意识历史"（subconscious history）的一部分。

生命是魔法与面包的组合，是幻想与现实的组合。电影是魔法，面包是现实，或是该倒过来说？我从来不太会分辨什么是现实，什么不是现实。所有的艺术创作者都尽全力要体现他们的幻想，要和大家分享他们的幻想。他们的创作是依靠非理性的直觉，作品中充满了幻想与情感。一开始是我在导戏，但后来有别的东西接管了过去。然后，我就真的相信不是我在指挥电影，而是电影在指挥我。

278

但丁的《炼狱》是制片们经常建议我拍的一个题材。我自己早就想到这主意了，但却从没有进一步拍它的念头，因为我相信制片人的想法和我并不相同。整个《神曲》我都会处理，但不会那么强调维吉尔[1]以及纵欲狂欢的《炼狱》这两部分，而是以《天堂》（Paradise）里的贝亚特丽斯（Beatrice）为重点。我很重视贝亚特丽斯的纯洁特质。我想用希洛尼穆斯·博斯（Hieronymus Bosch）[2]的画风来拍，我觉得会很适合这个作品。但制片人却只要奶子、露屁股这类的东西。我绝不可能用商业煽情的手法去贬低但丁的作品。

事实上，我比较想拍的是但丁这位作者本人的故事，这会比《神曲》来得更精彩，因为那是真正发生过的事。我会把他在十三世纪游历异国的经验放进电影里，其中还会包括几个特殊的战争场面，这可能会让黑泽明很感兴趣。

还有人要我导《伊里亚特》（*The Iliad*）[3]的故事。我们小的时候就读过这个作品了，而且还把它背了起来。然后我们还像美国小孩玩"警察抓小偷"那样在户外搬演《伊里亚特》。然而，不知怎么回事，我还是觉得要我去拍《伊里亚特——费里尼版》（Fellini's Iliad）好像有点过于放肆。况且我也知道自己没办法被绑得死死的，要把一个在大家心中已经有自我想象的故事化为影像也不是件容易的事。

我梦想能拍《堂吉诃德》（*Don Quixote*）的故事，而且要由雅克·塔蒂这位最适合的演员来扮演堂吉诃德。不过我一直想不出找谁来演桑丘·潘札（Sancho Panza）最合适，这个角色几乎就和堂吉诃德一样重要。这两人就相当于劳莱与哈代。

1　维吉尔，古罗马诗人，经典名作《埃涅阿斯纪》的作者。在但丁所著《神曲》故事中，但丁即由维吉尔带领参观"地狱""炼狱"两处，而带领但丁参观"天堂"的人则是他真实人生中苦恋却未能得以与其长相厮守的贝亚特丽斯。

2　希洛尼穆斯·博斯，中世纪的伟大幻想画家，所绘宗教画细腻繁复，充满哥特式的怪异美感，为现代超现实主义者热烈拥戴。

3　《伊里亚特》相传为吟游诗人荷马所著之著名希腊史诗，讲述特洛伊战争最后一年的故事。

还有一个我希望能拍成电影的故事，就是卡夫卡的小说《美国》。我不懂为什么它不能在电影城里拍摄。自从我在为《马可·奥勒留》杂志工作期间读了《变形记》以后，就一直很崇拜卡夫卡。卡夫卡从没到过美国，我则去过很多次。我想拍的是他心中的美国，不是我的。这本小说并不完整，但一般小说通常都太长了无法改编，我则已经找到了我要的部分。那会是一个欧洲人眼里的美国，带着一些狄更斯式的观点。在故事的架构底下，凡是小说里没有的部分都正好可以让我得到自由想象的空间。

接近死亡时的状况一直让我很着迷。我一向相信有些人在那个时刻可以得知生死的秘密，接着便是死去——那秘密的代价便是死亡。这些人在活的最后一刻到真正死亡之间有段类似昏迷的状态，这时他们的身体还没有真正死去，而生死的谜底就是这时在死者的意识里揭晓的。

这就是我为马斯托纳这个角色所设想的情境。长久以来我一直没让别人知道《马斯托纳的旅程》的故事内容，这辈子我想拍这部片子也想了几十年了。我在自己电影事业的早期就已经开始酝酿了，即使我表面在拍其他片子，心里都仍在发展它。我从来没有向制片人多提这个故事，说出来并不会帮忙找到钱。

有一次几乎就要成功了。德·劳伦蒂斯答应要当这部片子的制片，我们也进行到搭景的阶段，然后我就病了。我在鬼门关前徘徊了一阵子。我那时的状况更接近《马斯托纳》这部片子所讲的东西。等我病好时，已经没办法判断我记忆里哪些是事实，哪些不是。现在我可以把我为他想的这个故事说出来了，因为有很多因素让我确定自己永远不会去拍它了。我虽然有拍它的毅力，却没有去说服别人来当它制片的耐力。我有些同事私下在传说，费里尼不拍这部片子是因为他迷信。"费里尼认同马斯托纳，"他们说，"他怕电影拍完了，他就会死。"

真正的原因是，在马斯托纳等候出场期间，我就已经把《马斯托纳》这部片子给肢解了。我把故事卸成小块借用到我其他的片子里，最后它只剩下基本的骨架了，我还得再为马斯托纳另想一部新片。我原打算把一些自己的内心感受放到电影里去，就像之前的例子一样，我拿出来的是自己真实的感受，而不是实际经验。我一直觉得自己和马斯托纳这个角色很亲近，情况就像《八部半》里的圭多一样。当我指导马斯楚安尼扮演圭多的时候，有时觉得好像是自己在命令自己一样。

有好长一段时间我都拒绝谈到马斯托纳的故事。我那时相信如果在片子还没拍出来以前就先泄底会夺走它的魔力。马斯托纳会飞，我也经常梦到自己会飞。我只要梦见自己在飞，就能感受到自由那种很棒的感觉。我特别喜欢梦见自己在飞，那就跟我在拍片时那种不可思议的兴奋感受一样。

这故事的原始灵感来自一次科隆大教堂之旅，听说中世纪时有个修士可以在教堂"随着心意"腾空飞行——但却不是随着他自己的心意。只有魂灵要移动他的时候，他才会飞，只不过移动他的并非他自己的魂灵。他无法控制自己这项过于特殊的才能，因而常常在不适当的时刻被送到险境，然后令自己难以脱身。此外，马斯托纳也和我一样怕飞。有人甚至推测这个名字对我有某种意义，后来记者和电影学者对马斯托纳这个名字的猜测变成了一种小型的家庭工业。其实这个名字是我在电话簿里翻到的。

现在，马斯托纳再也不会飞了。我相信如果能把它拍出来，大概会是我最好的一部作品。而且现在我既然知道不会去导它了，更可以继续相信它大概会是我最好的一部作品。它只存在我心中，所以永远不会让我失望。

有一场戏我一直想把它用在某部片子里，却一直没找到合适的片子。我好像

真的是等太久了，现在只能在自己的脑海里看这部片子了。

片中的法院（The Palace of Justice）大约建于七十年前。但因为他们当初没仔细考虑到建筑本身的重量，所以从盖好开始法院就一直往河里下沉。到了最近，这栋建筑开始加速下沉，所以法院必须从里面撤出。现在里面是空的，有种死亡的味道。这栋建筑在黄金时期有些老鼠。那儿的老鼠肥大到没有猫可以杀得死。事实上，那些猫反倒会遭遇不测。

所以，有天晚上——其实大约是凌晨三点，趁着四下无人的时候，他们从动物园弄来了卡车，车上载满了豹和老虎。他们把卡车开到那栋空穴般的法院建筑，然后在外头将那些虎豹松绑，你们能想象一片漆黑当中，唯一亮着的就是那些散射绿光的眼睛吗？

梅·韦斯特演过一部很棒的电影，她在里面驯过狮子。我真希望自己是那部电影的导演，跟梅·韦斯特和狮子一起工作，情况大概跟拍那些虎豹类似吧。

我觉得"金刚"（King Kong）的故事很有意思，它是只高贵的动物，而且是个很棒的角色，我对整部片子的构想很着迷，尤其是用金刚来象征所有无法抗拒女性魅力的男人——这点我可以了解。浪漫的金刚力气被削弱了，而且终至灭亡，然而他不计后果的澎湃情感还是让我很羡慕。敢爱、敢恨、敢怒——多么了不起啊！我自己在实际生活里倒比较像是个旁观者。

在德·劳伦蒂斯重拍《金刚》的故事以后，我向他表示我以前曾有过拍《金刚》的想法。他说："好啊！那来一部《金刚的女儿》（Daughter of King Kong）如何？"

我经常想到一些拍片的点子。有一次梦到一个类似《鲁宾逊漂流记》的故事。

小船上的一个水手被冲到一个南太平洋岛的海滩。由于岛上的土著之前从没见过欧洲人，所以几乎拿他当神一样看待。由于那个人对自己来到岛上之前的情形已经失去了记忆，所以就相信了那些土著，让自己像个名人，或以现代的情况看来，像个摇滚巨星一样进入他们的原始社会。几乎所有人都想讨好他，尤其是那些适婚的年轻女子，她们在她周围展示自己圣洁的躯体和完美的乳房。然而，他也不是没有敌人，只可惜我记不清这方面的后续情节了。不过我当初梦到那段情节的时候的确觉得有趣。

就在我们的男主角要落入敌人手中的时候，一架水上飞机从天而降。这时画面里顿时多了好几个欧洲人。虽然男主角认不出他们是谁，他们还是像朋友一样跟他打招呼。

"费德里科！"他们笑着说："你又来了！又跑到波利尼西亚（Polynesia）[1]为你自己的《鲁宾逊漂流记》勘景啊！"

我曾希望自己能拍一部侦探片，有点"黑色电影"的调调，但要用彩色来拍。我有机会在电视上完成这个心愿，但那是个剧集。我不觉得自己可以保持住对剧集的兴趣，而如果连我自己都无法对我拍的东西保持兴趣了，又怎么能吸引观众的注意力呢？此外，我的构想也不适合在限定的时数规范下来拍，因为我的点子实在太多了。

这些年来，这个问题我被女人问过许多次："你为什么从来不拍一部真正浪漫的影片？"我从来不知道要如何回答这个问题，因为我以为自己已经拍过那样的电影了。

马塞洛要我考虑去编一部我们老的时候可以一起合作的电影。他想演一个老迈的角色，我说："但如果我也年老痴呆了怎么办？"

不管我以前说了多少次自己已经丧失了乐观的傻劲，但其实并没有。我那时真正需要的是一种选择性的乐观，要能分辨谁才真正有意愿为我制作电影。乐观需要有某些保护，否则它会变得过于脆弱。我不想浪费自己的时间，或浪费自己所剩无多的希望，但我又该怎么来判断那些人呢？从世界各地飞来想邀请我吃午饭的人有增无减。假以时日，我可能跟一些自己完全不想共餐的人吃过两三次午饭也不一定呢。

所有经过罗马的人都想和费里尼吃个午饭！为什么不这么做呢？在费里尼嘴里塞块点心，就跟在特雷维喷泉里丢个硬币一样顺手呀！

我开天主教的玩笑，而且批评我在这个宗教组织里看见的毛病，这是因为有时天主教徒未能恪遵教义。我当然不反对天主教。我可是个天主教徒呢。

我当然是个虔诚的教徒，喜爱神秘的事物，生的世界有不少神秘之处，死的世界甚至更多。我自幼就对所有神秘的事物感兴趣，如生存的奥妙、

---

1 波利尼西亚，位于大洋洲东方的群岛。

不可知的世界。我喜爱宗教盛会、宗教仪式、"教皇"这种想法，它对行为的规范，说"罪恶"是一种与生俱来的元素这些观念尤其有趣。

在意大利，你又能怎样呢？在我还没懂事以前，教会就等于我的世界，如果这个制度不见了，我还有什么东西可以批评和反叛呢？我相信它是一种幸福的支柱，或至少是一种依归。我相信某种广义的宗教情感是有必要的。我们所有的人都会向某个人、某件东西或某个地方祈祷，即使我们用的词汇是"许愿"。

欧洲人对美国有无限的迷恋。我是欧陆的拉丁民族后代，这表示我至少还有一脚踏在过去里，也或许是双脚。如果一个古人后裔的血液里并没有几千年的历史，这对他也不是一件完全好的事。我选择在一个四周都被过往历史包围的地方定居下来。在罗马，我们会说："我们在万神殿见面去吃冰淇淋。"或是"我们去抄竞技场的捷径。"我住在一个四周都被过往历史包围的地方——遥远的过去。你在罗马四处走着，不禁就会被那些吸引观光客前来拍照的石碑、古墙以及前人留下的废墟所感动。我们不需要拍照，因为那是几乎在这儿度过一辈子的我们的一部分。这种古代的历史气氛已进入我们的潜意识里，我确定至少它在我的潜意识里。这也影响了罗马人看待未来的方式，它让你对未来有点漠不关心。在我个人潜意识的底层可能藏有这样的讯息："生命过往，万事皆空，我只是一名渺小的过客。"罗马的空气中有种虚无的味道，是因为长久以来已经有那么多人呼吸过它了。

我每隔几年就会去加州一趟，发现一个前几年才去过的地方，再度造访时就已经不认得了。我不会要求看它们古代的石碑，因为我可能会看到一个汽油站。在你甚至还来不及制作一个地方的风景明信片时，它就好像已经变了模样。

有一次我因为要研究拍片计划，就考虑在那儿停留一阵子。他们要提供我一个办公室，我说我比较偏爱旧建筑，事实上，是我需要一个旧建筑。在那些玻璃帷幕的摩天大楼里我是不会有什么灵感的，而且待在窗子打不开的建筑里一定不会觉得舒服。他们告诉我："没问题。"隔天，他们说已经找到了一间，而且保证我会喜欢。已经找到了？美国人就是这个样子，那么殷勤。我去看了办公室，对我来说蛮新的。他们却说："不！这是旧房子，它已经盖了五年了。"

美国是个天真又精力旺盛的国度，总是向前迈进，真是个奇妙的地方。

第二十二章 死神如此生气勃勃

奥斯卡奖有种预言的法力……

我小的时候身体有点毛病，但也不是太严重，只是有时候会头昏，我不太在意生点病，喜欢别人在这时给我的额外关怀。我喜欢戏剧情节，偶尔我甚至会装病，或是假扮受伤。

长大以后，有时候我也会拿生病做借口，或利用夸张伤势来逃避一些事情。

然后，等到我最后终于真的病了，如假包换地病了，我又会为自己身体差觉得不好意思，因而想隐藏病情。

1992 年的时候，美国影艺学院来电通知我奥斯卡要颁给我一座终身成就奖，我听了很高兴，但随后心情又变得极为复杂。给你"终身成就"奖并不一定表示你的生命终结了，但可能意味着你的成就终结了，或至少是被看成这样。我当时的第一个想法是：这个奖会帮我找到新片的开拍资金吗？第二个想法是：真好！这个奖一定是在肯定我的作品。第三个想法则是：我希望它想肯定的是我的前一部片子《月吟》。然后，我又想，希望这不是那种在你不久人世以前，为你电影事业正式画下句号的"传奇奖"才好。

大家可以说我迷信。但之前我也一直认为在自己生命接近尾声的时候，会得到一座奥斯卡终身成就奖。所以，我希望这事不会应验。事实上，我当时是很期待。也许，嗯，过个二十五年再来得这个奖。

为了让我前去领奖，他们愿意提供我头等机票等奢侈的往返招待。但对我来说，不必去才是奢侈的事。我想，朱丽叶塔也可以一起同行，她喜欢那种事。她可以为那个场合添购新衣，可以一次买六件。她可以找马里奥·隆加尔迪陪她去，找马斯楚安尼陪她去，找谁都可以，就是不要找我。我向来不喜欢旅行，而且是愈来愈不喜欢。况且，我那时人也不太舒服——这次不是借口——而且当众露出病容也会令人非常尴尬。这么一来，获得奥斯卡奖就失去了它原本该有的好处了。

我对别人的反应一直都觉得很讶异，尤其是制片人的反应，向来令我不解。如果他们认为我接受了奥斯卡颁的终身成就奖，就表示我已经自我请退或被人逼退的话怎么办？

我于是决定了要怎么做。

我要把我的得奖感言拍成一段影片。我要在罗马发表这段谈话，然后自己把它拍起来，之后再让朱丽叶塔帮我带去好莱坞，由她代我上台领奖。真是太完美了！

在奥斯卡颁奖典礼前夕，我得知朱丽叶塔患了重病，病情比她自己知道的状况严重得多。她心里也有点谱，但却不想去了解。对我而言情况恰好相反，我希望知道。之前我从不相信医生们懂什么，但这次即使我不想相信也相信了。我希望尽我所能让她开心。事实上，我无法想象没有朱丽叶塔的日子要怎么过。

我下定决心要顺着她的心意，要讨她欢心——要一直保持愉快的心情，要注意听她说的每句话，要陪她去参加聚会。

有天晚上，我和朱丽叶塔去一个朋友家参加聚会，在场所有人都自动送上了为什么我该参加奥斯卡典礼的意见。"你改变心意了吗？"他们说，"你真的应该去好莱坞领你的奥斯卡奖。"他们怎么知道我该怎么做？

我什么都没说，只希望自己当时人是待在家里。我去那儿，只是为讨好朱丽叶塔。然后，有人对她说："你一定得劝他去，这可是难得的荣誉啊。"那个女人滔滔不绝地说。之后，朱丽叶塔真的只是为了保持谈话上的礼貌才回了她一句："也许他会改变心意，也许他会去吧。"

这时，我突然听到一个很大的声音，原来是我自己在生气地反驳。

我向朱丽叶塔大吼："我不会去的!"这话所有人都听到了，整个房间顿时变得非常安静。所有人都很尴尬，尤其是朱丽叶塔。但最尴尬的其实是我自己。

她说的话并没有冒犯的意思。我猜我会突然发怒，这个不合宜的举动，和我那几个礼拜以来承受到要我改变心意的压力有关。我所到之处周围的人都告诉我一定要去，包括我最喜爱的餐馆里的服务生、出租车司机、街上的行人……

可怜的朱丽叶塔不该受这罪的，我去参加那个聚会的原因真的只是希望她能开心。怎么会发生这样的事呢？我晓得我当着朱丽叶塔朋友的面让她难堪了。

那晚剩余的时间我都对朱丽叶塔特别温柔。我很专心地听她说话，在不致显得愚蠢的情况下尽量对她表现得很殷勤。然后，我开始说得过多，而且也有些紧张，好像说一大堆就能收回我之前讲的话一样。我在那儿停留得比预计的时间要久。我本来想最早一批走的，但后来却变成最晚离开的客人。主人可能还怀疑我们不会走，或以为我们打算在他们家过夜。我猜我是想让所有人知道我玩得多么开心，但我没办法收回我对朱丽叶塔说的那些话和说话时的态度。因此，我会去参加奥斯卡颁奖典礼的部分原因就是要"收回"自己当时所说的那些话。

这些年来，每当我必须在奥斯卡颁奖典礼的舞台上说话的时候，就觉得像是回到自己五岁时的情景一样，那时，如果有人要求我在家庭聚会上朗诵诗文，我就会躲到厕所里去。

每次坐在奥斯卡典礼台下时，我对自己是不是希望得奖都有一种复杂的感觉，因为得奖的话就表示我得上台说话感谢所有人。每次参加颁奖典礼，我都有这种感觉。但这次这个终身成就奖，他们是不可能改变心意，再转颁给别人了。所以当我坐在那个绿色大厅里的时候，又觉得自己变回五岁大小了，然后心里又渴望能躲到男厕所里去。

朱丽叶塔是个情感丰富的人。奥斯卡典礼那晚，不论就电影事业的角度或是私人情感的角度来看，都令我们两个相当感动。当朱丽叶塔在典礼上掉眼泪的时候，我猜她的心情是悲喜交织的——为所有的"是"而喜，为所有的"非"而悲。对我们两个而言，那一刻带来的神奇感受，就好比朱丽叶塔和马斯楚安尼对他们所饰演的"金吉"和"弗雷德"能在久别重逢后再度一起跳舞的感受一样。他们的事业和人生在那一刻被紧紧结合起来。

对我和朱丽叶塔而言，我们的人生在奥斯卡典礼的那一刻被紧紧结合起来。

典礼结束以后，我觉得如释重负，心里很开心。我知道自己表现得不错。包括罗马的出租车司机、朱丽叶塔、影艺学院或任何人，我都没有让他们失望，甚至也没有让自己失望。大家都跟我道贺，但我知道那些都是不可靠的。美国人太客气了，就算我让所有人脸上无光，他们也会对我和颜悦色的。在从罗马出发前，我的关节炎就蛮严重了，因此关节会痛，只是比起我晓得自己要在美、俄、中等世界各国及罗马的电视转播节目里用英文讲话，那种痛就变得微不足道了。而我最不希望发生的一件事，就是自己看起来有什么病痛。

站在台上，我感受到由观众席涌来的爱意。我那刻甚至还很喜欢那样的感觉，简直让我难以相信。

下台后，媒体记者和所有的摄影师都等在后台，我从来没有拍过那么多照片。我当时虽急着想回旅馆，但又希望先谢过主办单位。他们请我留下参加餐宴，但我知道自己会撑不住。要想站直是十分吃力的，关节会受不了。索菲亚·罗兰要我去参加在"史巴哥"（Spago）那儿举行的派对。马斯楚安尼想去，因为他是个纯演员，老是想着自己的下个角色，他希望在那儿露面以便发现什么很棒的新片。演员拍几部电影的时间，导演只拍得成一部电影。

朱丽叶塔很高兴。她哭了，但我知道那表示她高兴。她高兴的时候会哭，难过的时候也会哭。不过我认识她够久了，我可以分辨出其中的差异。

最后我们全都回了希尔顿，而且在套房里举行我们自己的派对，在场的有朱丽叶塔、马塞洛、马里奥·隆加尔迪、菲雅梅塔·普洛菲莉（Fiammetta Profili）和我。他们尽可去参加那些聚会，但还是非常忠心地选择和我在一起。我们开了香槟庆祝。由于当地和欧洲有九个小时的时差，我们都觉得非常疲倦，那时已经相当于罗马的早上了。朱丽叶塔提议再待一天，她好去购物。但我知道多留一天代表什么，代表会有媒体来访、来电，然后我就会被困在旅馆一整天。即使在吃中饭的时候，都会有媒体的人来问我得奖感想及一些其他的问题，然后就在他们看着我嘴巴嚼食物的时候给他们一些老套的答案。回去比较好，赶快结束那段长途的飞行比较好，免得还要再失眠一夜去担心这件事。

因为隔天早上就要打包赶到机场，所以我们必须得早起。

我很喜欢美国式的早餐，它非常能代表它的国家。想想看，早餐吃猪肉香肠呢！通常我不会大声自言自语，所以都是在脑子里对自己说。我告诉自己：等我回到罗马以后，每天早上都要吃猪肉香肠。然而奥斯卡典礼的隔天早上，我对那些好吃的香肠竟然没什么胃口，这是因为我那天要坐飞机，而我的胃已经提前被运送走了。

也许罗马已经有制片人迫不及待等我回来了，他们急着想对我说："费德里科，那些美国人在电视上说你伟大，我们才知道原来你有这么伟大，现在我们明白了。请原谅我们的无知，让我们来支持你开拍新片吧，不管你想拍什么，不管要花多少钱，都成！这是合约，我们可以立刻开始进行。"我老是做这种梦，虽然事实向来不是这样的，但我没办法不这么想。我想，在某些方面，我甚至比朱丽叶塔还乐观，但我尽量不让别人知道。我的希望老是落空，但在我等候电话铃响的那两天也享受过怀抱希望的感觉。但当然，媒体也会在那儿等着我。意大利媒体并不比美国媒体高明多少，他们会说："费里尼先生，请告诉我们你得到奥斯卡奖的感想。"

我会面带笑容地说很多，但眼神却有些哀伤。

获得奥斯卡终身成就奖让我了解到一件事。我之前从来不知道有多少人喜爱我的作品，原来不只意大利一处，还有美国。这让我情绪非常激动，竟然有这么多的人……我觉得自己不配。这么多的爱与支持，这么多人的关怀，是因为他们喜爱我的电影吗？一定是这样，没错。

大家现在提起"费德里科与朱丽叶塔"就像在说"罗密欧与朱丽叶"一样。我们之间很多的风雨缺憾都被岁月带走了。如果罗密欧和朱丽叶能活到他们结婚五十周年的时候，情况会是怎样？他们相遇的时候还是少男少女，而且都是第一次谈恋爱。他们可能时时刻刻都保有完美无缺的爱情吗？我想他们的情况也会像我和朱丽叶塔一样。

我们结婚五十周年纪念日，确切的日期是 1993 年的 10 月 23 日，这个日子对我的意义没有它对朱丽叶塔来得大。她在之前几年就开始提这事了。我看不出那一天比之前或之后的一天重要到哪儿去。

如果要让我来选一天庆祝，我会选我们相遇的那天。我认为这世上再也没有另外一个女人可以让我和她一起生活五十年了。

我说我的生命从罗马开始，说我是在那儿出生，而且那儿是我唯一想要待的地方，而几乎我所有待在那儿的时间都是和朱丽叶塔一起度过的。对我来说，朱丽叶塔就是罗马的一部分，同时她也是我工作和生命的一部分。朱丽叶塔大概会问："哪一部分？"这个问题很难回答，因为那个部分会因时而异。然而，如果某样东西是你的一部分，不管它在不同时候分别是你的心、你的手臂、你的大拇指或其他哪一部分都没关系，只是如果缺少了它，你就会变得残缺、不完整了。

在启程去美国之前，我正进行着下一部电影。那个想法当时正好出现在我心里，它有些像是《导演笔记》的延续，也就是《演员笔记》（An Actor's Notebook），片子会由朱丽叶塔和马斯楚安尼主演。我想拍点容易得到电视台支持的东西，因为我急着想拍片，还有很多其他的构想，但都需要找到制片人才行。我相信这会是一部不错的小品。此外，朱丽叶塔也急着想演戏，所以我想为她拍这部片子。

在前去加州领取奥斯卡终身成就奖之前我做了一个梦。梦里的我很瘦，这是我向来在梦里的样子，所有的头发都还在，而且从来没有这么多过，头发还很黑，就跟我年轻的时候一样。我的身体很轻，所以轻易就翻过了拘禁我的医院还是监狱的围墙。那道墙大概有二十英尺高，但因为我身手矫捷所以毫无问题。我当时觉得健康状况极佳，而且身上充满活力——我把自己的关节炎抛在围墙的那一边了。

我朝上看，天空正当美好的落日景象。夕阳彩霞的位置很低，近到我觉得好像可以摸得到它们，而且可以为它们调整一下方位。然后我才看出它们原来是纸做的。我好奇他们是怎么办到的。因为我觉得自己会想在下一部电影里用一片像那样的景色。那是一部我才刚开始要进行的电影，它就是《马斯托纳的旅程》。终于轮到它了！

那日落景象是纸做的似乎也很自然，因为周围的花草树木也都是纸做的。我心想：太完美了！不过我之前倒从来不是个大自然的崇尚者。

我看见自己的守护天使在天上，她把夕阳景色按照我的心意调整了一下。她可以看透我的心思呢！我瞥见她的脸，那是一张之前从没见过的脸。她让我想到奶奶，奶奶年轻的时候，在她还不是我奶奶以前，一定就长这个模样。我不太确定，再朝她看的时候，她的脸已经转开了。

我发现自己穿着一件罗马式的宽袍，但它并没有绊倒我。那袍子穿起来很舒服，而且跑起来也一点都不难。我往下看看自己的拉链拉上了没，却不见有这种东西。

我来到一个交叉口，我必须在两条路中做个选择。其中一条是通往一个正在做菜的女人，我看出那是切萨里娜。那显得有些奇怪，因为我以为她不会出现在自己餐厅以外的地方；还有点奇怪的是，我知道她已经死了。但那并不妨碍她做菜，我仍然可以闻到白豆在橄榄油里的味道。我看到她那儿炖了一锅牛肉，而且正好就是我喜欢的做法。她大喊龙虾很新鲜，并说："你一入座我就来烤它们，你得等它们，而不是让它们来等你。"那当然。

她给我准备了一个惊喜，竟然没提她准备了"快炒嫩朝鲜蓟"这道菜。

"我用你向来喜欢的做法准备了'英式蛋糕'（Zuppa inglese）来当你的饭后甜点。"这可真是奇怪，因为我没在切萨里娜的店里吃过英式蛋糕。那是我小时候最爱吃的东西，而且还是奶奶做的，从来没有人能做得像她一样。我怀疑切萨里娜是怎么拿到奶奶的食谱的，因为奶奶从来不会把她做英式蛋糕的秘方告诉别人。我可以闻得到她用来润湿蛋糕的 alkermes 酒的味道，我还闻得到新鲜柠檬皮被磨碎的刺激味。那一大团东西的顶已经看不到了，因为实在铺了太多层蛋糕和英式奶油布丁了，材料一直往上加个不停。

我正要往那条路走去的时候，又朝另一个方向看了一下。我看见一个女人，我之前从没看过那么美丽的乳房，并笑着投向我的怀抱。她有着金发蓝眼，就像那些习惯在夏天来里米尼海边做日光浴的德国女郎。她搔首弄姿地说："先在这儿吃个中饭，之后你可以再到切萨里娜那儿去用餐。"她刻意加重"之后"那两个字，然后又说："我们可以一起用餐。"我向来喜欢一面享受美食，一面欣赏对桌的美女。

我向来不喜欢在草地做爱，当然，更是从没有试过在纸做的草地上做爱。但这时突然出现了一张高脚床，上面盖着一床又大又软的白色羽毛枕，同时床上还有我儿时用的大羽毛枕，那是家里代代相传下来的。这时，那名年轻女子一丝不挂地跳上了床，我也跟进，然后回头对着切萨里娜大喊："待会儿再吃！"

你们可以明白，我在梦里是非常年轻的。

我想把我现在的住院经验拍在一部电影里。这部片子和疾病、死亡有关，但并不哀伤。片子是讲一个陷于昏迷状态、徘徊在生死边缘的人，他相信自己逃过了一劫，但最后还是发现自己已经死了。我会把一些马斯托纳的故事用进去。那部片子我没去拍，因为当时我迷信，觉得自己完成那部电影就会死，现在已经没有什么好迷信的了。

我在梦中看过死神好多次，我打算把她的样子给拍出来。死神是个女人，她看起来永远一个样子，是个四十来岁的美丽女子，身穿红缎洋装，边滚黑蕾丝。她的发色较淡，但也不是金发。她戴着珍珠项链，但不是长串的那种，而是在她的修长的脖子上围一串短的。她看起来高贵、优雅、沉静、有自信，似乎并不关心自己的外表。她人非常聪明，这是她最主要的一个

293

特质。这从她的脸部就可以看得出来，她有双慧黠的眼眸，目光剔透有神，并不是我们常看到的那种呆滞的眼睛。她什么都看得到。

死神竟如此生气勃勃。

第二十三章 富国戏院戴面纱的女士

当你讲一个故事的时候，就等于在经历一个故事。我在很多年前开始拍一部电影，到现在我还在继续拍它。由于我在自己电影完成后不会再去看它们，所以它们几乎不像是个别分开的作品，而像是一部电影。对我作品细节熟悉的学生老是问我为什么这么拍、为什么那么拍？有时我还以为他们错把别人的电影当成我的。通常我无法回答那样的问题，因为我不记得自己三十年前拍摄某个镜头的时候，心里在想什么。因为我在那部电影拍完后就没再看过它了。不过，也有一些例外。当我的作品在威尼斯或莫斯科电影节放映的时候，我就避不掉了，而且要是我看自己电影时闭上眼睛大概会显得有些奇怪。我只知道，长久以来我就只像是在拍一部很长的电影，而且我唯一希望的就是它能再长一些，这就是我一直以来唯一的心愿，我所渴望的最大幸福。

最能惊吓我的一件事莫过于在报章杂志上看到自己的年龄，或是听到朱丽叶塔对我说："你想怎么来庆祝你七十二岁的生日？"再不就是有记者问我："七十二岁是什么样的感觉？"我心想："我怎么知道？那与我何干？"

七十二并不是一个你向往的数字，要在八十岁的时候往回看，那时它才会让人觉得顺眼一些。

我对时间过去这件事向来不是非常注意，时间这个观念对我来说并不真正存在。我向来不在乎钟表这些东西，只关心外在加在我身上的时效，

295

像是截止期限、超出工时、不让别人等候这些。我想如果别人不提醒我的话，我是不会注意时间这种事的。我现在的感觉跟那个满头黑发、骨瘦如柴、梦到罗马，而且后来找到了罗马的男孩还是一样的。我的人生过得这么快，对我来说，它就像一部中间未被剪断的超长的费里尼电影。

我以前在自己的朋友群里一直是最年轻的一个，原因是我可以吸引到年纪比我大的朋友。他们有较多的见闻可供我取用，我可以从他们那儿学到东西。因此，不管他们是不是真的比我高明，但感觉上就是比我高明。

当我注意到我在朋友的生日聚会上，突然已经变成里面年纪最大的一个的时候，那种感觉十分奇怪，那就像是一夜之间发生的事。更吓人的是，我发现自己认识的朋友已经是死人比活人多了。

下一步你要怎么走呢？

我向来相信不论你怎么做，结果都是事与愿违。不论我拍过多成功的电影，却从来不会有制片人上门求我为他们拍下一部片子这种事。没有，电话从来没有不停地响过，即使在《生活的甜蜜》一片后也一样，获得奥斯卡奖以后也没有。情况也许就像没人打电话给一位美女一样，因为他们一定以为她忙得没时间理他们；他们以为她有无数让人难以想象的好机会；他们以为自己远远比不上其他竞争对手。因此，当平凡的女孩周末夜有约可赴的时候，这位美丽的女子却在家独守空闺。我和朱丽叶塔就有很多个周末夜是自己待在家中过的。

大家说我很会推销我的拍片计划，说我善于演绎所有角色，使他们活灵活现。我可不觉得。他们很喜欢看费里尼费劲做些奇怪的表演，但当他们把钱投资在我片子上的时候，他们就会把会计人员带来，而那些人大概绝对不会同意我要做的事。

我很天真，每次都相信他们。他们会说："我们吃个中饭吧！"我一直无法相信他们只是单纯要跟费里尼吃顿饭。但吃过饭以后，他们就消失不见了。他们最后在我心里留下的印象就是——当他们说"我们吃个中饭吧！"的时候，我会听到那句话没被说完的部分："仅此而已。"

然后，我就再也不相信他们了。我的天真对我曾是一种庇佑，所以当我停止我对每一个人的信任的时候，就开始不相信任何人了。我把自己与外界联系的门关上了。也许有些中饭我该去吃，但我没办法判定哪些中饭该吃，哪些不该吃。对我来说，吃是很大的乐趣，我一直都很喜欢和朋友一起共餐。我从不明白为什么有些人，尤其是美国人，喜欢吃"商业午餐"？是不是因为他们可以签公司账？还是因为他们晓得你没法在面吃到一半的时候起身离开？我可以在脑海里看见一个光着身子的小费里尼被意大利面死死缠住。

人老的时候会有一种无忧无虑的感觉，那种无忧无虑跟你年轻时因无知而产生的无忧无虑不同。它比较像是"不必在乎"，这跟你在年轻时对它的反应一样，一点也不令人开心。但它毕竟是一种自由，而所有的自由在某一方面来说都是可贵的。

你已无力挣扎，你已无法像中年时那样去挣扎了。你缺乏继续下去的力气，无力面对又一次的失望。

你于是放松，像在泡热水澡。你躺在那儿，毫不抵抗，心里一直清楚水很快就要冷了。

现在，大家告诉我罗马正在龟裂，我尽量不去注意这些，但当然还是看得到。要是一位有名的美女脸上长了皱纹，大家是不是会注意得更仔细？

罗马现在正加速老化，而且老化的风格趋于粗俗，和以往不太一样。它的老化情况比较像是衰败，而不是增添古风。他们把罪过推给烟雾过多，但我认为原因在于态度的转变，罗马已丧失了足以穿透金石的乐观与尊严。对我来说，罗马现在看起来老多了，也许只是因为我也愈来愈老了吧。

我想死在知道自己正要开拍下一部片子之前，我要确知影片的状况，大致的故事内容，制片人已经把所有需要的资金都募到了，而且他还要对我说："费德里科，你想怎么拍就怎么拍，需要花多少就花多少，我信任你。"再不就是还停留在找面孔的阶段——挑选可以表达我想法的演员。我不想在电影拍到一半的时候死掉，因为我会觉得自己好像抛弃了一个无助的小生命……

对我来说，片子完成时就像恋爱结束时一样，并不是个开心的时刻——

一阶段又一阶段公然的告别，显示热情已经降温的明显迹象……当初因工作而结合并宣誓永久情谊的人，现在已经分道扬镳，而且可能已经把记着那些"永远不会被忘记的朋友"的地址人名的纸条都给丢了。

如果我像是他们所称的"魔法师"的话，那么我拍片的时候，就是魔法师和处女在一起的时候。我的电影如同一个处女，在片子结束的时候，她已经变成了一个女人。我对她的感觉再也不一样了，所以就抛弃了她。

当生活形成重复，当你做的每件事都是从前做过的，而且重复的次数多到你无法记得，甚或不愿记得的时候，就表示你已经开始老了。人类的极限就是他想象力的边界。由于新的创作可以让人有新鲜的感受，人类为了避开无聊，并赶在那些创新尚未开始重复之前去经验它们，所需付出的代价仅次于出卖灵魂。

富国戏院。有时候我觉得我这一生是从这个小戏院开始的，那个挂着旧相片的破败殿堂，四季皆不舒适，夏日尤其闷热。但只要电影开始放映，我就会立刻被送到其他的时空里去。

此外，我也会去海滩坐坐，在那儿编些故事，然后还会想象它们被搬上富国戏院银幕的样子。

我想着那位头戴面纱、坐在富国戏院里的女士。她看电影的时候还边抽着烟，而她的面纱就挨在嘴唇附近，我真怕她着了火。只要我还活着，就忘不了她那双目不转睛盯着银幕看的漂亮眼睛，此时还会有几个十几岁的男孩趁机偷摸她的裙子。即使同样的电影看第二次、第三次，她脸上的表情永远保持不变。我幻想自己也能是那些男孩里的一个，偶尔，我也宣称要加入他们的行列。但事实上，就像自己当时大多其他行为的状况一样，无论我经历了什么都只是自己心里的想象而已。

那时候，我从不敢相信自己的照片有朝一日会被挂在富国戏院小小的厅堂内，我哪里敢有这样的念头啊！我现在可以想象，有些小男生像我以前一样，在经过那张照片的时候会问："这是谁呀？看起来不像电影明星嘛！"然后他们的父母就会告诉他们，我可能是戏院的老板。而且，如果那天他们看到了不满意的电影还会责怪我。

我一向把电影院视为圣地，视为一个有尊严的地方。最近我去过一家罗马的戏院，当时里面只有一个人，那个人把穿着溜冰鞋的脚跷在前面座位的椅背上，看电影的时候还一面听着他的随身听。

当我在片与片之间的时候，我就得面对自己的实际问题——上帝，钱；朱丽叶塔，钱；税，钱！难怪我会想办法逃到电影城这个"游乐场"去。

里米尼的富国戏院在我心中的地位，在我成年后被电影城所取代。我在电影城度过了很多年，缘分也已经到了。

即使电影城的第五棚里空无一人，只剩下我一个人站在那儿，还是会让我非常兴奋，那是一种不可能解释得清楚的感觉。

当我第一次踏进那儿的时候，心里有一种奇怪的感觉，那感觉就跟我印象中小时候第一次被人带去看马戏时的感觉一模一样，我当时知道他们在等我。

马戏团里的人遇事从不惊慌，这明显暗示任何事都是有可能的，我很欣赏这点。这与教育体制硬加在我们身上的理性学习方式恰恰相反，那种教育告诉我们要自我设限，而且还要我们永远心怀罪疚。

我把自己的一生看成一连串的电影。这些电影比我生命的其他部分都要更能代表我自己。对我来说，它们不只是电影，它们是我的生命故事。我小时候坐在观众席时一直希望能起身跃向富国戏院银幕的心愿，似乎终于达成了。那时候，我还不知道导演是干吗的，所以觉得当演员好像比较有趣。但起初我却连演员是做什么的都不很清楚，因此还以为真的有人住在银幕上呢。

出现在美国电影里那些美好、理想化的美国生活，对我们这一代产生了观念上的影响。举凡西部英雄、侦探等任何角色，在美国电影里，"个人"是最重要的。我当时就可以认同这点，也希望认同这点。个体是崇高的，会获得最后的胜利。我想我真正开始痛恨法西斯主义，是在它把我们和美国及所有我喜欢的东西隔绝起来的时候——其中包括了美国电影和美国漫画。

我们在那些美国电影里看到的生活都挺好的，总是有些快乐的有钱人。

"任何人只要有钱就会快乐"在那时听起来似乎是很自然的一件事。一定是这样的。他们都长得好看而且很会跳舞。对我而言,跳舞这事跟钱似乎有着纠缠不清的关系,跟快乐也是。我自己是永远没办法把舞跳好的,我老是踩错步子。在那些美国人的美好世界里,他们好像总是在那些摩天大楼的楼顶跳舞,当他们不跳舞的时候,就吃东西,再不然就是用白色的电话在讲话。我对电影的热情是从这些地方开始的……

年纪愈大,工作对我就愈重要。年岁还很轻的时候,有很多别的乐子可以分散你的注意力。那时也许你不需要那么多工作来满足自己,因为所有事情在你看来都新奇有趣。老年的世界是个日渐萎缩的世界,芝麻小事都会被放大来看,就像童年世界一样。对你重要的人寥寥无几,但他们是真的非常重要。小事会变成大事,食物的重要性愈来愈高。工作才能让你觉得年轻,恋爱没这个功效。事实上,到了人生某个阶段以后,再恋爱只会让你觉得自己更老。

我还很年轻的时候有想过老了以后的情况,但感觉并不很真实。我猜自己除了可能像圣诞老公公一样留着白色的长胡子,而且不必剃以外,其他的情况还是和我年轻时没什么两样。到时候我打算想吃什么就吃什么——摩札蕾拉奶酪、各类面食和丰盛的甜点。然后我还要四处旅行,到我以前没空去的美术馆看画。

有一天我对着自己的刮胡镜看,心想:"这个老头是哪儿跑来的?"之后,我才明白这个人就是自己,而我那时唯一想做的事就是工作。

我有一些维持了一辈子的兴趣,但我要把它们留到自己年老可能不工作的时候享用。其中我最想做的一件事就是走遍世上所有最棒的美术馆,尽可能多看一些画。我一直很喜欢画,它能感动我;但对——譬如说——音乐,我就从来没有那样大的兴趣。我想看遍所有鲁本斯(Peter Paul Rubens)[1]的作品,他喜欢画一些跟我那些漫画里一样的女人。然后,我想

---

1 鲁本斯,佛兰德斯的著名画家,作品色彩丰富,所画女体丰满性感,为其主要特色之一。

看所有波提切利（Sandro Botticelli）[1] 笔下那些大型、皮肤白里透红的纯洁女子。博斯也是令我印象极深的一位画家。挪威有一个很棒的蒙克（Edvard Munch）[2] 美术馆，我以前就希望能拜访。即使是在意大利本地展出的画，我都看得不多。我一直还想再去人民广场（Piazza di Popolo）上的教堂看几幅画，那儿离我家不过几条街。我大概会去，也许我可以带一位客人去看，那样我自己就可以再看到那些画了。

现在时间过得飞快。我还记得以前在里米尼的时候日子过得有多慢——画画、到海边散步、在我的小偶戏剧场里工作……现在我不知道岁月往哪儿去了，日子已经不是一天一天在过，而是一下就过去好多天。年轻时最奢侈的一件事就是不会去注意到时间这个东西。

我曾想过要拍一部关于这个想法的影片。片中的童年部分，影像会动得很慢；但当小孩长大以后，片中的动作就会加速；到了最后，整个画面几乎糊成一团。

我曾在《花花公子》（Playboy）上读过一篇弗瑞德立克·布朗（Frederick Brown）写的故事，内容讲述一个人发现了永生不死的秘密。唯一的困扰是，他周遭世界移动的速度愈来愈快，所以他开始看到太阳月亮每天在天空上跑得愈来愈急。最后他成了某个博物馆展出作品的一部分，他人坐在桌前，手里有支笔，很明显是在写东西中途凝住不动了。博物馆的导游解释说，这个人还活着，但移动得过慢，所以你们看不出来。他正在把发生在他身上的事写出来，不过可能花个几百年都写不完。

我有时觉得愈接近生命尽头，时间就过得更快。但那些时间跑到哪里去了呢？它们为什么消失得这么快？

有些人谈论着你，但他们不认识你，你也不认识他们，这不是蛮奇怪

1 波提切利，佛罗伦萨文艺复兴时期的杰出画家之一，画风细腻，富情感。笔下美女优雅、一尘不染，《维纳斯的诞生》为其代表作。

2 蒙克，挪威表现主义派画家，童年父母双亡，造成他往后画作上的黑暗主题（疾病、死亡）取向。其著名画作《呐喊》（1893）已成了现代人精神极度苦闷的象征。

的吗？如果和你说过话的餐厅服务生、街上的出租车司机不算在内，但还有那些你完全不认识的人，如果他们也谈论你呢……？

真正叫人难堪的一件事，是让别人在电视上谈论你个人的健康问题。这多可怕啊！

我一直希望自己长得潇洒强壮，就像那些肌肉健美、在里米尼海滩上练习古典式摔跤（Greco-Roman wrestling）的年轻运动选手一样，让男人羡慕，令女人爱恋。至少，我希望能一直保有我生就不多的本钱，而且不显得老——即使我已经老了。有一阵子，我还曾希望能找到"青春之泉"呢。

有个朋友跟我提过罗马尼亚的一个地方，地名我不记得了，但你可以去那儿秘密接受特殊治疗。我想是叫你蒙着眼睛吃山羊的腺体。你在七十岁的时候进去，到了七十一岁才放你出来。当你出来的时候，你看起来就再也不像七十一岁了，而是像六十九岁。

所以当我七十岁的时候，我问了那位大我几岁，而且去过那地方的朋友，那家回春中心在哪里？但他已经不记得了。

小时候，我为了引起更多注意而装病；年轻时，我为了逃避被墨索里尼军队拉夫而装病；到了中年，我为了躲开领奖、电影节这些事，在掰不出其他理由的情况下，还是装病；最后来到老年，病痛成真，我却反而尽量想办法不让别人知道我的病情，因为我会为自己的体弱多病感到羞愧、难为情。

当来访问你的人开始问道"如果生命重新来过，你会做不一样的选择吗？"这种问题时，就表示你老了。由于我不想失礼，我是会给他们某些答案，可是我不会告诉他们当时掠过我脑海的画面，因为他们可能会认为那个想法过于肤浅、虚荣。何况有谁会想变成别人取笑的对象？

在脑海里，我看到自己变成一个又高又瘦的费里尼，正精力旺盛地在举重。那是我新的选择，我要去举重。

我对自己的身材向来就不满意。一开始，我觉得自己太瘦，不想让任何人看见我穿泳装的样子，所以即使我那时就住在大海边，而且喜欢大海，但却没去学游泳。

稍后，我又觉得自己太胖了，而且老是觉得自己松垮无力。我当时曾打算要挪些时间出来锻炼身体，但总是太忙，再不就是太懒。

而如果你对自己的身体感到难为情，就很难成为一个好的情人。

我年轻时太瘦，而且吃不胖。我现在体内仍有那种感觉。有时我跑着上楼，却惊讶地发现自己没办法像从前一样一次跨几个台阶。我几乎只是想到用力这件事，就已经气喘不过来了，真是吓人。

我是个活在现在的人，向来没办法太去担心未来。对我来说，"未来"这件事就像科幻小说那样不真实。我一直无法想象自己变老这件事，即使我已经变老了。在心里，我仍然觉得自己很年轻，但那不是现在我从刮胡镜里看到的自己。

为了这个缘故，我现在刮胡子的时候不太看镜子，所以常割到自己。只可惜我留胡子不好看。由于现实与我内心里看到的画面有这样一个差距，所以我还是把自己画得又瘦又年轻，因为那仍是我内心的感觉。

从早年开始，我就对"会飞的人"这样的主题感到着迷。甚至在我还是孩子的时候就幻想过自己会飞的样子了。

我以前一直梦到自己会飞，做那种梦的时候我觉得自己身体非常轻。我很喜欢那种梦，我的"飞翔梦"让我十分兴奋。

有时候我身上会有所有人都可以看得见的大翅膀，它们巨大到难以挥动；有时，我根本不需要翅膀，我体内备有动力，只消起飞就是了。有时，我有目的地；有时，我只是东看看西看看。

这很奇怪，因为我最恨的事就是搭飞机了。要让我想飞的唯一方法就是不要有飞机。

一些同事和合作对象会问我："为什么想拍'一个会飞的人'这样的题材？"他们知道我讨厌坐飞机。这时，我会回答他们："这只是个比喻而已。"然后，他们就会闭嘴了。

我在中年某个阶段以后开始梦到自己不能再飞了，有些人可能会把那个时期称为老年早期。我曾经是个能够飞的人呐，这个梦的暗示已经很清楚。

我曾经知道怎么飞，而且完全可以掌握自己这种能力。可是我现在被困住了——无能了。

这样的能力被剥夺真是可怕！可怕！我曾经有过这种能力，而且比其他人都要了解那种经验的神奇。

我那时认定自己无法飞离地面的原因是自己过胖。那么答案就简单了——节食呀！然而简单的答案通常又不像它们看起来那么简单。节食一直都很"简单"，我实行过几百次了。节食的计划总是从我心里开始实施，但计划也总是在那儿就收尾了，运动、健身操这些可以为我打造傲人身材的体能活动，我也都是只在心里做而已。节食这件事总是只能撑到下顿饭开始的时候，然后，我就会吃得比以前都多。一想到节食这件事就会让我觉得非常饥饿。那是一种怕被剥夺的恐惧，是一种饥饿心理。所以对我而言，节食反倒是非常容易让人发胖的。

马斯托纳这个角色曾伴我那么长的岁月，我知道自己得面对"他可能永远都飞不了"这件事。但现在我明白自己的确飞过，那原来就是我导戏时的经验。

天赋就是该被欣赏运用的。我认为老天赐予我最珍贵的能力就是我的视觉想象力。那也是我梦的起源。它让我能够画画，也被我放进了自己的电影里。

那些影片被时间固定了下来，我却不会。当我有机会瞥见自己三十年前的旧作时，更会让我有这样的感觉。

有人说："想象一下，那是你三十五年前拍的！"不知为什么，他们老是会把片子的年代说得更久一些。没办法，我个人没办法"想象"这件事。对我来说，那些好像是昨天才发生的事。

我还年轻一些的时候，如果有人问我"老年"意味着什么？我大概会说："人到了'老年'就得取消午后的狂欢。"

只要我相信自己还有电影可以拍我就能继续撑下去。不过这个说法到了某个时刻就不见得成立了——我可能在什么时候退休了自己都还不晓得。不去知道这事发生的时刻是很重要的。

我不去想自己觉得年轻或觉得老这种事，但我会关心自己健不健康，这才是关键所在。只要我身体健康，我就会想继续活下去。

当你和一个人在一起生活了五十年，你所有的记忆就都投资在那个人的身上了，这就像一个银行账户里存有两人的共同记忆。你不会常去提那些事。事实上，如果你不是那些活在过去里的人，你几乎从来不会说"你还记得那晚我们如何如何……"这样的话。最精彩的情况是：你根本不必提，因为你知道另外那个人的确记得。因此，只要另外那个人还活着，你们的过去就是现在的一部分。这是比任何剪贴簿都要棒的东西，因为你们两个就是活生生的剪贴簿。对于没有小孩、没有办法在将来的子孙身上看到自己基因流传的人来说，过去可能更为重要。这就解释了为什么我和朱丽叶塔两个都会更加重视"我们的那些电影作品将如何被后人看待"这件事。

当我提到"我们的"那些电影的时候，并不只是指那些我当导演、朱丽叶塔当主角的作品。我拍每一部电影的时候，她都一直在旁支持，即使她人待在家里没来片厂也一样。她关心我、照顾我，我经常给她打电话，不管是几点，她总在那儿帮我煮晚饭。此外，她真的是我的头号帮手，我写好的东西经常第一个拿给她过目。

东西没完全准备好，我是不会拿出来给任何人看的，连朱丽叶塔也不例外。在我把故事说出来之前，让它在我心里设想完全是很重要的。如果不这样的话，其他人可能会说："你可以这样做""你可以那样做"，然后我自己也会变得不太确定，因为那些角色还没在我心中长出来。但一旦他们长出来了，就会活下去，而且一旦我跟每个角色熟络起来，我就会知道他们在想些什么、他们会做些什么，然后我就再也不能背叛他们了。

我的工作并不真算一份工作，只能说是一个长假罢了，因为我的工作就是我的嗜好。拍片是我的工作、我的嗜好、我的生活。

不知为什么我的心和手要联合起来才容易找到创意和灵感。我在没拿铅笔的时候也有可能想出点子，但只有在手上有铅笔的时候，我的想象力才真的会被激发起来。对我来说，手边有些好铅笔是非常重要的。不过在做梦的时候，我当然是不需要笔的。可是等我醒来的时候就需要有支笔，好让我把梦里的画面画下来，这样一来我就可以用视觉的方式把我梦里的故事给记录下来了。

对我来说，"灵感"的意思就是让你的下意识和理智直接做接触。一个艺术创作有它自身的欲求，这些欲求会向作者力争他们不可或缺的地位。所有真正的细节都来自灵感。投合的气氛与美好的感觉有助于找到创作时所需的灵感。

我一旦开始进行一个故事，接着就会有一堆别的故事蜂拥而至，而且常常跟原先的故事不相干。然后所有的故事都想争相出头："我，我，把我生出来！"每个故事都努力想赢过别人。

当我劝朱丽叶塔不要抽烟的时候，大家会以为那是因为我自己很久以前也抽烟，会因现在不抽烟而觉得寂寞。其实不然。我是在胸部开始痛的时候戒烟的，之后，我也不希望朱丽叶塔抽烟，尤其像她那样从早到晚的抽法。她在银幕上饰演的角色都抽得非常凶，那并不是巧合。我认为抽烟对她不好，而且知道抽烟对我自己也不好。我会被烟味干扰，而且不明白自己当初为什么喜欢过它。

我想朱丽叶塔认为戒烟会让她发胖，她把我当成一个活生生的例子，虽然我是在发胖以后戒的烟。我们在这件事上极为不和，不仅家里得给她一间单独的吸烟室，就连我们每次旅行，她都要在我们套房隔壁再要间相连的房间，以便让她到里面抽烟。

我不知道要怎样才能做到"政治正确"（politically correct）这种事。我是在美国听到这个词的，不知道现行的"政治正确"是什么，何况，我也没兴趣知道。我按照自己的想法去说，即使我知道自己有时一定也会说错，这特别是因为我对所有的事都知道得那么有限。我当然不会因为我读到的东西是印刷出来的，然后就去相信它。我想电视也一样，说他们是报道新闻，不如说他们在制造新闻，一是因为那些报道者会加入自己的看法，再是因为过多的重复有洗脑的效果，会给人那些是事实的假象。我对参加社团、政党或是喊口号这些事，向来就没有兴趣。

我知道自己不想要的是什么样的死法。但如果你们想知道事实真相的话，其实没有任何一种死法是我想要的。有好长一段时期，我都自欺欺人地认为死是别人的事，与我无关。直到我的岁数愈来愈接近人类的平均寿命时，我才知道自己的未来是有限的。我现在已经把大多数文件都扔掉了，不留下任何会让我或朱丽叶塔难堪的东西。我没有小孩，所以不用担心养他们的问题。将来有我的电影作品可以代表我，或者说，这是我希望会发生的事。

我常听别人说，最好的死法就是在活了很久以后，只在某天晚上闭上眼睛，之后就在睡眠中死去。我不会选择突然死去这样的死法。

我希望在自己生命接近尾声的时候，在那段和死亡十分靠近的昏迷期里，可以在梦中得知宇宙的奥秘，然后平安醒来把它拍成一部电影。

我害怕自己体弱多病，这会让我无法工作。我不盼望死这件事，但也从来没有像我害怕年老体弱那样地惧怕它来临。我可不想活到一百岁！

小时候我身体不好，会有头晕昏倒的现象，当时医生说我心脏有毛病，可能活不久。不过，好些时候以前，我就已经算是活得久了，久到足以证明医生说的是错的。小时候我被人家当作病号，所以受到很多特别的关注，但我完全不担心，反倒让我觉得自己很特别。那时死这件事还有一种浪漫的神秘感呢。

但现在我就不这么想了，如果我因生病而不能工作，对我来说是生不如死。体能退化这事让我很烦恼，在床上一晚做不到八次！

嗯——也许是七次吧……

小时候，身边那些小朋友经常会说："等我长大以后，我要当……"我从来不说那样的话。我当时还无法勾画自己的未来，而且也不关心那些。我真的无法想象自己变成周围那些"长大了"的大人的样子。

也许这就是我没长大就直接变老的缘故。

费德里科·费里尼 1993 年 10 月 31 日病逝于罗马。

后 记

第一次见到费德里科·费里尼是在 1980 年的春天，会面地点是富莱金一地的海贝饭店（Conchiglia Hotel），那里靠近他当时拥有的周末别墅，离罗马开车约需一个小时。那次会面是由我们共同的朋友马里奥·德维基（Mario De Vecchi）安排的，他是位意籍制片人。在那之前，我从来没跟费里尼说过话，甚至电话都没打过。我那时还没办法判断从罗马到富莱金要花多少时间，但又不想迟到，所以那天我早到了四十分钟。

我坐在那里，有点孤单地望着我的第二杯卡布奇诺。费里尼迟迟没有出现，我于是开始怀疑他到底会不会来赴约。幸好我那天没戴表，所以不会知道超过了约定时间多久。费里尼是出了名会放人鸽子的，可是当时我无法相信他会对我做出这种事，这跟我从他作品里对他得来的印象不符。我很有信心地到了罗马，就是专程来和他聊聊、写些关于他的东西。

那是个晴朗的星期天，海贝饭店的酒吧里，除了服务生外，空无一人。那位服务生偶尔出现时会朝我这儿望一下，看看我是不是还需要第三杯卡布奇诺。所有人都在户外享受春天的气候。我一路上带着的书已经安抚不了我的注意力了，所以我就开始盯着窗外看。我看见那儿的海滩上没有一英尺地，或用当时的情况来说，没有一英尺地是没有人的。"阳光崇拜者"的数目似乎只有汽车才比得上，但好像也不可能有谁可以同时开来两部。费里尼的富莱金明显是个热门的周末度假胜地。

我听到身后有脚步声朝我桌子的方向接近。我转过头，认出那是费里尼。这时，他也在我旁边坐了下来。他块头很大，身高六英尺以上，但看起来好像又比实际身材更魁梧一些。这个印象不只来自他的高度，也来自他宽阔的肩膀和胸膛。他的身体好像就要撑破他的衣服似的。

他的声音比起同样体积的男人要来得轻柔些，所以要想听见他说的每个字，就得靠近些。如果你觉得那样还不够近的话，他还会抓住你的胳臂、碰触你的手，再不然就是把自己的手揽过来，把你拉得更近一些，反正有一大堆的肢体接触。对我来说，他的声音有种爱抚的质地，所以不管他说什么，都可以产生一种亲密的感觉。

他为迟到向我道歉，然后又解释他不是真的迟到。他也早到了，就在我之前到的，不过他是坐在隔壁的房间。我之前没有想到要去那儿看一下，因为我以为自己早到了很多。

他模仿通俗剧的口吻说："我们已经损失了我们生命里宝贵的四十五分钟，而且永远追不回来，但我们一定还是要试试看！"

我也尽可能像是在演戏地回答他："虽然我们永远追不上，但希望永远都在追。"

在接下来的十四年里，我个人这里是真的一直没追上，因为每次会面都结束得太快。大部分的时候气氛都很轻松，而且有些戏谑的调调，即使谈到严肃的主题也一样——应该说是，谈到严肃的主题时尤其会这样。

费里尼的谈话经常呈现高度卡通化的走向，从丰富的面部表情到意大利人特有的繁复肢体语言——在所有该说的都说了以后，好像又多告诉了你一点什么。他兴致好的时候，还会把故事里的角色一个个演出来。

费里尼以一种游戏的心情进入日常生活的游戏之中。我们第一次见面时，他就跟我说过："游戏式"的访问才是最好的访问——不只更有趣，而且还可以控制更多。我问他要如何才能做到那样的访问，他说没有规则可循，我们必须去找出我们自己的方式。他拿自己所喜欢的片厂气氛做比喻，他说："我尽力让情况很有弹性，不让任何人被迫定型。情况应该是很随兴、很有冒险乐趣的，就像儿时的游戏一样。"

当然，他指的是那种有特权的童年——有钱、有权力、有自由的童年。他承认有人指责他表现的就像个任性的孩子，只习惯用自己的方式在片厂做事。他证实他们说的没错，暗示自己是受了儿时想当"操偶师"这个心愿的影响，所以后来就把演员当作戏偶来看待了。他说："当一个导演不能说：'我想…可能…也许……'这些话，他只能说：'我要……。'"身为导演，他必须果决、有自信。因此，对某些人而言，他可能显得有些傲慢。

我们第一次会面的时候，因为在等他的时候就已经把我所有能喝的卡布奇诺咖啡都喝光了，所以我接下来就点了一杯 spremuta di arance rosse，那是一种像是番茄汁的暗红色柳橙汁，是一种意大利产的红肉柳橙榨成的。费里尼告诉我，如果那时那种血色柳橙还不够熟的话，他会帮我把它们漆成红的。那时窗外的太阳突然被云遮了起来。费里尼问我知不知道他有办法把太阳给招出来。不等我回答，他就挥了挥手，接着天上的云朵就飘开了，阳光也再度大放光芒——一个好预兆的开始。

柳橙汁来了，暗暗的红色。我赞美他的确是个"画家"，颜色调得对极了！然后他说要请我去他的办公室看他的画作。

我们第一次会面结束时，费里尼骑着单车离去。他不朝前进的方向看，而是朝离开的方向看，这跟他先前所提自己的拍片情况完全相反。他回头看着我，先是用其中一只手向我挥别，然后换另一只向我挥别，最后又用两只手同时向我挥别。费里尼巨大的身型上穿着一套正式的蓝色丝质西装，外加白衬衫和蓝领带——无懈可击的搭配。相形之下，压在他身子下头的单车就看起来小得可笑，而且他骑上去时车身也只能看到局部。

隔天，我去了他位于罗马意大利道（Corso d'Italia）上的办公室。诱人的二十年代外墙里面保存了这栋建筑的精华，用的是意式建筑"藏私"的手法。墙后就是花园，为的是引导来客，而不是炫耀。我往上踏了几步台阶进到底楼的工作室，他的办公室是一层公寓。

挑高的屋顶反映出屋主的风格，而且长得跟费里尼一个模样。屋内光线充足、乱中有序、高大阳刚，此外还有一种用旧了的舒适感。房间里没

311

有乱七八糟的东西，费里尼向我解释，他这种几乎不留东西而且避免杂乱的行为是他极严格自我抑制的结果。这些年来，他发现自己有兴趣留下的东西不增反减，最后那些兴趣缩小到已经可以代表他自身如隧道般狭窄的视野。拍片好比挖隧道，当看到隧道彼端的亮光时就代表一部电影的完成。而当他看到那亮光的时候，就表示他又要进入另一条隧道开挖了。

"我的工作就是我的生活。"他这样告诉我，"它甚至是我的快乐泉源。放假不工作对我是一种处罚。"

他接着又说："艺术创作是一种人类的做梦活动，从事创意工作最重要的一件事，就是去接触自己的内在，把存于你体内的想法问题带出来。

"对一个人来说，他的幻想要比他的实际遭遇更为神圣。你可以做个实验，如果你取笑一个人的实际遭遇，他也许还会饶过你，但如果你取笑他的幻想的话，他是绝不会原谅你的。"

他把我领到一张已经用得很旧了的皮沙发前，这沙发摸起来的感觉像只意大利手套。费里尼的举动有种泱泱大度的风范，他大步走向房里的一个书架，架上塞满了他装订成册的画作。他小心取出一本显得有些过大的剪贴簿，剪贴簿的外表就像他所有的东西一样已经很旧了。你简直没办法想象那房间里还可能有什么新东西。如果费里尼打算把什么新东西带到办公室里来，那东西也好像会在途中就变旧了。他坐在我旁边的沙发上，把那本厚重的剪贴簿摊在自己的大腿上，为的是不弄脏我的白色折裙。

"我记梦的画册积了很多灰尘，"他说，"我不太常回去看这些。"

他给我看的画不但包括他睡时的梦境，还包括他脑中在夜里的幻想。"这些是我脑子里看到的东西，不是梦里的景象。梦是靠人的潜意识造出来的，但一个人脑子里看到的东西则是他潜意识的理想化状态。

"我在这幅画里光着身子躺在铁轨上。"他翻开册子的第一页说，"我想是因为在性关系和现实生活里我都觉得容易受伤，而且知道其中的危险性。"他叹了口气，"没错，和女人在一起是非常危险的。"

他翻到下一页，上面有一个瘦瘦的年轻男子被一个典型的费里尼式的丰满女子压得喘不过气来。"在我的画里面，"他解释说，"费里尼就是这个瘦小可怜而且光着身子的男人。他非常瘦，皮包骨一样瘦。我在自己的梦里从来都不胖。我那时头发也比较多。他快要被这个像座山一样的巨大性感尤物给爱得窒息了。他想跟那女人做爱，却对付不了她，他会被她给吞下去。可怜的家伙，被自己的欲念给出卖了。但就算是死，他也会死得很快乐。

"我把自己画成二十岁左右的男人，那是因为我的内在状态一直没变。我到现在都还保持同样的感觉，我仍然把自己当作二十岁。"

我问他一幅上面有电话的画是在讲什么，上面有两张同一个女人的面部表情——一张喜悦，一张愤怒。

"那是电话那头正在跟我讲话的女人，"他告诉我，"她觉得妒火难熬，因为她相信我另外还有女人。没错，但她不知道真相为何，只是在怀疑。女人在我梦里为我争风吃醋。"

他拿一张画给我看，那是他在某部电影公映前的一个梦所给的灵感。

"我是那艘小船里的那个矮小男人。外头浪很高，而且四处都是鲨鱼。你可以看得出我有多害怕。小船被风浪抛来抛去，而我手上又没有桨。

"在梦里，我自己救了自己。我当时坐在船里，低头看到自己有根像一棵树一样大的生殖器，所以我就拿它左荡一下右荡一下地划。我拿它当桨用，把自己划到了安全的地方。"

他把那页翻过去又看到另一幅画。

"下一幅是个关于我童年的梦。你有没有看到那个站在路中央、一丝不挂的男孩？那就是我。当时车那么多却没有红绿灯，只见汽车四处乱冲。我于是跑到车阵里，用自己的生殖器来指挥交通。

"你可以看得到，我在自己的梦里绝没有性无能的迹象，我可以为所欲为。这就是梦境比现实棒的原因。我可以一晚做二十次。

"男人是相当脆弱的——指的性这方面——最微不足道的小事都可以打垮他。

"比起来，女人则坚强得多。即使男人喜欢以征服者的姿态自居，但最终却经常沦落成女人的阶下囚。男人非常的天真！"

他继续翻下去。"我在这幅画里是被放在一个飘在天空的篮子里。但后来篮子迷失方向了，我就跟着篮子在空中飘来飘去。你可以从那儿看到天上的云。

"这幅画里，我跟教皇在一起，那时大约十五岁。我后来真的见过教皇，他还叫我'费费'。

"这张，我跟上帝在一块。你可以看得到制造云和摧毁云的都是上帝。在我的画里，上帝是个女人。她不穿衣服，而且耽于肉欲。

"这张，"他翻到另一页，然后说，"你知道那个裸体的女人在马桶上高举那把大钥匙的时候跟我说了些什么吗？她对我说：'这是你的钥匙，我们把它丢到马桶里冲下去。'她有意和我共同展开新生活，而且希望切断我过去的一切。她甚至不希望我再记起其他的女人。"他又翻了一页，上面又露出另一个裸女。

"这个正在跳舞的女郎把衣服全脱掉了。她想进一步了解我，为了诱惑我，她什么都做得出来，因为她实在太想要我了。"

下一页上面是什么我几乎没看到，因为他翻得很快。他说："别看，小女生，这张对你来说过于色情。"但下一张的色情程度只降低了一点点，主要画的是费里尼和又一位大胸脯的女人。

"这个女人又丰满又漂亮，不是吗？我掉了点东西，你看，然后就在她的阴道里找起来了。"他停了一下，然后说："你脸红了，想停止访问了？"

和费里尼见面有一些仪式的成分，但到"切萨里娜"这家他最爱的餐厅去则带着些庄严的气氛。我第一次跟他去的时候，费里尼警告我在女主人面前要注意礼节，那家店的店名用的就是她自己的名字。

他告诫我和切萨里娜说话时要十分小心，要语带敬意，但不可流于奉承。他向我解释，有些人可能会认为她很无礼，只因为她把餐厅看作是自己的家，你要在她的餐厅里用餐得经过她的许可。他警告我切萨里娜不喜欢女人，不过这点我也没什么办法。

他还故作严肃地说："你知道，她只会出现在这个餐厅里，有些人是这样的，他们和他们的地方是共生的。你从来没看过她来到餐厅或离开餐厅，她就是一直在那里。她是这世上我最崇拜的人之一，因为我尊敬那种在自己选择的领域里有天分而又能全心投入的人。她就是这样的例子。"

虽然他是这位大妈最钟爱的人，"几乎就像是她的养子一样，"他说，但却从不认为这是个当然的特权，他相信她也可能像卡利古拉（Caligula）[1]一样随时改变心意。对于想住在罗马的他来说，如果被剥夺去"切萨里娜"用餐的权利，可真会是个过于恐怖、让人不敢去想的处罚呢！

他最喜欢点很多道菜，然后每样都尝一点。他还鼓励我不要太节省，要慷慨地点菜，吃不完也没关系。他要我点一些和他不一样的东西，我后来才晓得那不仅是为了我着想，也是为他自己着想。这样一来，他就可以每样菜都吃到一些。然后他在我们彼此的盘子里拣了同样多的菜去吃，想是意菜中吃。他说因为我们只有两个人却占了一张桌子，所以得多点些菜——即使那只是张两人位的桌子。他喜欢这个尝一点，那个尝一点。他指出，那是在餐厅吃饭时的一种享受，跟在家吃饭不同。

在大部分的食物不知怎么被吃掉以后，他会对我说："留点肚子给甜点，这里有种很棒的蛋糕。"

很多时候，我们的谈话都伴同着食物。费里尼注意到"同伴"（companion）[2]这个词是从拉丁文里的"加上面包"这个词衍生来的。

他告诉我："食物就代表着爱。准备食物时，味道的好坏和所放进'爱'的分量多寡有很大的关系。那不仅只是尊严的问题而已。'爱'应该被列为做菜的原料。

"世上有很多美好的事物都是在和别人一起分享食物的时候发生的。一

---

1 卡利古拉，原名盖尤斯·恺撒，卡利古拉有"小战靴"之意，为其绰号。他是当年罗马皇帝提比略之侄孙，提比略让其孩子格莫卢斯与卡利古拉共同继承王位，但格莫卢斯后来却被卡利古拉谋害。卡利古拉初登王位的半年内尚称仁慈，但历经一场重病则突然变成残忍无度的暴君，最后被其近身侍卫行刺身亡。

2 companion 一词的意大利文写法为 compagno，在字源学里，com 有 con（加上）的意思；而 pagno 的字根则为 pagnotta（面包）。

个以'便捷'为主要诉求的世界让我担忧。对我来说，'电视'晚餐代表着一个孤独的世界、一个漠不关心的世界。"

费里尼告诉我他最想见的人有格鲁丘·马克斯、梅·韦斯特、劳莱与哈代等。我在格鲁丘在世的最后几年跟他很熟，而且还写过一本关于他的书。我也认识梅·韦斯特，而且也写过她。他喜欢和我谈格鲁丘和梅两人。他以前从来没有听过他们说话的声音，因为外国片在意大利会被配成意大利语放映。

我带了一件印有格鲁丘图案的T恤——那是我第一本书《哈啰，我得走了！》（Hello, I Must Be Going）的纪念品，书里写的是格鲁丘的事。T恤的正面印着"哈啰"，反面印着"我得走了"，我告诉费里尼，我带的是特大号的尺寸，不过他并不一定得穿。

费里尼回我："可是我想穿，你可以想象我穿上它的样子——可是我会就只穿它，其他什么都不穿。"他把衣服拿在胸前比了一下说，"连内裤都不穿，你觉得如何？"

我问他，那么我可不可以有一张他穿上T恤的照片？他说："当然可以！"但照片却从来没寄到过。

我一直记得有一晚和费里尼在罗马的经验。他那天努力想表现得不失礼，而且不愿拒绝别人，这些就是典型的费里尼作风。那晚的约会是他自己承诺下来的，但却缺乏期盼的喜悦。

我们那天搭出租车去一个记者家。那个记者的太太是位博士生，正在写一篇关于费里尼的博士论文。那篇论文甚至还有个更特定的主题，研究的是费里尼从前在《马可·奥勒留》这本杂志上写的东西，那是他年轻时的作品。

费里尼为《马可·奥勒留》写的东西影响了他一辈子。他后来还持续从中汲取了一些构想和片段。为意大利最负盛名的趣味杂志写作，迫使他去思考、去把自己的想法呈现在纸端、去把自我的才华风格找出来。更重要的是，他对生存这事的基本观念、想法也因而成形，并清楚地表达出来。《马可·奥勒留》杂志对费里尼的重要性相当于一所"大学"。他从中学到了一门学问，并拓展出属于自己的一条路。此外，他也得到和全国最富创意的一些人接触的机会，他们启发他、教导他，往后还提供他一些人脉关系。他们肯定他的特殊才能，有些人甚至认为他是个天才——这对他是一种相当大的激励，并也让他获得了自信。费里尼相信，如果当时没看到自己的作品刊出，他就不会有足够的勇气继续下去。那些比他年长而且比他有经验的人，慷慨而且不嫉妒地指引他，这个部分也反映在费里尼一辈子的处世风上。他那时被迫要每天动笔，日子才过得下去，知道自己的东西会拿到钱并会被发表，是他可以那么辛苦工作的动力来源。虽然他自称自己有些"懒惰"，但其实他一生创作力惊人。他粗略估计了一下，包括加了图说的素描漫画，以及长篇故事或短篇连载，他可能在《马可·奥勒留》这本杂志上创作了千篇左右的作品。而且就他记忆所及，他还想不出有任何一篇东西被退稿过——这对一个年轻人来说，真是种极大的赞赏与鼓励。

费里尼原本可以找个理由婉拒这名年轻女子的邀约，但她已经给他写了很久的信，而且她的论文将要在学校发表了。由于当时费里尼没有拍片，所以就答应下来了，而且随后就发现很难再把约会取消，即便他有过这样的打算。他不想让她失望，何况，她留下的电话号码也已经弄丢了。

那天晚上我们在街巷窄到出租车无法通行的地方下了车，出租车司机认出了费里尼，答应要等我们回来。

我们穿过特拉斯特维莱的弯曲窄巷，那是罗马北郊的一个旧区，我们要找的是一个记在小纸片上笔迹潦草的地址，那张小纸片在我们从市中心上车以后有两次差一点找不到。路上我们曾在一家咖啡厅停下来吃蛋糕喝卡布奇诺，因为费里尼说他们那儿大概没有太多可吃的，他觉得我们应该先垫垫肚子。这样一来就可以把那个即将到来而且注定躲不过的"拷问"往后拖一会儿，何况，我们经过的那家咖啡厅，橱窗里又偏偏放了一个特别诱人的蛋糕。

费里尼在进入那栋建筑的矮门时几乎得弯下半个身子。在那间天花板极低的公寓房子里，我们被他们桌上的奢侈排场吓了一跳，那代表着好几天的计划、采购和准备。我们喝的那种酒简直太贵了，而且由那位年轻女子精心吹整的发型看来，她大概也在美容院花上了半天的时间。此外，她还穿上了黑色的宴会服和细跟的高跟鞋来接待我们。至于我们在这个场合里所看到的家具的表漆都已经剥落了，它们是那种已经变得很旧、却永远没机会成为古董的家具。

晚餐后，她以充满期待又骄傲的心情向费里尼呈上她完成了的博士论文，那份论文有厚厚的两大册。费里尼很礼貌地翻着那两册东西，只要看到那女人在看他就会点头称许。那女人望着他的时候几乎停住了呼吸，或至少看起来是这样。费里尼会把论文翻到某一页，看一下，然后说"太好了！"之后，他又会跳个一百页左右再看一段，然后加个评语："有意思！"

他待在那儿的时间比需要停留的时间久了些，部分原因也许是懒得动，但还有一部分原因则是他看到他们兴奋不已的样子。他明显留给了他们一份礼物，一份任何人都有能力送人的上好礼物——一段回忆。他明白那是他能力范围内送得起的礼物。

费里尼其实并不喜欢成为别人论文的题目。当他看到那部花费数年才完成的作品时，单是它厚度的大小就已经让他目瞪口呆了。不论内容写得好不好，它的重量就够你瞧了。离开那间位于特拉斯特维莱的房子时，费里尼对我说："那么多页！想想看，花了她三年多的青春啊！但内容甚至还不是写我的电影，而是关于我为《马可·奥勒留》杂志写东西的那段岁月。她说她看过我五百篇以上的作品。那些东西都是四十多年前的写的。四十多年了啊！"

不过我知道她所做的真的让费里尼很高兴，否则他不会待那么久。

我们离开时已经超过清晨四点了，那些弯曲的小街道已伸手不见五指，四下无人，而且几乎没有一点灯火。我们迷路了，甚至找不回才离开的那栋公寓。此外，我们俩的细声交谈好像也变得大声起来。

"你想这里安全吗？"我问他。

他毫不迟疑地说："不安全。"

我很后悔问了那个问题。他提醒我说，他告诉过我不要带着装有钱和护照的皮包出门。我其实有听他的建议，只是当时担心的并不是我的皮包。

费里尼告诉我："我曾经可以不假思索地在罗马任何地方走动——真的是任何地方！那时我有一种豁免权，就像警长一样。现在到处都是陌生人和新来的人。我们进口了很多趁人不备的抢匪。这些新面孔，他们不认识费里尼，就算认识，也不会在乎的。"

然后我们发觉附近还有别人。

虽然没看到任何人，但听到了一些声音——男人的声音。六个体格强壮的年轻人从一个角落里闪了出来。他们全都穿着黑色皮夹克，而且讲话很大声。他们渐渐移到我们身后附近。

费里尼指示我不要露出害怕的神色，但夜里那么黑，就算表情再勇敢也是白费。他说我们离出租车等候的地方不会太远——如果它这么多小时后还在等的话。

穿皮夹克的那群人愈靠愈近，而且在我们身边围成了一个半圆形。之后，其中有一个人站到了其他人的前面，他们现在离我们更近了。他瞪着费里尼，费里尼也瞪了回去。然后，即使是接近完全漆黑的情况下，我们还是看到了那个年轻人因微笑而露出的牙齿。那些人影放松下来。那位站在前面的人明显是那群人的头头，他向费里尼打招呼：

"你好啊，费德里科！"

他们讲了几句话，然后我们就被护送到那辆出租车那儿，它还在等。之后，那群人就往他们的下一个目的地走了——那是在哪儿。

"那些是我认识的老面孔。"费里尼说。

我注意到了。

那辆出租车竟等了我们那么多小时，司机安详地睡着，他相信费里尼一定会回来的。

我们刚开始会面那段期间，有次费里尼曾说：

"我想和你愉快地聊天。'聊天'是最好的一种谈话方式，它不应该仔细规划，而该顺其自由发展。我觉得一个人一定要诚实而开放地面对自己的生命。"

他不喜欢事先预定的约会，不喜欢任何需要明确承诺的事。费里尼偏爱轻松、随兴的行事方式，但拍片时除外。他最喜欢坐车逛罗马的时候，是我们没有安排任何行程的时候，他说：

"我爱（坐车）漫无目的乱逛。对我来说，去一个特定的地方从来不会比随便逛逛来得好玩。车窗外一排排不断经过的影像就如同一部电影，欣赏它们是我生活中最大的刺激之一。"

他对在罗马四处走走也有相同的感受，而且从来不会厌倦。我唯一穿平底鞋的机会就是和费里尼共进晚餐的时候。他可能会告诉你："吃完饭走路回家不错。"但却没说要走上四十分钟。当我的鞋子磨平了，罗马是个买厚底鞋的好地方。

不管我们去哪儿，如果是在餐厅里，费里尼会为在某一桌用餐的客人编一小段故事；如果是在大街上，他就会讨论他所看到的人物类型。我们开车或走路经过一些可能长着一张有趣的脸，或是散发着某种特质的人，他们都可以激发他的灵感。他老在观察人，尤其喜欢去看那些在康多提街（Via Condotti）上盯着橱窗看的人。在这条流行商品街上，全罗马负担得起的人会去买，负担不起的人至少还可以看看橱窗。由于康多提街属行人徒步区，车辆一概免入，所以我们就走在路中央。费里尼指着几对衣着入时的男女，他们手中提着、抱着 Valentino, Armani, Bulgari 等名牌的漂亮购物袋和系有缎带的礼盒。在康多提街上，女人都很骄傲地提着她们买到的东西，那些东西或许不重，但价钱却不便宜。费里尼看到一名年轻貌美的女子和一位年纪较长的男人在一起。"他一定不是她的祖父。"他指出，"她是个'上乘的情妇'，你看那男的多么神气。"

费里尼继续说："下午走在康多提街上，你可以看到那些有钱男人'五点到七点'的生活。如果他们非常有钱，那么时段还可能拉长为'四点到八点'。他们下午会陪着他们的'小老婆'四处晃晃。他们陪着情妇去买东西，然后帮她们提东西，之后一起停下来喝杯苦艾酒或琴札诺酒（Cinzano）。

再之后，他们就返回爱巢办事。男人要及时完成任务然后赶回家中和妻小共进晚餐。"

我们听到旁边街上传来一阵叫骂声，但没看到是什么人在叫。费里尼转过一张拉得老长的脸，他说："夏洛蒂娜（Charlottina，即夏洛特 'Charlotte' 的昵称），你都听到了吗？你知道那些叫声是干什么的吗？那是在对费里尼抗议。是那些我不给他们见面和采访机会的人在抗议。他们看到我和你在一起，就说：'他不见我们，却跟这个美国人在一块干什么？'"

他注意到一家 Gucci 的橱窗里有双漂亮的鞋子。"它们看起来很舒服，对不对？"他技巧地说着，其实看起来不只是很舒服而已。沿着街再走下去一些，挂在一家 Hermès 店里的一条波尔多（Bordeaux）产的喀什米尔羊毛围巾吸引住了他的注意。我在那次离开罗马之前买下了那条围巾送给他。虽然他老是不愿承认自己有物质欲望，而且否认自己滥情，但往后当我人在罗马，而且天气够凉的时候，他就经常会戴那条波尔多围巾。

其实只有克罗契街是费里尼常会去逛逛的地方，因为那儿店橱窗里的巧克力蛋糕可能会让他犹豫不前，再不就是奶酪的香味可能会诱他驻足观望。他虽然会对那种"洛杉矶式"超市的规模啧啧称奇，但却表示自己对那种致力于全面"专精"的商店没什么信心。他说只有一个"对吃敏感的人"才能分辨出最好的摩札蕾拉奶酪和最好的帕马干酪。当然，你不能期待这一个人同时可以一眼看透一个瓜是不是已经熟到可以吃，还是再摆一两天比较好。

1980 年春末的时候，在和费里尼聊了几周之后，我准备离开罗马了，他告诉我他想为我画一张像。我则希望他能在我人在罗马的时候画它。

"不行，"他解释，"你离开以后我才能把你看得比较清楚，用我心里那双眼睛来看，我要把我记忆中的你画出来。"

几天以后，我在伦敦收到了那张画像。画里还附着一张类似道歉的纸条，说这张"夏洛蒂娜"的像是"我的一小张不讨人喜欢的趣味漫画"。那张画我喜欢极了；除了一点以外，他对我的看法就跟我对自己的看法一样。那点就是他画中的我带了吉卜赛人的金耳环。我跟他在一起的时候，从来

321

没戴过那样的耳环——事实上，我从来没戴过任何耳环。

我打电话向他致谢，表示很喜欢那幅画。然后我问他为什么画我戴金耳环。

"你内心戴着那些耳环。"他说。

挂上电话，我立刻出去买了一副。

在我下回去罗马会费里尼的路上，我路过了他最喜欢的一家面包店，橱窗里展示的一个蛋糕深深吸引了我，尤其在我问出了那就是"玉米粉蛋糕"（torta di polenta）之后，更觉得它诱人，于是便冲动买下。

当我把蛋糕送给费里尼的时候，他批评"玉米粉蛋糕"这个名字听起来就像是"养生素食餐厅里来的东西"，然后就津津有味地吃了起来。我很高兴自己可以在罗马向费里尼介绍一点什么他不知道的。我问他如果他到纽约来是不是也会向我介绍一些什么当地的东西。他说他会来纽约，并附加一句："我心里已经有底了。"

我们常在罗马大饭店吃三餐或喝下午茶。而且只要我在罗马停留的时间接近一月二十号他生日那天，他也会选在那儿庆祝。他的庆生会总是在午茶时间举行，我们在饭店吃的糕饼就充当生日"蛋糕"——这已经变成我们的传统了。那种糕饼我最早是从纽约带来的，事实上，那根本不算是蛋糕，只是从麦迪逊大道（Madison Avenue）上的 E. A. T. 那家店买来的杏仁巧克力饼。它是费里尼首次发现的那种美国的杏仁巧克力饼，而这种饼我每次都带去罗马，不是只在他的生日时才带去。

罗马大饭店提供盘子和银叉让我们享用巧克力饼。在场的其他客人则盯着我们瞧，不知是在看费里尼，还是在看那些巧克力饼。他们有些人也想点那种巧克力饼，但不得以被告知那是"外食"。费里尼到处都享有特权。

即使是他的生日，即使只是咖啡、蛋糕这种小钱，他都从来不许我付账，就算我事先把钱塞给店主，或声称出版社会再把钱补还给我也一样。

我相信费里尼所说的："要真正认识我，你一定得看看我拍片时的样子。"我也相信他说自己只有在当导演的时候才"真正活着"。于是我在 1982 年从纽约打电话给他，问说我能不能到罗马参观他导新片《船续前行》的情况。在那之前，我一直觉得选在他拍片的空当去拜访他，好像比较不会让他有压力。费里尼说："为什么还要问呢？我是不可能拒绝你任何事的呀！"他说他会找人到机场"接我"——因为他人在拍片，没法儿自己来。那次我一下飞机就直接从机场被人接到电影城的第五棚了。

一踏上他们在摄影棚里搭起来的颠簸船板，费里尼就热情迎来："很高兴你到这儿来，夏洛蒂娜！"

我说："你说过，如果只是听你讲话，不来看看你拍片的情况，不算真正认识你。所以我就来看你拍片啦！"

费里尼靠过来，用手遮着嘴，想掩住自己要讲的话（因而引来了所有人的注意），他在我耳边小声地说："再来你就得认识床上的我了。"

我尽力想演好自己的角色，希望自己能尽可能看起来尴尬一点。

没有旁人听到费里尼说的话，但那些站在旁边的技术人员、演员和临时演员就可以在自己的脑子里天马行空地想象。我的到来因而让他们得到了一个轻松有趣的间歇。他们除了同情我以外，一定还觉得好笑，因此让我后来在片厂上得到完全的认可——没人质疑我为什么可以在场。

然后费里尼又严肃起来，他说："夏洛蒂娜，欢迎到电影城来——我真正的家。"

接着他把我介绍给那些围过来的人："这是夏洛特·钱德勒，她写过一本很棒的书，内容是关于马克斯兄弟这对小丑演员，对两兄弟里的格鲁丘这位伟大的小丑写得尤其详尽。而在写过小丑之后，她就要来写我了。"（费里尼曾经告诉过我，尽管别人把他当成马戏团长来看，但他对自己的看法却是："我是一个小丑，电影就是我的马戏团。"）

在我们早期的一次谈话里，费里尼曾说过：

"我跟别人密切合作的时候不论时间是长是短，都需要有一种意气相投的共事气氛。我需要和亲密的朋友在一块工作，友谊应该建立起来，而且我们应该一起去冒险。然后，我们还该拥有共同的回忆。"

我觉得这话确实不假。每次我见到费里尼就可能是一段回忆在形成的时候，从没有一分钟感到无聊，而且每次分别时都会觉得难过不舍。

在片厂的时候，费里尼会在拍戏的空当走到我这儿来，而且还可能会刻意当众对我耳语。

"我们明天去摩洛哥走走。"他开玩笑地对我说。

"好啊!"我会兴奋地回他。

下一个礼拜，他又会问我："你明天想不想跟我一起去伊斯坦布尔?"

"没问题!"我会毫不犹豫地回答。

在这种游戏里，那些旅程都从他的提问中开始在我的回答里结束。我从来不会多想什么，而且也从来不会感到失望。我当时正和费里尼一起分享着罗马，那就是我要的。然而看到那么多因费里尼未信守"承诺"而心碎的例子，仍令我吃惊。就算费里尼向我提议跟他一起上月球，我都会说"好"的。

"'胡言乱语'经常最有道理。"他告诉我。

在电影城《船续前行》的拍摄现场上，我看到费里尼一直无法让一名男演员演出某种他要的反应，那演员好像就是没办法表现出那种效果。

那个男演员面对的是一个藏身一件灰色大斗篷下、面色苍白的纯洁少女，他在看到那位卧倒在地的无助女子时本应露出惊吓的表情。费里尼喊了暂停，并对那些演员进行个别谈话。

再一次开拍的时候，那个藏在斗篷里的人转头过来看着那位男演员，这回他就完全露出了对的表情。

原来费里尼在不让那位男演员知情的状况下，把那名年轻的女演员换成了他所能找得到的最老的男人。

那真是天大的恶作剧，但因拍片需要，非如此不可。

费里尼在拍片现场不停地说话、解释。他经常保持在导戏和对话的状态，而且想办法记住所有的人，并和他们保持最频繁的接触。他可能会问片厂的人："有谁昨晚做了什么好梦?"他指导、哄骗、安抚演员，还示范演出包括女人在内的所有角色。"我可以是个很棒的女色情狂呢!"他这样告诉大家。不过，一离开片厂，他就不那么多话了，甚至还可以是个相当不错的听众。在说话对象只有一个人的时候，他经常都很安静；即使是跟最珍贵的朋友在一起，他也可能保持沉默。

费里尼告诉过我，他在片厂导戏的时候，整个人会变得生龙活虎起来，他要我有会认不出他的心理准备。虽然我的确看到了他所预告的不同现象，但还是认出他来。其间的差别并没有他想象的那么大，我认为只是他自己感受到的不一样。

那些在片厂的人都表现出全然的尊敬，甚或崇敬。从大明星到临时演员，每个人都好像为自己能演出费里尼的电影而感到兴奋。甚至连制片人和工会派来监督拍片以保护他们利益的代表，都对这位富有传奇色彩的导演感到着迷。

中午在电影城外吃饭的时候，费里尼知道周围不再有眼睛盯着他看了，所以肢体和语言就稍微松懈了下来。平常他几乎每天都会和全体工作人员共同进餐，扮演用餐指挥的角色，他会用夸张的言语、滑稽的动作为大伙分食，作用颇具特色。此外，他也一定会保证每个人都有地方坐，甚是体贴。

片厂的工作时间那么长，但费里尼却始终保持行动力，一直和演员、技术人员保持对话。只是在我看来，他仍是孤单一人。因为他仍在自我保护，而且整颗心都忙着在想自己的电影。

阿尔多·内姆尼（Aldo Nemni）是位热爱电影的成功商人，《船续前行》是他首次担任制片的投资。他尽可能常从米兰赶来看天才费里尼拍片，同时也是来和自己的钱说再见。他跟我说费里尼爱上了自己的工作，是位纯粹的艺术家，会因创作而产生狂喜。内姆尼对自己的投资很有信心，因为这是和费里尼合作拍片的唯一机会，而他在提案时又表现得那么聪明睿智，甚至还带有某些程度的谦虚。然后，当他人到了摄影机后头，却又因热情过度而像突然变了个人似的。那时，他只为正在做的事活，而且也只活在他做的事里面，"像个恋爱中的男人一样，完全着了魔——其他的东西都看不见了。"

费里尼和内姆尼一见如故。在此之前，费里尼就希望能为自己找到一位终身的制片人兼朋友。由于内姆尼优雅、知性、人品佳，所以费里尼可以接受他不爱吃得像自己那么多这件事。

费里尼不喜欢实景拍片，所以不只得把船造在电影城里，还要模拟海的场景。

那个人工海得用水力的方式来制造出类似真浪一样的完美不规则起伏——"不管花多少钱！"尽管费里尼被要求在预算暴增数十万至数百万的情况下节约开支，但他依然豪放如故，花制片人的钱像花自己的钱一样慷慨大方。原本对钱略存的敬意消失了，电影变成唯一重要的东西。根据内姆尼的说法，费里尼对预兆这些东西迷信得吓人，由于他觉得电影开拍的时候不吉利，所以就宣布改期。但改期的理由如果不是因为那个缘故，就是因为他还没完全准备好。

内姆尼为了降低风险，决定减少他该得的利润。"我损失了一点钱，"内姆尼告诉我，"但得到了一个独特而且难忘的经验，这会是个很愉快的回忆。当过费里尼的制片就好比是我在电影业里的名片了，而且由于认识费里尼，我也间接在很多方面受惠。"这是我们很多人的共同经验。

当芭蕾舞剧《大路》在米兰史卡拉歌剧院首映的时候，内姆尼就是朱丽叶塔的护花使者。他和费里尼还是朋友，只是再没为他制作过别的电影。

我所坐的地方应该算是《船续前行》中的上层甲板上，当技术人员摇动整个景的时候，我可以感觉得到船身持续地晃荡。我的椅子每天放在那儿，除非费里尼过来跟我聊天或解释什么，或是马斯楚安尼、赛尔乔·莱昂内（Sergio Leone）[1]、罗宾·威廉斯（Robin Williams）、保罗·纽曼、安东尼奥尼及其他名人来访，或友人路过，否则在这不对外开放的片厂里，我可是一个人孤零零地坐在那儿。偶尔，也会多出一张椅子在那儿等着，意思是朱丽叶塔·马西纳就要到了，不过她并不常来。

朱丽叶塔穿着时髦的意大利套装，即使穿着高跟鞋仍显娇小，费里尼会亲自上前迎接。片厂中每个人都认识她，不只因为她是费里尼的太太，

---

[1] 赛尔乔·莱昂内，意大利编导。二十世纪六十年代以一系列由克林特·伊斯特伍德主演的"意大利西部片"崛起影坛，曾经风光一时。作品包括：《荒野大镖客》（1964）、《黄昏双镖客》（1965）、《黄金三镖客》（1966）、《西部往事》（1968）、《美国往事》（1984）等。

还因为她自身辉煌的演艺成绩。她在专业上受人敬重，个性又讨人喜欢。她从来不久待，像是怕干扰大家拍片。

朱丽叶塔亲切地和我打招呼。我们第一次见面是在纽约，当时她刚从旧金山电影节领完奖，人在返回罗马的途中。电影节当局对她的热情接待让她兴奋不已。费里尼从罗马打电话来告诉我，说朱丽叶塔会经过纽约，问我可不可以和她碰面并陪陪她，因为她不习惯一个人旅行。我邀请她到"马戏餐厅"吃午饭，她一进门就被大家认出来了。隔年，费德里科几度想把我在纽约招待朱丽叶塔的所有花费还给我，但被拒绝了！

在拍摄《船续前行》一片的沉船镜头时，因为空气中烟尘迷漫，所以他们要我戴上一个手术用的白色口罩。所有不在镜头里的人，包括费里尼，都戴上了那种小口罩。那种口罩看起来装饰成分居多，因为要拿它去抵挡任何人所需的任何抵挡都是不够的。

朱丽叶塔有时会在片厂对我耳语，然后我就会看到费德里科往我们这边来。我担心我们会被点名责骂。他的确吼过一次，当时费里尼正在导一场戏，而她在和别人说话。这种事对我来说很严重，但她并不很注意。我不知道如何是好，因为我既不想对她不客气，也不想对费里尼不礼貌。

我在片厂参观期间，她第一次来探班时，曾邀我和她一起喝茶，她说坐在摇晃的甲板上觉得头晕。我们去了很久，然后我一个人回到片厂，她则返回他们位于玛古塔街的寓所，也就是费里尼每天晚上回去的地方。第二天，她又邀请我喝茶，我担心费里尼会认为我对看他拍片的兴趣可能没喝茶来得那么大。但前者才是我到罗马来的原因。所以那天我便婉拒了她的邀约。

我和朱丽叶塔在一起的时候，她忆起了第一次和费里尼见面的情形。虽然她当时在学校相当受欢迎，不论在班上或戏剧演出方面都引起了很多男性的注意，但年轻时的费德里科简直把她给彻底迷昏了。"他跟其他人不一样，我遇到他以后，就觉得没人比得上他，经过了这些年还是没变。如果说有什么的话，那就是他甚至变得愈来愈像他自己了。"

在他们交往初期，朱丽叶塔觉得自己比任何人都"了解"费里尼。1983 年，当我们坐在那艘正待启航的船的甲板上时，她感慨地说："我当时真是天真，当然没有人可能完全了解像费德里科这样复杂的男人，我没办法，费德里科他自己更是毫无可能。

"他说他没办法了解我，但那是因为他一直在寻找复杂的东西，而不是简单的东西。由于他已经在自己的脑子里创造复杂的事物，所以他希望在我们日常生活里所有事物都能愈不复杂愈好。

"我们的交往过程既密集又浪漫，因为当时正在打仗，费德里科必须躲避想拉他入伍的法西斯。因为他得藏在我阿姨的公寓里，所以大部分的时间我们都待在一起。

"我那时还在念书，而且也喜欢学校生活，但什么都比不上费德里科。他是我的初恋，现在还是。

"费德里科那时非常有趣，会逗得我哈哈大笑，不过现在却很难想起什么特定的例子。有趣的部分不在于他说了什么，而是在于他怎么去说那些东西。但我是还记得他打电话邀我见面吃饭的事。我听过他的名字，但从来没见过他，只知道他是我主演的广播剧的编剧，所以心里已经对他有点兴趣了。那出剧叫作《奇哥与帕琳娜》，而我演的就是帕琳娜，内容是讲的一对年轻夫妇的事。

"费德里科的声音真是太迷人了，单是听到他的声音就很难拒绝他提出的任何要求。他的声音轻柔、温暖，对女人讲电话时尤其是这样。到后来，我总可以分辨出跟他通话的是男是女。我有过很多演出经验，也一直和一些男演员一起工作，但就从来没遇到过有谁说话像费德里科一样。

"他在电话里说，'朱丽叶塔，你好，我是费里尼。'他说'费里尼'，而不是说'费德里科'。后来他又说了一些类似这样的话：'这世上我已经活烦了，但在我离开人间以前，我一定要见到你，即使一次都好，我要看看我的女主角长什么样子。'

"我知道他一定是在开玩笑，但我也想知道他的长相如何。也许我当时在内心深处就已经感应出他以后会成为我的男主角了。"

她告诉我，《奇哥与帕琳娜》这出戏是取材自费里尼前几年为《马可·奥勒留》杂志所写的一些东西。当时朱丽叶塔并不知道自己饰演的角色就是根据费里尼的初恋情人改编而来的。后来她发现了，却也不在意。费里尼告诉她，那些故事想象成分居多。

她那时觉得自己和费德里科好像才认识了一天。"嗯……或者一个月。"她感慨地说，"但我想，费德里科可能会觉得那是更久以前的事。"她记得他们第一次吃中饭的时候，他就比自己更关心吃的问题，他们终其一生都保持这个模式。

"最近我跟他提过我们第一次见面的情况，但他的印象跟我的印象不一样，不过有件事，他的记性可比我好得太多：他可以把我们那天中午吃的东西全部背出来；而且背的不只是他吃的东西，也包括我吃的东西。"

她又感叹地加了一句："费德里科对食物的记性一直很棒。"

朱丽叶塔相信自己为杰尔索米娜这个角色带进了同情和奇想。她认为那是她个人的功劳，剧本上并没那些。原剧要求杰尔索米娜要看起来像是低能，甚或不正常的女人，感觉较缺乏人性。朱丽叶塔觉得这种切入角度无法赢得观众的同情，只会让他们可怜她。她觉得必须让观众感受到杰尔索米娜寂寞的苦痛。片中，杰尔索米娜不幸爱上了个性残暴、毫不体贴的赞帕诺。

"有人想制作'杰尔索米娜娃娃'，"她告诉我，"我想拥有一个，可是费德里科恨透了这个想法，所以事情没成。他不喜欢那些人，觉得他们是想骗我们。"

朱丽叶塔喜欢交际，但个性害羞。费里尼也说他自己害羞，但他的羞怯藏在内在底层，而朱丽叶塔的羞怯则较属表面。朱丽叶塔跟费德里科在一起的时候通常都沉默不语，但当他不在的时候，她就会畅所欲言。她解释说："我喜欢参加派对、餐会，和朋友在一起，只要我人在那种场合里就会很高兴，不需要多说什么。当我和费德里科在一起的时候，我觉得自己像是在他阴影下面，不过我并不介意，因为那是一个很棒的阴影。我相信大家都宁愿听费德里科多说一点。"

然后，她突然话锋一转："我倒是一直不清楚费德里科跟别的女人在一起的时候是什么样子？只知道他对待我的方式。"

她继续说："费德里科从不需要睡得太多，一晚几个小时就够了，所以他老有比别人多的时间去惹麻烦。人家问我为什么这么能体谅费德里科犯错？其实我并非那么体谅。当然这也是因为我不知道他到底做了些什么？我和所有人都只知道他在银幕上拍的东西和在访问里说的话。他是个意大利男人，所以必须对别人夸耀他们在性方面的战绩，这样才能赢得其他意大利男人的尊敬。我猜真相是介于他告诉别人的话和他告诉我的话之间。费德里科跟我说，那些都不代表什么。他从不说那些都不是事实，或从来没发生过那些事，他只说，那些向来都不代表什么。他总是会回家，回到我身边，因为我是他的一部分。

"费德里科从不会主动说些什么。如果我问他，他是不是有其他的女人？他就会说些我想听的；如果我指责他说谎，他也会承认。他告诉我，他的所作所为都不会影响到我们的关系，他说我是他的终身伴侣，我们一直共同生活在一起，现在也拥有共同的回忆。"

索菲亚·罗兰原是费里尼所写剧本《与安妮塔共游》一片预定的女主角，这本来是费里尼接在《卡比利亚之夜》后面要拍的电影。费里尼对外宣称他放弃这部电影的理由是索菲亚·罗兰那时人不在意大利，这话虽然不假，但私底下其实还有另一个理由。

朱丽叶塔认为剧中男主角的婚外情是根据费里尼自身的出轨经验改编而成。她相信在真实情况里，"安妮塔"可能是安妮塔·艾克伯格和索菲亚·罗兰之外的任何一个女人。费里尼否认了她的想法，但也并没另外找人去演那个角色，因为——就像他告诉我的："索菲亚毕竟只有一个啊，此外，朱丽叶塔说的也是真的。"故事中出轨丈夫的妻子——写的就是朱丽叶塔——个性柔顺。但真正的朱丽叶塔则完全不是那个样子。

"大家说意大利的妻子与众不同，"叶丽叶塔说，"说她们的容忍度比较高。其实不是意大利的妻子跟别国的不一样，而是意大利的丈夫跟别国的不一样。但我们又有什么办法呢？我只好试着往别的地方想，因为你要我上哪里去找一个像费德里科的男人呢？找不到呀！我的费德里科就只那么一个——他是个天才！我想天才是有特权的吧。"

朱丽叶塔告诉我她和丈夫——也就是这位电影导演——的合作情况。她面对《朱丽叶与魔鬼》这部片子的最大烦恼，就是恐惧要再度和费里尼这个传奇人物合作。当初费里尼为她开创演艺事业道路时还是一名年轻的导演，但到要拍《朱丽叶与魔鬼》的时候，费里尼已经和她当了二十年以上的夫妻了，而且费里尼也已经变成了一位传奇导演。这时在他手底下演戏，她觉得压抑。

朱丽叶塔本人对片中"朱丽叶"一角是认同的，这部电影是费里尼特别为她量身订做的，他表示片中的角色就是从他太太那儿得来的灵感。那时他们的夫妻生活已历经过一些风风雨雨。据传，他曾和其他女人过从甚密，更糟的是，还不时传出他和另一名特定的女人纠缠不清，而朱丽叶塔也深信不疑。由于她认为费德里科是世上最有吸引力、也最为刺激的男人，所以她觉得所有的女人都会想要他是很自然的事，而他会想要她们中的某些女人也是人之常情。然而朱丽叶塔这种想法竟然就是事实真相，对此，她无法调适。

她说，如果时光可以倒流，她会更坚持己见以改变费德里科对《朱丽叶与魔鬼》这部片子的想法。她相信这部电影是他们事业上的一个转折点。之前费里尼拍了《生活的甜蜜》和《八部半》，堪称他个人的事业巅峰，接下来的《朱丽叶与魔鬼》虽非失败之作，但不论口碑或卖座都没有前两部作品那么成功。在《朱丽叶与魔鬼》之后，出钱给费里尼拍片就一直被认为是风险较高的投资，他拍片经常要追加预算这点尤其让人担忧。朱丽叶塔从一开始就认为他对她所饰的角色的想法有问题，那角色反映的是男人的观点，不是女人的。但她被她先生的神话阻止了。她知道他是一个天才，而且全世界的人都这么认为。所以，她怎么能告诉他该怎么做呢？——尤其当时他又不听劝。

朱丽叶塔兴奋地忆起在纽约度过的一晚，她说那是她个人经历过的最美好的时刻之一。那是 1965 年的事，借着费里尼和马西纳到纽约参加《朱丽叶与魔鬼》在美国首映典礼的机会，杰奎琳·肯尼迪夫人在她位于第五街的寓所为他们举行了一次晚宴聚会以示敬意。朱丽叶塔想着：

"我们对这部电影抱着很大的期望，但对观众的反应情形感到有点失望，可是那晚实在太美好了！那栋位于第五街的公寓面对着中央公园，而杰姬那个可以让人走进去的衣橱是我看过的最大的衣橱。我从来不敢想象自己可以同时拥有那么多衣服。我一辈子拥有过的衣服也不及她那一个大衣柜里来得多，我想她还有更多的衣柜。那是一个很大的公寓房子，窗外视野非常好，宴会上的菜似乎也无懈可击，不过我当时太兴奋了，所以不记得自己吃了些什么，费德里科可能记得。我只记得一切都那样完美，尤其是杰姬。那是我永生难忘的一夜。"

朱丽叶塔后悔自己为了等费里尼的新片，减少参加别的电影的演出机会，"那样的时间过得飞快，然后就完全消失了。"

安东尼奥尼则记起了一则说明费里尼个性和幽默感的例子。安东尼奥尼为了在好莱坞拍摄《扎布里斯基角》（*Zabriskie Point*, 1970）这部片子，曾有大概一年半的时间不在意大利。由于当时他对伦敦卡纳比街（Carnaby Street）的风情及嬉皮景观有兴趣，所以便在回家的路上转停伦敦。通关的时候，警察从他的一只鞋里找出了一些大麻。那变成了一个天大的丑闻，各地报纸都争相刊载了这则消息，而且也成了意大利人人皆知的新闻。

安东尼奥尼返回意大利时，弗朗西斯科·罗西和他太太，以及吉安卡罗·吉安尼尼在他们位于富莱金的房子里举行餐会为他洗尘。当然，当时所有在场的人都已经知道安东尼奥尼携麻闯关的事了。应邀的客人中也包括了费里尼和朱丽叶塔。

现场相当紧张，大家都觉得很不自然，什么事都聊，就是不敢提大麻那桩事。吉安卡罗把费里尼拉到一旁说："真糟糕，我们要怎么来化解这种气氛呢？"

之后，费里尼走到安东尼奥尼面前，弯腰把自己的一只鞋子取下伸向安东尼奥尼，然后说：

"哈一下吧?"

此举让所有在场的人都笑了,气氛也就不再紧张了。

罗西里尼和我谈到他和费里尼后来渐渐疏远的原因。我们当时是从法国电影资料馆的美国朋友开始聊起的。法国电影资料馆(Cinémathèque Française)的玛丽·梅森(Mary Merson)介绍我们认识,当我们谈到何谓"朋友"的时候,他想起了自己和费里尼的关系:

"有一天我们本来要一起吃晚饭,但下午费里尼打电话来说他不能来了,因为他忘了已经和另外一个人约了那天一起吃晚饭。他说他得赴那个人的约,因为他之前已经爽了那个人好几次约。结果那个人原来是我的死对头,我很不高兴,但也没别的办法,而且连声抱歉也没听到。我不了解费里尼干吗要跟那种人吃饭,我知道费德里科至少一定会觉得无聊。

"第二天,费德里科打电话来商量我们碰面的事。我问他前一天晚饭上的状况。他说不但无聊(就像我原先知道铁定会发生的一样)而且冗长单调。然后他又加了一句:'从某方面来说,你昨晚也在场。'他停了一下。我不会追问发生了什么事,因为我知道那个人不会对我有好话的。然后他继续说:'你是我们主要的话题,他整晚都在说你的坏话。'

"我不在乎那个人说了我什么,不过我提了一个问题:'当他说那些坏话的时候,你怎么回他?'

"费德里科说:'什么也没说。说了也没用,他对你深恶痛绝,我没办法扭转他的心意的。'

"他没错,站在那个人的立场,他没错——但站在我的立场,他就不对了。费德里科当时的反应很实际,也很合逻辑,他甚至对我很坦白。他其实大可以骗我,说他有帮我说话,但那不是费德里科做事的方式。他并不觉得自己做错了什么;但对我来说,他没有为我说几句话就似乎不够朋友了。如果我们两个易地而处,我会立刻对那个人说:'费德里科是我的朋友,如果你在这件事上再多说一个字的话,我就要走人了。'这是说,如果我在费德里科的处境上,我会有的表现,但我不会陷入那样的处境,因为我打一开始就不会接受他的仇敌的邀约。

"费德里科想要再约吃晚饭的时间,我跟他说我那礼拜没空,说我会再打电话给他。可是我没打,我当然是故意的,我迟迟不打那通电话。我们原本炽热的友谊也因而冷却了下来。生命很容易就会把我们带往不同的方向,如果我们放任它这么做的话。

"费德里科是个天才,我很骄傲自己是最早几个给他机会、让他向自己命运道路迈进的人。"

1993年,艾伯托·索迪正在拍摄一部自编自导的影片,片中他饰演一名老马车夫,一心要解救自己的忠心老马。索迪从二战的时候就认识费里尼和朱丽叶塔了,他们那时经常互相讲些笑话以纾解罗马的紧张气氛。

"当时我们两个都二十岁上下,"他告诉我,"我们是在一家帮《马可·奥勒留》这本杂志写东西的作家常去喝咖啡、吃蛋糕的地方认识的。费里尼那时看起来就像个被鬼缠身的嬉皮。"

费德里科那时老谈到一种女人,那种女人似乎也就是他心目中理想女人的形象。索迪谈到朱丽叶塔与那种女人不同的地方。

"费德里科那时还是个小男生,还存有小男生脑子里惯有的画面——那种乳房丰满的巨型女人。你的母亲对幼年的你而言就是个巨型女人。他对丰满的乳房有种强烈的迷恋。朱丽叶塔跟他爱提的那种女人相反,朱丽叶塔像是个小女生。他们两人体型差那么多!站在一起的时候十分有趣。但即使费里尼自己仍然还是个小男生,却还是有能力来保护这个小女生。

"他和朱丽叶塔很能彼此互补。大部分我认识的人在成功之后就变了。但费德里科从来不会。从他带着一身乡下气刚从里米尼来到罗马,及稍后追上朱丽叶塔的时候开始,我们就是朋友了。朱丽叶塔把这个又瘦又穷的男孩带回家,给他新生。她的家人收养了他,也给他吃穿和别的他所需的照顾。

"他们蜜月之后,我们常去一家我们只点得起意大利面的餐厅吃饭。但因为我的朋友在那儿当厨师,所以他会在我们的面里多藏一块肉。"

对图利奥·皮内利这位费里尼长期的编剧伙伴而言，在他初次见到费里尼的时候，就明显感觉到年轻的费德里科将来会有不凡的前途："费德里科当时大约二十五、六岁，我三十八。他年轻，身材修长，头发茂密。他来自里米尼，我则来自脚山（Piedmont）[1]。我们来自不同的世界，而且两人站在一起的时候，高度也相差非常多。不过我们马上就能合得来，因为我们都很热爱生命。

"费里尼很有魅力，他完全知道自己要什么，而且不屈不挠。他是个天生当导演的料。他很坚持，不接受妥协。年纪那么轻，却已有了做一个导演的该有准备。

"有一件很久以前发生的事可以为我概括说明一切：这事要回溯到第二次世界大战时期，当时我们人在特里斯特大饭店（Grand Hotel of Trieste），那是个很棒的十九世纪旅馆。那是当时特里斯特没被炸倒的少数几栋建筑之一。这个大饭店里有一间'帝王套房'（the Emperor's Suite），如此命名是因为以前奥国皇帝曾住过。费德里科当时还只是一名默默无闻的编剧，但当他看到那间套房以后，就觉得一定得拥有它：他想住进那间套房。我对他说：'你疯了不成？'

"但下一次我再看到他的时候，他却已经在把自己的行李往那间帝王套房里搬了。

"我最后一次看到费德里科是在他去瑞士接受心脏手术以前。我载他在罗马四处兜兜，那次车子还经过了一个曾经满是猫的拱廊，我们以前常拿火腿和奶酪到那儿去喂它们。"

田纳西·威廉斯问我见到费里尼时有没有注意到他们俩有多像。我坦承自己看不出他们有什么相似之处。

"你没注意到——"威廉斯继续说："他有多高，而我有多矮吗？你没注意到他老是愿意戴领带？如果是我的话，我宁愿戴条铁链。你没注意到

1　脚山：意大利西北部的山区，西与法国为界，北与瑞士接壤，为意大利重要农产区，首府都灵则为汽车机械业重镇。

我经常和男人搅和在一起，而费里尼的兴趣却完全放在女人身上？我也喜欢女人，但爱上她们的几率是百万分之一，但他则是百万分之九十九万九千九百九十九。

"天地愈大，我愈开心；但费里尼却偏好小世界。我还一直在寻找一个属于我的地方；但他却已经找到他的了。我的一个很要好的朋友弗兰基（Frankie，即 Frank Merlo）曾听过一句这样的西班牙俚语：'El mundo es un pañuelo'，意思是'世界是条手帕'，费里尼的世界就是条小手帕，能永远不离开罗马，他最开心。他在罗马甚至还只有为数不多的几个特别的去处呢——像是几家餐厅、家里附近的一些地方……。我不是在嘲讽这件事，或许我还羡慕呢！我就一直还在为自己的心找一个家，找一个让我有归属感的地方。费里尼在罗马找到了自己的家，我却还在继续找。

"所以，我们是怎么个相像法呢？我们两个都爱工作胜过一切，其次的兴趣则都是性爱。此外，我们两个都非常聪明，所以你可以看出来，我们其实是很像的。

"他跟我一样，有一个弟弟一个妹妹，还有一个强势的母亲，以及一个出外卖货的父亲。他的父亲也是个不忠的丈夫，却自认为是个好先生、好爸爸，就跟我爸一样。不过他妈妈却没有我妈妈那么疯。我们幼年时身体都不好。他小的时候，有位医生告诉他妈妈，说他的心脏不好，可能无法活很久。别人也跟我妈妈讲了同样的话，但我们两个都活得比很多医生要久。

"我跟他谈过美国南方的食物。他对食物有极大的兴趣，很喜欢谈到它们，但我只喜欢吃而已。"

然后田纳西·威廉斯开始他的招牌笑声。不管他的戏在哪个剧院上演，都可以在台上演员的说话声之外，听到他的笑声。他继续说下去：

"那天，我上过洗手间回来，看到费里尼正在餐巾纸上画东西。我真希望自己也可以不计时间地点去做那样的事。但我却一定得确定在某个自己的空间里，而且要是适当的时间和光线，再加上画布、颜料、画笔才能进入工作状态。当然，我会有些绘画上的灵感，就像我会有些拍片的灵感一样。我一直打算想带叠便条纸把那些灵感给记下来，因为它们来得又多又快，让我没办法完全记住。可是我又没办法记得要带便条纸，所以也就没办法记下那些灵感了。灵感唯一不愿上门的时刻，就是在我坐下来刻意去找它们的时候。

"要创作就必须受苦。创作者多为敏感的人，也因此注定容易失望，我认为自己也是这一类的创作者。我和费里尼都是自尊心强的人，表面上强颜欢笑，但私底下，不管为了什么原因，当我们无法把某些梦想带到世上，或是那些被带来世上的梦想，像个生病的小孩一样不被珍惜或遭到鄙视的时候，我们就会感到心痛。那是种令人颓丧的经验。

"我说：'喊我汤姆吧。'他说：'叫我费费吧。'显然我没办法那样喊他，因为每当我说'费费'的时候都会有一种愚蠢的感觉，所以我们彼此并不怎么称呼对方。事实上，回想起来，我们过去竟也没保持电话联络。我不知道怎么会发生这种事。他可是我见过的最了不起的人物之一呀！我甚至还曾希望他能把我的作品拍成电影呢——任何一部作品都好！

"我们谈过彼此合作的事。我跟他提了一些我的短篇故事。他对拍一部由三则我的短篇所组成的电影很有兴趣，那种形式真的很适合他。我也想到要把其中一则扩充成长篇，或甚至特别为他写个新东西，不过他说，等我回去以后，先把那些短篇故事寄给他就好了。

"我简直迫不及待要把那些东西寄给他。我开始整理所有自己写过的东西，甚至还真的想了一些我觉得特别适合他导演风格的新构想，我觉得那些故事里都留有空间可以让他发挥他精彩的视觉想象。我要助理把我一些尚未发表的手稿重新打字。有些书手头上只有一本，所以就要求立刻清查书店寻找存书。我们送了一大堆东西去罗马，然后就等着费里尼的反应。

"但竟然什么回音也没有。我在想：'那些意大利人就是这样的吧！'然后就决定不再去想这件事了，我要把这件事彻底忘掉！不过，有好长一段时间，我还是会看看有没有他的信。

"大约一年后的某一天，我被一堆市面上已经找不到的自己的书和剧本绊倒，我甚至不记得自己拥有过那些东西。我翻了一下那些东西，然后才明白为什么它们会在那里。我在想，如果当初那个包裹有寄出去，费里尼

337

是不是会给我回音？我当时有想过要再把包裹寄出去，但我知道时机已经过了。人生经常就是这样。

"有一句我写的台词常常被改写引用，我相信我也有权利改写一下。

"生命该怎么讲，我和费里尼就怎么讲。

"大家都说我们两个爱说谎，但这个说法不正确。问题只是说，真相并不是我们最关心的。我们在意的是一种经强调处理后的呈现方式，它们有时候本身就是一种幻想。而哪一个才是较真的真相呢？是那些从外头加在我们身上，而且是代表别人眼中的真相的东西？还是那些在我们脑海舞台上永无止境上演的剧目？再没有哪一个现实要比你脑海中的那个现实来得更真实了，而那种现实就是艺术家所拥有而且要跟大家分享的。

"我记得我曾和妹妹玫瑰（Rose Williams）去看费里尼的《阿玛柯德》，当然，那是在她切除前脑叶白质很久以后的事。虽然我担心片中有些富于喜剧性的色情戏可能会吓到她，但她却看得很开心，一点没被吓到。

"当探视时间结束，该把她送回看护中心的时候，我问她和我出来玩，最让她开心的是哪一件事？我以为她可能会说她的新衣服，或那些我们大吃特吃的美味圣代。但都不是，她竟毫不迟疑地说：'那部好看的电影！'

"你们知道吗？当我问她愿不愿意和英国女王一起喝茶的时候，她竟然拒绝了，因为在她的心中，她自己才是英国女王。那部电影里光有那样一句重要的对白就够了，不需更多。费里尼也因而受到了这位自封为大英帝国统治者的喜爱。"

有一次我和罗曼·波兰斯基（Roman Polanski）在巴黎吃午饭的时候，他跟我谈到他第一次遇到费里尼的情形：

"1963年，我去了戛纳，希望能在那儿遇到可能支持我拍片的制片人，并尽量多看一些电影。当时，我本来觉得《公民凯恩》是我心目中最伟大的电影，但当我看到了非竞赛片中的《八部半》以后，情绪上很受感动。我认为那是一部经典杰作，而且那就是我梦想要在银幕上看到的东西。我已经很久没再看这部电影了，但如果现在再看的话，我相信还是会有同样的感觉。

"后来，我拍的《水中刀》(*Knife in the Water*)被提名入围奥斯卡最佳外语片项目。我在 1964 年应邀到加州。那是项荣誉，表示我会遇到一些制片人，而且还表示影艺学院会花钱供我三餐。

"到了那儿，我被招待到迪士尼乐园(Disney land)去玩，但真正的礼物是费里尼也在我们这个小旅行团里，他的《八部半》和我的《水中刀》彼此是竞争对手。我知道自己不可能有机会，但我还是很开心。在那儿，我还见到了白雪公主和朱丽叶塔·马西纳。

"我记得费里尼喜欢迪士尼乐园，或我认为他喜欢。他把那儿称为'孩子们的生活的甜蜜'，他还说他想拍一部关于那儿的纪录片。我不了解为什么一个拍了像《八部半》这样电影的人会要想那样的事。我记得费里尼说他在洛杉矶真正想做的事是见梅·韦斯特和格鲁丘·马克斯。

"我禁不住幻想了一下站在台上领奖的情形，但这个白日梦每每被打断，因为我知道没有一部片子可以打败《八部半》。奥斯卡颁奖典礼那天，我坐在费里尼和朱丽叶塔隔壁，朱丽叶塔频频拭泪。'朱丽叶塔，你哭什么?'费里尼问她，'我又还没输。'

"得奖者揭晓，费里尼跳到台上领奖，这时朱丽叶塔就哭得更厉害了，简直就像山洪暴发。我这个该哭的人没哭，她倒哭了起来。虽然我心里已经有了准备，但不能说自己完全不失望。得胜总是比较容易准备的。不过我也觉得虽败犹荣，因为只有四部电影能和这部影史上的超级经典竞争，而我的作品就是其中之一。

"后来费里尼随意地说他之前并不是真的那么在乎得不得奖。我没说什么，不过我却看到了他在得奖者揭晓前的神态，我可以感受得到他的情绪起伏。那是事实，我当时就坐在他隔壁，他不能对我说他一点感觉都没有。"

费里尼在东京时曾被黑泽明招待过，他对黑泽明说："我非常喜欢日本，包括日本菜在内。"然而，对费里尼来说，最让他难忘的是这位日本同伴。"想想看!"他告诉我："我跟黑泽明在一起吃饭!

"当我看了我的第一部费里尼电影的时候，"保罗·莫索斯基（Paul Mazursky）[1]告诉我："虽然我从来没出过布鲁克林，不过我了解那个在《浪荡儿》中的年轻人。'费里尼的风格'是一种对人性的见解——滑稽、哀伤，却又充满希望。

"我写了一个剧本叫《好莱坞现形记》（Alex in Wonderland），我在里面放了一个电影导演的角色，不是随便哪个电影导演，而是费里尼。他那时还不认识我，但我打了一封电报到罗马邀请他演出。他拒绝了，回说'我不是演员'，但又加了一句，'如果你到罗马来，请打电话给我'。第二天，我就飞去了罗马。

"费里尼答应隔天和我在罗马大饭店吃饭。吃中饭的时候，他答应饰演我片中的导演一角。然后我就飞回好莱坞把除了费里尼以外的戏都拍好。

"然后马里奥·隆加尔迪打电话来说费德里科没办法演那个角色。我没说什么，只假装自己没听清楚他说的话。第二天，我又飞到了罗马。

"马里奥对我说：'你不懂我说的吗？费德里科不愿意。'我说当时电话接收不良，并表示我想当面和费德里科说话。马里奥说他正在切萨里娜的店里吃中饭。我赶到那儿时，费里尼正在吃意大利面。我走到他桌前，他把头从面里抬了起来，只说了一句：'好，我演！'"

1985年，纽约林肯中心的电影部为费里尼举行了一个致敬晚会。就在大会正式活动举行的前几天，他受邀到康涅狄格州（Connecticut）参加一个向他致意的宴会。我也受到了邀请，其他客人还包括电影部的委员和工作人员，以及其他到纽约来参加致敬晚会的来宾和名人。

身为接受致意的来宾，费里尼提早抵达了，我们两个就先在外面的花园散步。房子外头的地面也跟室内一样受到呵护照料，古老的树木、新植的花卉……但除这些以外，我们还看到了一样外来的东西。它很明显未受

---

1 保罗·莫索斯基，美国编导兼演员、制片。七八十年代的作品以探讨中产阶级问题的喜剧为多。作品包括:《好莱坞现形记》(1970)《不结婚的女人》(1978)《爱情外一章》(1991)等。其中《好莱坞现形记》邀得费里尼露脸演出。

到邀请，并为闯入这个聚会而后悔莫及。那是一只体积极大而且完全死掉了的深灰色老鼠。

我把视线转向别处，希望避开这东西，可是费里尼不准我那么做，他抓着我的手臂，把我转向那一坨不动的东西，说："看！真是太好了，不是吗？"

那只死老鼠躺在一层石阶上。其他客人陆续抵达了，费里尼把我拉到阶梯底层，侧到一旁，"我们在这里观赏，"他说，"看他们的脚。"当客人走下石阶的时候，他这么告诉我。

我当时在想那些穿着大型男鞋及优雅高跟女鞋的脚尖，哪天可能会被编进某部费里尼的电影里。

"那只老鼠让我想起了我以前在里米尼看过的一只，"他向我透露，"不过当然，那只是活的。"

他要我在那儿等一下，他要去找人。"你要把我跟它单独留在这儿？"我问他。但费里尼却自顾自走了。他很快就回来了，带着马斯楚安尼和他的女伴阿努克·艾梅。艾梅当时看起来非常的"八部半"。他们又愉快地重逢了。

马斯楚安尼一脸九岁小孩的神情，费里尼看起来则只比他大上几个月，两人就像共同守一个秘密的小学生一样。他们俩走在前面，然后就在抵达死老鼠的位置之前突然闪开。马塞洛要阿努克看那个鼠尸，然后摆出了一个马斯楚安尼式的英姿，准备接住万一往前倒下的阿努克。阿努克虽然没有当场昏倒，但她在《时尚》（Vogue）杂志封面上所摆出的那种冷静姿态却完全瓦解了。

她和马塞洛进到里面，但费里尼说他想留下来看看其他客人的反应。大部分人都假装没看到那只老鼠，但演技都不够好。

费里尼问我觉得那只老鼠会在那儿摆多久。我猜，它在石阶上停留的时间会相当有限，因为有那么多仆人在场。费里尼则打赌，到派对结束时，那个尸体都还会在那里。我跟那只老鼠道了"adieu"（德语"道别"之意）；费里尼则对它说了声"A bientôt"（法语"回头见"之意），然后我们就进屋内参加庆祝活动。

派对结束时，我又陪费里尼一起去了花园。我不用走多远就知道他赢了。他对我说："我就知道它还会在那儿，因为这里没有谁是专门被雇来捡死老鼠的。"

费里尼在电影部所办的致敬晚会上这么告诉林肯中心的观众：

"富国戏院连同站位共可容纳五百人。我从二十世纪三十年代的美国电影里发现了另一种生活方式——那个国家空间宽广，那些城市繁华刺激，是巴比伦城和外星球城市之间的混种。"

马斯楚安尼在费里尼的纽约致敬活动期间一直都戴着帽子，即使在室内也一样——在室内他尤其会戴。只要有陌生人在场，你是绝对没办法请他脱帽的。当我们一行人只剩下费里尼和阿努克·艾梅的时候，他终于把帽子取下来了，露出稀疏的几根头发和头顶一圈明显的秃。马斯楚安尼极为敏感地指着费里尼，控诉着："都是他害的！"

马斯楚安尼讲的是他为电影《舞国》所做的牺牲。马斯楚安尼一直难为情而且明显仍旧怀疑地摸着他的头发，同时也好像是要检查一下那天头发是否有再多长出来一些。在理发师把他剃成弗雷德那个角色所需要的发型之前，他一直以为那些头发是理所当然该有的。但现在，它们可经常是他心头最先想到的东西。

"真奇怪，"他告诉我，"罗马所有的人都在说：'可怜的马斯楚安尼——你看看，他一夜之间老了这么多！'真是可怕，我以前从来不知道被人可怜的滋味是什么。"

这个故事有个快乐的后记。六个月之后，我和马斯楚安尼约在纽约的马戏餐厅吃中饭。当他那天抵达餐厅的时候，在两人还没开口之前，我只是走上前把手指伸到他的脑袋上摸了摸他那头浓密的卷发。他笑着说："是真的！"

马斯楚安尼这样形容他和费里尼的友谊："费德里科和我之间的关系特别到一般人可能会把我们当成同性恋看待。

"费德里科是我的朋友，也是我最喜欢的电影导演。我们的关系十分自然。当我们在一起的时候，从来不必自我防卫。我们的兴趣相当，都喜欢食物和性爱。我们喜爱美女和可口奶酪的程度远大于政治。"

"看到电影城没落，"费里尼对我说，"让我觉得自己老了。没有别的事像这样突然让我觉得老过。"

对费里尼来说，电影城就像是他和朱丽叶塔在罗马久居的寓所一样。1992 年电影城拍卖道具等财产一事，就像为电影城敲响了一记丧钟。

电影城的没落显示意大利电影工业进入了艰难时期。曾是费里尼拍片之处的第五棚——这座规模首屈一指的摄影棚也显得前途黯淡。小摄影棚早已变成了历史。只有第五棚够大，能够装得下这位被称为"魔法师"的导演的想象。然而即使是费里尼这样的魔法师也无法挽救这座大型意大利制片厂的崩毁。不仅是美国及世界其他各地的人不再看意大利电影，就连意大利人也一样。美国人不再到意大利拍片了，意大利从制片成本最便宜的几个国家变成了制片成本最贵的几个国家。最后，还有政府瓦解的乱象也令人裹足不前，居于前导地位的政客和商人突然下狱，这种消息完全无法提高电影城作为拍片圣地的吸引力。

费里尼以前有好些年爱在星期天上电影城，因为那里的气氛能刺激灵感，而且还可以在那时享受到平时难有的清静。但到了后来这些年，想一个人在那儿安静一下简直是易如反掌，哪一天都行，真是令人伤感。

电影城的服装、道具被廉价拍卖出去。费里尼明白导演们再也不可能用到那些资源了。电影是所有人的遗产，那些服装、道具在里面扮演过的角色竟无法让它们更值钱一些，这些令他痛心。没人在乎那些道具在哪些电影里用过，或某件外套、洋装在哪个演员身上穿过。美国人愿意叫出离谱的高价买下桃乐丝（Dorothy）[1]沿着黄砖道（Yellow Brick Road）走时所穿的红鞋，或那个叫"玫瑰蓓蕾"（Rosebud）[2]的雪橇，相较之下，电影城

1　桃乐丝为童话歌舞片《绿野仙踪》一片的女主角。
2　"玫瑰蓓蕾"为《公民凯恩》一片中主人公幼时所拥有的一个雪橇的名字，此秘密在片中至为关键。

拍卖会上的顾客就差远了，他们像是在参加一个大型的清仓拍卖会。他们把从破烂堆里抢救出来的桌子用车载走，桌子的附加回忆却弃若敝屣，那些桌子前途未卜，将来可能也只是在哪儿被人家当作……桌子来用。

"想想看！那些东西不是被收藏家买去，而是被贪便宜的人夺走！"费里尼告诉我，"生命的代价是死亡；成功的代价是失败。

"电影城和我，我们要一起进坟墓了。他们把它拆了卖了，我也不再有市场了。"

费里尼在晚年获奖项无数，却难得再有拍片的机会。"得到奥斯卡奖、被人致敬，这些都让我很开心，但我唯一想做的只是拍片。"他哀悼着那些他本可能会拍但最后却没拍成的电影——《马斯托纳的旅程》《堂吉诃德》《木偶奇遇记》……

最后几年，他把所有的时间、精力都花在向人推销自己的拍片计划上，这事着实伤了他的心。"现在我得找医生来修补了。"他一边摸着他的心，一边这么对我说。那时候，我还不了解他话里另有含意。

即使各个影展争相向他致敬，来自世界各地的邀请也不时出现，但费里尼还是在罗马烦恼着他在早上六、七点可以打电话给谁，而谁又可能半夜还醒着。为了筹资拍摄下一部电影，他曾有一个礼拜打两百通电话的纪录。尽管他已经被人们视为传奇了——或者就是因为这个缘故——制片人并不愿意投资他拍片。

那时，任何人要是建议费里尼和一个要来和他谈"生意"的陌生人在罗马吃中饭，就一定会惹他发怒。他失望过太多次了。他对说要和他吃中饭兼谈拍片计划的外国访客变得极不信任，担心自己已经变成电影这行人经过罗马时的观光名胜了。从世界各地来的陌生人，其中又以来自美国居多，他们对费里尼夸下海口，然后，就如他描述的"人走入夕阳里。接下来出现'剧终'字样"。费里尼后来也愈来愈相信自己没办法在意大利以外的地方拍片，因为"我会无法知道我剧中人物衣服内的标签上写些什么，或是他们的领带是上哪儿买的。"

费里尼告诉我他很年轻时为自己老了以后所做的打算：

"我猜自己除了可能像圣诞老公公一样留着白色的长胡子，而且不必剃以外，其他的情况还是和年轻时没什么两样。到时候我打算想吃什么就吃什么——摩札雷拉奶酪、各类面食和丰盛的甜点。我还要四处旅行，去我以前没空去的美术馆看画。

"有一天我对着自己的刮胡镜看，心想：这个老头是哪儿跑来的？之后，我才明白这个人就是自己，而我那时唯一想做的事就是工作。

"在想象力上也会有所不同。我小的时候可以轻易想象出自己长大成人、甚至老了时候的模样。但现在我老了，想把自己想象成年轻人的样子，倒不是那么容易。"

费里尼觉得自己内在仍存有创作力，"但世人却拒绝你，而且还不是干脆地拒绝，而是拖拖拉拉地拒绝，就像得慢性病一样。直到经历多年的徒劳无功，你才了解事情是在哪一刻发生的、自己是在哪一刻退休的。"

在《船续前行》的拍片现场，费里尼曾这样对我说："把这个写进你的书里。如果这部片子没造成轰动的话，下回我就要宣布自己得了不治之症！我最好向大家宣布：'我没有得不治之症！'因为如果我否认的话，大家就都会相信我是真的得了不治之症。然后我要在家里躲一阵子，这样一来，制片人就会想投资拍摄费里尼的遗作了。

"但就算那么做，计划也不会成功，因为他们会担心我片子没拍完就死了，如此一来就无法充分保证他们一定能赚到钱。"

1993 年，影艺学院会员投票将费里尼选为该年奥斯卡终身成就奖得主。那会是他的第五座奥斯卡奖，其他四座分别颁给了《大路》《卡比利亚之夜》《八部半》及《阿玛柯德》这几部影片。

当时学院管理委员会的会长罗伯·雷姆（Robert Rehme）代表委员会从洛杉矶打长途电话给费里尼，罗马那头是朱丽叶塔接的电话。雷姆告诉她费德里科将获奥斯卡终身成就奖，不过他是用英文讲的。朱丽叶塔懂一点英文，但她当时愣楞住了，通常有人在电话上跟她说英文，她就会这样。雷姆不确定朱丽叶塔是不是听懂了，所以就说他会再打去。

当时时间是洛杉矶早上，碰巧雷姆下一个约见的人易卜拉欣·穆萨是费里尼《访谈录》一片的共同制片，所以便请他跟朱丽叶塔通话，然后朱丽叶塔就把费里尼叫来听电话。那个消息起初让费里尼觉得很高兴，直到电话挂掉以后，他才又产生疑虑，想到接下去还有旅行奔波、上台致辞这些问题。

他不愿到洛杉矶去，原因并不是他不重视这个奖。他了解获奖会让自己跻身卓别林、金·维多、希区柯克等名导之列，这些导演都得过这个奖。

他向来不太能适应旅行这件事，而且他已经七十三岁了，身体也真有毛病了。朱丽叶塔的身体也不好，但她向来热爱旅行和得奖这种事，所以答应要代他领奖。

但费里尼在最后一刻改变了心意。他告诉我，他其实是被罗马的出租车司机说服的。只要他一个人搭出租车的时候，他就会坐在前座和司机聊天。"我没教他们怎么开车，他们倒教我怎么拍电影！

"他们把我出席奥斯卡颁奖典礼当作国家的骄傲，"他解释，"我如果不去，不仅让他们失望，还背叛了我的国家。此外，不论我到哪家我喜爱的餐厅吃饭，餐厅的服务生都会问我：'你会参加奥斯卡典礼吗？'如果我说'不会'的话，他们就会免费送我建议，要我'一定得'去。"

费里尼改变心意的真正理由其实严肃得多。他知道不管自己多么不想去领奖，不管朱丽叶塔怎么否认，在颁奖典礼举行之前，朱丽叶塔的身体已经不对劲了。他了解这座奥斯卡奖杯对她意义重大，而他的出席也对她意义重大。让他迟疑的原因是他自己也患了让他疼痛难挨、行动不便的关节炎。

"当众露出病痛的样子是很尴尬的事。"费里尼告诉我。他最怕的是无法在奥斯卡典礼上表现得很好。他不希望自己的病被别人注意到。

然而，在估计有十亿人观看的颁奖晚会上，他的表现却令人难忘。马斯楚安尼介绍费里尼出场时，全场为他起立致敬。他对观众说：

"请坐下自在一些。如果这儿有谁应该觉得有点不自在的话，那也只有我一个。"

手握奥斯卡奖座的索菲亚·罗兰口念颂辞："献给费里尼，感念一位银幕上的说书大师。恭喜!"

费里尼跟她说了谢谢以后，她反问："我可以亲你一下吗?"

"好呀，我喜欢!"他兴奋地回答。

她说"好"，然后亲吻了他。

"Grazie（意大利语'谢谢'）!"费里尼说。

"谢谢!"索菲亚说。

费里尼和马斯楚安尼握手后面向观众，讲话的声音里听不出有不舒服或紧张：

"我希望能有男高音多明哥（Domingo）那样的声音可以悠长地唱出我的感激。我能说什么呢? 我真的没想到会得到这个奖；或许有想到过，但我以为会是二十五年以后。

"对我的国家和所属的世代而言，以前美国几乎就是电影的同义词。我亲爱的美国朋友，现在跟你们相聚在此让我有回家的感觉。而我要谢谢大家让我有这样的感觉。

"在这种场合你可以奢侈地感谢所有的人。首先，我自然要谢谢所有曾和我一起合作过的人。我无法一一点名，唯一一个例外就是我的妻子兼女演员——朱丽叶塔。亲爱的，谢谢你。

"而且求求你别再哭了好不好!"

这时，画面切到观众席中正在啜泣的朱丽叶塔。

然后摄影机再转回费里尼，他说了声"Grazie!"之后，这段情节便告结束。

对于坐在现场观礼的来宾，以及全球的电视观众而言，这是那晚最感人、也最富戏剧性的一刻。广大的电视观众看到了一种幸福的光辉、一种两人之间的关系，及朱丽叶塔喜极而泣的眼泪。但当然，观众当时并不知道费德里科和朱丽叶塔都有病在身，也不清楚他们的艰难处境。

在意大利，"Don't cry, Giulietta."（朱丽叶塔，别哭!）变成了一句很流行的话。半句英文都不懂的人也能明白"Don't cry,Giulietta."的意思。当不会说英文的人听到别人提起费里尼的名字时，就经常会说这个句子。

长途的飞行、用英文向全世界的观众发表得奖感言、关节炎发作时得挺直站立，费里尼不愿任何人知道他关节炎的状况——整个经验是折磨人的苦刑。当他健康的时候，为了逃避旅行，他会毫不犹豫说自己有病，会拿最轻微的伤病作借口。但到了他真正病了的时候，却不愿让任何人知道。他不喜欢接受别人的同情，也害怕别人不会相信，因为他知道自己喊过太多次"狼来了"！此外，任何健康上的问题都可能影响别人资助他拍片的机会。

那晚所有的派对都非常希望费里尼出席，然而对他来说，派对是没什么吸引力的。从罗马飞到洛杉矶对他是很辛苦的，但他急于度过这段长途飞行，所以坚持中途不停下来休息。他觉得离开了罗马，自己就成了一株被连根拔起的植物。

虽然在后台记者室持奖接受摄影后，他就想直接回比佛利的希尔顿饭店休息了，但他也不希望对投票颁奖给他的学院管理委员会失礼。他等了老久才谢到他们，不过他并没有留下来参加为得奖者和入围者所举行的晚宴。

那晚终于回到饭店让他很愉快，那是他九个月来心情第一次真的能够放松下来。全世界都以为费里尼领到奥斯卡奖会有多高兴，他的确也很喜欢那个奖，不过只限于领了奖以后。他告诉我，他觉得最烦人的一件事就是优柔寡断。他痛恨遇到两难的情况，然后被迫要在同一个问题上反复做决定。经过几个月来的紧张期盼，以及对旅行和在电视上露面的恐惧，再加上他们在处理"去或不去"这个难题上所耗费的精神，及对自我病况的担忧——这些压力完全去除后，费里尼偕同朱丽叶塔、马斯楚安尼、马里奥·隆加尔迪，以及他的助理菲雅梅塔·普洛菲莉，在旅馆套房内大开香槟庆祝。

马塞洛原本想参加那晚所有的聚会。索菲亚·罗兰希望他能跟她走；而他女儿的妈妈凯瑟琳·德纳夫那晚也在洛杉矶，因为她主演的《印度支那》（Indochine）被提名角逐该届奥斯卡的最佳外语片。朱丽叶塔为了参加奥斯卡典礼也特别准备了晚会礼服，那也是属于她的一夜，但她选择留在费德里科身边，马斯楚安尼和其他几个人也一样。

奥斯卡典礼过后的隔天早上，我去了费里尼的饭店，他正准备搭下一班从洛杉矶飞回罗马的班机。他出电梯向我走来的时候，行动上有明显的困难。我们坐在大厅的背后，和影迷、媒体记者之间隔了一个视觉阻碍物，让他们无法靠近。

经过我一而再的保证，说他在奥斯卡晚会上表现得很精彩，说他站得很挺，说他看起来不像有病或过度紧张，说他的英文所有人都听得懂，说他看起来不胖，说他的头发看起来并不稀疏……之后，他才开心了起来。

"当时我其实就只是站在那里，"他说，"感觉很刺激。但事过以后，当时的情况我就记不太起来了。"

他很高兴在导演协会为他举行的致敬酒会上和比利·怀尔德谈了几分钟，怀尔德之前因身体不适，没能按照预定计划在晚会上台露面。"比利·怀尔德以前比我老，"他说，"但现在他却看起来比我年轻。"

保罗·莫索斯基这位费里尼的多年老友也出现在酒会里。"保里诺（Paulino，即保罗之昵称）一直想带我去'农会市场'（Farmers Market）和威尼斯走走，'加州的'威尼斯。哪天我会跟他去看看，但这次不行。"

有个少女打断了我们，是来要签名的。"你知道我是谁吗？"他故作严肃地问她。

"费里尼！"她毫不犹豫地回他。

她没带纸笔，所以费里尼就用手指在她的额头描上了自己的名字。他签完名的时候，她咯咯地笑，显得很满意。就算她不能把费里尼的签名贴在簿子里，却可以把它保存在回忆里。

她离开以后，费里尼说："昨天我问一个要我签名的女孩知不知道我是谁？她回答：'知道，费影尼先生（Mr. Filmini）。'"

我们坐在那儿聊了很久，但感觉上仍嫌短。"我不知道到底哪儿出了问题？"他说，"但我知道我和自己身体之间的关系变了。我不再觉得它就该是怎样了，它让我知道它的存在，但不再是往日那种愉快的方式了，它传

来大小不同的讯息，对我的命令相应不理。它不再服侍我了，它大叫，'我才是老板！'

"我不再期待上床睡觉，因为我再也没办法在脑子里看到那些精彩的梦；再不，就是记不住那些梦。想象力不再，比真正的死亡，要更让我恐惧。

"随着变老，你就愈起愈早，但起床之后却无事可做，这不是很奇怪？那就根本没有起床的必要了！也许原因出在你对生命变得贪婪起来，一旦生命加速经过，你不希望浪费一分一秒。我向来起得早，但因为日子已经较无希望了，所以我的身体就似乎更迫切要抓住光阴了。

"我记得自己曾经想知道：为什么人老了，日子愈过愈不值了，却愈来愈怕坐飞机？现在这事可发生在我身上了，我向来就不喜欢搭飞机，一次死里逃生的经验让我更确定即使马斯托纳都不该搭飞机的。我发现自己从来没有像现在这么怕坐飞机，因为我会提前开始担忧，在我抵达目的地之前，其实我已经在脑子里飞过好几遍了。现在的情况更糟，肉体的疼痛更不许我逃避片刻，它让我清清楚楚感觉到每一刻都在飞机上。我再也没办法像以前一样在心里逃掉部分的航程。我好像没办法为自己找到一个藏身之所了。

"我家族中人有心脏病和中风方面的问题。舅舅中风后不能说话，我爸爸的兄弟，以及我弟弟里卡多，都是死于这类疾病。我小时候，人家也跟我妈妈说我的心跳不规律。

"在来这儿的路上，我想起了爸爸的葬礼。葬礼上，妈妈立在墓旁，但在坟墓后头离她老远的地方站着几个妈妈不认识的女人。她们外貌丰满娇媚，而且全都哭得很厉害。原来她们是些女店员，也就是爸爸的客户，除了蜜饯果酱外他还供应她们'一些别的'。我们父子俩其实没有那么大的差距。不知道我的葬礼上会出现哪些人？"

他轻松地添了一句，"别难过，夏洛蒂娜。记住，生命最精彩的时候就像是浇上了滚烫黑巧克力糖浆的自制软冰淇淋。"

他起身回楼上去，在进电梯时他转身过来，有些吃力地抬起手臂向我挥了挥。我于是忆起十三年前我们在富莱金认识的第一天，费里尼骑着单车轻快离去的优雅身影，心中不禁产生今非昔比的感触。

费里尼在颁奖典礼结束隔天由洛杉矶启程返家。他在1993年4月1日抵达罗马，可以让他享受得奖喜悦的时间并不多。除了关节疼痛的毛病之外，还必须决定是否要动开心手术。他好不容易做了决定，虽然心中仍有疑虑，却还是在六月去瑞士接受了冠状动脉绕道（bypass operation）手术。

费里尼说过很多次：他害怕有山的地方，但他从来不知道原因何在。他说在他梦里，只要哪里有山，哪里就有噩运临头。手术后待在苏黎世复元，让他极为沮丧不悦。像往常一样，他只想待在一个地方，那就是罗马。但那时举目望去却遍地是瑞士的山——不祥的山……他以一贯的作风逗弄那些瑞士的护士，和她们开玩笑，但她们都太严肃了，无法领情。此外，瑞士医院里的伙食也不对他的胃口。他想吃奶油洋葱烩饭的时候，他们给他综合麦片。几乎一从麻醉中醒来，费里尼就决定要出院了。他说他已经想吃的想疯了，迫不及待要回到有那些食物的地方。

医生建议他继续留在医院，如果他坚持过早离开，至少也要住在苏黎世离他们医院不远的旅馆里。但他心意已决——按他们的说法是"顽固"。最后的妥协是：院方准他出院，但不是回罗马，而是去里米尼这个安静的度假区疗养。里米尼是个位于亚德里亚海海岸（Adriatic coast）的城镇，约在威尼斯南方一百英里处，为费里尼儿时的故乡。

费里尼并不想回里米尼，因为现实里的里米尼和记忆中的里米尼差距过大，这点让他困惑难堪。他甚至发现自己还期待能在里米尼街上看到他母亲养的小狗蒂蒂娜（Titina）。

"我想到小时候路经我们镇上的马戏团。虽然在我看来，那个马戏团好像很大，但其实它可能只是个小型马戏团，那是我以为所有大人都很高的时候。这事极为重要：你在生命的某刻发现了某样东西！也许我在富国戏院发现自己对电影的热爱，跟我拒绝长大一事有关。而马克斯兄弟也就是在那儿成了我真正的家人。不过能住在里米尼大饭店的套房里倒也算是个不无小补的诱惑。此外，当然还可以享受到客房服务。"

在里米尼住了一小阵子后，朱丽叶塔回罗马处理账单、邮件和其他的急事。此外，她也必须去看自己的医生。费里尼想陪她一起走，但此举需要雇一辆有医护人员随行的救护车。由于费里尼不想在罗马被那些制片人看到，他们可能会认定他病重无法拍片，此外，他也不愿意被那些永远在那儿守株待兔的摄影记者瞧见。所以他就被说服留在里米尼等候了。

朱丽叶塔非常确定一点：不管费德里科为了达成目的说了些什么，一旦他回到罗马，就会拒绝回里米尼了。她相信费里尼对于想要说服别人时所做的承诺，老是只会去记他想记的。

朱丽叶塔原本只打算离开几天，可惜走得不是时候。突然间，对朱丽叶塔和费德里科来说，所有的事都不对劲了。

当费里尼还小的时候，里米尼大饭店的套房代表着一种难以拥有且无法想象的事物。他向来不敢相信自己有一天会住在里面，而且被视为上宾，受到礼遇。他记得小时候还常被守门的赶来赶去。所以，即使他是在坐病牢，也绝对不相信住在那儿会没有一点乐趣。但事实上，即使是一向让他觉得刺激的客房服务，他都觉得没那么了不起了。

在朱丽叶塔走开的时候，费里尼在饭店房间里中风了。他瘫了下来，没力气喊救命，而且离电话太远。其间，他没有完全昏过去，但却一个人熬了四十五分钟，然后才被进房整理床铺的女仆发现躺倒在地。

费里尼被紧急送往里米尼当地的医院。表面上，为了不让护士、媒体和他自己过分担忧，他还在开玩笑；但私底下，他却把这次中风看成一个恐怖的征兆，因为他的情况和弟弟里卡多很接近，他弟弟在严重中风丧命之前不久也曾轻微地中风过。

费里尼最后是在医院里过世的。

医院认为他第一次中风虽然严重，但并不会对生命造成威胁。他们告诉费里尼，经过一段时间的治疗，也有可能完全康复。医生说，即使最坏的情况发生了，他也不过损失一条胳臂和一条腿；而且就算他日后得靠轮椅行动，他还是可以正常度日。不过费里尼并不这么认为。他的第一个反应是：如果残废不全，自尊被剥夺，那么不如死了算了。他们建议他去费拉拉（Ferrara）的圣乔治医院（Ospedale San Giorgio）疗养，那是所"最棒的中风医疗院"，安东尼奥尼在 1985 年就被送进去过。

虽然费拉拉并不在回罗马的路上，但费里尼还是同意了。不过，他相信只有在罗马他才有机会好起来，并继续拍片。

费里尼在费拉拉的医院接受治疗，在被允许可用电话以后，他的精神也变好了。虽然他向来不真的喜欢讲电话，但现在这至少是一条从医院通往罗马的生命线。平常他要遵照医生指示做那些无聊的运动，吃那些无趣的"健康"食物。此外，他甚至还看电视。

然而，在发现有摄影记者躲在树后想偷拍他坐轮椅的模样以后，他就无法自由自在地上花园了。他说他无法想象自己要靠"轮椅"度日。

"脑子愈动愈快，身体却不再接受命令，这是很糟糕的事，感觉就像自己被囚禁在别人的身体里面一样。现在我明白自己已经失踪了。"

有段时间费里尼相信自己会好起来，或至少会恢复到可以工作的状态。他从医院打电话来，声音里可以听出他心情轻松了一些。他说他感觉到一种自由——一种"最糟的事都已经发生了"的自由。不过他还是警告我不可以跟任何人说他的下落，只不过这种提醒是完全没必要的。

朱丽叶塔当时没在费拉拉陪他，但并非出于自愿：她自己也秘密地在罗马住了院。她对媒体宣布自己是因为压力过大而引起精神衰弱；但真相则是医生说她脑里长了一个无法开刀的瘤。

1993 年，奥斯卡典礼结束后的隔天早上，费里尼在比佛利的希尔顿饭店跟我说："我没办法想象没有朱丽叶塔我要怎么过。"

朱丽叶塔明确地告诉医生，如果他们要说的是坏消息，那么她宁可不听。她是个虔诚的教徒，宁愿用祷告的方式祈求平安。

当费里尼终于得知朱丽叶塔严重的病情，而且了解朱丽叶塔本人也已知道自身病情的时候，他宣布他一定得去罗马的医院看她，而且坚决要去。

这趟旅程将严格保密，只有隆加尔迪、几位朋友和几名医生知道，而且不能让媒体发现。不过最后还是给他们知道了，记者们都在等他。费里尼在罗马的医院陪了一天多，然后才坐救护车返回费拉拉。

回到费拉拉的医院以后，他觉得有些沮丧，因为他手脚的行动能力似乎没有改善。他们告诉他进步需要时间。但他已经花了一些时间了，而且没有人敢保证他可以完全康复。费里尼从医生的眼神里看出他们不相信他会完全康复，因此他想放弃治疗。还有什么办法呢？唯一的希望就是工作。如果能让他回去拍片的话，那么他也可以陪陪朱丽叶塔，帮帮她的忙。他必须和她在一起。

答案就是"罗马"，即使他得待在罗马的医院里也成。费里尼说服了医生，他说自己在罗马会恢复得更快。他又离开了里米尼——这次是留在罗马，结果也变成他了结余生的地方。

他和朱丽叶塔结婚五十周年纪念日愈来愈近了。这些年来，费里尼一直和朱丽叶塔开玩笑，说那是她的纪念日，不是他的。但朱丽叶塔从不觉得这话好笑。

院方准许朱丽叶塔请假外出。费里尼费尽心思希望给朱丽叶塔一个梦寐以求的结婚五十周年纪念。这个日子对他来说也变得极为重要了。他为她画了一张卡片，他在其中一面描上了他在结婚当天画给她的东西；另一面，则画了一次同样的图案，唯独日期和地址改了，即把 1943 年改成 1993 年，还有就是家中的地址从路德霞（Lutezia）街换到玛古塔街。

费里尼想了几个方案。他不想开派对，但两人可以好好地吃个晚餐。朱丽叶塔建议和几个朋友共进晚餐，她可以准备她拿手的面食招待大家。但费里尼说他们应该去一家很棒的餐厅单独庆祝。

同时，费里尼还说服他在翁贝托一世医院（Ospedale Umberto I）的医生让他短暂外出，即使坐着那"可怕的轮椅"都好。他想逛书店。他们说可以代他购书，但那完全不是他要的方式。他怀念自己挑书的乐趣。

对费里尼而言，逛书店买书不仅赋予书籍本身生命，同时也赋予它们被人选购的经验。书店里的店员认出他来，于是和他聊了一下电影；另有一个店员要求费里尼看看他写的剧本，费里尼则请他把东西送到医院里来。接着店里的顾客也凑过来，所有人都祝费里尼早日康复。

在别的时候，费里尼并不喜欢在买东西时受到这么多的注意。那样会拖长购物的时间，而且每个人都看着你，观察你买了些什么书。除了上克罗契街买吃的以外，费里尼通常不喜欢买东西。不过现在任何可以把他带出医院的事似乎都让他开心。在书店里面对自己的影迷和那些健康的影迷，倒是件令人愉快的事。

在往返书店的途中，单是用力呼吸罗马的空气，就够他兴奋了。他相信自己真的可以辨认出罗马的空气和其他地方的空气有何不同，一如权威制香师的鼻子可以分辨出各种香味的差异。费里尼当时得在医院里多待些日子，所以很难辨别出他人是不是在罗马，毕竟哪里的医院都是一个样子。不过，他还是回到罗马来了，对费里尼而言，这表示是一切都将没事了。

费里尼被放行到他喜爱的户外街道后，深受鼓舞。他想如果他可以出外买书，那么为何不能在星期天带朱丽叶塔去吃个中饭？这样一来两人都可以暂时抛开疾病的纠缠，而且还可以共同商量如何庆祝他们的结婚纪念日。对于把像结婚周年纪念这么私人的事拿到公开场合来展现会感到尴尬的他，现在也一心一意要让这天变得特别起来。费里尼将"美好的婚姻"定义成"两人都觉得美好的婚姻"。现在他忆起两人年轻时共处的岁月——一段遥远的往事。在回忆里，这段岁月要比他们往后因妥协而来的挣扎要鲜明得多。他希望能为自己这些年来的"坏行为"赎罪，他希望能尽量让朱丽叶塔开心。

他完全投入这件事，这是他对所有事情认真起来时的惯有态度。他投入到甚至愿意承认"50"这个数字。虽然他了解自己过于有名，很难守住年龄的秘密，但也不愿将实际的岁数说出，好像说出口事情就会更像真的一样。而承认自己结婚五十年，就等于承认自己已经到了某个年纪了。费德里科对年龄的敏感度甚至比朱丽叶塔还严重。

罗马医院里的医生虽然心中仍不放心，但还是阻挡不了向来就很有说服力的费里尼。他们看到他才请假外出几个小时，士气就如此大振，于是同意让他星期天中午去陪朱丽叶塔用餐。朱丽叶塔那时已经返回家中休养了，费德里科希望能尽快回去与她会合。他认为朱丽叶塔甚至病得比自己严重，所以就建议为他们两周后的结婚纪念日提前纪念一番。

然而，两人却不知道在一起吃了半个多世纪的饭以后，那顿星期天的午餐竟是他们最后一次共同进餐。

费里尼想去切萨里娜的店用餐，但这家店星期天不开。虽然切萨里娜本人几年前就去世了，但这家店一直都还是他最喜欢的餐馆。接着他又在附近挑了另一家餐厅，但一样没有，直到第三家才开着门欢迎他们。

朱丽叶塔向来乐观，现在费里尼和她一样了。要改善他的心情，好好吃一顿是很重要的。

费里尼放肆地吃喝谈笑，不料突然呛到了，祸首是一块摩札蕾拉奶酪。前一次，中风影响了他的吞咽能力，但在享乐的时刻，他也就不记得这些了。呛到的当刻是有些困扰，但后来也就好了，而且看不出会有什么严重的后果。

饭后，他送朱丽叶塔回家，然后又跟载他们的一个年轻人去看了一个他可能会租做办公室的地方。费里尼之前在医院病床上看到那个地方的平面设计图的时候就觉得喜欢了，这回实际造访，更是对那儿赞不绝口。他希望隔天就能签下租约，表示他又期待开始筹划新片了。要不是因为那天是星期天，他大概当天就会签约。

他打算立刻开始筹拍新片，内容是关于两名多年不见的综艺秀演员，再相遇时，两人都因中风被送进费拉拉的医院。故事围绕在医院、生病及中风所引起的幻觉这些事情上打转，其中还包括了游走死亡边缘的经验，片子的构想其实就是《马斯托纳》一片的变奏。他打算把发生在自己身上的事拍成电影，建设性地运用他在里米尼、费拉拉、罗马等地的住院经验。他跟我说："这样一来，我就可以把我的病痛经验由负面转为正面了。在我把自己的回忆拍成电影的同时，回忆也就被电影所取代。"

在四分之一世纪以前，费里尼也生过一次重病，当时他也有同样的想法："我第一次轻叩鬼门关，明白自己曾经离它多近过，只要我当时放弃挣扎、不再呼吸就是了。我心想：如果我那时死了，我会真的很生气。

"权利被剥夺！我会被剥夺走那么多电影的拍摄权利。我的拍片生涯会在六十年代中期就结束。但现在我又多活了这些年，我没有权利再生气了。有的也许是失望吧，因为我还想再拍一部电影，一部就好，啊！再一部就好……"

但前一次，当费里尼出院以后，他发现自己很高兴能把整个生病的经验都给忘掉。他把自己的反应归类成像狗一样。"把那些记忆给抖掉，"费里尼对我说，"现在我正在构想剧本，但等到回家以后，我可能又会想把这些记忆给全部抖掉，然后拍一部不同主题的电影。"

伤感的是，费里尼从此就没再回家过。

费里尼在那个星期天中午和朱丽叶塔共餐后，晚上在医院里又再度中风，而且病情扩大，陷入了昏迷状况，于是被紧急送往加护病房治疗。虽然朱丽叶塔和费里尼的家人朋友仍相信他能复元，但这一次，医生们却不抱任何指望了。虽然费里尼似乎已经无法感觉到朱丽叶塔的存在，但朱丽叶塔不顾医生的劝告，仍坚持要进加护病房探望她的丈夫。以残酷的医学术语来说，费里尼已被宣布"脑死亡"了。

在他昏迷期间，医院外头守候着大批待命的意大利摄影记者……

直到两个礼拜后，他和朱丽叶塔的结婚五十周年纪念过后的一天，费德里科·费里尼终于过世了，再也恢复不了意识。

朱丽叶塔是从电视新闻里得知费里尼的死讯的，之前没有任何人通知她。马里奥·隆加尔迪急忙赶到朱丽叶塔身边，尽可能地安慰她，并代为会见即将群集而来的媒体。结果，记者们早已把玛古塔这条窄街挤得水泄不通了。

在费里尼过世之前，媒体记者，尤其是摄影记者，就一直在医院日夜守候了。而在费里尼刚去世的时候，一定有人把这个消息告诉了把他/她买通了的某个摄影记者。之后，那名摄影记者设法溜进加护病房，把费里尼身上的被单、管子等障碍物拉开，替他的遗容拍了一张照。大家推测那名摄影记者作案时大概穿上了医院的白制服，假装成院里的看护人员才得以进入。这个情节让人想起了《生活的甜蜜》里的一个画面，即摄影记者帕帕拉佐央求马塞洛带他一起进入屋中，为的只是要拍一张史坦纳尸体的照片。

那名得逞了的摄影记者把那张费里尼的照片紧急送往某家电视台，之后照片便出现在他们的新闻里。这事立刻激起公愤，那家电视台随即被抗议的电话声包围。广告客户也威胁要撤销他们在该台的广告。大众对此一卑劣的做法都极为反感，那张照片对意大利人挚爱的费里尼在隐私上的终极冒犯，也因而得到了应有的报应。所有其他的电视台、报章杂志，甚至专爱扒粪的小报，也都拒绝登出那张照片。他们这么做的原因，不知是尚有良心，还是对那张照片初度披露所引发的负面效应有所警惕。

只有在费里尼在世的最后几个月，我才观察到他说话时语调上有些挥之不去的感伤（只是当时我们两个都不知道那已经是他最后的几个月），所以我也变得不太敢乱开玩笑。我知道他身体状况已经亮起了红灯，他也觉得健康备受威胁。他觉得变成残废甚至比死还要恐怖，对于想拍却没拍成的电影深表哀伤，并首度相信自己未来不再有什么拍片的可能了。

他甚至对拍他自称为"节制的电影"（limited film）都感到不确定，那种电影在制作规模上有所节制，因而使得开拍机会增高、开拍时机得早。在他病重以前，他曾答应要再为朱丽叶塔拍一部电影作为他们结婚五十周年的纪念礼物。朱丽叶塔希望能再度在费里尼的电影里演戏。费里尼回想了一下《导演笔记》这部片子，觉得自己可以再拍一部《演员笔记》。这个构想的制作成本较低，是他想拍的片子里野心最小的一部。他确定可以轻易地筹到经费，而且要在片中让朱丽叶塔和马斯楚安尼再次携手合作。

费里尼有些沮丧地向我透露，他再也梦不到那些精彩的东西了。"只要我的幻想能力保持不变，我是可以接受某种程度的肢体损害的。"

他死讯传来的时候，不管表面上的死因为何，我相信他其实是死于"心碎"。还是个孩子的"费德里科"，与长大成人后变成导演的"费德里科·费里尼"离开了人世——但"费里尼"这个传奇会继续流传下去。

现在，随着费德里科·费里尼亡故，他的作品却得到了新生。从纽约到新德里，从圣保罗到新加坡，它们走访了各处的戏院；而关于费里尼的精彩事迹也在多种语言的报章上刊载。他在意大利最为人所知的时刻是在身故以后。在他昏迷期间，电视、电台、报纸等媒体经常有他病情的报道。电视上出现了无数他电影里的片段，也播放了他完整的作品。突然间，费里尼成了一个意大利家喻户晓的名字，连从没看过他电影的人都把他当作自己的朋友。他变成了国内的头号名人，而且是死后比生前更为知名。他死的时候，所有意大利人都觉得是一个自己认识的人死了，因而感到若有所失。

罗马街头的窗口挂出了"再会了，费德里科！"的布条。他光顾过的餐厅也在他的遗照上系上了黑缎带，过了好几个星期才被解下——然后费里尼便化归永恒了。

在电影城里为他举行的追悼仪式中，曾在《访谈录》中出现过的大型天幕被立在费里尼棺木的后方，这样一片虚构的环形天空运用得极为恰当，因为那就是他眼中的真实。

队伍行经棺木的时候没人说话，现场极为安静。前来吊祭的人经过灵位时都只短暂停留，有些人还留下了花朵、礼物和字条。

费里尼和安东尼奥尼彼此认识，并相互敬重彼此的作品，但两人交往并不密切。在1992年年尾，安东尼奥尼在总统府（Quirinale Palace）接受总统表扬的时候，费里尼也在场。"米基（Michi，即米开朗琪罗·安东尼奥尼）当然有椅子坐，"安东尼奥尼的太太恩里卡（Enrica Antonioni）忆起往事，"但所有其他人都只能站着。"安东尼奥尼在那之前几年中风过，没办法在这么长的典礼上一直站着。

一般人都知道费里尼患有关节炎，但他还是尽可能挺直站立，勉力支撑度过那几小时的活动，但他的关节痛一定让他觉得那个活动好像没完没了。

费里尼当时面对的是一个两难的选择：是要受那种出席的罪？还是要受那种不出席的罪？他如果不出席会比他出席来得更受瞩目。如果他不在场，好像就会让别人认为他不够敬重一位伟大的同行；或是，会让人认为他病了。而这两种状况费里尼都不能接受。

然而，这回是安东尼奥尼带着病向费里尼致敬了。公祭那天他和妻子恩里卡也在第五棚的吊祭行列里。

在费德里科和朱丽叶塔很年轻时和他们合作过《没有怜悯》和《卖艺

春秋》这两部片子的拉图阿达和他太太卡拉·戴波吉欧也出现在葬礼现场。拉图阿达把《卖艺春秋》一片的导演功劳分一半给费里尼，那是费里尼首次挂上导演头衔。"他就在我身边起了炉灶。"拉图阿达对我说，"我发现他有一些东西想告诉大家。"此外，朱丽叶塔在《没有怜悯》一片中的演出机会也是拉图阿达给的，那是她个人的银幕处女作。

"朱丽叶塔本来还算比较平静，"拉图阿达告诉我，"但当她看到我们以后，就开始哭了，她说，'想当初我们四个年轻人在一起的时候多开心呀！那好像才是不久以前的事。'"

在电影城为费里尼举行的追悼仪式是意大利近代史上规模极为盛大的一场。而马斯楚安尼是唯一一个敢在该仪式完毕以后发出严厉批评的人。当媒体要求他谈谈这位朋友的时候，他跟以往一样不顾情面地表示："他们不在他生前帮他拍电影，却到了他死后才来褒扬他。现在所有人都说他是如何了不起的天才，但这几年却没人肯认真地给予协助。要了解这个人有多伟大，大家还需要有更多的反省。"

几个月前才在奥斯卡颁奖典礼与马斯楚安尼和费里尼同台的索菲亚·罗兰则表示："一盏明灯灭了，让我们陷入黑暗之中。少了他的想象，这世界会变得更哀伤。"

安东尼·昆在《大路》这部片子里扮演驽钝壮汉赞巴诺，朱丽叶塔则饰演对他一往情深的杰尔索米娜。他对我表示：

"《大路》这部电影为我打开了对外的窗口，让我的生命重新来过。

"他把剧本拿给我看的时候，虽然只有短短的四页，但他要我饰演的角色却很精彩。我之前和他的太太一起合作过，她也先跟我提过了故事内容。

"我刚认识费里尼的时候还不太会说意大利语，所以就跟他说西班牙语。可是在电影里，我就不知道该说英语、意大利语，还是西班牙语了。他回答说，'没关系，念数字就好，重点是你的脸部表情和人物性格。不要因为太专心记词而忽略了剧中人在说话时应有的表现。'

"1924年我父亲为好莱坞的默片做喜剧编剧。我有次去片厂参观，看到鲁道夫·瓦伦蒂诺（Rudolph Valentino）[1] 跪在一个被当作是沙漠的沙堆上说话，而且说得非常伤心。我走近一听，才发现他原来在说：'亲爱的骆驼……'

"费里尼不喜欢故作分析，他指导演员的时候，希望他们能把人物性格自然地流露出来。这是因为他本人也画画，他习惯从画里展露画中人的人物性格。

"我可以认同费里尼，因为我也是靠我的 duende 在推动。这是一个西班牙字，指的是一种推着你走的内在精神。当他指导我演《大路》的时候，我可以感受到他内在的那股动力。在他眼里，我就是赞巴诺！我知道费里尼是永远不会放弃的，要是可以的话，他愿意一个礼拜工作七天。

"上帝没有给我很多的才华，但他赐给我极大的动力。我每晚对着他说，'主啊！为什么？赐给我这么少的才华，这么多的动力？'很多人都枉费了老天的恩赐，费里尼善用自我才华的成绩斐然，让我激赏。

"他马上就知道要怎么去用摄影机了。1926 年，我父亲在好莱坞任职摄影师。当有声时代来临，他们都不知所措。是要靠摄影机来说故事，还是要靠编剧来说故事？黄宗霑（James Wong Howe）[2] 说过，除非你有什么秘密，不然绝对不要跳到特写镜头。现在的电视节目可到处充满了秘密。费德里科不随意乱用特写，所以他的特写镜头就会显得有意义。

"有天我接受一名记者采访，我接受采访的时候向来都很认真。访问结束后，费里尼走过来对我说，'东尼（Tony, 即安东尼的昵称），你为什么要跟他们说实话？实话都显得平凡、愚蠢。你跟他们说你妈妈是个墨西哥的印第安人。你为什么不告诉他们：她是个印第安公主？'

"费里尼拥有一个属于他自己的梦幻世界，好比塞万提斯（Cervantes）拥有堂吉诃德和桑丘·潘札一样，也好比莎士比亚。对他而言，幻想就是人生的珍宝，而那就是费里尼要处理的。电影不是现实，而是幻想。他对

1　鲁道夫·瓦伦蒂诺，意大利演员，于 1913 年至美国发展，曾为默片时期最知名的性感男星，享有"拉丁情人"的封号。瓦伦蒂诺于三十一岁骤逝时，引起社会不小的震撼，甚至有多位女影迷为其"殉情"自杀。作品包括：《启示录四骑士》（1921）、《茶花女》（1921）、《酋长的儿子》（1926）等。
2　黄宗霑，华裔摄影师，曾以《玫瑰梦》（1955）及《原野铁汉》（1963）获得两座奥斯卡最佳摄影奖。

自己所做的事有股热情。在电影这行里少有艺术家，费里尼算是一个。

"费德里科有一种惊人的特质，我把它称作他的'婴儿特质'。他对外来的事物毫不设防，态度天真——指的是最正面的意思。他向每个人学习，他是块情感海绵。不过他对细节十分的仔细，又有一种属于他个人及成人性格中的小心翼翼。

"朱丽叶塔是个很棒的工作伙伴，她饰演甜美、失落的杰尔索米娜。我那时认为朱丽叶塔日后会大有一番作为。虽然她拍的电影不如我想象来得多，但她确实很有天分。当时她和费里尼两人可以说是合作无间。

"我对没和费里尼多相处一些时间感到遗憾，我们该留给彼此一些'特别的时间'（special time）。对我来说，'特别的时间'就是和另一个人单独相处的时间。我在寻找一些不同于我的人，我想大部分的人都在找一些和他们自己相似的人，但费里尼却和任何人都不一样。"

娜迪亚·格雷告诉我，单是看费里尼导戏，就已经受益良多了。"差劲的导演不仅迟到、不刮胡子，而且还会对人大吼。他们之所以吼人是因为他们不知道自己要的是什么。他们以为如果对别人大吼的话，那种暴烈的特质就会让人家认为他们有才气。

"费里尼先生总是准时抵达片厂，他系着领带，面带微笑地和演员、技术人员等所有人讨论各项细节。他会这样表现是因为他知道自己要什么。他接受即兴，但并非没有主见。他从来不会来片厂大吼大叫。

"有时候，我们一起搭车回罗马，在车上聊天的时候，他不谈电影，而是把话题放在我身上。他会对我当时的烦恼表示关心。没有他的世界，想来令人伤心。"

莉娜·维黛美拉（Lina Wertmuller）[1]曾担任过费里尼《八部半》一片的助手——那是她在影坛的起步。她戴着她那副注册商标的白框眼镜来参加电影城举行的追悼会。她之前因为爬到树上摘水果不慎摔伤，所以出现时还一跛一跛地拄了拐杖。

"有关'我从费里尼身上学到了什么？'这个问题，"她对我说，"我已经被问过一千次了！我十岁的时候就在听他编的广播剧了。我读他的作品、看他的漫画，而且非常喜欢他的漫画。我看了他最早的几部电影，然后认识了他。

"他灵活的眼神、他的眉宇，都显露出他的奇特。他热爱自由，也很能享乐，你会跟着玩得很开心。你跟他在一起的时候，就像置身在一股旋风当中，你只希望自己能跟得上他。当他说，'跟着我往下跳！'的时候，你必须毫不犹豫地信任他。如果你害怕或迟疑的话，就可能伤到自己。

"我想过他最吸引我的地方是什么？现在我知道答案了，那就是：他会跟我的想象力交谈。

"费德里科从不会忘记有趣和讽刺的一面。他总是在找新鲜的东西，并避免僵化的倾向。我认识作为男人、导演、（漫）画家、骗子等不同身份时的费德里科。

"当过他的助理，密切的工作关系让我了解到'选择'对他有多重要。他想拥有所有的选择，然后又想把落选的东西给消灭掉，他想把所有没用到的文件都毁掉，我说：'别撕掉那些！'但他不听。把东西撕毁对他而言是个正面的举动，因为消除了他心头的一个负担。

"认识费德里科就像是在一大片风暴前开扇窗。二战以后是特别有活力的一个时期，那是创作能量非常高的黄金时期，我很幸运赶上了那个开头的时刻。费德里科是我认识的人里面最像'艺术家'的一个，如果这话给

---

1 莉娜·维黛美拉，意大利编导、演员、剧作家。1963 年任《八部半》副导进入影坛，1972 年的《咪咪的诱惑》让她一夕成名，她以该片荣获该年戛纳最佳导演奖，之后的《七美人》（1976）更让她在美国造成轰动。她的其他作品尚包括《让我们聊聊男人》（1965）、《一片糟》（1973）、《梦与虚无》（1973）、《随潮而流》（1974）、《复仇》（1980）等。

他听到了，他一定会生气。

　　"此生能遇到费德里科真是天大的恩赐。他在我跟他工作期间教了我那么多东西，而我因为自己得到了拍片的机会，想在他片子完成之前离职，他也不生气。他为我感到高兴，甚至还帮我找到了《蜥蜴》(*The Lizards*)这部电影最后一笔部分的拍片资金。

　　"在我开始进行那部片子以前，我到富莱金去看费德里科。那天天上云很多，海上浪很大。他对我说：'像跟朋友聊天一样地把你的故事讲出来。'"

　　维黛美拉为费里尼工作期间，费里尼曾交给她一张克劳迪娅·卡汀娜的人头照，"只有邮票一般大小"，要她散布到全意大利，以找出一个和她相像的女孩。

　　"费德里科希望卡汀娜能参加演出，但他不相信她的丈夫（一个有钱的制片）会同意这件事，所以我们就在报纸广告上描述我们想找的女演员。我们开出的条件很具体。'你有凹凸有致的臀部吗？'广告上这么问，'你在自己身上看得到这种美貌吗？如果有的话，请来此一谈。'"

　　结果有几百名来自各地的女孩回应那个广告。虽然报上已经明订了大致的条件，但许多前来应征的"女孩"却根本不能算是"女孩"了，那些人的年纪已经大到可以做那个角色的妈妈了，有些人的体重甚至有卡汀娜的两倍之多。

　　"我还记得那个广场上填满了女人——各式各样的女人，从二十岁到八十岁不等。她们的样子和我们广告上的描述说有多不像就有多不像——简直是不像得离谱。很多人压根谈不上漂亮，那根本就是一个动物园。我们是四处流浪的吉卜赛人，希望能找到一位古典美女，应征的人群里面却有驼背的、独眼的。对我来说，那堆人凸显出一个特色，那就是她们惊人的乐天意识。她们全都是那样让人难以置信地乐观。

　　"我从几百人当中选出了五名入围者。她们都很好，但其中有一个较突出。那个女孩简直挑不出什么毛病，她看起来简直比卡汀娜本人更像卡汀娜，甚至还比卡汀娜年轻。我相信费德里科一定会满意得不得了。

　　"但他正好在同一段时间里碰到了卡汀娜，并向她提了那个角色的事，想不到她立刻说她想演。

"那个被我挑中的可怜女孩因此没能得到那个角色。

"我当了他三个月的助理导演，那是我生命中非常重要的一段日子。我再也没那么开心过，我爱上了他，所有遇到费德里科的女人都会爱上他。

"大家现在都在说朱丽叶塔有多么可怜，失去费德里科有多悲惨。这话固然没错，不过当我在葬礼上看到她的时候，我心想，'她能和这样一个男人相爱五十年是多幸运的一件事啊！'

"朱丽叶塔失去了费德里科是很可怜，但她能拥有他那么久却不能不算幸运。"

戈尔·维达（Gore Vida）[1] 在费里尼去世后不久曾向我说过这段话：

"他叫我戈里诺（Gorino），我喊他弗雷德（Fred）。是他先喊我戈里诺的，他对我叫他弗雷德从来没有表示过看法，但我喊他这名字的时候，他一直都有反应。他很了不起，也很有趣，不过他有'西斯廷教堂（Sistine Chapel）[2] 情结'。

"我们会在咖啡厅里叫一大堆吃的，然后谈一些重要的话题，好比《雌雄美人》（*Myra Breckenridge*）这部电影。电影是我们文化上的共同语言。弗雷德想知道梅·韦斯特的事，他对她的事永远不会感到厌烦。我告诉他我花了多少时间才弄透米拉（Myra）原来是个男人的时候，他竟然不相信。我告诉他写书比拍片有趣的地方是，写书较容易有意外的收获，他说对他而言，拍片才比较容易得到意外的收获。我猜大概是吧。"

美国导演约翰·兰迪斯（John Landis）[3] 看了《该死的托比》之后表示很

---

1 戈尔·维达，美国小说家、剧作家、电影编剧、评论家，编剧作品包括：《夏日痴魂》（1959）、《最佳人选》（1964）、《巴黎战火》（1966，与科波拉合编）、《卡利古拉大帝》（1980）等。戈尔曾在费里尼的《罗马风情画》中客串演出过。

2 西斯廷教堂，梵蒂冈宫的教皇礼拜堂，礼拜堂四壁有许多名意大利画家所作壁画，而堂内最知名的杰作又当属米开朗琪罗创作的拱顶画，以及位于祭坛后侧墙上的壁画《最后的审判》。

3 约翰·兰迪斯，美国导演、编剧及制片。作品包括：《美国狼人在伦敦》（1981）、《三个朋友》（1986）、《来去美国》（1988）等。

喜欢，但他真正觉得费里尼精彩是在看到《爱情神话》这部片子以后：

"我当时十八岁，在南斯拉夫为《凯利的英雄》（Kelly's Heroes）一片为人跑腿。我和一个朋友之前曾上特里斯特的"伍平斯"（Upims）去买便宜的毛线衣。我在那儿看到了一家戏院正在上映费里尼的《爱情神话》，当时不假思索买了票进场，之后才想到语言的问题。当然，那里放映的是没上字幕的意大利语版本。

"一年后，我在日内瓦，看到《爱情神话》在那里上映，戏院的广告牌简单地写着'《爱情神话》/附字幕'。我又买了票进戏院。这次，电影附的是法文和德文字幕！

"我之后又在洛杉矶看了一次附英文字幕的版本，发觉费里尼其实是个画家，他用摄影机代替画笔作画。

"我对'艺术 vs. 商业'这个永恒的两难习题没什么解决的办法。所有拍电影的人都曾受过必须向人乞讨的羞辱。

"二战以来，意大利大概换过五十个以上的政府，却只出过一个费里尼。他的作品被人怀念的时间，会远超过那些说他不负责任的制片人和出资者在世的时间。

"我是因为一个'狼人'才认识费里尼的。当时我在罗马为《美国狼人在伦敦》（An American Werewolf in London）做宣传，一直和费里尼有合作关系的马里奥·隆加尔迪负责这部片子的宣传工作。马里奥介绍我和我太太黛伯拉（Deborah Landis）和费里尼认识，我们一起吃了一顿很长很有趣的中饭。

"黛伯拉当时怀着我们的女儿蕾秋（Rachel Landis），肚皮非常大，费里尼整顿中饭都一直握着她的手。直到今天，就算只提到他的名字，都会让黛伯拉激动地喊出，'他是个天才！'

"我和费德里科会彼此交换笑话。他的笑话总是极为有趣。现在，每当我偶尔听到一个笑话，我就心想：真希望能把那个笑话说给费里尼听。"

斯派克·李（Spike Lee）谈到了费里尼对于他的启发，以及他在罗马

366

和这位大导演会面的情况。他第一次看到费里尼的作品是在高中。"那部电影让我了解到你可以有无止境的可能性。我那时梦想能见到他，想不到在我当上导演以后，竟然有机会在罗马和他共进晚餐。

"我们聊到彼此面对制片人和片厂时的一些问题。当时我在工作和感情上都有一些困扰，刚和女朋友吵了一架，她离开了我，而且不跟我说话，但我希望她能够回来。此外，我和片厂之间也因为影片定剪的问题争执不休。费里尼告诉我：'你一定要争取定版的自主权，一定要争到，你去争是天经地义的事。'当然，比起我来，他有较大的优势让别人听他的。

"我说：'但我女朋友的问题怎么办？她人走了，而且不跟我说话。'我不知道为什么我会觉得他懂得拍电影也就一定懂得女人。

"他什么都没说，只是抓起了一张餐厅的纸巾，在上面画了起来。他画了一幅我跪膝求饶的画，而且还在我头顶上加了一个里面写着'请原谅我'的字样的圆框。他说：'把这个拿给你的女朋友。'

"我回国以后照他的指示做了。我女朋友收下了那张纸巾，觉得很喜欢。她把东西留下了，却仍然不跟我说话。我们最后还是分手了。

"之后我又认识了另一个女孩，一个我很在乎的女孩，然后我才明白原先那个女孩是个'错误'——双重的错误！因为她不肯把那张画还给我，我真希望知道怎么样才能把费里尼帮我画的那张画给要回来。"

环球（Universal）电影公司在 1973 年派史蒂芬·斯皮尔伯格去罗马为他的第一部电影《决斗》（Duel）做宣传的时候，他急于利用这个机会与费里尼碰面。这位年轻导演将展开的辉煌事业，不但费里尼没有料到，就连斯皮尔伯格本人也没想到。

隆加尔迪记得那顿饭吃得很愉快，而且记忆中史蒂芬当时还是个害羞的年轻人。他们吃完饭以后，这位年轻人不好意思地拿出一小台不太贵的照相机，客气地问费里尼是否介意拍照。费里尼完全不介意，即便最后他才知道史蒂芬不是只拍一张，而是一整卷。很明显，斯皮尔伯格并不需要那么多张照片，他只是想确定里面有一张够好。他达到目的了，而且过了一些时间写信给费里尼，说他把照片挂在办公室里，而且那张照片为他带来了好运。

当费里尼在费拉拉住院的时候，斯皮尔伯格在当年的威尼斯电影节得到了"金狮奖"的荣誉。尽管费里尼当时卧病在床，却仍花了时间写封短笺向斯皮尔伯格祝贺。斯皮尔伯格后来写了封信给费里尼，相信他那时身体应该比较好了。信上的日期是 1993 年 9 月 10 日，内容如下：

"希望你读到这封信的时候，病已好了许多。我从眼睛能看开始就是你的影迷了。知道自己得到你在许多年前得到过的奖，让我格外兴奋。

"你的电影对我来说一直都是个很大的灵感来源。这些电影比很多其他电影都更能说明电影可以是艺术。很遗憾没能在威尼斯见到你，但我相信我们将来自然有缘再见。"

斯皮尔伯格在信的结尾这样说："我还继续看你的电影，而且也得到了更多的灵感，谨献上深深祝福！"

那是费里尼读到的最后一封信。

费里尼在死前的几个月对我说，他为自己那些没拍成的电影哀悼。我们大家也是。

在电影城的追悼会之后，紧接着就是隔天在"天使圣母堂"（Santa Maria degli Angeli Church）为费里尼所举行的宗教仪式。仪式主要是给费德里科和朱丽叶塔的家人和朋友参加的。当天在场的人不仅有电影圈的人，还包括了意大利总统和一些政要官员。总理钱皮（Carlo Ciampi）说："意大利失去了一位伟大的国家诗人。"

费里尼的影迷排列在教堂附近的街道上——那是一些认识费里尼但费里尼不认识他们的人，其中包括了一些罗马的餐厅服务生和出租车司机。为数不少的出租车司机想尽办法把车子开到最接近教堂的地方，额外制造了交通问题。这数千名不认识费里尼本人的民众，与电视新闻前几百万民众共同哀悼着他。

朱丽叶塔告诉家人朋友，他们用不着穿黑色的衣服，因为"费德里科不会喜欢这样的"。她本人则戴了墨镜，用以遮掩她哀伤过度、接近睁不开的红眼圈。此外，她还戴了一顶头巾帽，用以隐藏她因接受放射性治疗所导致的落发现象，这件事她一直没让外界知道。

典礼从头到尾，朱丽叶塔都握着她的念珠。在仪式结束的时候，也是整个典礼最沉重、最富戏剧性的一刻，她高举念珠向费德里科挥别。

"再会了，亲爱的！"她细声地说。

朱丽叶塔觉得自己很快就会和费德里科重逢。和他们夫妇亲近的朋友都知道朱丽叶塔不可能比费德里科多活太久，她自己也清楚这点。

装着费里尼尸体的棺木被他妹妹玛达莲娜及外甥女法弗兰倩丝卡护送回里米尼。

朱丽叶塔留在罗马，没去里米尼。对外宣布的理由是她哀痛得难以成行，这话虽也不假，但她病得不轻是另外一个理由。仪式后，她心碎地回到玛古塔街的家中。我想起了她几年前跟我说的一句话："我生命中最重要的一个角色，就是当了费德里科·费里尼的太太。"之后她又说："当一对男女像我们一样结婚那么多年以后，两人的角色甚至有可能在一夕之间互换。有些时候，我变成了赞帕诺，而他则成了杰尔索米娜。"没有费里尼的家显得异常空荡，在这位伟大导演兼亲密朋友兼婚龄五十的丈夫去世以后，朱丽叶塔在努力克服伤痛的同时，还一边要为自己的生命奋战。

她的家人——双胞胎兄妹（或姐弟）马里奥（Mario Masina）和玛莉欧莉娜（Mariolina Masina）和外甥女西蒙妮塔（Simoneta）——试着安慰她。西蒙妮塔是朱丽叶塔妹妹尤金妮亚（Eugenia Masina）的女儿，尤金妮亚只比朱丽叶塔小一岁，她在几年前去世了。西蒙妮塔还记得当年被母亲抱在怀里到机场去接朱丽叶塔阿姨和费德里科姨丈的情形，他们当时从好莱坞奥斯卡典礼战胜而归，两人所拍的《大路》赢得了那年最佳外语片的奖项。此外，他们也跻身为举世闻名的艺术工作者。当时这个小女孩完全不懂那些事情，她只知道那是极为开心的一刻。两人下飞机的时候，奖座是朱丽叶塔抱着的，当她看到尤金妮亚和西蒙妮塔的时候，就骄傲地挥着手中的奖座。

朱丽叶塔的家人陪着她坐下看那些来自世界各地的致哀电文和信件。来函者包括有叶利钦（Boris Yeltsin）、密特朗（François Mitterrand）、日本明仁天皇（Emperor Akihito）等各国领袖，以及一些老朋友和影迷，除此之外，他们没有别的办法可以表达他们对此事的遗憾。

每天早上，朱丽叶塔习惯走进厨房、打开收音机——这是她维持多年的习惯，然后她就会听到那些所有关于费里尼的报道。至于曾被费里尼称为他的"思考室"的客厅，朱丽叶塔则显得难以面对。

朱丽叶塔接到了电影演出的邀请，也收到各影展、美术馆要为她举办活动的建议。以《朱丽叶与魔鬼》为名的百老汇歌舞剧——这个她曾特别认同的计划——也出现了转机。马文·汉姆利胥有兴趣为这出剧谱曲；她和费里尼从前也讨论过想在该剧上做些变动，他们要按照朱丽叶塔的想法来修正主角的人物性格。

突然间，全世界都在争相邀约朱丽叶塔，而费德里科则再也收不到邀请了——不管是当年、次年，或再次年。大家都要邀请朱丽叶塔，她多了一些旅行的机会，那是她以前热爱的事。她之前曾很喜欢代表自己所演的费里尼电影参展，而且极以那些片子为荣。毕竟，那些作品同样也算她的孩子啊。

然而，朱丽叶塔在丈夫死后，自己的健康状况也急剧恶化。她在丈夫生前用以抵抗病痛的意志力似乎已经完全耗尽。她的病让她无法再过公众生活，而即使只是私下度日，日子也过得十分勉强，因为她活动的范围也只限于玛古塔街和医院之间。

她把剩余不多的生命尽量留在家中，但却愈来愈需要住院治疗。最后几个月，她已经虚弱到无法再返回家中了。

医院劝她家人要有心理准备，意思是要他们准备料理后事。但朱丽叶塔仍不肯放弃生命。

即使失去了费德里科，朱丽叶塔求生的意志力依然大得惊人，但事实真相却存在于医生们哀伤的表情中。

朱丽叶塔以自身及杰尔索米娜、卡比利亚两个角色的性格，阻止医生告诉她一些她不想听的话，她在生病期间一直是这种态度。她心里当然清楚自己的病情，只是把事情说出来，好像就会让死亡这件事变得更真实、更迫近一些。

"何必告诉我一些我无能为力的事？"她对医生这么说，"我不想听什么坏消息，我想尽可能多活一些日子，而且尽可能活得充实开心。"

这些是她演出的角色在费里尼的电影里可能说出的话。

朱丽叶塔·马西纳在费里尼死后只多活了五个月。她在 1994 年 3 月 23 日在罗马病逝。

离她上次坐在好莱坞观众席看她结婚近五十年的丈夫领取奥斯卡终身成就奖那一天，差一个礼拜就满一年了。无论是从私人的角度或工作的角度来看，她都和丈夫共享了他们充满成就的一生，她当场感动得泪流满面，台上的费里尼则疼爱地要她别再哭了。那是奥斯卡历史上最令人感动的时刻之一，而且又由于下一届颁奖的时候费里尼和朱丽叶塔都已经不在人世了，所以就更确定了这项说法。只是，当时朱丽叶塔担心的倒是害怕泪水会弄脏自己精心挑选的镶有亮片的白色外套。

对朱丽叶塔来说，她再也不可能这样喜极而泣了，在费德里科病故之后，也再没有别的事能让她伤心了。

她的遗体穿着黑色的长裙，那是她为了某次奥斯卡晚会挑选的服装，她相信那样穿会让她看起来更修长一些。她的头发本来又短又软，但死后则必须用白头巾把被放射治疗残害的发丝包裹起来。她一只手握着不久前拿来向费德里科道别用的心爱的珍珠念珠和一朵红玫瑰，而放在胸口的另一只手中则握着一小张费德里科的照片。

对于那些认识费里尼和朱丽叶塔，而且和他们一起工作过的人来说，朱丽叶塔紧接着费里尼死去，并不会让他们感到太讶异。很多他们的朋友和工作伙伴都相信，他们两人若缺少了其中一个，另一个也活不长。

朱丽叶塔的遗体被送回里米尼和费德里科做伴。

他们在世的时候，就算在得意的年头里，复活节对朱丽叶塔来说都是一个令人伤感的节日，因为这天会让她想起她在复活节死去的孩子。为了怕破坏别人过节的气氛，这件事她从来闭口不提，她的感受只有费德里科了解。1994 年，复活节前夕，在他们幼子夭折几乎届满五十周年的时候，朱丽叶塔也辞别人世了。

她临终的一句话是："我要和费德里科一起去过复活节了。"

夏洛特·钱德勒

作品年表及得奖纪录

作品年表

1945 罗马，不设防的城市 ［副导演 编剧］

1946 战火 ［副导演 编剧］

1948 爱情 ［演员 副导演 编剧］

1950 圣方济各的花束 ［编剧］

1950 卖艺春秋 ［导演 制片 编剧］

1952 白酋长 ［导演 编剧］

1952 一九五一年的欧洲 ［编剧］

1953 浪荡儿 ［导演 编剧］

1953 小巷之爱 ［导演 编剧］

1954 大路 ［导演 编剧］

1955 骗子 ［导演 编剧］

1957 卡比利亚之夜 ［导演 编剧］

1960 生活的甜蜜 ［导演 编剧］

1962 三艳嬉春 ［导演 编剧］

1963 八部半 ［导演 编剧］

1965 朱丽叶与魔鬼 ［导演 编剧］

1968 该死的托比 ［导演 编剧］

1969 爱情神话 ［导演 编剧］

1970 小丑 ［演员 导演 编剧］

1972 罗马风情画 ［导演 编剧 演员］

1973 阿玛柯德 ［导演 编剧］

1976 卡萨诺瓦 ［导演 服装设计 编剧］

1978 管弦乐队的彩排 ［导演 编剧］

1980 女人城 ［导演 编剧］

1983 船续前行 ［导演 编剧］

1986 舞国 ［导演 编剧］

1990 月吟 ［导演 编剧］

得奖纪录

1953	浪荡儿	
	威尼斯电影节银狮奖（金狮奖从缺）	
1956	大路	
	奥斯卡最佳外语片	
	纽约影评人协会最佳外语片	
	威尼斯电影节银狮奖	
1957	卡比利亚之夜	
	奥斯卡最佳外语片	
1960—1961	生活的甜蜜	
	戛纳电影节金棕榈奖（1960）	
	费比西奖（1960）	
	纽约影评人协会最佳外语片（1961）	
1963—1964	八部半	
	奥斯卡最佳外语片、最佳服装（1963）	
	纽约影评人协会最佳外语片（1963）	
	莫斯科电影节大奖（1963）	
	柏林电影节评审团特别奖（1964）	
1965	朱丽叶与魔鬼	
	纽约影评人协会最佳外语片	
1974	阿玛柯德	
	奥斯卡最佳外语片	
	纽约影评人协会最佳外语片	
1976	卡萨诺瓦	
	奥斯卡最佳服装设计	
1985	威尼斯电影节金狮奖	
1993	奥斯卡终身成就奖	

图书在版编目（CIP）数据

小丑的流浪：费里尼自传 / [意]费德里科·费里尼，
[美]夏洛特·钱德勒著；黄翠华译 . —上海：上海三联书店，2018.11
ISBN 978-7-5426-6507-2

Ⅰ. ①小… Ⅱ. ①费… ②夏… ③黄… Ⅲ. ①费里尼
（Fellini，Federico 1920-1993）—自传
Ⅳ. ① K835.465.78

中国版本图书馆 CIP 数据核字（2018）第 227500 号

小丑的流浪：费里尼自传

著　　者 / [意]费德里科·费里尼
　　　　　　[美]夏洛特·钱德勒
译　　者 / 黄翠华

责任编辑 / 职　烨
策划机构 / 雅众文化
策 划 人 / 方雨辰
特约编辑 / 赵　磊
装帧设计 / 孙晓曦 @PAY2PLAY
监　　制 / 姚　军

出版发行 / 上海三联书店
　　　　　（200030）中国上海市漕溪北路 331 号中金国际广场 A 楼 6 层
邮购电话 / 021-22895540
印　　刷 / 山东临沂新华印刷物流集团有限责任公司

版　　次 / 2018 年 11 月第 1 版
印　　次 / 2018 年 11 月第 1 次印刷
开　　本 / 910×1260　1/32
字　　数 / 344 千字
印　　张 / 12
书　　号 / ISBN 978-7-5426-6507-2/ K·501
定　　价 / 68.00 元

敬启读者，如发现本书有印装质量问题，请与印刷厂联系　0539-2925659

ICH，FELLINI by CHARLOTTE CHANDLER

Copyright © 1994 by F.A.Herbig Verlagsbuchhandlung GmbH, München

Chinese language edition arranged through HERCULES Business & Culture GmbH, Germany

本书译文由台湾远流出版公司授权使用